HEINZ SCHILLING

1517

HEINZ SCHILLING

1517

WELTGESCHICHTE
EINES JAHRES

C.H.BECK

Mit 40 Abbildungen und 1 Karte

3. Auflage. 2017

© Verlag C.H.Beck oHG, München 2017
Satz: Janß GmbH, Pfungstadt
Druck und Bindung: CPI – Ebner & Spiegel, Ulm
Umschlaggestaltung: Geviert, Grafik & Typogafie, Andrea Hollerieth
Umschlagabbildung: Albrecht Dürer: *Das Rhinozeros*, Holzschnitt, 1515,
© akg-images, Berlin; Lucas Cranach der Ältere: *Luther als Augustinermönch mit Doktorhut*, Kupferstich, 1521, © akg-images, Berlin/Erich Lessing
Gedruckt auf säurefreiem, alterungsbeständigem Papier
(hergestellt aus chlorfrei gebleichtem Zellstoff)
Printed in Germany
ISBN 978 3 406 70069 9

www.chbeck.de

Fünfhundert Jahre – fünfzig Jahre

*Ulla Fischer und Gottfried Schramm,
den Sternen der Freiburger Zeit*

INHALT

Prolog 11

1517 – ein neuer Blick auf das Epochenjahr 18

I. Zwei Weltreiche und ein Drittes Rom kündigen sich an, aber auch ein Sturm gegen Unterdrückung und Willkür 26

1. Kastilischer Herbst – Herrscherwechsel in Spanien und die Vision habsburgischer Vormacht in der Christenheit 31
2. Der frühmoderne Fürstenstaat und das Murren der Untertanen gegen die neuen Zwänge 42
3. Osmanischer Frühling – Triumph am Nil, auf der Arabischen Halbinsel und an den Küsten Nordafrikas 56
4. Eine wagemutige Reise in das andere Europa – über Polen und Litauen an den Moskowiter Hof 65

II. Um Frieden und Stabilität des Geldes 84

1. Der neuzeitlich bedrängte Frieden – *Querela pacis / Klage des Friedens* aus dem Kampfgetümmel der Mächte und Dynastien 84
2. Eine kopernikanische Geldwerttheorie aus dem «entlegensten Winkel der Welt» 98

III. Europa und die weitere Welt 112

1. Alte und Neue Welten 112
2. Der portugiesische Estado da India und der Zugang zum Reich der Mitte 117
3. März 1517, die Spanier auf Yukatan – erste Begegnung mit einer amerikanischen Hochkultur 129

IV. Die Renaissance und ein neues Weltwissen 141

1. «*Calikutisch leut*» und das Rhinozeros Odysseus – Übersee in Europa 141
2. Kultureller Aufbruch im Zeichen der Antike 148
3. Gleichzeitigkeit des Ungleichzeitigen und ein Ritter-Humanismus in Mitteleuropa 157
4. Renaissance-Frauen 172

V. Kollektive Ängste und Sehnsucht nach Sicherheit 184

1. Wunder, Magie, Hexen und Dämonen 185
2. Juden und Muslime als Gefahr für die christliche «Reinheit» 197

VI. Der Papst in Rom – italienischer Souverän und universeller Pontifex 215

1. Urbi et orbi – Rom im Bann des Medici-Papstes 215
2. Um die Reform der Christenheit an Haupt und Gliedern 226
3. Ein europäischer Frieden zum Kampf gegen die anstürmenden Osmanen 237
4. Die Pracht der Renaissance und die Ruine von St. Peter 242
5. 1517 – ein Jahr des Medici-Papstes 254

VII. Der Mönch in Wittenberg – *ex oriente lux* oder die Morgenröte des Protestantismus an den Grenzen der Zivilisation 258

1. Wittenberg 1517 – Aufbruch «an den Grenzen der Zivilisation» 258
2. Der Augustinermönch und die deutsche Angst um das ewige Seelenheil 262
3. Der 31. Oktober – 95 Ablassthesen zur «Ergründung der Wahrheit» an die Kirchenhierarchie verschickt 271

4. Evangelische Reformation statt frivoler Kirchenkritik
   ohne Folgen   284

Epilog: 1517 – ein Wunderjahr als Auftakt der Neuzeit?   290

Anhang

   Anmerkungen   313
   Quellen und Literatur   333
   Bildnachweis   350
   Personenregister   352
   Ortsregister   359

PROLOG

Bergamo, Dezember 1517 –
eine Schlacht der Geisterheere

In Verdello auf dem Gebiet der oberitalienischen Kommune Bergamo, so verkündeten Briefe und Flugschriften sogleich der Christenheit, war Mitte Dezember 1517 Beunruhigendes zu beobachten: Eine Woche lang formierten sich dort auf einem weiten, vor einem Waldstück gelegenen Feld vier Mal täglich unter wehenden Bannern und von ihrem jeweiligen König angeführt, zwei Armeen mit Bataillonen von Infanterie, Kavallerie und Artillerie. Nachdem die beiden Heerführer im freien Raum zwischen den Schlachtreihen längere Zeit verhandelt hatten, «*sah man*» – so der ausführliche Bericht der bereits am 23. Dezember veröffentlichen Flugschrift – «*den besonders martialisch und ungeduldig wirkenden König seinen eisernen Handschuh von der Hand ziehen und in die Luft schleudern; und sogleich schüttelte er mit einem beunruhigten Gesichtsausdruck sein Haupt und wandte sich direkt an seine in Schlachtordnung formierten Männer. Und sogleich war ein gewaltiger Lärm von Trompeten, Trommeln und Rasseln sowie Schlägen der Artillerie zu hören – ich schätze nach Art der Höllenschmiede; und in der Tat kann dieser Lärm nur von dort stammen. Und dann sieht man, wie die Schlachtlinien sich unter Bannern und Standarten in den Kampf stürzen – mit Ingrimm und gegenseitigen Beschimpfungen, und in einer äußerst grausamen Schlacht schlagen sie sich alle gegenseitig in Stücke. (...) Eine halbe Stunde später ist alles ruhig und nichts Auffälliges mehr zu sehen. Jeder, der den Mut hat, nahe an diesen Platz heranzutreten, sieht eine endlose Zahl von Schweinen, die kurz verharren und dann in dem erwähnten Wald verschwinden.*»[1]

Yukatan Frühjahr 1517 / Veracruz Ostern 1519 –
die grausame Wiederkehr der Götter

Als die spanischen Konquistadoren im Frühjahr 1517 auf der Halbinsel Yukatan zuerst von den Mayas und zwei Jahre später an der Küste des Festlandes in der Nähe des späteren Veracruz von Spähern der Azteken gesichtet wurden, war das für die Angehörigen dieser mittelamerikanischen Hochkulturen ein kosmisches Ereignis, ganz ähnlich wie die Geisterschlacht von Bergamo für die christlichen Europäer. Allerdings deutete man das Erscheinen der Spanier nicht als böses, sondern als gutes Vorzeichen. Denn diese wurden freudig als versöhnt zurückkehrende Götter begrüßt, nachdem zuvor unheimliche Vorzeichen den Zorn der Götter und deren Willen, sich von der Erde zurückzuziehen, bekundet hatten. Ein kurz nach der Ankunft der Spanier in Náhuatl, der Verkehrssprache der Azteken, verfasster Bericht hat das ausführlich beschrieben:[2]

«Das erste böse Omen: Zehn Jahre bevor die Spanier in dieses Land kamen, erschien nachts ein böses Vorzeichen am Himmel. Es war wie die Glut der Morgenröte, wie eine Feuerflamme, wie eine lodernde Feuergarbe. Die Flamme brannte breit und schoss spitz in die Höhe, mitten hinein in das Herz des Himmels, und blutiges Feuer fiel wie aus einer Wunde in Tropfen herab. Die Flamme zeigte sich im Osten und erhob sich zu voller Höhe um Mitternacht. Erst die Sonne besiegte sie mit der Morgenröte. Ein ganzes Jahr lang schien diese Flamme; im Jahr ‹Zwölf Haus› erschien sie uns Nacht für Nacht. Und als sie zuerst gesehen wurde, schrien die Leute vor Angst. Sie schlugen sich auf den Mund, waren bestürzt und verwirrt und fragten: ‹Was kann das bedeuten?›

Das zweite böse Omen: Der Tempel des Gottes Huitzilopochtli stand plötzlich in Flammen. Er brannte von selbst herab, niemand hatte ihn angezündet. Tlacateccan – Haus der Macht – hieß der heilige Platz, auf dem er gebaut war. Und nun steht er in Flammen, seine hölzernen Säulen brennen. Als das Feuer zuerst gesehen wurde, schrien die Leute: ‹Mexikaner, kommt, lauft, wir können es löschen! Bringt Wasserkrüge! Aber als sie Wasser in die lodernde Glut gossen, flammte das Feuer noch höher auf. Sie konnten es nicht ersticken, und der Tempel brannte nieder bis auf den Grund.

Das dritte böse Omen: Ein Blitzstrahl traf den Tempel Xiuhtecuhtlis, des

Feuergottes. Nur ein feiner Regen fiel an jenem Tag, und kein Donner war zu hören. Darum nahmen wir den Blitzstrahl als ein böses Zeichen und sagten: ‹Die Sonne selbst hat den Tempel getroffen.›

Das vierte böse Omen: Feuer zog über den Himmel, als die Sonne noch schien. Es zog in drei Streifen dahin, von Westen nach Osten, und schüttete einen roten, heißen Funkenregen aus. Als die Leute den langen Schweif durch die Lüfte fegen sahen, schrien ihre angstvollen Stimmen, wie tausend rasselnde Schellen.

Das fünfte böse Omen: Der Wind peitschte das Wasser, bis es aufschäumte. Es kochte vor Zorn, es zerkochte sich selbst in Raserei. Es rollte von weit her heran, stieg hoch in die Luft und schmetterte gegen die Mauern der Häuser, riss sie weg in die Fluten. Das geschah an unserem See, in Mexiko.

Das sechste böse Omen: Nacht für Nacht hörte man eine weinende Frau. Um Mitternacht irrte sie umher und weinte und schrie laut und klagend: ‹Meine lieben Kinder, wir müssen fliehen aus dieser Stadt, ins Elend!› Und manchmal schluchzte sie: ‹Meine Kinder, wohin soll ich euch bringen?›

Das siebte böse Omen: Ein seltsamer Vogel wurde in den Netzen gefangen. Er glich einem Kranich. Man brachte ihn zu Morecuhzoma (dem Kaiser der Azteken, H. Sch.) *in das Schwarze Haus. Der Vogel trug einen Spiegel in der Federkrone seines Kopfes; und der Nachthimmel spiegelte sich darin wider. Es war erst Mittag, aber die Sterne und Mamalhuatzli, der Feuerbohrer, schienen doch in dem Spiegel. Als Morecuhzoma die Sternbilder sah, deutete er das als großes, unheilvolles Vorzeichen. Doch als er zum zweiten Male in den Spiegel blickte, sah er in der Ferne ein Schlachtfeld. Männer, in Reihen ausgerichtet wie Rohrschäfte, kamen eilig heran. Sie waren zum Kriege gerüstet und ritten auf den Rücken von Hirschen.*

Morecuhzoma berief seine Zeichendeuter und Weisen und fragte: ‹Könnt Ihr erklären, was ich gesehen habe? Geschöpfe wie menschliche Wesen, sie liefen und fochten!› Aber als sie in den Spiegel sahen, um das Bild zu deuten, war alles verschwunden, und sie sahen nichts.

Das achte böse Omen: Missgestaltete Wesen erschienen auf den Straßen der Stadt, Menschen mit zwei Köpfen auf einem Leib. Man brachte sie in das Schwarze Haus zu Morecuhzoma. Doch als er sie ansah, verschwanden sie spurlos.»

Diese und «andere merkwürdige Zeichen kurz vor der Ankunft der Spanier» konnten die Azteken, so eine andere Stimme, nur so verstehen, *«dass die Götter vom Himmel herabgestiegen wären, und Nachrichten flogen durch die Provinz bis in die kleinsten Dörfer. (...) und schließlich wurde die Ankunft eines seltsamen neuen Volkes berichtet und bestätigt, besonders in Mexiko, der Hauptstadt dieses Reiches».*[3]

Perldelta (Zhu Jiang), August 1517 – folgenreiche Unkenntnis des Zeremoniells

Der Sekretär der Provinzregierung des Kantons Gu Yingxiang legt Rechenschaft über die Begegnung mit einer portugiesischen Gesandtschaft ab: *«Als ich im Jahre Chengte ting-ch'ou (= 1517) Sekretär der Provinzialregierung in Kanton war und stellvertretend die Angelegenheiten des Kommissars für den Seehandel verwaltete, waren da plötzlich zwei große Seeschiffe, die direkt ins Kanton hineinfuhren. Sie sagten, dass sie aus dem Lande Folangchi («Franken», Bezeichnung für alle Europäer) Tribut brächten. Ihr Schiffsherr hieß Chiapitan (Kapitän). Die Leute hatten alle hohe Nasen und tiefliegende Augen. Ihren Kopf hatten sie mit weißem Tuch umwickelt entsprechend der Kleidung der Mohammedaner. Ich erstattete sofort dem Generalgouverneur, der gerade in Kanton weilte, Bericht. Da diese Leute die Sitten nicht kannten, ordnete ich an, dass sie sich drei Tage lang im Quanghsiao-Szu (Moschee) in den Zeremonien üben und dann zur Audienz geführt werden sollten. Da es nicht in den Gesammelten Statuten des Mingh-Reiches steht, dass dieses Land Tribut bringt, legte ich einen vollständigen Bericht darüber dem Thron vor. Als der Hof seine Genehmigung erteilt hatte, schickten wir sie zum Ministerium. Da zu jener Zeit Kaiser Wu-Tzung auf einer Reise in den Süden war, blieben sie ein Jahr im Gästehaus für fremde Tributgesandtschaften. Nachdem der jetzige Kaiser den Thron bestiegen hatte, wurde in Anbetracht ihrer Respektlosigkeit der Dolmetscher zum Tode verurteilt, und sie kehrten unter Gewahrsam nach Kanton zurück.»*[4]

Stotternheim 1505 und Wittenberg 1517 – vom drohenden zum gnädigen Gott

Das Mönchsgelübde des Jurastudenten Martin Luther: *«Am 2. Juli 1505»* – so der Reformator rückblickend – *«bei Stotternheim nahe Erfurt durch einen Blitz erschüttert (consternatus), geriet ich in Angst und Schrecken (in terrore) und rief aus: Hilff du, S. Anna, ich will ein monch werden!»* – Ich bin *«vom Himmel durch Schrecken gerufen, nicht etwa freiwillig oder aus eigenem Wunsch Mönch geworden. Noch viel weniger wurde ich es um des Bauches willen, sondern von Schrecken und Furcht vor einem plötzlichen Tod* (terrore et agone mortis subitae) *umwallt, legte ich ein gezwungenes und erdrungenes Gelübde ab.»*[5]

Aus den 95 Thesen vom 31. Oktober 1517 und deren «Erläuterungen» von 1518:

These 32: *«Wer glaubt, durch Ablassbriefe seines Heils sicher zu sein, wird auf ewig mit seinen Lehrmeistern verdammt werden. (...) Denn wir haben keine andere Hoffnung auf das Heil als ganz allein Jesus Christus, und es ist ‹kein ander Name unter dem Himmel gegeben, darin wir sollen selig werden.›* (Apg. 4,12; 15,11) *Darum fort mit dem Vertrauen auf tote Buchstaben, auf Ablass und kirchliche Fürbitten!»*

These 37: *«Jeder wahre Christ, gleichviel ob lebendig oder tot, hat an allen Gütern Christi und der Kirche teil: Gott hat sie ihm auch ohne Ablassbrief gegeben.»* – *«Es ist unmöglich ein Christ zu sein und Christus nicht zu haben, hat man aber Christus, so hat man alles, was Christi ist. (...) Und darin besteht die christliche Zuversicht und die Frömmigkeit unsers Gewissens, dass unsere Sünden durch den Glauben nicht mehr unsere, sondern Christi Sünden sind, auf den Gott unser aller Sünden gelegt hat. Er trug unsere Sünden, er ist das Lamm Gottes, das der Welt Sünde trägt, und umgekehrt wird alle Gerechtigkeit Christi unsere Gerechtigkeit. (...) Diese liebliche Gemeinschaft, dieser fröhliche Wandel vollzieht sich nur im Glauben, und den Glauben kann sich der Mensch nicht geben oder nehmen. Darum halte ich es für völlig klar, dass diese Gemeinschaft nicht durch die Kraft der Schlüssel* (also durch den Papst, H. Sch.), *noch durch Gewähren von Ablassbriefen erteilt werden kann, vielmehr wird sie vorher ohne sie durch Gott selbst erteilt.»*

These 7: «*Wir werden also durch den Glauben gerecht, durch den Glauben erlangen wir Frieden, nicht durch Werke, Bußübungen oder Beichten.*»[6]

Vier Zeugnisse aus unterschiedlichen Ecken Europas und der Welt, die inhaltlich wenig gemein zu haben scheinen und doch im Rückblick als Manifestationen einer Epoche des Umbruchs und der Verunsicherung der Menschen gelesen werden können: Die *Geisterschlacht von Bergamo* galt den Zeitgenossen, Fürsten und Gelehrten ebenso wie Stadtbürgern und Bauern, als Vorzeichen einschneidender Ereignisse, konkret einer Fundamentalbedrohung der Christenheit durch die muslimischen Türken, die im Frühjahr 1517 mit der Eroberung Kairos das eben noch mächtige Reich der Mamluken niedergeworfen hatten und von Alexandria aus zum Sprung nach Süditalien anzusetzen schienen.

Zur selben Zeit lasen auch in *Yukatan/Mexiko* die Azteken Himmels- und Naturerscheinungen als Vorzeichen einschneidender Veränderungen, die sie als drohenden Rückzug der Götter und – im Erscheinen der Spanier – als ihre versöhnliche Wiederkehr verstanden. Das erwies sich als eine Interpretation, die anders als die Türkendeutung der italienischen Geisterschlacht nicht den Verteidigungswillen schärfte, sondern in fataler Weise schwächte.

Ganz anders die Begegnung in *Kanton*: Die hochentwickelte chinesische Bürokratie machte den Portugiesen sogleich klar, dass sie im Reich der Mitte als Bittsteller galten und sich in jeder Hinsicht an dessen hoch ritualisierte Regeln zu halten hatten. Als sie das nicht beachteten, war das ein gravierender Verstoß gegen den zeremoniellen Erwartungshorizont des Kaiserreiches und wurde entsprechend gnadenlos geahndet.

Schließlich *Stotternheim und Wittenberg*, zwei Zeugnisse der individuellen Gotteserfahrung des späteren Reformators Martin Luther: 1505 war sie bestimmt durch die verbreitete Angst – man denke nur an die Schreckensbilder eines Hieronymus Bosch – vor dem richtenden Gott und das komplementäre Vertrauen auf den Schutz der Heiligen. In den Ablassthesen von 1517 aber kündigt sich sein neues, bald reformatorisch genanntes persönliches Gottesverhältnis an, das in ganz einfacher, evangelischer Weise die Heilsgewissheit allein in Jesus Christus und der Gnade Gottes findet.

Bei aller Verschiedenheit ist jedes der vier Zeugnisse Ausdruck eines religiös-kosmischen Weltbildes. Gott oder die Götter bestimmen nicht nur die Weltordnung, sie greifen auch unmittelbar in das Weltgeschehen ein und übermitteln den Menschen verschlüsselte Botschaften. So wie die Azteken Wetterblitze und Himmelszeichen als Willensbekundung der Götter lasen, so deutete die lateinische Christenheit die «Geisterschlacht» vor Bergamo als von Gott selbst gesandte Warnung. Und wie die Azteken in Mexiko vor ihren unversöhnten Göttern erzitterten, so fürchtete der junge Martin Luther im Blitzschlag von Stotternheim den richtenden Gott, der ungerührt und unbarmherzig über das Seelenheil eines jeden Menschen entscheidet. Im chinesischen Kanton schließlich galten jahrhundertealte kosmologische Vorstellungen, denen zufolge die Erde wie der Himmel organisiert war. In der Mitte des Universums – im «Reich der Mitte» – saß der chinesische Kaiser. Er war der Pol, auf den hin sich die Völker zu orientieren hatten.[7] Als der portugiesische König in seinem Schreiben den Kaiser von Gleich zu Gleich anredete und auch seine Gesandtschaft nicht bereit war, diese eherne Ordnung der Welt anzuerkennen, konnte der chinesische Hof das nur als rücksichtslosen, ja frevelhaften Verstoß gegen die Ruhe und Balance des Universums begreifen, der mit aller Entschiedenheit zu ahnden war.

1517 – EIN NEUER BLICK AUF DAS EPOCHENJAHR

1517 war und ist für die protestantische Geschichtsdeutung das *annus mirabilis*, das von Gott gewiesene Wunderjahr, Beginn einer Zeitenwende. Noch nach der Katastrophe des Ersten Weltkrieges stand für Adolf von Harnack (1851–1930), den wohl bedeutendsten Theologen und Wissenschaftsorganisator seiner Zeit, unverrückbar fest: *«Die Neuzeit hat mit der Reformation Luthers ihren Anfang genommen, und zwar am 31. Oktober 1517; die Hammerschläge an der Tür der Schloßkirche zu Wittenberg haben sie eingeleitet.»*[1]

2017 indes, im Moment des 500jährigen Reformations-Gedächtnisses in Deutschland und Europa, erscheint das Jahr 1517 in einem anderen Licht. Nicht nur, weil der Mythos des hammerschwingend die Neuzeit eröffnenden Reformators zerbrochen ist. Die Grundlagen unseres Geschichtsbildes haben sich radikal verändert: Der Anfang des 20. Jahrhunderts noch prägende konfessionelle Gegensatz zwischen Protestantismus und Katholizismus ist in den Hintergrund getreten, ebenso die europazentrische Geschichts- und Epochenbetrachtung. Gewachsen ist dagegen das welt- oder globalgeschichtliche Bewusstsein, das nicht mehr dem «Imperialismus des Universellen»[2] verhaftet ist. An die Stelle des europäischen Neuzeit-Monopols tritt zunehmend die Erkenntnis, dass auch in anderen Teilen der Welt Impulse zum Aufstieg neuer, neuzeitlicher Lebensbedingungen gesetzt wurden.

Damit steht auch die These von der einmaligen universalgeschichtlichen Modernisierungswirkung der im Ablassprotest 1517 geborenen Reformation in Zweifel, die mit der Aufklärung in das allgemeine Geschichtsbild des «Westens» eingegangen ist. In diesem Buch soll das «Epochenjahr 1517» in einem weiten, «globalen» Verständnis von Weltgeschichte neu vermessen werden. Dabei ist die Lupe der Wittenberger Feldforschung zu ergänzen durch das Fernrohr, das die welthistorischen Entscheidungen im Übergang vom Mittelalter zur Neuzeit auch anderwärts in Europa und der weiteren Welt erkennen lässt. Eine Globalgeschichte, wie sie für das 19. und 20. Jahrhundert, im Ansatz auch bereits für das Jahr 1688[3], erarbeitet wurde, wird aber nicht angestrebt – zu isoliert standen sich 1517 noch die Weltregionen, ihre Völker und Kulturen gegenüber. Mit dem Mitte des 15. Jahrhunderts einsetzenden Ausgreifen Europas auf neu entdeckte wie altbekannte Kontinente entwickelte sich zwar ein den Globus überspannendes Netz der Kommunikation und des Austauschs. Der rasche Informationsaustausch späterer Jahrhunderte war aber noch ebenso unbekannt wie die uns heute selbstverständliche Eine-Welt-Vorstellung.

Es geht zunächst um einen Bericht über das, was 1517 und in den vorangehenden oder folgenden Jahren, geschah; über die Akteure, ihr Denken und ihre Weltbilder; über die Beweggründe und Folgen ihres Handelns; über die Weichen, die sie für kurze oder langanhaltende Veränderungen stellten. Dabei werden wir mit Welten konfrontiert, die uns heute tief fremd sind. Selbst das uns scheinbar vertraute Europa wird von modernen Sozialhistorikern zu Recht als eine «world we have lost» charakterisiert.[4] Das Fremde beginnt bereits bei der Chronologie. Wer heute von 1517 spricht, geht umstandslos davon aus, dass dieses Jahr am 1. Januar begann und am 31. Dezember endete. Auch die Historiker verfahren in ihren Darstellungen so, müssen dabei aber nicht selten die Zeitangaben ihrer Quellen umrechnen. Denn in der historischen Realität war die Chronologie über die Jahrhunderte hin so bunt und verschiedenartig wie die Völker, Religionen und Kulturen.[5] Und so variieren auch der Anfang und das Ende des Jahres 1517 nicht unerheblich.

Dass über die Kontinente und Zivilisationen die Einteilung und Zählung der Jahre unterschiedlich waren, die Chinesen anders als die Europäer, Inder oder amerikanischen Hochkulturen, die Christen anders als Juden oder Muslime rechneten, wird niemanden überraschen. Ebenso wenig die teilweise bis heute abweichende eigene Chronologie der orientalischen Christen – bei den Kopten etwa war der 11. September Jahresbeginn – oder der orthodox-christlichen Länder, die ihre Jahreszählung aus Ostrom beziehungsweise Byzanz übernahmen und ein neues Jahr am 1. September beginnen ließ. Doch auch dort, wo der Papst Kirchenoberhaupt war, bedeutete das Jahr 1517 für die Zeitgenossen einen recht unterschiedlichen Zeitraum. Zwar hatten bereits die Römer ein gutes Jahrhundert vor Christi Geburt den Jahresbeginn vom bis dahin üblichen 1. März auf den 1. Januar verlegt, den Tag, an dem die Konsuln ihr Amt antraten. Für diese Angleichung der Jahreszählung an das Verfassungsleben hatten sie in Kauf genommen, dass die Zählung der Monatsnamen nicht mehr stimmte, zum Beispiel der September nicht mehr der siebte, sondern der neunte Monat war. Ganz verloren ging der altrömische Jahresbeginn im lateinischen Europa aber nicht. So begann in Venedig das Jahr 1517 am 1. März, was offensichtlich den ökonomischen Interessen der Handelsrepublik keinen Abbruch tat. Am 25. März, dem Fest Mariä Verkündigung, begann das Jahr in Florenz und Pisa, in Schottland und England, nach lokalen Traditionen dort aber auch bereits ein Vierteljahr früher am 25. Dezember, dem Weihnachtstag.

Zudem sollten mit der Thesenveröffentlichung Ende Oktober 1517 die Weichen für eine neue Differenzierung der Jahresberechnung im lateinischen Europa gestellt werden: Die gregorianische Kalenderreform des Jahres 1582, die wegen der Ungenauigkeit des bis dahin gültigen julianischen Kalenders 10 Tage übersprang (vom 4. auf den 15. Oktober), sollten die Protestanten ablehnen, weil sie «päpstlich» war. So wurde die Zeit konfessionell, und die protestantische Welt hinkte 10 Tage hinterher, in Deutschland bis 1700, in Schweden sogar bis 1753.

Wie die Zeit, so waren auch andere Grundbedingungen des menschlichen Lebens ganz anders geprägt als heute, in Europa wie auf anderen Kontinenten: Das Leben der Menschen, des Einzelnen wie der Gesellschaft, war in den engen wie strengen Rahmen der Natur eingespannt. Vom Wetter hingen Ernten und Lebensmittelpreise ab, dadurch gute oder schlechte Ernährung, Gesundheitsrisiken und Ab- oder Zunahme der Sterblichkeitsziffern und damit Bevölkerungsschwund oder Bevölkerungswachstum, was wiederum die Lebenschancen ganzer Generationen beeinflusste. Von diesen Naturzyklen bedingt, teils aber auch unabhängig davon, lauerte die Gefahr unbeherrschbarer, klein-

oder großräumiger Epidemien, unter denen die großen transkontinentalen Pestzüge des 14. Jahrhunderts nur die verheerendsten waren, die über Generationen hinweg die Menschen in Europa traumatisierten. Da man die uns heute selbstverständlichen naturwissenschaftlichen Methoden nicht kannte, suchte man – und keineswegs nur die große Masse der *Illiterati*, der Ungebildeten – Grund oder Sinn solcher Gefahren in einer transnaturalen Interpretation der Welt.

Stellen wir uns das Naturgeschehen für das Jahr 1517 in Europa vor Augen: Das *Wetter* haben die Menschen seit eh und je sorgfältig beobachtet, und seit Beginn der Schriftlichkeit haben sie darüber Notizen hinterlassen. In Europa stieg dieser Registrierungseifer während des späten Mittelalters sprunghaft an, so dass für 1517 eine Vielzahl von Wetterbeobachtungen vorliegt – aus Klöstern, in systematisch geführten Wetterjournalen, in Kalendarien oder Messtabellen, vereinzelt auch von Privatleuten in Stadt und Land. Danach entsprach das Wetter im Süden Mitteleuropas dem in dieser Phase der europäischen Wettergeschichte Üblichen: Nach zwei milden Wintern 1515 und 1516 wurde der Winter nun streng, so dass es wieder einmal – wie bereits 1514, danach aber erst wieder 1551 – zum *Seegfrörne* kam, dem vollständigen und länger stabilen Zufrieren der großen oberdeutschen und Schweizer Seen, namentlich des Bodensees, das von den Zeitgenossen stets aufmerksam, ja ehrfurchtsvoll festgestellt und über die Lande hin als Neuigkeit verbreitet wurde. Da zudem viel Schnee fiel, die Böden somit Feuchtigkeit speichern konnten, in den meisten Regionen Mitteleuropas bereits Ende März der Frühling ausbrach und Anfang April ungewöhnlich sommerliche Temperaturen herrschten, waren die Bedingungen für das Aufwachsen der Saat sehr gut.

Man konnte also eine reiche Ernte und somit stabile Nahrungsmittelpreise und eine gute Ernährungslage für die gesamte Bevölkerung erwarten. Indes, diese Prognosen erfüllten sich nicht durchgehend. Im weiteren Jahresverlauf schlug das Wetter wiederholt abrupt um. Zunächst blieb der Regen aus, so dass eines der trockensten Frühjahre des Jahrhunderts verzeichnet wurde und die Wasserknappheit die gut entwickelten jungen Pflanzen zu vernichten drohte. Als dann Ende des Monats noch harte Fröste aufzogen, waren die Wein- und Obstblüte weitgehend vernichtet, auf eine gute Ernte durfte man nicht mehr hoffen. Der Frühsommer war wieder außergewöhnlich trocken und heiß, so dass die Bäume das Wachstum einstellten. Da die Heuernte mager ausfiel, mussten viele Bauern aus Futtermangel einen Teil ihres Viehs an die Metzger verkaufen. Zudem war vorauszusehen, dass sie nur kleine Viehherden durch den kommenden Winter bringen könnten. Das Vieh auf den Weiden litt bereits, und es kam zur Verknappung von Milch und Milchprodukten. In der zweiten Julihälfte brachen lang anhaltende, sintflutartige Regenfälle mit schweren Stürmen aus und machten den Sommer zu einem besonders feuchten. Das Spätjahr von September bis in den November hinein wurde wieder besonders warm und trocken. So konnten mancherorts die Ernteverluste des Frühjahrs und des Sommers ein wenig ausgeglichen und die schwersten Hungersnöte abgewendet werden.[6]

Wetter und Versorgungslage scheinen in den verschiedenen Regionen Europas ähnlich gewesen zu sein. In den dendroklimatologischen Analysen, die das Wachstum der Jahresringe von Bäumen zugrundelegen, stellt sich das Jahr auch für England und Frankreich in Frühjahr und Sommer trocken und heiß, in der zweiten Hälfte aber übermäßig nass dar. Für den Südwesten, namentlich Kastilien, wird berichtet, dass die städtischen Unruhen, die 1520 in den gefährlichen Comuneros-Aufstand mündeten, sich bereits 1517 ankündigten und nicht unwesentlich durch schlechte Ernten und Schwierigkeiten in Handel und Versorgung veranlasst worden waren. Ähnlich in Ostmitteleuropa, wo Schlesien, Böhmen und Polen unter einem harten Winter mit Frosttoten und einem trockenen Frühjahr mit einer schlechten Weizenernte zu leiden hatten. Man klagte über Versorgungsengpässe beim Wein, der zudem von ganz schlechter Qualität sei. Im Herbst war dann die Ernte bei Roggen, Hafer und Gerste nicht schlecht, so dass in Böhmen und Polen die Kornpreise wieder sanken.[7]

Solche Wetterkapriolen, so sehr wir sie heute mit Sorge beobachten, weil wir in ihnen Vorboten einer Klimakatastrophe sehen, waren für die Menschen des 16. Jahrhunderts noch weit beunruhigender. Denn da der damaligen Landwirtschaft so gut wie keine Mittel zur

Linderung der Folgen zur Verfügung standen, waren alle ganz unmittelbar betroffen: die Bauern durch erhebliche Einnahmeverluste und Wertminderungen ihrer Betriebe und die breiten Schichten in Stadt und Land durch empfindliche Teuerung der Grundnahrungsmittel Getreide und Milch.[8]

In den wohlorganisierten größeren Städten allerdings wussten die Magistrate bereits durch Kornbevorratung und Preiskontrolle bei Mehl und Brot gegenzusteuern. Ein einzelnes, moderat schlechtes Wetterjahr wie 1517 konnten die Menschen damals bewältigen, zumal wenn man wie die niederländischen und westdeutschen Städte über den Wasserweg an die Kornzufuhr aus dem Baltikum angeschlossen war. Die Nahrungsversorgung der breiten Schichten blieb dort in der Regel stabil. In der Reichsstadt Köln zum Beispiel, einer der größten und bestverwalteten Städte Mitteleuropas, zeigen die monatlichen Kornpreislisten für 1517 keine starken Ausschläge. Im Gegenteil, der Spätjahrespreis war geradezu moderat, nämlich 3,58 Mark nach der Kölnischen Rechnungseinheit gegenüber 5,21 Mark im Jahr zuvor oder gar 10 Mark in der wirklichen Krisenzeit zu Ende der 1520er Jahre.[9] Ganz anders sah es dagegen für die Bewohner der vielen Mittel- und Kleinstädte oder die in manchen Regionen bereits recht starken unterbäuerlichen Gruppen auf dem Lande aus. Für sie konnten bereits einzelne schlechte Erntejahre bedrohlich werden.

Neben Hungersnöten und dadurch bedingter Anfälligkeit der Bevölkerung hatten *Epidemien* eine physiologische wie seelische Wucht, die man sich heute kaum noch vorstellen kann. In Europa zählte das Jahr 1517 zu den weniger belasteten Jahren, allemal wenn man es mit den schrecklichen Pestjahren zu Mitte des 14. Jahrhunderts vergleicht, die – wie etwa Dürers berühmte Apokalyptische Reiter belegen – noch tief im kollektiven Bewusstsein der Menschen eingegraben waren. Gleichwohl schlug diese Geißel auch in diesem Jahr zu und ängstigte die Menschen. Nicht in Form der Pest, sondern als *Englischer Schweiß*, benannt nach dem Ursprungsland, wo die Seuche 1486 erstmals ausgebrochen war, und den Symptomen – Ohnmacht, Herzjagen, Angstzustände, Magenkrämpfe, heftige Kopfschmerzen, begleitet von alle Kräfte erschöpfenden Schweißausbrüchen. Wieder war es die Insel, die heimgesucht wurde. Und da dort jedem noch die hohen Todeszahlen der ersten Welle vor Augen standen, wussten Herrschende wie Beherrschte sogleich, was auf sie zukam, als im Hochsommer, typischerweise bei feucht-nebliger Witterung, die ersten Berichte über Erkrankungen durch das Land liefen.

Durch ihr weitgespanntes Korrespondenznetz erfuhren auf dem Kontinent zuerst die Humanisten vom Ausbruch der gefürchteten Krankheit, so Erasmus von Rotterdam bereits am 19. August durch den Brief seines Freundes Thomas Morus: *«Wenn es je Beunruhigung gab, so sind Gefahr und Verzweiflung bei uns nun größer denn je. Überall gibt es viele Tote. In Oxford, Cambridge oder London werden die Menschen in kürzester Frist aufs Totenbett geworfen. Ich habe den Verlust vieler meiner besten Freunde zu beklagen, darunter – und das wird auch Dir Schmerz und Trauer bereiten – unser teurer Andrea Ammonio, der ein großer Verlust für die gelehrte Welt und alle rechtschaffenden Menschen ist. Angesichts seines maßvollen Lebens wähnte er sich bestens vor Ansteckung geschützt. Zudem hatte die Epidemie noch keinen seiner Leute getroffen, obgleich er selten jemanden traf, dessen Haushalt nicht gelitten hatte. Davon prahlte er zu mir und vielen anderen noch wenige Stunden, bevor er selbst davongetragen wurde. Denn die Schweißkrankheit ist nur den ersten Tag tödlich.»*[10]

Die längerfristigen demographischen Folgen waren umso gravierender, als vornehmlich junge Menschen aus Adel, Groß- und Bildungsbürgertum dahingerafft wurden, während die Alten und Kinder eher verschont blieben.

Als sich im Laufe des Spätsommers die Nachricht über den Englischen Schweiß über die Gelehrtenzirkel hinaus in Europa verbreitete, fühlten sich auch die Menschen auf dem Kontinent betroffen, obgleich sie diese Epidemie erst Ende der zwanziger, Anfang der dreißiger Jahre heimsuchen sollte. Die Erschütterung ergab sich nicht aus einer direkten gesundheitlichen Bedrohung. Vielmehr war es die Angst vor einem für den Englischen Schweiß charakteristischen plötzlichen Tod, der dem Menschen keine Zeit lässt, sich mit seinem Gott zu versöhnen und ihn somit in die ewige Verdammnis reißt. Auch darin kam die tiefe religiöse Krise des Zeitalters zum Ausdruck, die 1517 einen Höhepunkt erreichte.

Setzen wir unsere Betrachtung des Jahres von außen nach innen fort, beginnend mit den politischen Ereignissen im lateinisch-christlichen Europa und den im Osten und Südosten angrenzenden osteuropäisch-orthodoxen beziehungsweise vorderasiatisch-arabischen Zonen. Zu besichtigen ist hier die große politische Welt der konkurrierenden Dynastien, Herrschaften und frühmodernen Staaten einerseits und der aufziehenden Konfrontation zweier Weltreligionen und «Weltreiche» andererseits (Kap. I). Daran anschließend werden zwei prominente Antworten auf die vordringlichen Probleme der Zeit behandelt: Überlegungen zur Friedenssicherung, die durch das innereuropäische und das internationale Mächtering immer schwieriger wurde, und zur Sicherung der Geldwertstabilität, die zwischen dem rasanten transkontinentalen Aufschwung des Handels und dem regionalen, teils sogar nur lokalen Zuschnitt der Münzpolitik zu zerbrechen drohte (Kap. II). Von dort schreiten wir voran zu den Begegnungen mit den fernen Zivilisationen Asiens und Amerikas (Kap. III). Die Perspektive zurück auf Europa selbst gewendet, geht es sodann um den Zusammenhang von neuem «Weltwissen», das in den Jahren um 1517 mit Macht nach Europa strömt, und den autochthonen kulturellen Aufbruch im Zeichen von Humanismus und Renaissance (Kap. IV). In einer tieferen Schicht sind die kollektiven Ängste der Menschen und die magisch-kosmische Deutung der Welt angesiedelt, einschließlich der Stigmatisierung des und der Fremden, im Europa des frühen 16. Jahrhunderts insbesondere der Juden und Moslems, genauer der von außen anstürmenden Türken und der arabischen Maurescos in Spanien (Kap. V). Die letzten Kapitel führen ins religiöse Innere der lateinisch-christlichen Zivilisation und zu den geistigen, politischen und sozialen Spannungen, die den Mythos des Jahres 1517 schufen. Zunächst geht es um den Widerspruch zwischen dem Renaissance-Glanz in Rom, dem päpstlichen Nabel der Welt, und dem ungestillten Verlangen der Christenheit nach spirituellen und institutionellen Reformen (Kap. VI). Dann führt der Szenenwechsel «an den Rand der Zivilisation», wo das fürs Erste noch ganz unspektakuläre Denken und Handeln eines Augustinermönchs binnen kurzem aus Wittenberg das Gegen-Rom werden ließ (Kap. VII).

I.

ZWEI WELTREICHE UND EIN DRITTES ROM KÜNDIGEN SICH AN, ABER AUCH EIN STURM GEGEN UNTERDRÜCKUNG UND WILLKÜR

Wer spätes Mittelalter und beginnende Neuzeit ein Zeitalter der Religion nennt, muss hinzufügen, dass es auch und in manchem sogar vorrangig ein Zeitalter des Politischen war. Theoretisch, indem – wie das nächste Kapitel näher zeigen wird – Ordnungsentwürfe entstanden, die über die Jahrhunderte hin die Diskussion über die Grundprinzipien im Zusammenleben der Menschen bestimmen sollten. Und in der politischen Praxis hatte das Ringen um die Verteilung von Macht und Ansehen eingesetzt, zwischen den Fürsten ebenso wie im Innern ihrer Herrschaften. Innerhalb der einzelnen Gemeinwesen ging es um zwei einschneidende Neuregelungen – um die Durchsetzung staatlicher, meist fürstlicher Prärogativrechte gegenüber den traditionell an der Herrschaft beteiligten Ständen und um die Gewöhnung der Untertanen, Bürger wie Bauern, an regelmäßige Steuerzahlungen; es sei denn sie lebten wie die Griechen und bald Teile des Balkans unter osmanischer Herrschaft mit einer anderen Art der Staatsfinanzierung.

Zwischen den Herrschern und ihren Ländern ging es um die Verteilung von Macht und Ehre in der sich herausbildenden europäischen Staatenordnung, ein Kampf, der militärisch, diplomatisch und nicht zuletzt ehepolitisch ausgetragen wurde. Denn die Politik wurde in dieser Epoche nicht von Staaten nach Art der institutionell formierten Staaten des 19. Jahrhunderts, von Nationalstaaten ganz zu schweigen, bestimmt, sondern von Fürsten und Dynastien. In Europa waren das in der Regel

Könige und Königsdynastien, im Heiligen Römischen Reich auch Kurfürsten, Herzöge/Erzherzöge, teilweise selbst Grafen. Mit ihrem Machtringen ging eine rasch voranschreitende Modernisierung des Militärwesens, vor allem der Waffentechnik einher. Die im späten 14. Jahrhundert aufkommenden Schusswaffen – Handwaffen, bald auch Kanonen, zunächst für das Bombardement von Städten, seit dem Italienfeldzug Karls VII. von Frankreich ausgangs des 15. Jahrhunderts auch als bewegliche Feldgeschütze – hatten die Kriegführung der Europäer von Grund auf verändert. Das adlige Ritteraufgebot wurde Zug um Zug durch besoldete, größtenteils aus «Infanteristen» bestehende Söldnerheere ersetzt. Beides – Söldner wie Gewehre und Kanonen, deren Technik ständig aufwendiger wurde – kostete die Kriegführenden Geld, Geld und nochmals Geld: «*Pecunia nervus rerum*»/«Das Geld ist der Nerv aller Dinge» wurde zur Maxime, die jeder Fürst zu beachten hatte. Der Ausbau von Kriegswesen und Militärtechnik zog zwangsläufig den Aufbau des Steuer- und Fiskalstaates nach sich. Begehrt und teuer waren vor allem die Schweizer Söldner, so wie heute noch bei den Päpsten. In Italien übernahmen Condottieri die Führung der Söldnerheere, Kriegsunternehmer, die auf Vertragsbasis Truppen versammelten und in den Dienst der Fürsten oder Stadtstaaten stellten. Ähnlich die deutschen Landsknechtsführer wie Georg von Frundsberg (1473–1528), der berühmteste unter ihnen, Feldhauptmann der Römischen Kaiser Maximilian I. und Karl V.[1]

Als Reaktion auf die zunehmende Durchschlagskraft der Kanonen gingen mathematisch geschulte Ballistiker, Festungsingenieure und Renaissancebaumeister daran, Schussbahnen und Einschlagwinkel der Kugeln zu berechnen, um Wege zu finden, wie sich die Schäden an den Verteidigungsmauern begrenzen ließen. Das Ergebnis waren die komplexen Fortifikationsanlagen der Renaissance, die an die Stelle des einfachen, einlinigen Mauerrings mittelalterlicher Städte und Burgen traten. Wieder hing alles vom Geld ab. Denn die technisch und finanziell äußerst anspruchsvollen Renaissanceanlagen mit ihrem komplizierten System von Wällen, Gräben, Ravelins, Bastionen, Schanzen und weit ins Umland ausgreifendem Schussfeld und Vorwerken bedeuteten einen riesigen Aufwand an planender Intelligenz, Arbeitskraft und Material.

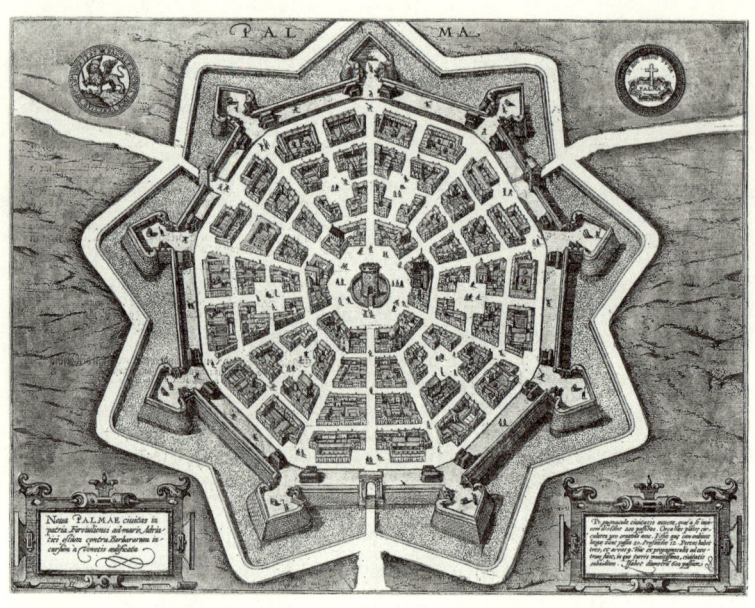

Die oberitalienische Festungsstadt Palmanova auf der Terra Ferma Venedigs galt schon in Braun/Hogenbergs Civitates orbis terrarum als Krone der Festungs- und Stadtbaukunst der Renaissance.

Die erste Blüte erlebte der neuzeitliche Festungsbau in Italien, wo sich im 15. Jahrhundert die mächtepolitische Konkurrenz der fünf Mittelstaaten herausgebildet hatte – von Mailand, Venedig, Florenz, Kirchenstaat und Neapel. Die *trace italienne*, wie die moderne Festungstechnik bald hieß, kündigte sich 1452 mit dem Traktat *De Re Aedificatoria* des Humanisten Leon Battista Alberti an. Dort wurde vorgeschlagen, statt des bislang üblichen Mauergürtels einen Sternenkranz um den zu verteidigenden Ort zu legen. Die Kanonenkugeln träfen so nicht mehr frontal und richteten geringere Schäden an. Eine Generation später erfand Giuliano da Sangallo bei der Planung der toskanischen Festung *Poggio Imperiale* die Bastionenkette – in regelmäßigem Abstand aus der inneren Befestigung weit vorspringende und mit Kanonen bestückte Plateaus, die den anstürmenden Feind ins Kreuzfeuer der Verteidiger zwingen. Die erste ausgereifte Renaissancefestung ließ in den 1520er Jahren die Republik Venedig durch Michele Sanmicheli in Verona errichten. Der Höhepunkt des italienischen Festungsbaus sollte dann gegen Ende des Jahrhunderts mit der neugegründeten Festungsstadt Palmanova erreicht werden, auch sie von Venedig errichtet, nun zum Schutz vor den akut drohenden Türkeneinfällen.

Dass das in Italien entstandene neuzeitliche Mächtesystem sich über den Kreis der europäischen Fürsten ausweiten würde, hatte sich bereits Ende des 15. Jahrhunderts angedeutet. Die (noch genauer darzulegenden) Ereignisse des Jahres 1517 sollten das dann endgültig und drastisch klar werden lassen. Die Ausweitung erfolgte in doppelter Richtung: Von Südosten her stießen die muslimischen Osmanen nach Europa vor und zwangen die christlichen Herrscher zu reagieren – sich zu einem gemeinsamen Abwehrkampf zusammenzufinden oder einzeln ihre Interessen wahrzunehmen, gegebenenfalls durch Absprachen oder gar Bündnisse mit der Hohen Pforte, wie die osmanische Regierung am Bosporus genannt wurde. Etwa gleichzeitig reklamierte im Nordosten der christlich-orthodoxe Moskowiter Großfürst Iwan III. das politische und kirchliche Erbe der byzantinischen Kaiser und erklärte Moskau zum neuen, dritten Rom und sich selbst zum Kaiser beziehungsweise Zaren. Das war ein Anspruch, der unmissverständlich die Teilnahme Moskaus am europäischen Mächtespiel ankündigte und im Westen Papst und Kaiser herausforderte.

Das Jahr 1517 stand mächtepolitisch bereits ganz unter dem Vorzeichen dieses erweiterten Ringens um die Neuordnung Europas. Wichtige Weichen für die zukünftige Machtkonstellation auf dem Kontinent und darüber hinaus wurden gestellt. Dabei zeichnete sich die militärische wie religiös-ideologische Konfrontation zweier Weltreiche ab – Weltreich verstanden als Großreich, das in verschiedenen Weltregionen zu Wasser und zu Lande seine Interessen verfolgt und nach Hegemonie strebt. Dieser Konflikt zwischen muslimischem Osmanen- und christlichem Habsburgerreich sollte für Generationen Europa in Atem halten. Seine Wirkungen sind heute noch erkennbar, auf dem Balkan wie in Griechenland.

1517 indes, das ist bei unserer Betrachtung im Auge zu behalten, war erst eine der beiden Seiten, das osmanische Reich, sichtbar und handlungsfähig. Die Türken hatten ihren Weltmachtanspruch bereits entscheidend gefestigt, und dies nach Osten gegenüber den Persern und in Richtung des Indischen Ozeans wie auch nach Westen auf dem Balkan und im östlichen Mittelmeer gegenüber dem Handelsimperium Venedigs. Die habsburgische Weltmacht dagegen gab es zu diesem Zeitpunkt noch nicht. Als christliche Weltmacht konnte allenfalls Portugal gelten, das aber kein territoriales Großreich anstrebte, sondern ein den Globus umspannendes Handelsimperium, das durch einzelne territoriale Stützpunkte abzusichern war.[2] Am Kampf um machtpolitischen Vorrang und Hegemonie in Europa nahm es nicht teil.

So war die europäische Mächtekonstellation gekennzeichnet von einer noch nicht entschiedenen Konkurrenz zwischen der Krone Frankreichs, die Ende des 15. Jahrhunderts die Offensive ergriffen hatte, einerseits und der dagegen errichteten, von einem Ehebündnis befestigten Allianz zwischen den spanischen Königreichen und der habsburgischen Kaiserdynastie anderseits. Dieser Allianz war mit dem jungen, eben siebzehnjährigen Erz- und Burgunderherzog Karl ein Erbe herangewachsen, der alle Voraussetzungen mitbrachte, auf der von den Großeltern – den spanischen Königen Isabella und Ferdinand und Kaiser Maximilian I. – bereitgestellten dynastischen und territorialen Grundlage das Weltreich der Habsburger zu errichten. Er war von dem hohen Majestätsbewusstsein seiner kaiserlichen und königlichen Vorfahren durchdrungen und angetrieben durch den Willen zu Ruhm und Macht, der die Großen seines Zeitalters auszeichnete. Und er war von der flamboyanten Religiosität seiner burgundischen Heimat beseelt, die ihn zu einem glühenden Verfechter des christlichen Glaubens werden ließ – Wahrer der Orthodoxie im Innern der Christenheit und *miles Christianus* im äußeren Kampf gegen die türkischen Muslime.

1. Kastilischer Herbst – Herrscherwechsel in Spanien und die Vision habsburgischer Vormacht in der Christenheit

Geboren wurde das zukünftige Weltreich der Habsburger im Spätherbst 1517 in Kastilien, und zwar durch eine dynastisch-staatenpolitische Entscheidung innerhalb der Häuser Kastilien, Aragon und Habsburg. Konkret ging es darum, endgültig die Nachfolge der Katholischen Könige Ferdinand von Aragon und Isabella von Kastilien zu regeln, deren Eheschließung 1469 ihre Reiche vereinigt und damit die Grundlage für das neuzeitliche Spanien gelegt hatte. Isabella war bereits 1504, Ferdinand im Januar 1516 gestorben. Seitdem lag die Regentschaft in der Hand des hochbetagten Erzbischofs von Toledo Francisco Jiménez de Cisneros, der in staatlichen wie kirchlichen Angelegenheiten gleichermaßen versiert war. Zudem hatte er ein großes wissenschaftliches Werk auf den Weg gebracht, das der theologischen Erneuerung der Christenheit diente und, was er selbst in diesem Moment natürlich nicht ahnen konnte, entscheidend dazu beitragen sollte, Spanien gegenüber der aufbrechenden Reformation zu immunisieren.

Dem dynastischen Erstgeburtsrecht nach stand die Herrschaft über Aragon und Kastilien Erzherzog Karl zu, dem im Februar 1500 in Gent geborenen ältesten Enkel des Verstorbenen. Als Erbe seines 1506 in Burgos gestorbenen Vaters Philipp von Burgund regierte Karl seit seiner Volljährigkeit 1515 die Niederlande und Burgund. Um sein Recht auf die spanischen Herrschaften zu realisieren, waren nicht unerhebliche Widerstände zu überwinden. Alles hing vom politischen Geschick seiner Anhänger, aber auch von seiner eigenen Entschiedenheit ab. Es sollte sich sogleich zeigen, dass beides glücklich zusammentraf: Karl, obgleich beim Tod des Großvaters noch nicht ganz sechzehnjährig, ließ keinen Zweifel an seinem Willen, die spanische Nachfolge anzutreten. Er war in Mecheln an einem der glanzvollsten Höfe Europas in der großen Tradition der burgundischen Herzöge erzogen worden, unter der strengen Aufsicht seiner Tante Margarete von Österreich, Statthalterin der Niederlande und politisch wie kulturell eine der bedeutendsten Herrscherpersönlichkeiten des Renaissancezeitalters.[3]

Durchdrungen vom Majestätsbewusstsein der Duc de Bourgogne, stand für den jungen Erzherzog fest, dass Gott das Haus Habsburg-Burgund zur Herrschaft in der Christenheit bestimmt hatte. Als ältester Nachkomme der spanischen Könige hatte er diesem Gebot Folge zu leisten, wo immer es gefordert war.[4] Seine burgundischen Berater bestärkten ihn darin, und so fand sogleich, als das Ableben Ferdinands von Aragon in den Niederlanden bekannt wurde, in Brüssel die Proklamation des burgundischen Herzogs zum König von Kastilien und Aragon statt.

Allen war klar, dass die letzte Entscheidung im Lande selbst fallen, der junge Habsburger also nach Spanien reisen musste. Zwar lag in Kastilien die Statthalterschaft in den bewährten Händen von Erzbischof Cisneros, der alles daransetzte, Karls Position zu festigen und ihm den Weg zur offiziellen Inthronisierung zu ebnen. Doch gab es zwei ernsthafte Konkurrenten, um die sich eine mögliche Opposition gegen die Thronfolge des fremden Burgunderherzogs scharen konnte – Karls Mutter Johanna von Kastilien und sein um drei Jahre jüngerer Bruder Ferdinand. Johanna war seit dem frühen Tod ihres leidenschaftlich geliebten Ehemannes im Jahr 1506 seelisch gebrochen und lebte in Tordesillas in absoluter Zurückgezogenheit. Gleichwohl oder gerade deswegen konnte sie als Kristallisationspunkt des Widerstands kastilischer Granden dienen. Gefährlicher war Ferdinand, der – wo er denn wollte – eine kraftvolle Alternative bot und sich auch leicht dazu hätte aufbauen lassen. Denn Ferdinand, leutselig und offen, war ein Einheimischer. 1503 in Alcalá de Henares bei Madrid geboren und in Kastilien aufgewachsen, war er, wie «seine» Partei nicht müde wurde zu verbreiten, der Wunschnachfolger seines eben verstorbenen spanischen Großvaters Ferdinand. Karl dagegen galt als verschlossen und – wie der Kastilier Alonso Manrique de Lara, der noch unter seinem Vater Philipp dem Schönen in die Niederlande gekommen war, nach Kastilien berichtete – als *«weltfremd erzogen, vor allem fern von der Welt der Spanier, was von Übel ist und noch mehr sein wird, wenn er nach Spanien kommt. Es ist ein großer Missstand, dass er kein einziges Wort auf Spanisch sagen kann, obwohl er ein wenig spanisch versteht.»*[5]

In dieser Situation war es für Karl und seine flämischen Berater geboten, so rasch wie möglich nach Spanien aufzubrechen, um im

Lande selbst die «burgundische Thronfolge», wie Karls Anspruch in Spanien parteiisch charakterisiert wurde, sicherzustellen. Die Reise war allerdings sorgfältig vorzubereiten und politisch zu flankieren, denn die europäischen Herrschaften und Völker waren längst so eng miteinander verflochten, dass gravierende Veränderungen wie die Personalunion zweier so bedeutender Herrschaftskomplexe wie Burgund und Spanien von allen anderen Herrschern mit Argwohn verfolgt wurden. Im vorliegenden Fall galt das besonders für Frankreich, das seit seiner Intervention in Italien zu Ende des 15. Jahrhunderts Gegenspieler Habsburgs ebenso wie Burgunds und Spaniens war und sich nun unversehens der Gefahr einer Umklammerung ausgesetzt sah. Und da der Reiseweg entlang der französischen Küste eine Abstimmung mit der französischen Krone unumgänglich machte, leitete die burgundische Diplomatie Verhandlungen mit König Franz I. ein, die im August 1516 zum Vertrag von Noyon führten. Das Wohlwollen der Franzosen war teuer erkauft – mit der Zusage einer jährlichen Tributzahlung, dem Verzicht auf das von Ferdinand von Aragon gerade kürzlich Spanien inkorporierte Navarra südlich der Pyrenäen und einem für die dynastischen Interessen der Habsburger wenig attraktiven Eheversprechen Karls an die gerade einjährige französische Prinzessin Louise. Zudem war Kaiser Maximilian verärgert, der in Norditalien noch im offenen Krieg mit Frankreich stand, und in den Niederlanden selbst spitzten sich die traditionellen Gegensätze zwischen pro- und antifranzösischen Kräften zu.

Allein, es war die Zeit der Realpolitik à la Machiavelli, die in den flüchtigen Konjunkturen der Fortuna den egoistischen Machtinteressen nachjagte und dabei wenig Rücksicht auf traditionelle Loyalitäten nahm – aber ebenso wenig auf neueingegangene. So wird selbst Franz I. nicht sicher gewesen sein, dass die Habsburger sich an die Absprachen halten würden, säßen sie in Spanien einmal fest im Sattel. England jedenfalls, das unter Kardinal Wolsey seit Jahren eine scharf antifranzösische Außenpolitik betrieb, setzte genau darauf: Statt sich über die französische Wende der burgundischen Politik enttäuscht oder gar verärgert zu zeigen, blieb man guten Mutes, dass Karl als König in Spanien sogleich in die gewünschte anti-französische Allianz einschwenken werde, und stellte im Sommer 1517 zur Finanzierung des aufwendigen Zuges die ansehnliche Anleihe von 100 000 flämischen Gulden zur Verfügung.[6]

So konnte sich die an Zahl wie Ehre ansehnliche Reisegesellschaft Anfang Juli endlich im seeländischen Hafen Middelburg versammeln, musste aber noch endlos auf günstiges Segelwetter warten. Am 8. September war es dann so weit. Die herzogliche, ihrem Selbstverständnis nach bereits königliche Flotte konnte von Vlissingen aus in See stechen, immerhin nicht weniger als 40 Schiffe.[7]

Mit an Bord des königlichen Flaggschiffs war Karls ältere, eben neunzehnjährige Schwester Eleonore, für die der Sommer 1517 eine bittere Entscheidung brachte – ein ganz persönliches Schicksal, zugleich aber typisch für Frauen der europäischen Fürstengesellschaft. Mit der seeländischen Küstenlinie versank ihr Jungmädchentraum, dem sie umso tiefer verfallen sein mochte, als er von vornherein ohne Zukunft war: Unbeachtet von den mit großen politischen Plänen beschäftigten Granden des Burgunderhofes hatten sich zarte Bande zwischen der Habsburgerin und dem Pfalzgrafen Friedrich geknüpft, der sich im Dienste des Hauses Habsburg militärisch wie diplomatisch hoch verdient gemacht hatte. Beide gaben sich offensichtlich der Illusion hin, ihre Liebe könne in eine Ehe münden. Diese Hoffnung wurde im Hochsommer 1517 jäh zerrissen, als Eleonore kurz vor dem Auslaufen der Flotte bei der Lektüre eines Liebesbriefes von Friedrich überrascht wurde.[8] Eine Liebeshochzeit der Prinzessin stand im Widerspruch zu den politischen Interessen des Hauses. Das ursprüngliche Projekt einer französischen Ehe war zwar gescheitert, doch eben hatte sich eine neue, für die habsburgischen Allianzpläne nicht weniger verlockende Hochzeitsperspektive eröffnet: In Lissabon war am 7. März 1517 die zweite Ehefrau König Manuels I. von Portugal gestorben, Maria von Aragon-Kastilien, eine Schwester von Karls und Eleonores Mutter Juana (Johanna), also ihre Tante. Das eröffnete die Möglichkeit, die dynastische Verbindung zu Portugal, dem Nachbarn jener Länder, deren Krone man gerade übernahm, durch ein neues Ehebündnis zu festigen. Gute Beziehungen zu Lissabon und seinem mit Reichtümern aus aller Herren Länder ausgezeichneten Hof waren für Karl und seine burgundischen

Räte verlockend genug, um mit allen Mitteln zu verhindern, dass sich die für solche heiratsdiplomatischen Pläne wichtigste Person an einen einfachen Reichsfürsten verschwendete.

Karl agierte als Familienoberhaupt, sicherlich von seiner Umgebung beraten, aber bereits ganz und gar nach der eigenen, ihm tief eingewurzelten Familienraison: Den Liebenden wurde jeder Kontakt, auch brieflicher, verboten; Friedrich wurde vom Hof entfernt; zuvor aber hatten beide vor einem Notar zu beurkunden, dass es nicht zum Äußersten gekommen war, Eleonore also noch eine Rolle in der habsburgischen Ehediplomatie zugewiesen werden konnte.

All das entsprach den Gepflogenheiten europäischer Heirats- und Allianzpolitik, die die Habsburger stets beherrscht hatten. Karl spielte dieses Spiel besonders virtuos, entschieden und erfolgreich – gemäß der bald sprichwörtlichen Devise *«bella gerant alii, tu felix Austria nube»*/«andere mögen (zum Erreichen ihrer Ziele) Krieg führen, du glückliches Österreich heirate». Als ihn bei einem späteren Anlass seine Tante um «Erbarmen» mit einer Habsburger Prinzessin bat, die er aus politischem Kalkül im Kindesalter mit einem Jahrzehnte älteren Monarchen verheiraten wollte, antwortete er schroff, er selbst diene dem Hause Habsburg ohne Rücksicht auf persönliche Vorlieben und das verlange er auch von den weiblichen Mitgliedern des Hauses. Dynastischer Glanz und machtpolitischer Aufstieg verlangten Opfer, die alle Mitglieder der Fürstengesellschaft, Mann wie Frau, in persönlichem Einsatz oder Verzicht auf Kosten des eigenen Lebensglücks zu erbringen hatten.

Die portugiesische Ehe wurde dann in der Tat rund anderthalb Jahre später, am 7. März 1519, in Lissabon geschlossen. 1525 heiratete Karl selbst Isabella, die älteste Tochter König Manuels aus erster Ehe, also die Stieftochter seiner Schwester Eleonore. Diese, inzwischen dreiundzwanzigjährig, war zu diesem Zeitpunkt längst Witwe. Ihr dreißig Jahre älterer Mann, dem sie noch zwei Kinder geboren hatte, war bereits im Dezember 1521 gestorben. Die Liebe der jungen Jahre erhielt aber keine neue Chance. Karl, inzwischen Deutscher König und erwählter Kaiser, lehnte die erneute Werbung Friedrichs von der Pfalz ab – auch als Witwe hatte Eleonore nicht an ehediplomatischem Wert verloren. 1530 wurde sie schließlich mit Franz I. von Frankreich verheiratet, was ihr kein persönliches Glück und dem Hause Habsburg nicht die erhoffte endgültige Versöhnung mit den rivalisierenden Valois bringen sollte. Gleichwohl bemühte sich Eleonore wiederholt persönlich um Vermittlung. Als Franz im März 1547 starb, kehrte sie zurück an den Hof ihres kaiserlichen Bruders und teilte wenig später dessen Altersexil in der spanischen Extremadura, zusammen mit ihrer ebenfalls verwitweten Schwester Maria von Ungarn.

Von dort aus unternahm sie den Versuch, noch einmal in die Welt ihrer frühen portugiesischen Jahre zurückzukehren: Gegen politische Widerstände und Ressentiments der Portugiesen setzte sie ein Treffen mit ihrer Tochter Maria durch, ihrem – nach dem Tod eines Sohnes im Säuglingsalter – einzigen Kind, das sie bei ihrer Abreise 1522 in Portugal hatte zurücklassen müssen. Voller Erwartung reiste Eleonore, inzwischen sechzigjährig, im Dezember 1557 in die Grenzstadt Bajadoz, wo sie bei unwirtlicher Witterung bis Ende Januar auf die portugiesische Prinzessin warten musste. Das Treffen wurde zur Begegnung zweier sich zutiefst fremder Menschen, die auch in den ihnen gewährten vierzehn Tagen nicht zueinander fanden. Statt der erhofften Versöhnung am Abend ihres Lebens, sah sich die Mutter durch das hochfahrende Verhalten der Tochter tief verletzt. Eine Pilgerreise quer durch die winterkalte Extremadura zur Madonna von Guadalupe verhieß himmlischen Trost, brachte aber noch im Februar 1558 den Tod. Ein erschütterndes Frauenschicksal, das den ehernen Gesetzen der Zeit geschuldet war. Eleonore wurde aber die symbolische Überhöhung zuteil, die den Zeitgenossen ewige Ehre schien: Als ihr Neffe König Philipp von Spanien im Escorial die Grablege seiner Dynastie errichtete, hielt auch Eleonore Einzug in das Pantheon der Habsburger. Ein postmortaler Triumph, der heute noch als Touristenattraktion Beachtung findet.

Kehren wir zurück in den Herbst 1517 und zur Überfahrt der burgundischen Flotte nach Spanien. So hochfliegend die Erwartungen, so mühselig die Reise: Vor der spanischen Küste gebärdete sich die See derart ungastlich, dass das Flaggschiff mit der fürstlichen Gesellschaft an Bord den Hafen Santander verfehlte und sich unvermittelt mit der Steilküste Asturiens nahe dem Dorf Villaviciosa konfrontiert fand. Es folgten eine riskante Landung und eine fast zweimonatige kräftezehrende Reise durch das kaum erschlossene nördliche Hochland. Zudem musste der Hofstaat erst wieder zusammengeführt werden, da die Schiffe an verschiedenen Orten gelandet waren. Dass sich Karl nur langsam der Hauptstadt Kastiliens Valladolid näherte, war aber wohl auch politisch-taktisches Kalkül. Die burgundisch-flämischen Räte wollten erst Stimmung und Machtverhältnisse ausloten, ehe sie die offizielle Begegnung zwischen dem prätendierten Herrscher und den kastilischen Granden riskierten. Inopportun schien ihnen auch ein rasches Treffen mit dem greisen Cisneros, der einundachtzigjährig und krank den von Norden heranziehenden Habsburger in Roa nordöstlich vor Valladolid ungeduldig erwartete, um ihn in die kastilischen Regierungsangelegenheiten einzuweihen. Genau das wollten die flämischen Räte vermeiden, wären damit doch zwangsläufig unliebsame Festlegungen verbunden gewesen. So sollte es dem Kronregenten nicht mehr vergönnt sein, die Herrschaft persönlich in die Hand seines neuen Königs zu legen. Mit seinem Tod am 8. November blieb es ihm aber auch erspart, das Entlassungsschreiben zu lesen, das Karls burgundischer Berater Chièvres de Croy bereits für ihn abgefasst hatte.

Vordringliches Ziel der burgundischen Räte war es, den Ablauf der Herrschaftsübernahme auf gar keinen Fall durch die noch ungeklärten innerdynastischen Verhältnisse stören zu lassen. Der Hof zog daher an Valladolid vorbei und begab sich – inzwischen war es Anfang November – nach dem eine gute Tagesreise südwestlich der Hauptstadt gelegen Tordesillas, dem Witwensitz Johannas von Kastilien. Man traf dort am 4. des Monats ein und blieb eine Woche. Johanna wohnte im Königlichen Klarissinnenkloster Santa Clara, wo auch Karl und seine Schwester Eleonore zwei prächtige, mit Darstellungen aus dem Heiligenleben ausgestattete Räumlichkeiten bezogen. Nach sorgfältiger Vorklärung durch Karls Erzieher und Ersten Berater Chièvres kam es schließlich zu der persönlich wie staatspolitisch gleichermaßen denkwürdigen Begegnung mit der Mutter, die seit dem Tod der Spanischen Könige Isabella und Ferdinand formell die rechtmäßige Königin von Aragon und Kastilien war. Details über die Begegnung, bei der Karl und Eleonore auch ihre jüngste, 1507 geborene Schwester Katharina kennen lernten, sind nicht überliefert. Karl hielt in seinen knappen Lebenserinnerungen lediglich die Tatsache des Treffens fest: «*Die Reise bis Tordesillas fortsetzend, begaben sie sich dorthin, um der Königin, ihrer Mutter, die Hände zu küssen.*»[9] Der Hofchronist Laurent Vital aber, der am ausführlichsten über diese frühe Zeit berichtet, sah sich brüsk ausgeschlossen: Seine Finte, mit einer Fackel mehr Licht in das Gemach bringen zu müssen, wurde durchschaut und Karl selbst wies ihm die Tür.[10]

Womöglich besaß Eleonore vage Erinnerungen an die Mutter; nicht so Karl, der fast noch ein Säugling war, als Johanna an der Seite ihres Mannes nach Spanien aufbrach und nicht mehr zurückgekehrt war. Ein «natürliches Gefühl» (Karl Brandi) wird es somit kaum gewesen sein, das Karl veranlasste, vor der Begegnung mit den Ständen in Valladolid seine Mutter aufzusuchen. Es ging um die öffentliche Bekundung der Blutsbande und des Einvernehmens mit der aus Krankheitsgründen an eigener Herrschaftsausübung gehinderten Königin. Im dynastischen Denken der Zeit war das ein symbolisches Kapital von unschätzbarem Wert für die bevorstehenden Huldigungsverhandlungen mit den Ständen. Bei allem politischen und staatsrechtlichen Kalkül begegnete Karl seiner Mutter stets mit der gebührenden Hochachtung und ehrerbietigen Zuneigung, wie es seinem hohen Verständnis von der Majestät und dem göttlichen Auftrag seiner Vorfahren entsprach.

Das Szenario setzte sich fort, als Karl am 11. November weiterreiste, um in dem Städtchen Mojados, eine Tagesreise östlich von Tordesillas gelegen, seinen Bruder zu treffen. Ferdinand war die große Unbekannte in der burgundischen Rechnung, deren Stellenwert man unbedingt bestimmen musste, ehe man vor die Stände treten konnte. Das Treffen mit dem unbekannten Bruder[11] brachte die Entscheidung: Ferdinand stellte sich hinter die Ansprüche des Älteren und distanzierte sich von jeglicher Opposition gegen dessen Herrschaftsübernahme in den spanischen Reichen. Das wurde der ständischen Öffentlichkeit sogleich in einer höfischen Inszenierung vor Augen geführt: Bei Tisch diente Ferdinand dem zukünftigen König als Mundschenk und reichte ihm nach dem Händewaschen das Handtuch – ein symbolischer Akt, der den hohen Rang beider symbolisierte, des Herrschers ebenso wie seines ihm am nächsten stehenden Bruders. Brüderliche Eintracht zum Wohl des Hauses Habsburg und seiner auf Generationen hin gefestigten Machtdominanz in Europa.

Zunächst blieb noch eine Weile der schon vor Jahren erörterte Rochadeplan im Gespräch, demzufolge komplementär zum spanischen Königtum Karls Ferdinand in den Niederlanden und im Reich zur Herrschaft gelangen sollte. Gestalt nahm dieser Plan aber nicht mehr an. Und so präsentierte sich das Brüderpaar am 23. November bei dem feierlich zeremoniellen Einzug in die kastilische Hauptstadt Valladolid den Untertanen, den Granden wie dem einfachen Volk, in der ständisch und machtpolitisch gestuften Eintracht, die sie zeitlebens wahren sollten: Karl entfaltete alle Pracht des burgundischen Zeremoniells, wie sie den meisten der Anwesenden noch aus dem Einzug seines vielbewunderten Vaters, Johanns des Schönen, vor wenigen Jahren in Erinnerung war, und ihm zur Seite ritt der Infant Ferdinand, nachgeordnet, aber vom Glanz des Bruders erhoben und mit ihm der zweite zuverlässige Pfeiler habsburgischer Macht.

Mitte November 1517 war entschieden, dass Karl unbestritten die Ehre und Macht des Hauses Habsburg einnahm und repräsentierte. Mit der Herrschaft über Kastilien, wo er am 21. März 1518 erstmals die Cortes, die spanische Ständeversammlung, einberief, übernahm er die zugehörenden Länder in Übersee, deren Zahl von Jahr zu Jahr durch neue Entdeckungen zunahm. Mit Aragon fiel ihm das Königreich Neapel zu und damit die entscheidende Legitimation, die Interessen Habsburgs in Italien zu verfolgen. Darüber hinaus war ihm der Weg zum Deutschen König- und Römischen Kaisertum geebnet. Als er im Frühjahr 1519 in Aragon kurz nach der Huldigung der dortigen Stände erfuhr, dass Kaiser Maximilian, der Großvater väterlicherseits, gestorben war, griff er mit eben derselben Entschiedenheit zur Kaiserkrone,

1516, ein Jahr bevor der junge Habsburger das Erbe seines spanischen Großvaters Ferdinand von Aragon antritt, stellt ihn der Brüsseler Hofmaler Bernard van Orley mit den Insignien des Ordens vom Goldenen Vlies dar. Die weichen Züge lassen bereits das unerschütterliche Majestätsbewusstsein ahnen, mit dem er wenig später als König von Spanien und Römischer Kaiser sein Weltreich regiert und als «miles christianus» für die äußere Sicherheit und innere Einheit der Christenheit kämpft.

wie er zuvor zu den Kronen Spaniens gegriffen hatte. Die ihm von der niederländischen Regentin Margarete von Österreich empfohlene Alternative, aus taktischen Gründen seinem Bruder Ferdinand den Vortritt zu lassen, wischte er in einem noch in Barcelona ausgefertigten Brief vom Tisch: «In Anbetracht der Gelegenheit, die sich uns bietet», belehrte er seine Tante, «werden wir die Wahl nicht für den Infanten Don Ferdinando, sondern für uns betreiben. Wenn wir sie haben, werden wir mehrere große Projekte von Interesse für uns selbst, für den Infanten Don Ferdinando und für die Königreiche und Länder betreiben können, was wir nicht tun können, wenn wir jene Kaiserwahl nicht für uns erlangen, und zwar auch dann nicht, wenn sie auf Don Ferdinando fiele».[12]

Die Botschaft war unmissverständlich: Das Schicksal des Hauses Habsburg, und zwar auch das seiner einzelnen Mitglieder, war in den Händen Karls bestens aufgehoben. Seine Kräfte hatten sich daher auf seine Wahl zum Deutschen König und zukünftigen Kaiser zu richten.

So wurde am 28. Juni 1519 dann in der Tat der große Konkurrent, König Franz von Frankreich, geschlagen und der Herzog von Burgund und König der spanischen Reiche zum Kaiser erhoben. Damit war die Vorherrschaft Habsburgs in Europa endgültig klar. Mit der Kaiserwürde übernahm Karl die Verantwortung, die Christenheit gegen die anstürmenden Türken und den Islam zu verteidigen – eine Aufgabe ganz im Geiste der in Spanien noch starken Reconquista. Diese bis dahin in Europa ungekannte Konzentration realer und symbolischer Macht ging zwar auf die geschickte Ehediplomatie seiner Großeltern, Kaiser Maximilian und die Katholischen Könige Spaniens zurück, die für ihre Kinder Philipp und Margarete und Juana und Juan die 1496 vollzogene Doppelhochzeit absprachen. Das spanisch-burgundisch-deutsche Großreich, wie es nun Kaiser Karl beherrschte, hatten sie dabei aber nicht vor Augen. Es war zunächst nur ein machtpolitischer Schachzug im Kampf gegen Frankreich gewesen, das in Italien habsburgische wie spanische Interessen bedrohte und nach europäischer Vorherrschaft strebte. Erst eine Reihe nicht vorhersehbarer Todesfälle ermöglichte den Zusammenschluss der politisch wie kulturell sehr unterschiedlichen Herrschaften, als erster schon 1497 der Tod des jungen spanischen Thronfolgers Don Juan. Das «Grand design» einer einheitlichen spanisch-deutschen Großdynastie aber, das Europa und die spanische Welthemisphäre auf mehr als anderthalb Jahrhunderte prägen sollte, wurde erst im kastilischen Herbst des Jahres 1517 durchgesetzt, und zwar von dem gerade siebzehnjährigen Karl und seinen burgundischen Räten. Damit war der geostrategische und dynastische Gegensatz zwischen Habsburg und Frankreich geboren, zunächst zu den Valois, dann zu den Bourbonen – auch das eine welthistorische Weichenstellung, die bis ins 19. Jahrhundert fortwirken sollte, weit über Europa hinaus.

2. Der frühmoderne Fürstenstaat und das Murren der Untertanen gegen die neuen Zwänge

Gleichzeitig mit den Haupt- und Staatsaktionen in den Herrschaftszentren Kastiliens und Aragons, aber noch weitgehend unbemerkt von den Granden meldete sich im Jahr 1517 bereits der Unwille der Bevölkerung. Innerhalb weniger Jahre sollte daraus eine gewaltige Welle des Aufstands werden, die Fürsten wie Adel zu verschlingen drohte, in Spanien und Deutschland vor allem, aber auch anderwärts in Europa. Die Ursachen waren vielfältig und regional verschieden. Gemeinsam war ihnen ein strukturgeschichtlicher Umbruch, der die europäischen Länder seit dem ausgehenden Mittelalter erfasst hatte und den die Historiker «Herrschaftsverdichtung» und «frühmoderne Staatsbildung» nennen.

Der Staat, so wie wir ihn heute kennen, ist das Ergebnis eines langen Prozesses, der tief im Mittelalter wurzelt und an dessen Ende eine grundlegend neue politische und gesellschaftliche Ordnung stand. Es ging um die Errichtung des neuzeitlichen Territorial- oder Nationalstaates, der ein durch klare Grenzen definiertes Hoheitsgebiet besitzen sollte und eine einheitliche Staatsgewalt oder Obrigkeit, in der Regel in der Hand eines Fürsten und seiner Räte. Die Staatsbildung brachte zweifellos wichtige, uns heute unmittelbar einleuchtende Verbesserungen. Als Erstes das Monopol legaler Gewaltanwendung der Obrigkeiten oder des Staates. Es hatte sich in einem langen Ringen gegen die überkommene Vorstellung durchzusetzen, bestimmte soziale Gruppen besäßen die Freiheit, sich ihr vermeintliches Recht «mit bewehrter Hand» zu verschaffen, also – wie es die neue obrigkeitliche Rechtsauffassung sah – durch private und willkürliche Gewaltanwendung. Dieses Fehderecht nahm um 1500 in erster Linie der Adel, vor allem die Reichsritter, in Anspruch, gelegentlich aber auch Bürgergemeinden oder selbst nichtadlige Individuen, wie noch in der späten Lutherzeit der durch Kleist berühmt gewordene sächsische Fuhrunternehmer Michael Kohlhaas.[13] Ähnlich das Steuerrecht des Staates, das ebenfalls große Widerstände hervorrief und nur mit Druck und Gewalt durchzusetzen war, uns aber gerade heute wieder plausibel wird, wo ein schlechtes Steuersystem ganze Gesellschaften in die Krise reißt. Positiv war ohne Zweifel auch der Aufbau von Bürokratie und einem einheitlichen Gerichtswesen, das in einer höchsten Instanz gipfelt. Langfristig segensreich war schließlich zudem die Ausweitung der Staatsaktivitäten, die durch die Reformation eine ganz neue Legitimation erhalten sollten – gerichtet auf «staatlichen» Ausbau und Verbesserung von Schulen und Universitäten, Hospitälern und Altenheimen, auch Hygiene und Sicherheit.

So positiv sich all das langfristig auswirkte, die Menschen, die diesen fundamentalen Wandel durchlebten, sahen darin einen tiefen, unerhörten Anschlag auf ihre vielfältigen, von Landschaft zu Landschaft, von Stadt zu Stadt, Dorf zu Dorf variierenden Rechte und Freiheiten, die das alltägliche Leben tief prägten. In den Jahrzehnten um die Wende vom 15. zum 16. Jahrhundert war eine kritische Phase erreicht, in der die Folgen der neuen Ordnungsprinzipien immer unverhüllter zu Tage traten. Die Menschen – nach altem Recht privilegierte Adlige, teilweise auch Bürger, vor allem aber die Bauern – sahen ihre Welt auf den Kopf gestellt, vergleichbar den Bauern und Landarbeitern im letzten Drittel des 20. Jahrhunderts durch den «Untergang des Dorfes in Europa», wie ihn Geert Mak so konkret und eindringlich für das niederländische Dorf Jorwerd nachgezeichnet hat. Nur dass ihnen damals nicht sogleich Kompensation durch ein anderes, in vielem besseres Leben mit Auto, Supermarkt in benachbarten Kleinstädten, Fernsehen und Unterhaltung, Freizeit und geregeltem Urlaub geboten wurde.[14]

Neben den einfachen Menschen in Stadt und Land, die den Herrschenden nun als «Untertanen» galten, verloren auch die Gemeinden der Städte und Dörfer, die an Beteiligung und konkrete Mitspracherechte gewöhnt waren, durch die Konzentration der politischen Macht in der Hand der Fürsten an Einfluss und an Status. Wenn, wie 1517 mancherorts in Kastilien und Deutschland, wegen schlechter Ernte oder stockendem Handel auch noch Hunger herrschte, dann machte sich der Unwille der Untertanen über diese Veränderungen in Protest und Widerstand Luft.

In Kastilien brach der Widerstandsgeist zunächst unter den Granden des Reiches aus. Anlass war die handstreichartige Neubesetzung des mit dem Tod von Francisco Jiménez de Cisneros vakant gewordenen Erzstuhles von Toledo. Ohne sich mit den Ständen abzustimmen, hatten die neuen Herrscher dieses politisch wie kirchlich wichtigste Amt Kastiliens an einen der Ihren vergeben, an den noch nicht zwanzigjährigen Wilhelm III. de Croy. Die Berufung dieses Karrieristen – er war bereits Bischof von Cambrai und seit April 1517 Kardinal – widersprach eklatant dem ständischen Indiginatsrecht, das in Kastilien wie in den meisten anderen Ländern Europas die hervorragenden Positionen eines Landes den Einheimischen vorbehielt. Vollends unerträglich war, dass der neue Primas Kastiliens ein Neffe von Karls allmächtigem, den Spaniern besonders verhassten Berater Guillaume II. de Croy, Seigneur von Chièvres, war. Er repräsentierte somit in besonderer Weise die burgundische Kronelite, die man wegen ihres herrischen Auftretens längst als Besatzungsmacht empfand. Die Entscheidung war gleich am 9. November 1517 gefallen, nur einen Tag nach dem Tod des verehrten und im Land tief verwurzelten Kardinals Jiménez de Cisneros. Als mit dem Bischof von Zamora ein einheimischer Kandidat auftrat und sich auf das rechtskräftige Gesetz Isabellas von Kastilien gegen die Ernennung von Ausländern berief, war der burgundische Hof um Rat nicht verlegen. Er naturalisierte den burgundischen Prälaten und machte ihn so kurzerhand zu einem Kastilier. Wie wenig die Burgunder die Interessen des Landes im Auge hatten, belegt der bei Papst Leo X. bereits vorab bewirkte und am 12. Oktober erlassene Indult, der den jungen Croy von der Ausübung seiner Pflichten als Erzbischof und Oberhaupt der kastilischen Kirche befreite.

Den als Kirchenmann wie als Politiker respektierten Cisneros durch einen flämischen Jüngling ersetzt zu sehen, verbitterte Stände wie Bevölkerung zutiefst. Die Cortes protestierten gleich auf ihrer ersten Sitzung unter Karl in Valladolid gegen die Ernennung und verlangten eine Zusicherung, dass weitere Naturalisierungen unterbleiben würden und Croy in Toledo residieren müsse. Beides sagte Karl zu, hielt sich aber nicht daran – mit dem Ergebnis, dass der Adel den 1520 offen ausbrechenden Aufstand der Comuneros unterstützte, an vorderster Stelle der Bischof von Zamora Antonio de Acuña. Als der junge Croy Anfang Januar 1521 in Worms infolge eines Jagdunfalls starb, feierte man das in Kastilien als Gottesurteil, und Bischof Acuña konnte, auf das aufständische Volk gestützt, kurzzeitig die Nachfolge als Erzbischof von Toledo antreten.

Der Unmut über die Neuordnung war bereits 1517 nicht auf den Adel beschränkt. Auch in einigen Städten, etwa dem nordwestkastilischen Zamora, hielt man Rat, wie der Fremdherrschaft entgegenzutreten sei.[15] In einer Reihe von nordwestspanischen Städten, vor allem Hafenstädten, brachen zudem innere Unruhen über die Zusammensetzung der Stadträte auf, die die Krongewalt durch die Einsetzung neuer Wahlordnungen zu steuern versuchte – eben 1517 noch in Castro Urdiales.[16] Die Stimmung spitzte sich zu, als schlechte Ernten zu Versorgungsengpässen führten und die neuen Herrscher zur Finanzierung ihrer politischen und militärischen Aktionen außerhalb Spaniens die Steuern erhöhten. Vor allem in den Städten wurde in den Jahren nach 1517 die Klage über die Missstände der neuen Regierung «zum politischen Programm und damit zur Grundlage des Widerstandes» gegen die traditionsfremden Neuerungen.[17] Als Karl und seine flämisch-burgundischen Berater zur Kaiserkrönung nach Aachen abreisten, loderten die Flammen des Comuneros-Aufstands (1519 bis 1522) hell auf und erfassten bald ganz Kastilien. Im Wesentlichen von den urbanen Zentren wie Toledo, Valladolid, Tordesillas, Salamanca oder Zamora getragen und anfänglich vom Adel unterstützt, stemmte sich die Rebellion gegen die Neuerungen zugunsten der Krone und brachte die eben etablierte Habsburger Herrschaft an den Rand des Abgrunds.

Da der soziale und politische Wandel des frühen 16. Jahrhunderts nahezu alle Regionen Europas erfasst hatte und auch die Versorgungsprobleme weit verbreitet waren, traten 1517 vergleichbare Unruhen quer über Europa auf:[18] so in den Städten Zwickau, Bunzlau, Breslau, im böhmischen Nymburk/Nimburg, in Danzig wegen finanzieller Misswirtschaft des Rates; in Wien, wo das neue Stadtrecht vom 20. November 1517 für Empörung sorgte, oder in den ungarischen

Bergbaugebieten, wo die Knappen u. a. ein Mitspracherecht bei der Verwendung von Stiftungsgeldern verlangten und damit spätere Forderungen der Protestanten vorwegnahmen.

Geradezu sprichwörtlich wurden die Londoner Unruhen, die bis heute als «Evil May Day» in der politischen Rhetorik präsent sind: Bereits Ende April 1517 gab es Anzeichen für mögliche Unruhen unter den Handwerksgesellen. Aufgestachelt durch eine Predigt des Pastors von St. Paul's Cross, protestierten sie gegen eine angebliche Überfremdung Londons durch reiche ausländische Kaufleute und Bankiers. Anders als auf dem Kontinent stand somit nicht obrigkeitlicher Druck in der Kritik, sondern die beginnende «Internationalisierung» des Wirtschaftslebens. Wegen seiner Randlage war England erst seit kurzem von dieser Entwicklung berührt, und zwar zunächst fast ausschließlich London, das einzige Wirtschaftszentrum des Landes von internationaler Bedeutung. Umso stärker waren die Ressentiments der breiten Handwerkerschichten, die sich bereits durch Veränderungen im Zunftwesen in die Defensive gedrängt sahen.

Der Evil May Day brach in der Nacht vom 30. April auf den 1. Mai aus, als Hunderte von Handwerksgesellen durch die City zu der wenig nördlich der St.-Pauls-Kathedrale gelegenen und wegen ihrer Ansiedlungsprivilegien für Ausländer berüchtigten Pfarrei von St. Martin le Grand zogen, um die Häuser der Fremden zu plündern und zu demolieren. Die Italiener zeigten sich verteidigungsbereit, vor allem aber bewies die in der frühen Tudor-Herrschaft deutlich gestärkte Staatsmacht Effizienz: Nachdem der Humanist und königliche Rat Thomas Morus vergeblich zu schlichten versucht hatte, schritt die Garnison des Towers ein. Lordkanzler Kardinal Wolsey brachte innerhalb von 24 Stunden weitere fünftausend Bewaffnete in die Stadt.[19] Die Ordnung war rasch wieder hergestellt, Hunderte der Aufrührer wurden ins Gefängnis geworfen, die Anführer gehängt. Zu obrigkeitlichen Gewaltexzessen wie acht Jahre später im deutschen Bauernkrieg indes kam es nicht: Am 19. Mai wurden alle Gefangenen vom König in einem öffentlichen Zeremoniell begnadigt, aus Rücksicht auf ihre Frauen und Kinder und auf Fürsprache der Königin Katharina von Aragon und der Granden des Reiches, wie eine offiziöse Chronik hervorhebt. Die Furcht vor Aufständen war in England offensichtlich weit weniger stark ausgeprägt als in Mitteleuropa, wo die Obrigkeiten 1525 meinten, ohne Pardon durchgreifen zu müssen.

Auch in England waren die Unruhen des Jahres 1517 Vorboten von radikalen Veränderungen und tiefgreifenden sozialen Spannungen, die sich dort allerdings erst ein halbes Jahrhundert später wieder krisenhaft zuspitzen sollten. Der Unmut richtete sich nun gegen die Glaubens- und Wirtschaftsflüchtlinge, die seit Mitte des Jahrhunderts zu Tausenden aus den Gebieten der Gegenreformation – den Niederlanden vor allem, in kleinerem Umfang auch aus Italien – in London und weiteren Handels- und Gewerbezentren einströmten und wegen ihrer neuen, überlegenen Produktions- und Handelsformen die Einheimischen gegen sich aufbrachten.[20]

Nicht weniger unruhig als die Städte war in Alteuropa das platte Land. Das galt für den Adel nicht anders als für die Bauern. Besonders explosiv war die Situation in Deutschland, weil dort Bauern und Adel von zwei Seiten bedrängt wurden – durch die Reform der Reichsverfassung und die parallel dazu verlaufende territoriale Staatsbildung der Fürsten. Für die Bauern wie für die Reichsritter veränderten sich die rechtlichen, ständischen und selbst die wirtschaftlichen Grundlagen des alltäglichen Lebens dramatisch schnell. Vieles deutet «auf strukturelle Gemeinsamkeiten von ritterlicher und bäuerlicher Empörung hin. Beide sind genossenschaftlich organisiert, und beide richten sich gegen die sich verschärfende Flächenherrschaft der territorialen Obrigkeiten.» Ulrich von Hutten, der wohl politischste Kopf der Rebellen, hoffte sogar, auch die Städte würden sich einer Erhebung anschließen, «doch blieb hier der konkrete Interessengegensatz zu groß»[21] – was auch für die Gier manchen Raubritters galt, durch Überfälle und Erpressung der «Geldsäcke» schnell zu Beute zu kommen.

Die Ritter drangsalierten Städter und Fürsten, vor allem die Bischöfe und Äbte unter ihnen, bereits seit dem 15. Jahrhundert mit Raub und Überfall. Sie reagierten damit auf die Beeinträchtigung ihrer sozialen und wirtschaftlichen Interessen durch die Staatsbildung

Als ein bis heute unbekannter oberdeutscher Meister den Auftrag erhielt, die 1519/20 erschienene deutsche Übersetzung von Francesco Petrarcas Artzney bayder Glück *mit Holzschnitten zu illustrieren, wählte er als Vertreter des schlechten Glücks den Raubritter, der Geld von einem Kaufmann erpresst. Damit illustrierte er zugleich die Turbulenzen des Umbruchs, die auch die Lebensgrundlagen der Reichsritter berührten und manchen in die Illegalität trieben.*

der Fürsten einerseits und das neue handelskapitalistische Wirtschaften der Bürger andererseits. Sich dagegen mit bewaffneter Hand zu wehren, sahen sie als ihr verbrieftes Selbsthilferecht an. Um diesem Raubrittertum zu begegnen, hatten Kaiser und Reichsfürsten 1495 eine Verfassungsreform beschlossen, die mit dem Ewigen Reichslandfrieden das Fehderecht außer Kraft setzte. Ein Reichsgesetz war das eine, es umzusetzen jedoch ein anderes. Den vor allem im Westen Deutschlands stark vertretenen Reichsrittern war nicht so leicht beizukommen. Eine Polizeitruppe oder gar eine eigene Armee besaß der Kaiser ja nicht. Auch zwei Jahrzehnte nach Verkündigung des Ewigen Landfriedens war in Deutschland der Adel noch keineswegs gezähmt.

Wie brisant die Lage war, musste Kaiser Maximilian ganz persönlich erfahren. Als er im Frühjahr 1517 aus den Niederlanden kommend den Rhein aufwärts nach Mainz zog, wurde er gewarnt, von Oberlahnstein aus die Reise zu Schiff auf dem Rhein fortzusetzen. Der Adel im Odenwald sei unruhig und konspiriere gegen das Reichsoberhaupt, der Kaiser müsse sich dem militärischen Schutz der Kurfürsten von Mainz und der Pfalz unterstellen. Maximilian soll zunächst an einen eigenen Gewaltstreich gegen die Ritter gedacht haben. Er folgte dann aber doch seinen Beratern, die zur Friedenswahrung eine taktische Annäherung empfahlen. Es wurden Geheimverhandlungen mit Franz von Sickingen aufgenommen, der durch spektakuläre Aktionen zur Leitfigur der Reichsritter aufgestiegen war und im Westen des Reiches sowie in den benachbarten Randzonen Lothringens und Frankreichs eine beachtliche Machtstellung aufgebaut hatte.[22]

Zur Sicherung der traditionellen Adelsrechte gegen die aufsteigende Territorialherrschaft nahm Sickingen, als ob ihn das Reichsgesetz von 1495 nichts anginge, in alter Manier das Fehderecht des Ritterstandes in Anspruch, so gegen die Reichsstadt Worms und bei mehreren Überfällen auf städtische Warenzüge zur Frankfurter Messe. Not litten er und seine Familie nicht. Im Gegenteil, bereits der Vater hatte den Landbesitz erheblich erweitert, wenn auch als Streubesitz, der sich nicht zu einem geschlossenen Territorium zusammenfügen ließ. Durch Investitionen in den aufblühenden Bergbau und das Montangewerbe hatte er auch die Chancen des frühkapitalistischen Wirtschaftsaufschwungs ergriffen. Franz selbst hatte das Einkommen noch zu mehren gewusst, indem er nach Art italienischer Condottieri für hohe Soldzahlungen in den Dienst interessierter Fürsten getreten war, zunächst bei Herzog Ulrich von Württemberg, jüngst bei dem französischen König Franz I., später dann bei den Habsburgern.

Der Kaiser hatte Sickingen bereits vor Jahren des offenen Landfriedensbruchs angeklagt und gegen ihn und seine Genossen die Reichsacht verhängt. Als er diese am 17. Juli 1517 in Augsburg formell zurücknahm, war die Reichsöffentlichkeit aufs höchste erstaunt, begriff aber bald, dass der Reichsritter damit ins habsburgische Lager gelockt worden war. Sickingen indes ließ sich nicht abhalten, sein Spiel fortzusetzen. Diesmal war Straßburg betroffen. Damit schürte er zugleich unter den Obrigkeiten der Region die Angst vor einer Verbindung zwischen Adels- und Bauernrevolte.[23]

Prekärer als für den Adel, der letztlich an der Seite der Könige und Fürsten vom Aufstieg des neuzeitlichen Staatswesens profitieren konnte, war die Situation für die Bauern. Sie mussten sich sowohl von den auf Steigerung ihres Profits bedachten Grundherren als auch vom neuen Steuerdruck der Fürsten in die Enge getrieben fühlen und waren zudem die Ersten, die unter den damals periodisch auftretenden Ernteausfällen zu leiden hatten. Ihr Murren entlud sich immer wieder in Aufständen, besonders häufig in Mitteleuropa – 1514 gleich an drei Stellen: in der Schweiz im Landgebiet der Stadtrepubliken Bern, Luzern und Solothurn; in Württemberg mit der Verschwörung des Armen Konrad und in Ungarn durch den Dózsa-Aufstand. 1515 folgten die habsburgischen Erblande mit Erhebungen in Innerösterreich und in der Windischen Mark.[24] Frankreich dagegen, das im Mittelalter mit der «Jacquerie» von 1358, benannt nach Jacques Bonhomme, dem Spottnamen für den Bauern, besonders hart betroffen war, wurde von der frühneuzeitlichen Aufstandswelle erst spät und regional begrenzt erfasst. Gefährlich war vor allem die von der verhassten staatlichen Salzsteuer *gabelle* ausgelöste Jacquerie des Pitauds, die 1548 vom Poitou aus den ganzen Südwesten in Unruhe versetzte.

1517 kam es im Oberrheintal zu gefährlichen Bauernunruhen, die die Obrigkeiten sogleich alarmierten, weil sie an die Freiburger Bundschuhverschwörung von 1513 und den Württembergischen «Armen Konrad» im Jahr darauf erinnerten. Im Herzogtum Württemberg hatten sich die Bauern – empört über eine neue Steuer und vielleicht mehr noch über den Versuch, sie hinters Licht zu führen, indem die Steuer durch eine Veränderung der Maße und Gewichte indirekt und damit verschleiert eingetrieben wurde[25] – zu einem Widerstandsbündnis zusammengeschlossen, dem auch unterbürgerliche Schichten der Amtsstädte beigetreten waren. Der Steuerprotest hatte sich rasch zu einem weit grundsätzlicheren Beschwerdebündel erweitert, so gegen die Willkür der herzoglichen Beamten, gegen die Einschränkung der bäuerlichen Waldnutzung, gegen die Schäden, die die adligen Jäger oder das für ihre Jagd gehegte Wild auf den Feldern der Bauern anrichteten. Das bedeutete eine unübersehbare Radikalisierung der

Zum Aufstand bereite Bauern schwören auf die Bundschuh-Fahne. Das auf dem klobigen, mit Schnürsenkeln gebundenen Schuh der hart arbeitenden Bauern errichtete Kreuz des Erlösers ist Zeichen der Hoffnung wie des guten Gewissens der Aufständischen – nämlich des Wissens, dass man für die Wiederherstellung des guten alten und göttlichen Rechts kämpft.

Forderungen und Ordnungsvorstellungen: Hatten die Bauern bislang stets nur «einzelne Herrschaftstitel angefochten», so stellten sie nun «die bestehenden Formen von Herrschaft und Staatlichkeit an sich in Frage». Zudem hatte sich die Verzahnung von ländlichem und städtischem Protest angebahnt, die wenig später den großen Aufstand von 1525 so gefährlich machen sollte.[26]

Die Ereignisse des Jahres 1517 konzentrierten sich auf den Breisgau und das Elsass. Sie lassen sich in zwei ganz unterschiedlichen Varianten erzählen: Die klassische, über die Jahrhunderte hin vor allem in der betroffenen Region verbreitete Version[27] stellt den radikalen Bauernführer und ehemaligen Landsknecht Joß Fritz, Abkomme von Leibeigenen aus einem Dorf bei Bruchsal, ins Zentrum des Geschehens. Fritz hatte bereits den Bundschuh von 1512/13 organisiert, als er sein Amt als Feldhüter im Dorf Lehen bei Freiburg dazu nutzte, auf einer entlegenen Wiese die Bauern der Umgebung darüber zu belehren, dass alle Obrigkeit unrechtmäßig und daher zu bekämpfen sei. Zum geheimnisumwitterten Symbol der Verschwörung hatte man den Bundschuh gewählt, den von den Bauern alltäglich getragenen derben Schnürschuh. Indes, der Lehener Bundschuh wurde verraten, ehe er losschlagen konnte. Doch schon der Name «Bundschuh» hatte die Obrigkeiten, die Stadt Freiburg und den Markgraf von Baden, aufgeschreckt und hart durchgreifen lassen. Mehrere Verschwörer wurden hingerichtet; ihr Anführer musste in die nahe Schweiz fliehen. Trotz dieser Niederlage war das Lehener Unternehmen – so die Wertung der klassischen Erzählung – erfolgreich. Denn es hatte aus dem anfangs von kleinen Geheimbünden getragenen Bundschuhgedanken eine «allgemeine Volksangelegenheit»[28] gemacht.

Mit der für die Landsknechte der Zeit typischen Verbindung von politischem Weitblick und Radikalität hielt Joß Fritz im Exil an seinem politischen Programm fest und wartete nur auf eine günstige Gelegenheit, wieder loszuschlagen. Die schien ihm im Frühjahr 1517 gegeben: Zahlreiche Verschwörer des Armen Konrads in Württemberg waren über den Schwarzwald ins Oberrheintal geflohen und bildeten dort ein vagierendes soziales Substrat – unruhig und jederzeit zum Aufstand bereit. Zudem schienen auch die einheimischen Bauern und Weinbauern leicht zu mobilisieren, weil sie sich aufgrund schlechter Witterungsverhältnisse und wiederholter Missernten in akuten Nöten befanden.

Bereits wenige Tage nach dem Frühjahrsfrost, der im Breisgau und Elsass alle Hoffnungen auf eine auskömmliche Ernte zerstört hatte, versammelte Fritz am 22. April in einem Wirtshaus bei Bretten die ersten Verschwörer für einen neuen Bundschuh. Im Juli trat er im Elsass auf. Bald war «die ganze oberrheinische Tiefebene unterwühlt. Von Basel bis Weißenburg und Bretten im Norden saßen die Anhänger von Joß Fritz, in besonderer Dichte rings um die Stadt Straßburg. Es waren Untertanen der verschiedensten Herrschaften.»[29] Entsprechend allgemein war das Programm. Bestimmend ist die anti-obrigkeitliche Stoßrichtung, die Fritz bereits in Lehen verfolgt hatte: Die Gewalt des Adels, des Klerus und der städtischen Magistrate war abzuschaffen. Von den vielfältigen drückenden Abgaben sollten nur noch diejenigen an das Reichsoberhaupt und die eigene, lokale Kirchengemeinde Bestand haben.

Losschlagen wollte man Anfang September. Gedeckt durch die Kirchweih zu Zabern, die viel Volk auf die Landstraßen brachte, sollten sich die Verschwörer sammeln – man rechnete mit rund 2000 Mann – und die kleine elsässische Reichsstadt Rosheim in ihre Gewalt bringen. Von dort aus sollte sich die Erhebung links und rechts des Rheines ausbreiten. Doch wiederum wurde alles verraten, und zwar so gründlich, dass die Obrigkeiten Anfang August über das gesamte Netz der Verschwörer Bescheid wussten. Auch diese aber wurden gewarnt, so dass sich die meisten der Verhaftung entziehen konnten, darunter auch Joß Fritz.

Ganz anders erscheint das Geschehen in einer modernen quellenkritischen Analyse:[30] Treibender Akteur war nicht Joß Fritz, sondern die Obrigkeiten selbst. Bei einer kritischen Sichtung der Quellen zeigt sich nämlich, dass die Geschichte des oberrheinischen Bundschuhs von 1517 nur lückenhaft und unsicher überliefert ist und erst im 19. Jahrhundert in den geschilderten Zusammenhang gebracht wurde. Authentische Selbstaussagen der Bauern oder gar ihres Anführers Joß Fritz wurden bislang nicht gefunden. Alle Informationen zu den Versammlungen, der Organisation und dem Programm beruhen auf Verhörprotokollen, die bekanntlich oft eher die Vorstellungen und Erwartungen der obrigkeitlichen Seite wiedergeben als das tatsächliche Geschehen oder die Motive der Verhörten. Damit ist «die eigentliche Geschichte des Bundschuhs von 1517 die Geschichte einer Konstruktion» durch die Obrigkeiten, «die sich von einem Aufstand besonders bedroht glaubten, da sich tatsächlich Spannungen zu ihrem bäuerlichen Umfeld entwickelt hatten.» Der Bundschuh und Joß Fritz waren zum Mythos geworden, der 1517 primär in den fürstlichen Kanzleien und den Ratsstuben der Städte wirkte.

Dieser Mythos griff aber weiterhin in das reale Geschehen ein, und das umso wirkungsvoller, je nervöser sich die Obrigkeiten durch ein Bundschuh-Gerücht in Schrecken versetzen ließen: Das nutzten 1521 am Rande des Wormser Reichstags die Reichsritter, als sie in einem anonymen Pamphlet eine gewaltsame Unterstützung des Wittenberger Mönchs ankündigten und das mit der Losung «Bundschuh, Bundschuh» untermauerten. Deutlicher noch wird die Wirkkraft des Mythos im

Vorfeld der großen Bauernerhebung von 1525, als unter den Verschwörern der Bericht kursierte, auf einer entscheidenden Versammlung sei Joß Fritz «*mit einem alten grawen barth gewesen, der sich alwegen hat horen lassen, er konne oder moge nit ersterben, der bunthschuch habe dan zuvor sein furgankh* (Erfolg) *erlangt*».³¹

Als Tatsache bleibt in beiden Darstellungsvarianten, dass im zweiten Jahrzehnt im Südwesten des Reiches eine schwere Krise im Verhältnis zwischen den Bauern und ihren diversen Obrigkeiten bestand und dass Letztere im Jahr 1517 nervös einen neuen Aufstand nach Art früherer Bundschuhverschwörungen befürchteten und bereits im Vorfeld mit allen verfügbaren Mitteln dagegen einschritten. Innerhalb der langen Welle alteuropäischer städtischer und ländlicher Aufstände gehört der reale oder auch nur imaginierte Bundschuh mit anderen Erhebungen des Jahres 1517 zu einer rund zwanzigjährigen Phase, die sich durch räumlich-zeitliche Verdichtung wie inhaltliche Radikalisierung auszeichnet. Auslöser waren die für die Untertanen gravierenden sozialen und ökonomischen Einschnitte infolge des aufsteigenden Handelskapitalismus sowie die komplementär einsetzenden Rechtsveränderungen (besonders die Schwächung der dörflichen oder städtischen Gemeinderechte) und nicht zuletzt der verschärfte fiskalische Zugriff der Obrigkeiten.

Besonders markant war das «Murren der Untertanen» 1517 nicht. Erst im Rückblick erscheint es wie ein Grollen, das ein sich näherndes Gewitter ankündigt. Das Gewitter selbst entlud sich dann einige Jahre später mit voller Wucht – in Spanien in dem gefährlichen Comuneros-Aufstand der Jahre 1520 bis 1522; in Mitteleuropa im großen Bauernkrieg von 1525. Das waren komplementäre politische und soziale Eruptionen zu der Verdichtung und Stärkung monarchisch-fürstlicher Herrschaft, die von oben her immer spürbarer das soziale Gefüge der Ständegesellschaft und auch das alltägliche Leben unter Druck setzte.

In Mitteleuropa wuchs 1525 dem Aufstand der Untertanen zusätzliche Kraft von der geistigen und sozialen Dynamik der inzwischen aufgebrochenen reformatorischen Bewegung zu. Während die traditionellen Erhebungen das «alte Recht» ins Feld geführt hatten, also konkrete Einzelrechte, die landschaftlich sehr unterschiedlich waren und für eine allgemeine, regional übergreifende Legitimation wenig taugten, beriefen sich die Bauern nun auf das «göttliche Recht», das einheitlich und universell gültig war und damit fast ein Vorläufer der modernen Menschenrechte. Die Fürsten und ihre Regierungen sahen sich mit einer bis dahin unbekannten Radikalität und Gewalt konfrontiert, auf die sie nur mit noch brutalerer Gewalt zu antworten wussten.[32] Den so erfochtenen «totalen» Sieg über die unbotmäßigen Untertanen nutzten sie dann zur endgültigen Festigung ihrer Herrschaftsrechte und zum Ausbau des frühmodernen Staatswesens. Dieses Urereignis der europäischen Geschichte war für Leopold von Ranke das «größte Naturereignis des deutschen Staates». Angesichts der breiten Beteiligung von Städtern und Bergknappen an dem Bauernaufstand und dem radikal anti-obrigkeitlichen Programm wird man es heute eher mit Peter Blickle als «Revolution des gemeinen Mannes» charakterisieren.[33]

Ob sich aus der breiten sozialen Fundierung und der Radikalität des Programms reale Erfolgsaussichten ergaben, ist eine andere Frage. Wer sich den bereits im Mittelalter einsetzenden, anfangs des 16. Jahrhunderts weit fortgeschrittenen Prozess obrigkeitlicher Herrschaftsbildung in den Territorien zugunsten der Fürsten, aber auch in den Städten zugunsten der Magistrate vor Augen stellt, der wird die Chancen auf Erfolg eher gering einschätzen. Und selbst wenn die Erhebung – wie insbesondere die Bauern es wünschten – im letzten Moment die Wende in einen einheitlichen deutschen Königs- bzw. Kaiserstaat gebracht hätte, dann wäre damit kaum die Partizipation der unteren Stände restituiert worden, soweit es eine solche überhaupt je gegeben hatte. Auch ein deutscher Königsstaat hätte die traditionellen Rechtsbande gesprengt und gleich den anderen europäischen Monarchien der Zeit die obrigkeitliche Fürstensouveränität durchgesetzt. Dass die Bauern, wie die jüngere Forschung zu Recht betont, mit der militärischen Niederlage nicht in die Recht- und politische Bedeutungslosigkeit absanken, steht auf einem anderen Blatt.

3. Osmanischer Frühling –
Triumph am Nil, auf der Arabischen Halbinsel
und an den Küsten Nordafrikas

Gleich zu Beginn des Jahres 1517 gelang den Osmanen ein glänzender Erfolg, der einen Wendepunkt in der Geschichte ihres Reiches und seiner Beziehungen zu den christlichen Mächten Europas bedeutete. Im Januar brach unter dem Ansturm der Janitscharenheere das Reich der Mamluken zusammen, das sich über die weiten vorderasiatischen und nordafrikanischen Regionen (Groß)Syriens und Ägyptens erstreckt hatte. Damit war der Weg die nordafrikanische Küste entlang ins westliche Mittelmeer freigegeben und vor allem das Tor nach Arabien aufgestoßen, zur Oberherrschaft über Mekka mit dem Anspruch auf Führung der islamischen Welt. Die gut zweieinhalb Jahrhunderte stabile Herrschaft der mamlukischen Kriegerelite hatte ihr Ende gefunden.[34]

Die osmanischen Heere hatten die Offensive im Sommer 1516 gestartet und waren, von ihrem Sultan Selim persönlich angeführt, in einem triumphalen Siegeszug über Aleppo und Damaskus im Frühjahr 1517 vor der Mamlukenhauptstadt Kairo erschienen. Der auch für das Heilige Land so schicksalsschwere Kampf war einer der größten, den islamische Herrscher je untereinander austrugen. Es ging um nicht weniger als um die letzte Entscheidung im Konkurrenzkampf der drei großen muslimischen Mächte der Perser, Osmanen und Mamluken; es ging um die Vorherrschaft in der muslimischen Welt. Auf dem Spiel stand zugleich die lukrative Kontrolle der traditionellen Handelswege zwischen Europa und den reichen Gewürzländern des Fernen Ostens. Sie lag bislang im Wesentlichen bei den Mamluken, aber bereits seit Jahren hatten die Osmanen sie ins Visier genommen.

In einem ersten großen Seekrieg hatte eine türkische Flotte 1499 bis 1503 die Dominanz der christlichen Venezianer im östlichen Mittelmeer gebrochen. Im August 1514 brachte das Heer bei Tschaldiran in Ostanatolien dem persischen Safawiden-Schah Ismail I. eine vernichtende Niederlage bei. Damit war Persien auf Jahrzehnte hin als

In der zweiten Hälfte des 16. Jahrhunderts entstanden ganze Porträtgalerien osmanischer Sultane. So auch in Venedig, womöglich in der Veronese-Werkstatt. Eine Authentizität des Aussehens darf man aber nicht erwarten. Auch wurden immer wieder Herrscherporträts verwechselt. Der Schrecken, in den Selim I. 1517 die Christenheit versetzte, lässt sich in diesem eher staatsmännisch anmutenden Porträt jedenfalls nicht erahnen. – Wir müssen uns eingestehen: Wie der Eroberer Syriens, Arabiens und Nordafrikas aussah, wissen wir nicht!

Mitbewerber um die religiöse und geostrategische Vorherrschaft ausgeschaltet. Ausschlaggebend für diese Erfolge war die Flexibilität, mit der die Osmanen und ihre Truppen binnen kurzem die Militärtechnologie Westeuropas angenommen hatten. Die nach Syrien und Ägypten geführte Armee Selims wusste Handfeuerwaffen und leichte Artillerie ebenso professionell einzusetzen wie schwere Belagerungskanonen. Die Mamluken dagegen nutzten die moderne Technologie nur für Belagerungen. Sie auch in der offenen Schlacht einzusetzen, widersprach ihren am Kampf von Mann zu Mann orientierten kriegerischen Idealen.[35]

Die Berichte über den Vorstoß Sultan Selims 1516/17 nach Südwesten waren nur zu geeignet, alle Ängste vor dem asiatischen Reitervolk zu vertiefen, die sich seit der Eroberung Konstantinopels im Jahre 1453 in der Christenheit ausgebreitet hatten. Vor allem in Italien fürchtete man, der Sultan könne von der nordafrikanischen Gegenküste her zum Sprung nach Europa ansetzen. Denn die Osmanen waren längst auch zu Seefahrern geworden und besaßen eine respektable

Kriegsflotte. Ihr handstreichartiger Überfall 1480 auf die südadriatische Hafenstadt Otranto, der Hunderten von Christen den Tod gebracht hatte, war noch in frischer Erinnerung.

Die Art und Weise, wie Selim den Schlag gegen die Mamluken führte, bestätigte alles, was die Gerüchte über den blassen, finsteren Türkensultan mit «hervorquellenden Augen und langem Schnurbart» verbreiteten: «Daß er ein Soldatenleben zu führen liebte, sich mit einem einzigen Gericht auf hölzernem Teller begnügte, bald leidenschaftlich dem Vergnügen der Jagd frönte oder an der Spitze seiner Heere im entfernten Osten kämpfte, bald im Opiumrausch übermenschliche Seligkeit und Erholung suchte.» Den Ruf eines rücksichtslosen orientalischen Despoten hatte er sich ein halbes Jahrzehnt zuvor erworben, als er im Frühjahr 1512 mit Unterstützung der Janitscharen seinen Vater Bayesid stürzte und ihn zusammen mit allen Prinzen, die seiner Herrschaft gefährlich werden konnten, ermorden ließ. Noch unheimlicher waren die Gerüchte darüber, wie Selim seine eigene Nachfolge regelte: Um die bei einem Thronwechsel in der Osmanendynastie üblichen Gewaltexzesse zwischen den Anwärtern zu vermeiden, habe er beschlossen, nach der Geburt seines Sohnes Soliman 1494 keinen weiteren Erben zu zeugen. Er habe daher «auf jeden weiteren Umgang mit seinen Frauen verzichtet.»[36]

Den Mamlukenfeldzug hatte Selim mit eiserner Entschlossenheit vorbereitet. Schon im August 1516 schlug er, gestützt auf seine überlegene Artillerie, das ihm entgegengeeilte Mamlukenheer nördlich von Aleppo vernichtend. Den greisen Mamlukensultan Qansawh al-Gawri traf noch auf dem Schlachtfeld der Schlagfluss, die Besiegten liefen zu Tausenden zu den Türken über. Der in Kairo Hals über Kopf zum neuen Sultan ausgerufene Vizesultan Tuman Bay versuchte verzweifelt, seine versprengten Heere zu sammeln und die türkische Invasion in letzter Minute zu stoppen. Vergeblich, nach einem erneuten Sieg seiner Truppen bei Raydaniyya vor Kairo inszenierte Selim die Kapitulation der belagerten Mamlukenresidenz am 3. Februar 1517 und ihre anschließende Einnahme geradezu als dreitägige Raub- und Blutorgie, wie ähnlich bereits zuvor in Aleppo und Damaskus. Eine solche bewusst brutal inszenierte Kriegsführung war auch in der damaligen Zeit

Bereits Johann Ludwig Gottfrieds Historische Chronica *(1674 von Matthäus Merian illustriert), aus der noch Goethe die Grundlagen seiner historischen Kenntnisse schöpfte, würdigt den Sieg der Osmanen und die Übernahme der Schutzherrschaft über die Heiligen Stätten des Islams als weltgeschichtliches Ereignis.*

eher ungewöhnlich, jedenfalls nach christlich-europäischen Maßstäben. Sie konnte daher in Europa die gewünschte abschreckende Wirkung kaum verfehlen.

Verständlicherweise rechnete der neue Sultan Tuman Bay nicht mit edler Milde des Siegers und setzte alles daran zu entkommen. Doch nach einer weiteren Niederlage des dezimierten und angeschlagenen Mamlukenheeres wenige Kilometer südlich von Kairo wurde er in seinem Versteck unter einer Nilbrücke bei Gizeh entdeckt, schmählich auf einem Esel durch die Straßen seiner ehemaligen Hauptstadt gezerrt und im April schließlich an einem Stadttor öffentlich gehängt. Erneut eine gezielte Haupt- und Staatsaktion des Schreckens, um der Welt das Ende des Mamlukensultanats anzuzeigen, das gut zweieinhalb Jahrhunderte das Schicksal des Vorderen Orients, Arabiens und Nordafrikas bestimmt hatte. Wer die neuen Herren waren, war damit demonstriert.

3. OSMANISCHER FRÜHLING

Die Herrschaft der Osmanen war zu einem Weltreich geworden, gefestigt durch Furcht und Schrecken, vor allem aber durch militärische Schlagkraft. Die Armee hatte ihre taktische und technische Überlegenheit gezeigt, glänzend die Artillerie, die mit einem effektiven Bombardement das wohlbefestigte Kairo nach nur wenigen Tagen zur Kapitulation gezwungen hatte. Von Damaskus und Kairo aus organisierten die Osmanen in den nächsten Jahren nach bewährtem Muster ihre eher lockere Herrschaft über Syrien, Ägypten und Arabien. Bald operierten osmanische Flottenverbände im Roten Meer und Persischen Golf sowie im angrenzenden Indischen Ozean – zur Sicherung der maritimen Pilgerwege nach Mekka, aber auch zur Kontrolle der internationalen Handelsrouten. Das war – darauf ist zurückzukommen – eine unverblümte Herausforderung an die Portugiesen, die älteste europäische Seemacht, die diese Gewässer seit längerem dominierte.

Wichtiger noch als die politische Inbesitznahme waren die religiös-kulturellen Konsequenzen dieses Sieges: Noch im Frühsommer 1517 erschien der Scherif von Mekka in Kairo und trug dem Osmanen-Sultan offiziell die bislang von den Mamluken-Sultanen wahrgenommene Schutzherrschaft über Mekka und die anderen Heiligen Stätten an. Der Wechsel wurde sogleich augenfällig, als Sultan Selim dem Scherif die kostbare Kiswa übergab, den Brokatvorhang für die Kaaba, der jährlich zur sakralen Reinigung des Heiligtums zu erneuern war: ein symbolischer Akt, der allein dem mächtigsten unter den islamischen Herrschern zustand.

Noch wichtiger für die islamische Welt aber war das Ende des seit rund zweieinhalb Jahrhunderten in Kairo residierenden arabischen Abbasidenkalifats. Mit der mongolischen Eroberung Bagdads 1258 und der Verlagerung nach Kairo hatte das Kalifat der Abbasiden zwar die eigenständige Machtbasis eingebüßt. Gleichwohl galt der Kalif weiterhin als höchste geistliche Autorität des Islams. Den letzten Abbasidenkalifen al Mutawakki III. deportierte Selim nach Istanbul, wo er in den 1540er Jahren ohne Nachfolger verstarb. Dass die türkischen Sultane sogleich ein institutionalisiertes osmanisches Kalifat begründet hätten, ist allerdings eine Geschichtslegende der Staatsideologie des 19. Jahrhunderts. Denn im 16. Jahrhundert bestand unter den islamischen Gelehrten noch Einigkeit darüber, dass dieses Amt nur ein Mitglied der Quraisch bekleiden konnte, des in Mekka beheimateten arabischen Stammes des Propheten. Das konnte man von den Sultanen der Osmanen beim besten Willen nicht behaupten.

Indes, da die Osmanen 1517 die politische und militärische Hegemonie in der muslimischen Welt errungen hatten, konnten ihre Sultane auch die höchste geistliche Autorität beanspruchen. Einzelne Sultane traten zu besonderen Anlässen auch formell als Kalifen auf. So bereits Selims Nachfolger Soliman I., ein hochgebildeter, urbaner Herrscher, den man angesichts seines Reichtums und seiner Machtfülle den Prächtigen nannte. In einem Gesetzestext führte er nicht nur den Titel «*Chagan* (Großkhan) des Erdkreises», sondern auch «*chalîfa* des Gottesgesandten».[37] Zu Ende ging diese osmanische Kalifentradition erst, als Kemal Pascha nach dem Ersten Weltkrieg die Türkische Republik gründete. Zwar blieb das Kalifat noch für eine kurze Zeitspanne bei einem jüngeren Verwandten des ins italienische Exil geflüchteten letzten Sultans, doch nur als geistliche Würde ohne politischen Inhalt. Im Zuge der laizistischen Umgestaltung der türkischen Gesellschaft fiel am 3. März 1924 auch dieses Rumpfkalifat endgültig.

Nachdem Ägypten und Arabien gesichert waren, gelang es den Osmanen ab 1517, auch in Nordafrika bis weit ins westliche Mittelmeer hinein Fuß zu fassen.[38] An der nordafrikanischen Küste herrschten aber besondere Bedingungen, auf die sich auch die Osmanen einzustellen hatten. Sie stützten sich auf muslimische Korsarenverbände, die die flüchtigen Herrschaftsverhältnisse genutzt hatten, sich an geeigneten Küstenorten festzusetzen. Von dort aus fügten sie dem Seehandel der christlichen Länder großen Schaden zu und versetzten selbst die Bewohner der europäischen Gegenküsten durch blitzartige Überfälle in Angst und Schrecken. Die Spanier, die von beidem besonders betroffen waren, zudem in Fortsetzung der Reconquista mit den von Granada nach Afrika ausgewichenen arabischen Mauren und Morisken zu kämpfen hatten, waren eben im Herbst 1516 mit einer Interventionsflotte gescheitert, die die Korsaren unterstützt von stürmischer See und den Felsenklippen vor Algier aufgerieben hatten. Das ermutigte die Korsaren unter ihrem Führer Oruc Barbarossa zur Offensive im Westen des heutigen Algeriens, in deren Verlauf die blühende Handelsstadt Tlemcen, damals das Zentrum des mittleren Maghreb, sich den Osmanen öffnete und ihnen den Weg ins Landesinnere freigab. Die Osmanen waren aus zwei Gründen willkommen – weil sie die Händler von den gehassten spanischen Steuern befreiten und weil man von ihnen den heiligen Krieg gegen die nicht weniger verhassten Heere der Reconquista erwartete.

Gerade in dem Moment, als der Habsburgerprinz Karl in Kastilien und Aragon zum spanischen König erhoben wurde, hatte sich an der Mittelmeergrenze seiner Reiche die militärische Lage also dramatisch zugespitzt, zu Wasser wie zu Lande. Man hatte es nicht mehr allein mit den Seeräubern oder den kleinen arabischen oder einheimischen Herrschern zu tun, sondern mit dem Großreich der Osmanen, das Anspruch auf Vorherrschaft in der vorderasiatisch-arabisch-nordafrikanischen Zone und im Mittelmeer erhob. Damit verschärfte sich zugleich die religiöse Konfrontation. Fortan ging es nicht mehr um Nachhutgefechte mit den versprengten Herrschaften der kurz zuvor aus Spanien vertriebenen muslimischen Araber. Jetzt hatte sich die Christenheit selbst gegenüber einer offensiven muslimischen Weltmacht zu verteidigen, deren Glaubenseifer für den Islam durch die Schutzfunktion über die Heiligen Stätten neu angefacht worden war.

Der junge spanische König war sich der Brisanz der Lage sogleich bewusst und gab noch im Jahr 1517 dem spanischen Gouverneur von Orange, Diego Hernández de Córdoba, die Einwilligung zur Gegenoffensive. Durchgreifenden Erfolg brachte sie nicht. Auch die Kriegszüge, die Karl mit großem militärischen und symbolischen Aufwand als *miles christianus* und kaiserlicher Verteidiger des Glaubens 1535 nach Tunis unternahm, führten nicht zu dauerhafter Entlastung. Tunis wurde zwar erobert, Chaireddin Barbarossa, der an Stelle seines verstorbenen Bruders die Korsaren befehligte, setzte sich aber anderwärts fest und sicherte den Osmanen die Oberherrschaft. Als die Spanier

1541 mit einer großen Flotte Algier angriffen, geriet das zum Desaster. Erst der vernichtende Sieg der Heiligen Liga über die osmanische Flotte 1571 vor Lepanto brachte das westliche Mittelmeer wieder unter christliche Kontrolle. Nordafrika indes wurde weiterhin von den Osmanen beherrscht.

Dass 1517 mit den Siegen der Osmanen vor Kairo im Osten und dem Triumph der verbündeten Korsaren im Maghreb im Westen eine geostrategische Konstellation aufgezogen war, die über mehr als zwei Jahrhunderte die mächtepolitischen wie die kulturellen und religiösen Beziehungen zwischen «Europa» und dem osmanischen Reich bestimmen sollte, erschließt sich natürlich erst im Rückblick. Gleichwohl waren die christlichen Mächte sogleich höchst alarmiert, als sie die Kunde von den Erfolgen der Türken erreichte.

Selim, so mutmaßte man nach seinem Triumph vor Kairo, würde durch schnelle Schläge gegen Rhodos und Süditalien den Sprung auf die europäische Gegenküste wagen. Der Sultan ließ jedoch die nächsten Jahre verstreichen, und sein unerwarteter Tod im September 1520 machte solchen Plänen, wenn er sie denn überhaupt gefasst hatte, ein jähes Ende. Aufatmen konnte Europa aber keineswegs. Selim hatte die Ostflanke gegen die Perser gesichert, das Janitscharenheer modernisiert, den Flottenbau vorangetrieben und das Reich von zweieindrittel Millionen auf sechseinhalb Millionen Quadratkilometer fast auf das Dreifache vergrößert.[39] Damit waren an der nordafrikanischen Küste wie auf dem Balkan geostrategische Machtpositionen geschaffen, die seinen Nachfolger gleichsam aus dem Stand heraus zu einer Generaloffensive nach Westen und Nordwesten, zu Wasser wie zu Lande, gegen das christliche Europa befähigten.

Dafür sorgte auch der erwähnte Verzicht Selims auf weitere Kinder, der nach seinem Tod eine ungewöhnlich schnelle und reibungslose Thronfolge ermöglichte. Unter Sultan Soliman I. dem Prächtigen konnte sich das osmanische Weltreich innerer Stabilität und einer bemerkenswerten kulturellen und wissenschaftlichen Blüte erfreuen und eine Expansionsdynamik entfalten, die die christlichen Staaten über Jahrzehnte hin in Atem halten sollte.

Bereits im Frühjahr 1522 holte Soliman, noch nicht dreißigjährig, aber mit den Verhältnissen in der Christenheit bestens vertraut, da er bereits unter dem Vater die «Europa-Abteilung» des Serail geleitet hatte, zum Schlag gegen Rhodos und den Johanniterorden aus. Die christlichen Mächte waren sogleich alarmiert, war die Insel doch für die Sicherung des Levantehandels und der Pilgerströme ins Heilige Land unverzichtbar. Eine wirksame militärische Hilfe brachten sie aber nicht zustande. Soliman konnte schon zu Weihnachten desselben Jahres die angeblich uneinnehmbare Festung in Besitz nehmen, und zwar – wie der Großmeister des Johanniterordens sichtlich erstaunt festhielt – mit einer eisernen Disziplin, *«so daß bei dem Einzug Solimans in die Stadt, mit 30 000 der Seinigen, kein Wort zu hören war; es war, als ob es keine Krieger, sondern Franziskanermönche strenger Observanz wären».*[40]

Die Landheere, die Soliman wenig später den Balkan hinauf führte, zerschlugen 1526 in der Schlacht von Mohács das slawische Großreich der Jagiellonen; drei Jahre später belagerten sie erstmals die Kaiserstadt Wien, allerdings erfolglos. Aus Ungarn aber ließen sich die Osmanen nicht mehr vertreiben und wurden so auf Generationen hin zu direkten Nachbarn des Heiligen Römischen Reiches. Wie im Mittelmeer und in Nordafrika, so verlief auf dem Balkan die Demarkationslinie zwischen zwei Weltreichen – dem muslimischen Weltreich der Osmanen und dem christlichen Weltreich der spanisch-deutschen Habsburger. In den Grenzkriegen, die hier – abgesehen von immer wieder vereinbarten Zwischenzeiten des Waffenstillstands – unerbittlich ausgetragen wurden, mangelte es den osmanischen Fußtruppen und Reiterheeren an jener Disziplin, die man ihnen auf Rhodos nachsagte. Sie verbreiteten ganz im Gegenteil gezielt Angst und Schrecken und gaben so der christlichen Propaganda Gelegenheit, einen über die Jahrhunderte, ja abgeschwächt selbst heute noch wirksamen negativen Türkenmythos zu entwerfen. In der aufgeheizten religiösen Atmosphäre der im Spätjahr 1517 aufgebrochenen Reformation und des damit einsetzenden konfessionellen Zeitalters nahm das christliche Türkenbild dann zunehmend eschatologische Züge an. Für Luther waren die muslimischen Türken Agenten des Antichristen, und im katholischen Umfeld suchte man Schutz bei der Muttergottes, so bei der Seeschlacht von Lepanto, oder bei einer Marienstatue, die, den Jesusknaben auf dem Arm, in der rechten Hand einen abgeschlagenen Türkenkopf hält – und das noch im 18. Jahrhundert und in einer kleinen Kapelle an der Ahr, wohin sich nie ein Türke verirrt hat. So langlebig die stereotypen Feindbilder aber auch waren, wie sie sich in den frühen ideologischen, militärischen und ökonomischen Konflikten herausbildeten, die gegenseitige Wahrnehmung war nie eindimensional. Die schroffe religiöse Gegnerschaft zwischen Christentum und Islam wurde bereits früh durch Momente der Kooperation abgemildert: diplomatische, ökonomische, kulturelle und selbst militärische. «Die Beziehungskonfigurationen basierten nicht auf einer strikten Polarisierung von Christen-Muslime oder Okzident-Orient. Sie waren stets auch mitbestimmt von Wirtschaftsinteressen und der gemeinsamen Organisation des Wirtschaftsraumes.»[41] Zudem gab es immer Menschen, die die religiös-ideologische Demarkationslinie überschritten. Erinnert sei nur an die Brüder Oruc und Chaireddin Barbarossa, Söhne einer griechisch-orthodoxen Priesterwitwe auf Lesbos, die sich als muslimische Korsarenadmirale mit den Osmanen verbündeten und mit deren Hilfe an der afrikanischen Nordküste eigene Herrschaften gründeten.

4. Eine wagemutige Reise in das andere Europa –
über Polen und Litauen an den Moskowiter Hof

Neben den Osmanen rückte 1517 noch eine weitere fremde, bedrohlich erscheinende Macht ins Blickfeld, das Moskowiter Zarenreich. Das Interesse an dem anderen Europa jenseits der Kirchen- und Kulturgrenze war zum einen in der Offensive der Osmanen begründet, die in dieser Zeit nicht nur nach Westen vorstießen, sondern auch zur nördlichen Schwarzmeerküste drängten, auf die Krim und nach Ruthenien, das Gebiet der heutigen Ukraine. Moskau in die von Papst und Kaiser organisierte Türkenabwehr einzubinden, war dringend geboten. Zum andern ergab es sich aus dem innerlateinischen Kampf um die machtpolitische Neugestaltung der ostmitteleuropäischen

Randzone, der die beteiligten Fürsten begierig nach Bündnispartnern Ausschau halten ließ. Ihnen war jede Macht willkommen, die die eigene Position zu stärken oder auch nur den Gegner in Schach zu halten versprach. Das galt für die Jagiellonen, die Polen, Böhmen und Ungarn beherrschten,[42] ebenso wie für die sich zunehmend auch nach Osten orientierenden Habsburger. In dieser Situation weilte 1517 eine kaiserliche Gesandtschaft für längere Zeit am Zarenhof. Ihr Leiter Siegmund Freiherr von Herberstein verfasste darüber einen Bericht, der den Westen erstmals ausführlich mit authentischen Informationen über den geheimnisumwitterten Osten versorgte – über Politik und Herrschaftssystem, Religion, Kultur und Gesellschaft ebenso wie über die Abenteuer des Reiseweges.[43]

Das Moskauer Reich machte ausgangs des 15. Jahrhunderts einen gewaltigen Entwicklungsschub. Großfürst Iwan III. der Große hatte seine lange Regierungszeit genutzt, um das Land im Innern wie nach außen zu konsolidieren und zu modernisieren. 1480 war es ihm am westrussischen Fluss Ugra gelungen, ein Heer der Goldenen Horde geschickt und ohne Blutvergießen auszumanövrieren und damit Russland endlich von der Fremdherrschaft der Mongolen zu befreien. Gleichzeitig verfolgte er die territoriale Arrondierung durch die Eroberung benachbarter Herrschaften, diplomatisch geschickt als «Sammlung der russischen Erde» legitimiert. Zu Ende seiner Regierung hatte sich das Gebiet des Moskowiter Reiches vervierfacht. Im Innern war eine neue Staatsidee etabliert, die den Bojaren-Adel der autokratischen Herrschaft des Fürsten unterwarf. Dem entsprach die Rangerhöhung, die Iwan nach außen, gegenüber den anderen europäischen Fürsten, beanspruchte: 1478 führte er erstmals den Titel Zar und dokumentierte so seine Ebenbürtigkeit mit dem Römischen Kaiser. Legitimiert wurde das mit dem Erbe des oströmischen Kaisertums, das 1453 mit der Eroberung Konstantinopels durch die Türken auf das orthodoxe Moskau übertragen worden sei. Der Großfürst erhob sich damit zur Schutz- und Vormacht der orthodoxen Christenheit, entsprechend dem Römischen Kaiser in der lateinischen Christenheit. Wie üblich hatte Iwan diese neue Staatsidee dynastisch befestigt, indem er bereits 1472 Zoe/Sophia Palaiologa heiratete, die Nichte des letzten oströmischen Basileus. Sie war in Rom unter dem Schutz des Papstes erzogen worden und brachte italienische Wissenschaftler und Architekten nach Moskau. Die Kirchen und selbst die Mauern und Türme des Kreml erhielten ein Renaissancedekor. Eine Öffnung des Moskowiter Reiches nach Westen bedeutete das aber nicht. Insbesondere die orthodoxe Kirche setzte auf «kulturelle Verweigerung» (Fernand Braudel). So war es vorderhand für italienische Ideen und Formen nicht möglich, «die Grenze zu einer Welt zu übersteigen, in der das Christentum orthodox, das Alphabet kyrillisch und die Sprache der Liturgie das Kirchenslawische war».[44]

Iwans Sohn Vasilij III., über seine Mutter Nachfahre der oströmischen Kaiser, konnte ab 1505 die Politik des Vaters auf gefestigtem Boden fortsetzen, gerade auch die Allianz mit der orthodoxen Kirche. Der Peskover Starez-Mönch Philoteos (Filofei) erklärte um 1510 Moskau zum Dritten Rom und gab damit der neuen Zarenwürde die für die Zeit höchste, nämlich heilsgeschichtliche Legitimation: *«Alle christlichen Reiche sind vergangen und sind zusammen übergegangen in das eine Reich unseres Herrschers, gemäß den prophetischen Büchern: Das ist das russische Reich. Denn zwei Rome sind gefallen, aber das dritte steht* (in Moskau)*, und ein viertes wird es nicht geben.»*[45]

All das hatte binnen kurzem das Ansehen des Moskowitischen Reiches und seines Herrschers im Westen vermehrt, aber auch Neugier geweckt, Näheres über Russland zu erfahren – über die gesellschaftlichen und kulturellen Verhältnisse, den Moskauer Hof, seine Herrschaftspraxis, seine macht- und kirchenpolitischen Absichten. Abgesehen von Venedig, das nach der Blockade der alten Handelswege durch die Türken versuchte, über den Moskowiter Hof Zugang zu den orientalischen Märkten zu finden, wusste man im Westen des Kontinents kaum Genaueres über die russische Welt. Umso hemmungsloser schossen Gerüchte über die Unwirtlichkeit der Lebensbedingungen und die jedem zivilisierten Menschen dort drohenden Gefahren ins Kraut, über die Unwegsamkeit des Landes, die Ärmlichkeit von Dörfern wie Städten, über das nördliche Klima, das die Menschen mit Eis und Dunkelheit bedrohe, vor allem aber über die Grausamkeit der dort wohnenden Barbaren.

Diese Unwissenheit war auch eine Folge der Ausrichtung des Kommunikations- und Informationsnetzes auf Mittel- und Westeuropa. Dort erlebte der Verkehr von Nachrichten und Informationen zu Anfang des 16. Jahrhunderts eine bemerkenswerte Beschleunigung und Verstetigung. Anders ausgedrückt, hier war der «Raum geschrumpft», ermöglicht durch die geniale Erfindung des Postwesens durch den 1459 bei Bergamo geborenen Italiener Francesco de Tassis, der im November oder Dezember 1517 in Brüssel starb – als Franz von Taxis, wie sein Name seit der Übersiedlung nach Norden lautete. Anders als die Post, wie wir sie heute kennen, war die Taxis-Post «ein System der Raumportionierung, das durch arbeitsteilige Organisation die Kommunikation über große Distanzen ermöglichte (...) (und mit) ihren Etappenstationen, den ‹positae stationes› oder Posten, schließlich Singular ‹Post› genannten Einrichtung, zum Basismedium des Reisens, des Nachrichtentransports oder des Geldverkehrs» wurde.[46] Die von Taxis in enger Zusammenarbeit mit dem Kaiserhof und den Habsburgerherrschern in den Niederlanden und Spanien ausgelöste Reise- und Kommunikationsrevolution, in ihrer Bedeutung der Medienrevolution durch den Buchdruck durchaus ebenbürtig, blieb über Generationen ganz auf Süd-, Mittel- und Westeuropa beschränkt, mit einem Vorsprung bei den romanischen Ländern. Skandinavien und Ostmitteleuropa schlossen sich seit Mitte des Jahrhunderts diesem System durch eigene «Zubringer» an, Polen z. B. im Jahr 1558 durch eine regelmäßige Stafette von Krakau nach Wien und Venedig. Erst wesentlich später wurde das System weiter nach Osten verlängert.[47]

Ähnlich verhielt es sich mit den Bedingungen des Reisens. Der westliche Teil des Kontinents war seit dem Mittelalter durch ein Netz von Fernstraßen erschlossen, die sich im Osten noch bis ins Königreich Polen und in die baltischen Herrschaften fortsetzten, wenngleich in abnehmender Dichte. Damit waren hier die Bedingungen für den Fernhandel und die Mobilität der Menschen gegeben. Mit der Einrichtung des Postwesens verbesserten sich für diejenigen, die Privilegien oder Geld besaßen, die Reisemöglichkeiten entscheidend: So wählten habsburgische Amtsträger nicht mehr den kürzesten Reiseweg, sondern die Route, auf der Poststationen existierten und ein schneller und reibungsloser Wechsel der Pferde gewährleistet war.[48] Hinzu kamen die Verbindungen über Flüsse und Meere, die gegenüber dem Landverkehr manche Vorteile hatten. In dieser Zeit trennten die Meere nicht, sondern verbanden Menschen und Räume – deutlich zwischen England und der Nordfranzösischen Küste, zwischen Aragon und Süditalien im Mittelmeer oder auch, wie uns bereits die Reise Erzherzog Karls zur Übernahme der Herrschaft in Spanien gezeigt hat, zwischen den Niederlanden und Kastilien durch den Kanal und die Biskaya.

Sieht man von der Post ab, die sich nur eine kleine privilegierte Elite erlauben konnte, war das Reisen über Land langsam, häufig auch gefährlich und außerordentlich mühsam. Als der Wittenberger Augustinermönch Martin Luther im Winter 1510/11 in Angelegenheiten seines Ordens von Sachsen nach Rom zu reisen hatte, tat er das zu Fuß; jeweils rund zwei Monate für den Hin- und Rückweg, bei Schnee und Eis die Alpen überquerend und gelegentlich gezwungen, im Freien zu übernachten.[49] Das einfache Volk tat es den Mönchen gleich. Nur wer Vermögen hatte oder im Auftrag einer Herrschaft unterwegs war, reiste schneller und bequemer per Pferd oder Kutsche, einer eigenen oder gemieteten.

Ein Vergnügen war auch das nur selten. Täglich lauerten Abenteuer und Unbill durch Krieg, Räuber oder auch «nur» unwegsames Gelände. Noch zu Beginn des 19. Jahrhunderts konnte es selbst in verkehrsmäßig gut erschlossenen Gebieten wie Oberitalien passieren, dass die *«Kabrioletiers* (Kutscher) *nur ablehnend etwas von Teufelsweg durch die Zähne murmelten»*, wenn man von Ferrara nach Bologna gefahren werden wollte. Und wenn sich endlich einer zu überhöhten Kosten zu einer solchen Teufelsfahrt bereit erklärte, hatte der Reisende *«die schlimmsten Strecken zu Fuß zu gehen»* und schließlich, nachdem *«erst ein Pferd, (...) dann schließlich beide fielen und sich in dem schlammigen, tonigen Boden wälzten»*, sogar *«mit der ganzen Kraft des physischen Wesens die Schulter unter die Hinterachse des Wagens* (zu) *setzen und heben und schieben»*, um die im Morast festgefressene Kutsche wieder auf festen Grund zu bringen.[50]

SIGISMVNDVS LIBER BARO: IN HERBERSTAIN
ORATOR: INDVTVS VESTE A MOSCO DONATA
ANNO DOMINI M. D. XXVI

Siegmund von Herberstein im moskowitischen Gewand – Zeuge einer fremden Welt gen Mitternacht gelegen, dessen Reisebericht auf Generationen hin das Russland-Bild des lateinischen Europa prägen sollte.

Galt es aber, über Polen-Litauen hinaus zu den wegelosen «örttern der welt so gen Mitternacht gelegen»[51] vorzudringen, dann steigerten sich Unbill und Gefahren zu einem unkalkulierbaren Abenteuer. Das begann mit dem Mangel an Wegekarten und Reisebüchern und endete noch lange nicht mit den erbärmlichen Straßenverhältnissen oder den häufigen Wegelagerern. Es waren lokale Kriege, Seuchengebiete, extreme Witterungsverhältnisse, diplomatisch ungeklärte politische Verhältnisse und ähnliches mehr einzurechnen. Anders als heute war damals im Osten nicht der Sommer die günstigste Reisezeit, sondern der Winter, wenn Schnee und zugefrorene Flüsse und Seen ein relativ rasches und unbehindertes Fortkommen auf Schlitten ermöglichten.

So brach Siegmund von Herberstein denn auch Ende 1516 zur Winterszeit auf, um als kaiserlicher Gesandter in Moskau mit Großfürst/Zar Vasilij zu verhandeln, der die von seinem Vater verfolgte strenge Abgrenzungspolitik gegenüber dem Westen aufgegeben hatte. So war zu hoffen, bei ihm sowohl in der Polen- als auch in der Türkenfrage ein offenes Ohr zu finden.[52] Instruktion und Akkreditierung erhielt Herberstein in Hagenau, wo sich Maximilian gerade aufhielt, dann reiste er über Ulm, Augsburg und Salzburg nach Osten. Ihn begleiteten Sekretäre und Bedienstete sowie der italienische Adelige Cristomo Colonna, Gesandter Isabellas von Neapel, der exilierten Herzogin von Mailand. Wie brenzlig die Expedition allgemein eingeschätzt wurde, sollte der Reisegruppe bereits im Januar 1517 in Mähren, also noch auf sicherem Terrain, vor Augen treten. Dort brachte der unerwartete Tod eines der Sekretäre eine lange Reiseunterbrechung, weil sich niemand finden ließ, der an Stelle des Verstorbenen zur Teilnahme bereit gewesen wäre. Schlimmer noch, der Zeitverlust führte später zu erheblichen Schwierigkeiten, da mit dem Ende der strengen Winterszeit auf der Reisestrecke durch das westliche Russland an manchen Stellen das Eis bereits gefährlich dünn geworden war.

Weitere Stationen waren im Februar und März Krakau und Wilna, die Krönungsstädte Polens und des damit in Personalunion verbundenen Großfürstentums Litauen. Die Angelegenheit, über die Herberstein hier mit König Sigismund zu verhandeln hatte, stand im Zusammenhang mit dem großen Plan einer habsburgischen Ostinitiative, den der Kaiserhof seit einigen Jahren als Pendant zur Südpolitik verfolgte, die soeben in Spanien ihrer Vollendung entgegensah. Wie bei der Spanienpolitik sollten die habsburgischen Interessen auch in den östlichen Räumen durch Heirats- und Erbfolgeabsprachen gesichert werden. Partner musste hier die Jagiellonen-Dynastie sein, die zu diesem Moment Ostmitteleuropa beherrschte – mit Wladyslaw als König von Böhmen und Ungarn und seinem jüngsten Bruder Sigismund als König von Polen und Großherzog von Litauen.[53]

Der eröffnende Schachzug war Kaiser Maximilian bereits im Juli 1515 mit einer großangelegten Doppelhochzeit gelungen. Im Wiener Stephansdom hatten seine Enkelkinder Erzherzog Ferdinand und Erzherzogin Maria – Bruder und Schwester Karls V. – die Ehe geschlossen mit Anna und Ludwig Jagiello, den Kindern König Wladyslaws von

Böhmen und Ungarn. Im zweiten Schritt sollten nun auch König Sigismund und Polen in das Ehe- und Bündnisgeflecht eingebunden werden. Das erschien umso wichtiger, als zwischen Polen und der Kaisermacht erhebliche Spannungen bestanden, unter anderem wegen des dynastisch, nämlich durch seine Mutter Elisabeth von Habsburg, begründeten Anspruchs Sigismunds auf einige österreichische Teilherrschaften. Auf einem Fürstentag 1515 in Wien war es zur ersten Annäherung zwischen Sigismund und Maximilian gekommen und wohl auch bereits zu Absprachen über ein mögliches Eheprojekt.

In Wilna, wo sich König Sigismund gerade aufhielt, führten Herberstein und der italienische Gesandte Colonna Verhandlungen über eine Ehe Sigismunds mit Bona aus dem Herzoghaus der Sforza, das die Franzosen aus Mailand vertrieben hatten. Bona war die Tochter des verstorbenen Gian Galeazzo Sforza und Isabellas von Neapel, für die Herbersteins Begleiter Colonna sprach, und sie war eine Nichte des Kaisers über Maximilians zweite Ehefrau Bianca Sforza. Entscheidend für den Erfolg – die Ehe konnte bereits im April 1518 geschlossen werden – waren weniger die italienischen als die habsburgischen Perspektiven: Für den polnischen König war die Festigung der neuen Allianz mit der Kaisermacht von existentieller Bedeutung. Seine Länder waren akut einer militärischen Zangenbewegung ausgesetzt – von Osten durch das Moskowitische Reich und von Süden durch die Osmanen bzw. das ihnen unterworfene krimtatarische Khanat. Deshalb setzte Sigismund ganz auf Herberstein, in der Hoffnung, dass dieser den Zar von den Übergriffen auf litauisches Gebiet abbringen könnte.

Dass diese jagiellonisch-habsburgischen Ehen ausschließlich den Habsburgern zugutekommen und sich dadurch deren Herrschaftsbereich entscheidend nach Ostmitteleuropa ausdehnen würde, konnte 1517 niemand ahnen. Bereits ein gutes Jahrzehnt nach der spektakulären Doppelhochzeit im Stephansdom kam der Jagiellonen-König Ludwig von Böhmen und Ungarn 1526 bei Mohács im Kampf gegen die Osmanen ums Leben und seine Reiche fielen an seinen Schwager Erzherzog Ferdinand von Habsburg. Der Traum von einem jagiellonischen Großreich von der Ostseeküste bis hinunter auf den Balkan war damit auf immer ausgeträumt. Es blieb das polnisch-litauische Reich, das der räumlichen Erstreckung nach immerhin das zweitgrößte nächst dem Heiligen Römischen Reich war. Mit der Herrschaftsübernahme der Habsburger in Böhmen und Ungarn sollte auch die Einheit der politischen Kultur Ostmitteleuropas verloren gehen. Der dort traditionelle Ständestaat überlebte und festigte sich in Polen, während sich in Böhmen und Ungarn schließlich ein Umschwung zugunsten des habsburgischen Königtums vollziehen sollte.[54] Nach acht Tagen am polnisch-litauischen Hof in Wilna setzte man am 14. März die Reise mit dem Schlitten fort. Schwere Kriegshandlungen um Smolensk zwangen jedoch zu einem Umweg weit nach Norden über gefährliche Flüsse mit dünnem Eis oder Schollengang. Die Düna wurde nur mit Glück überquert, nachdem hier kurz zuvor 300 russische Krieger eingebrochen und ertrunken waren. Colonna, von Kälte und langer Dunkelheit entnervt, hatte die Delegation inzwischen verlassen, um ins lieblichere Italien zurückzukehren. Als man das litauisch-russische Grenzgebiet erreichte, wurde die politische Orientierung schwierig: Von den wechselnden lokalen Führern reklamierten die russischen das Land bereits für den Zaren, die litauischen hingegen für ihren Großfürsten, also den König von Polen. Mit Verwunderung stellte Herberstein fest, dass auch die Bewohner der Dörfer und Städtchen sich nicht eindeutig der einen oder anderen Herrschaft zugehörig wussten. An den meisten Orten hatten sie doppelt gehuldigt, dem litauischen Großfürsten und dem Zaren. So wie im Osten das Straßen- und Kommunikationsnetz schwach und unklar war, so auch die Grenze, die nicht – wie zunehmend im lateinischen Europa – durch eine scharfe, von beiden Seiten anerkannte Linie, sondern von mehr oder weniger breiten Zonen des Übergangs bestimmt war, in denen die politische Zugehörigkeit zudem rasch wechseln konnte.[55]

In Nowgorod – nun eindeutig im Herrschaftsbereich des Zaren – feierte man am 4. April den Palmsonntag. Um schneller voranzukommen, reiste Herberstein allein auf Postpferden weiter, nur von seinem Neffen Hans von Thurn begleitet. Irritiert notierte er die Praktiken bei der Post: Es gab auf den Stationen Pferde im Überfluss, die aber in irrationaler Weise genutzt werden. Er habe selbst einmal nicht weniger als sechs Pferde am Tag benutzt. Die Reichen oder Mächtigen griffen sich einfach die besten und ausgeruhtesten Pferde, teilweise sogar unterwegs, indem sie einfache Reisende zwangen, ihnen ihr ausgeruhtes für das abgearbeitete Tier zu überlassen. In den Posthöfen seien die benutzten Pferde weitgehend sich selbst überlassen. Ohne abgetrocknet zu werden, wälzten sie sich müde in Schnee oder Morast, bis man sie mit Futter und Wasser versorge und für den nächsten Ritt heranzöge.[56] Ab Twer versuchte Herberstein die Reise per Schiff fortzusetzen. Nach einer Havarie in schwerem Eistreiben konnte er sich gerade noch ans Ufer retten und musste zu Fuß einen Bauernhof suchen, um dort kleine, elende Pferde zur Weiterreise zu requirieren. Beim Kloster St. Ilia traf er auf Abgesandte des Zaren, die den Rest der Reise organisierten. Konsterniert notierte Herberstein, dass diese zur Durchsetzung ihres Willens selbst die Mönche mit der Knute traktierten.

Am 17./18. April, mehr als ein Vierteljahr nach Aufbruch, zog Herberstein in die Zarenresidenz ein – nicht ohne zeremonielle Fußangeln: Als der ihn zu Pferde begleitende Hofmarschall ihn aufforderte, als Erster aus dem Sattel zu steigen, witterte er einen diplomatischen Schachzug, um ihn und damit den Kaiser gegenüber dem Moskowiter Großfürsten zeremoniell nachzuordnen. Nach einem kurzen Disput einigte man sich, dass beide absteigen sollten. Doch auch das genügte Herbersteins zeremoniellem Ranganspruch nicht. Und so achtete er sorgfältig darauf – und gab es später in seinem Gesandtenbericht gleichsam rechtssicher zu Protokoll –, dass nicht er, sondern der Hofmarschall als Erster den Boden berührt habe.[57] Im Übrigen hatte der kaiserliche Gesandte über mangelnde Ehrerbietung nicht zu klagen. Er erhielt eine Eskorte von 15 Edelleuten und 30 Kriegern, fand in einem der ersten Adelspalais Moskaus Unterkunft und wurde üppig verpflegt – nach seiner akribischen Auflistung täglich mit riesigen Stücken Rindfleisch und Speck, dazu kamen ein lebendes Schaf, zwei Hasen, sechs lebende Hühner, Fisch, eine Flasche Branntwein, mehrere Flaschen Bier und Met.

Am 21. April empfing ihn der Zar mit einem höfischen Zeremoniell, das die westeuropäischen Ansprüche durchaus zufriedenstellte.

Als nach Rom und Byzanz drittes Rom stellte Moskau beziehungsweise der dort regierende Zar den selbstbewussten Anspruch auf Ebenbürtigkeit mit Kaiser und Papst.

Die Akkreditierung entsprach den westeuropäischen Gepflogenheiten. Wiederum achtete Herberstein auf den Vorrang seines Kaisers. Zar Vasilij nannte Kaiser Maximilian seinen Bruder und signalisierte damit seinen Anspruch auf Gleichrangigkeit. Dagegen betonte Herberstein den Rangunterschied und gestand Vasilij ausschließlich den Titel «Großfürst» zu, obgleich er wusste, daß die Moskauer Großfürsten inzwischen den Zaren-/Kaisertitel angenommen hatten.

Weit weniger freundlich verliefen die anschließenden Verhandlungen mit der von Vasilij dafür eingesetzten Bojaren-Kommission. Bevor man die russisch-polnischen Beziehungen inhaltlich beraten könne, so ihre eiserne Vorbedingung, müsse der polnische König persönlich in Moskau erscheinen und für seinen letzten Kriegszug gegen

Russland formell Abbitte leisten. Herbersteins Neffe Thurn musste zweimal an den polnischen Hof nach Wilna reisen, bevor Sigismund sich immerhin bereitfand, eine polnische Gesandtschaft zu schicken. Den erwünschten Friedensprozess brachte das nicht voran. Die Kriegshandlungen hielten an, und als die Polen auf der sofortigen Rückgabe des 1514 von den Russen eroberten Fürstentums Smolensk bestanden, steckten die Verhandlungen endgültig in der Sackgasse. Die Polen reisten ab; Herberstein folgt ihnen vier Tage später, am 22. November. Auch bei dem zweiten, ihm vom Wiener Hof besonders nachdrücklich auferlegten Auftrag hatte er keinen Erfolg: Der polnische Fürst, dessen Begnadigung er bewirken sollte, hatte weiterhin im Moskauer Kerker zu schmachten.

Der Abschied war dennoch ehrenvoll. Die Reise erfolgte erneut per Schlitten, nun aber unter einer Schutzeskorte von mehreren Dutzend russischen Reitern.[58] Über Smolensk, Wilna und Krakau, wo er dem polnischen König berichtete, traf Herberstein ein gutes Jahr nach Antritt der Reise am 20. Februar 1518 wieder in Wien ein, die Gefahren und Unwägbarkeiten des Reisens in frischer Erinnerung: Noch vor Olmütz war seine Reisegesellschaft in eine Schießerei mit einem betrunkenen böhmischen Landadeligen geraten, die sie noch in letzter Minute fast ins Unheil gestürzt hätte.

Politisch war die Gesandtschaftsreise des kaiserlichen Rates alles andere als ein Erfolg, enttäuschend insbesondere für Polen. Das umso mehr als – wie man erst später erfuhr – Moskau bereits im März 1517, also vor dem Eintreffen Herbersteins, die Weichen für eine neue antipolnische Front gestellt hatte, nämlich durch eine Allianz mit dem Deutschen Orden. Als wenig später mit dem Tod Kaiser Maximilians eine günstige Konstellation eintrat, nutzte der Hochmeister des Ordens, Albrecht von Brandenburg, diese Absicherung und brach den sogenannten polnisch-preußischen «Reiterkrieg» vom Zaun.[59]

Die diplomatischen Verhandlungen machten aber nur die eine Seite der Moskaureise Herbersteins aus. Daneben war ihm eine weitere, besondere Mission anvertraut worden, und zwar von dem Salzburger Erzbischof Matthäus Lang, damals einflussreichster Berater und Diplomat Kaiser Maximilians. Stets an genauesten Informationen interessiert – aus politischem Machttrieb wie aus humanistischer Wissbegier –, hatte der umtriebige Politiker und Kirchenmann die Gelegenheit ergriffen und den Gesandten ermahnt, die Besonderheiten des Landes zu erkunden und nach seiner Rückkehr genauestens darüber zu berichten. Solche Erkundungen, so kommentiert Herberstein selbstbewusst den Wunsch des Kardinals, hätte «*ich auch sunst für mich selbst mit vleiß gethon*».[60] Dabei zeigte er so viel Eifer, dass er darüber fast seinen politischen Auftrag gefährdete: Seine Neugier machte bereits die Nowgoroder argwöhnisch. In Moskau war man durch sein Interesse an Informationen über Stadt und Reich dermaßen alarmiert, dass man in das ihm angewiesene Adelspalais eine als Ehrengarde getarnte Wachmannschaft verlegte, die alle Kontakte unterband.[61]

Gleichwohl war die Ausbeute an neuem Wissen über das geheimnisvolle Land «gen Mitternacht hin» gewaltig. Herberstein berichtete Kaiser Maximilian ausführlich in langen Abendgesprächen, denen meist auch der Salzburger Erzbischof beiwohnte. Schließlich machte er sein Wissen auch der breiteren europäischen Öffentlichkeit zugänglich, zunächst 1549 in lateinischer Sprache *Rerum Moscoviticarum Commentarii*, kurz darauf in erweiterter Neubearbeitung auf Deutsch und in zahlreichen Übersetzungen. Ende des Jahrhunderts lagen nicht weniger als zwanzig Auflagen in fünf Sprachen vor.[62] Damit konnten sich Zeitgenossen wie Nachwelt ein genaues Bild von den Zuständen in «Russia» oder dem Land der «Reussen» machen, von der Fremdheit und den dort lauernden Gefahren, aber auch von den Chancen, die sich dem Westen durch nähere Beziehungen eröffnen könnten.

Herberstein hatte 1517 Neuland betreten. Als habsburgischer Gesandter sei er – so in der Vorrede der «Moscowiter wunderbaren Historien» weit durch die Welt gekommen, durch Deutschland, Italien, Spanien und selbst an den Hof des *«Großmechtigen und Glueckhafftigsten Suleyman Türggischen Khaisers»*. Darüber zu schreiben sei ihm aber nicht eingefallen, da vor ihm «*vil Ehrliche auch beruemte und gelerte dasselbsten gewest / und taeglichen sein und davon lauter beschriben*». Anders verhalte es sich mit dem Moskowiter Reich. Seine Gesandtenreise von

1517 habe ihn an Orte geführt, «*dahin hiervor als zu glauben / deren / die davon geschriben haben khainer khomen ist / und noch wenig khumen.*» Da er als Erster «*des Landes gelegenhait*» mit eigenen Augen erkundet habe, wolle er nun «*aus bevelch und treuer vermonung / des so ich gesehen / von gmaines nutz wegen khundt thuen*». Herkunft, Charakter und Ausbildung machten den in Wippach/Vipava im Westen des heutigen Slowenien geborenen Freiherrn zum idealen Entdeckungsreisenden und landeskundlichen Beobachter: In einem mehrsprachigen Grenzgebiet aufgewachsen, beherrschte er sieben Sprachen, darunter mehrere slawische, und hatte einen offenen, unvoreingenommenen Blick für den Reichtum der Volkskulturen. Als erfahrener Diplomat und Verwaltungsbeamter besaß er ein sicheres Urteil über Politik, Verfassung, Zeremoniell und Rechtssystem. Das kirchliche und religiöse Leben beobachtete und beschrieb er ohne dogmatische Vorurteile. Sein ausgeprägtes Interesse am Fremden ließ ihn Menschen und gesellschaftliche Zustände ebenso aufmerksam beobachten wie Landschaft und Natur. All das befähigte ihn, das Informationsverlangen des kaiserlichen Hofes zu Land und Leuten, Kultur und Gebräuchen, Staat und Kirche der Moskowiter bestens zu befriedigen. Als er Jahrzehnte später seinen Diplomatenbericht zu einer historisch-landeskundlichen Chronik ausarbeitete und publizierte, legte er ein auf sorgfältiger Beobachtung beruhendes Standardwerk vor, aus dem erstmals sicheres Wissen über den Osten Europas zu gewinnen war und das auf Generationen hin das westeuropäische Russlandbild prägen sollte. Alltagsleben, Geographie und Verkehrsverhältnisse wurden über Abbildungen, Karten und Pläne erschlossen. Allein die Zahl der im Westen bekannten osteuropäischen Flüsse und Dörfer vervierfachte sich durch Herbersteins Bericht. Bei der Schilderung der gesellschaftlichen und staatlichen Verhältnisse ist zwar der «westliche» Blick unverkennbar, etwa wenn das Recht im Moskowiterreich als pures Instrument der Politik erscheint und mit dem westlichen Ideal eines unabhängigen Rechtswesens konfrontiert wird. Dennoch gab seine Beschreibung der Unbildung breiter Klerikerkreise, des Hochmuts und der Brutalität der Adligen gegenüber den Bauern, der Unterwürfigkeit der Untertanen gegenüber den höher Gestellten, der

Herrschsucht und Despotie der Mächtigen im Großen und Ganzen die Realität wider.

An den Beginn seiner Landeskunde stellt Herberstein ausführliche philologische Passagen über die Schrift, die Aussprache und die Namen von Flüssen, Orten und Landschaften. Das entspricht den humanistischen Interessen seiner Zeit, aber auch ihrem Willen, die Welt nach Stämmen oder *«nationes»* einzuteilen und so sowohl die Unterschiede als auch die kulturellen und politische Zugehörigkeiten sinnvoll zu erklären. Und so laufen seine sprachkundlichen Ausführungen letztlich auf die Definition Russlands von der Sprache her hinaus, analog zu der berühmten Definition Deutschlands in der fast gleichzeitig publizierten *Cosmographia* des Basler Geographen und Kosmologen Sebastian Münster: *«Demnach nennen wir zu unsern zeiten Teutschlandt / all das sich Teutscher Spraachen gebraucht.»*[63]

Darüber hinaus nehmen die philologischen Erklärungen dem Land einen Teil seiner Fremdheit und Rätselhaftigkeit. Es ist eben doch nicht China, wohin in eben denselben Monaten portugiesische Seefahrer vorstießen, sondern ein benachbartes, in der zentralen Sprachkultur durchaus verständliches Land. Auch das war Herberstein bewusst, und er betont es wiederholt. Ihm war die russische Sprache zugänglich, weil ihm das Windische oder Slowenische seiner Heimatregion geläufig war, was ihm allerdings *«in meiner Jugent (...) von unerfaren vill bekhümmerliche und spoetliche wort»* eingebracht habe. Diese Präsenz einer slawischen Sprache unter Deutschen erinnert uns daran, dass trotz der Schlüsselbedeutung von «natio» für die Humanisten – in Deutschland konnten in jenen Jahren Celtis und Hutten die Mitte des 15. Jahrhunderts wiedergefundene *Germania* des Tacitus nicht hoch genug preisen – in Alteuropa nicht das Nationale dominierte, sondern die ethnische und sprachliche Durchmischung, jedenfalls in Mitteleuropa.

Weite Passagen befassen sich mit *«des Landes gelegenhait»*, also den geographischen, politischen und gesellschaftlichen Verhältnissen, mit dem Ehestand, wobei Herberstein die alltäglich gehandhabte Möglichkeit der Scheidung hervorhebt; der Gastlichkeit (*«wie die einander emphahen, wann ainer zu dem andern in das Hauß khumbt»*); den einzelnen

Landschaften und Fürstentümern; der Schiffahrt auf den Flüssen und *«dem Moer, das man das Eisig oder gefroren Moer nennt»*; dem Münzwesen; den diplomatischen Gewohnheiten und dem zeremoniellen Umgang mit den *«Oratores»* oder *«Potschafften»* anderer Herrscher.

Bei den sozialen Verhältnissen findet neben dem zunehmend vom Großfürsten gezähmten Bojaren-Fürstenstand die verbreitete «Knechtschaft und Hörigkeit» besondere Beachtung. Herberstein sieht darin geradezu den Grundpfeiler der russischen Gesellschaftsordnung: *«Das volckh ist also naturt / das sy sich der aigenschafft* (also Eigentum eines Grund- oder Leibherrn zu sein) *mehr dan der freyhait beruemen»*.[64] Das ist vor dem Hintergrund des Freiheitsdiskurses gesagt, der in eben jenen Jahren im lateinischen Europa aufbrach, in Luthers Freiheitsschrift von 1520 ebenso wie in den erwähnten Bauern- und Bürgeraufständen. Später sind die Historiker und Soziologen Herberstein in dieser Entgegenstellung gefolgt und haben die historisch-politische Kultur Westeuropas von der Freiheit und diejenige Osteuropas von der Hörigkeit her definiert. – Das Staatswesen sieht er durch die Autokratie des Großfürsten bestimmt und exemplifiziert das ausführlich an der Art und Weise der Thronfolge, die ganz und gar durch die Entscheidung des Herrschers geprägt ist. Er benennt einen seiner Söhne zum Nachfolger und lässt ihn in einem großen kirchlichen Zeremoniell durch den Metropoliten inthronisieren. Damit war in Moskau fast schon die Primogenitur etabliert, die zu diesem Zeitpunkt noch keineswegs in allen Dynastien des Westens gesichert war, ein Vorsprung, den Herberstein aber nicht hervorhebt.

Wie von Matthäus Lang gewünscht, schenkte Herberstein dem Zustand *«des Glaubens / den Ceremonien / und ander des volckhs sittn und gebreuch»* besondere Aufmerksamkeit. Dabei war es weniger theologisches Interesse, das der *«Verschiedenheit ihrer Religion, die mit unserer Religion nicht übereinstimmt»* – so nochmals ausdrücklich der Untertitel der *Commentarii* –, nachspürte. Es waren in erster Linie die angestrebten politischen Beziehungen, die nach einer genauen Kenntnis über Religion und Kirche im Moskowiterreich verlangten.

Die griechische Orthodoxie war dem Westen natürlich keineswegs unbekannt. Herberstein ging es speziell darum, die Translatio des orthodoxen Glaubens von den Oströmern zu den «*Reissen*» und deren Folgen für das Moskowiter Staats- und Gesellschaftswesen zu erkunden. So etwa beim genauestens beschriebenen griechisch-orthodoxen Krönungszeremoniell, das den autokratischen Bedürfnissen der Zaren angepasst ist. Hier entsteht ein großes kirchen- und konfessionskundliches Tableau[65] zu Macht und Ohnmacht des Moskauer Metropoliten, seiner Konkurrenz zum Metropoliten von Kiew; zu den orthodoxen Bischöfen, Äbten, Priestern und Diakonen; zu den drakonischen Strafen der geistlichen Gerichte; den kirchlichen Einkünften aus Dörfern, Meierhöfen und Sporteln; zu Kirchengesetzen, Sakramenten und Riten.

Besondere Aufmerksamkeit findet naturgemäß die Haltung des Großfürsten und der orthodoxen Kirchenführer zur römischen Kirche und ihrem Oberhaupt: Herberstein hatte schon in den Passagen zum Zarenhof den tief verwurzelten Hass auf den Papst hervorgehoben und die vom Kaiser gewünschte Annäherung zwischen Moskau und Rom für kaum vorstellbar erklärt. Deutlicher noch wird er bei der Analyse eines offiziellen Schreibens, das der Moskauer Metropolit an den Papst richtete:[66] Bereits die Anrede als «Erzbischof von Rom» weist den päpstlichen Primat zurück. Vor allem aber wird Rom die Rechtgläubigkeit abgesprochen. Denn es sei der «*Ketzereyen*» schuldig und «*von dem rechten weg der sälligkhait und erlösung*» abgefallen. Das sei die Folge von Einflüsterungen des «*hässigen und bösen Teufls, der warhait so veindt*» – eine Formulierung, die fast an den Antichrist-Vorwurf heranreicht, der etwa gleichzeitig in Wittenberg gegen den Papst erhoben wird. Ähnlich auch die Tatsache, dass der Metropolit unter sechs Kardinalirrtümern der Römer den Zölibat besonders hervorhebt: Es sei «*der gröste jrthumb und sunde (...), daß von den Briestern, die weiber haben ‹Gottes leichnam›* (also die Eucharistie oder das Abendmahl) *zunemen jr euch verwidert*».

Herberstein dürften diese und andere Parallelen zur Reformation nicht verborgen geblieben sein, zumal er selbst wiederholt herausstellt, dass in Russland «*aller Gottes dienst in jrer sprach gehalten*»[67] werde. Umso erstaunlicher ist, dass er die noch während seiner ersten Moskaureise eröffnete, die Westkirche bis ins Mark erschütternde Reformation so gut wie gar nicht erwähnt, obgleich er die *Commentarii* erst gegen Mitte des Jahrhunderts zu Papier brachte. Lediglich im Bericht über seine Gesandtschaftsreise nach Dänemark hält er fest, dass er in Wittenberg übernachtet habe und der Kurfürst ihm *«sein Stifft* (gemeint wohl die Reliquiensammlung) *daselbstn* (habe) *zaigen lassen»*, um knapp hinzuzufügen: *«pald darnach verkhert sich das wesen daselbstn».*[68]

Auch nach den Gesandtenreisen Herbersteins – der ersten von 1517 folgte 1525/26 eine weitere – blieb Russland aus westeuropäischer Perspektive eine Randmacht im unzugänglichen Osten. Der diplomatische Verkehr wurde allerdings fortgesetzt, und zwar bereits 1518, als Vasilij Herberstein auf der Rückreise eine eigene russische Gesandtschaft mitgab, die Kaiser Maximilian die russische Sicht der Verhandlungen mitteilte – und die Gelegenheit nutzte, in Deutschland moderne Waffentechniker für Moskau anzuwerben! Gleichwohl blieb der Prozess der Annäherung und der gegenseitigen Verständigung zwischen Moskau und den Höfen des lateinischen Europa noch über Generationen schwierig. Dabei musste sich auch Moskau enttäuscht sehen, insbesondere weil die Gleichrangigkeit mit dem (west)römischen Kaiser nicht zu erlangen war. Zu dieser Blockade hat auch Herberstein beigetragen: In den *Commentarii* stellte er zwar klar, dass Vasilij selbstbewusst *«yeder zeit sein Titl für des Khaisers setzt»* und keine Bestätigung durch den Kaiser begehre oder bedürfe, noch gar vom Papst, der ihm wie *«khain mensch dermaßen verhasst»* sei. Dessen ungeachtet führt er aber historisch-philologische Argumente dafür an, dass dem Moskauer Herrscher nur der Titel *«großfürst oder grosser Hertzog»* zustehe. Für seine Person tritt er entschieden polnischen Verdächtigungen entgegen, *«als soldt ich dem groß fürsten solche freyhait des Titls oder Khünigckliche wird bracht haben.»*[69]

Doch nicht die politisch-diplomatischen Ergebnisse machen die Moskaureise Herbersteins denkwürdig. Sie bedeutete einen Wendepunkt, weil sie erstmals realistische, auf Autopsie beruhende Informationen über den anderen, russisch-orthodoxen Teil Europas nach Westeuropa brachte und mit der Veröffentlichung der *Commentarii* den Lesekundigen zugänglich machte. Damit war Russland in das Wissen des lateinischen Europa eingetreten, als Pendant zu dem Weltwissen, das sich dort – wie gleich noch zu zeigen ist – in eben jenen Jahren durch immer detailliertere Informationen aus den neu entdeckten Erdteilen rasch ausdehnte. Mit der kaiserlichen Gesandtschaft 1516/17 an den Zarenhof war auf dem Kontinent selbst eine neue Welt ins Blickfeld getreten und ein eigenes Wissensgebiet entstanden, dessen Begründung Siegmund von Herberstein zu verdanken ist.

Mit Blick auf die noch im selben Jahr aufbrechende «Spaltung» in der lateinischen Christenheit erscheint es bemerkenswert, dass sich mit Herbersteins Reise auch wieder ein Tor zur Orthodoxie öffnete, unbeschadet des «Hasses», den die Moskowiter dem Papst gegenüber zeigten. Für die katholische Kaisermacht, vor allem aber für das im eigenen Haus bedrängte Papsttum ergaben sich daraus Handlungsspielräume, die sie wenig später in der Konfrontation mit den protestantischen Mächten zu nutzen wussten.[70]

II.

UM FRIEDEN UND STABILITÄT DES GELDES

1. Der neuzeitlich bedrängte Frieden –
Querela pacis / Klage des Friedens aus dem Kampfgetümmel
der Mächte und Dynastien

1517 war ein Friedensjahr, und es war das Erscheinungsjahr der ersten philosophischen Friedenstheorie der Neuzeit, die schon wegen ihres Verfassers Erasmus von Rotterdam bis in die Gegenwart fortwirkt. Um den Frieden war es im lateinischen Europa bereits seit längerem nicht gut bestellt, und zwar unabhängig von der osmanischen Herausforderung und von den machtpolitischen Ambitionen Moskaus. Es herrschte ein unerbittlicher Konkurrenzkampf zwischen den Herrschern und Dynastien, der bereits die Gestalt früher Staatenkriege erkennen ließ. Zudem hatten allenthalben hochfahrende Herrscherpersönlichkeiten das Ruder ergriffen, die jede Chance nutzten, Ruhm, Ehre und Macht zu erstreiten, um sich und ihre Dynastie über die anderen zu erheben. Europa war im 15. Jahrhundert in eine Phase eingetreten, in der sich die vorstaatliche *societas christiana* des Mittelalters zum neuzeitlichen Mächteeuropa der Staaten umbildete.[1]

Zwar hatte es entgegen romantisierender Vorstellungen niemals eine ungebrochene Einheit im christlichen Europa gegeben, man denke nur an den Investiturstreit. Doch um 1500 waren die Partikularinteressen von Fürsten und Dynastien samt deren Völkern und Ländern zum Bauprinzip geworden. Europa hatte den Weg zum System konkurrierender Macht- und Partikularstaaten angetreten. Der Kampf um Territorien, Untertanen, Ressourcen und Einflusssphären war zum Alltag geworden, symbolisch untermauert durch den Wettstreit um Rang und Ehre. Militärtechnische Innovationen bei der Artillerie, der Infanterie und vor allem im Festungsbau, dem sich selbst Leonardo da Vinci und Michelangelo widmeten, machten die Konflikte immer verbissener, verlustreicher und vor allem kostspieliger. Diese verschärfte Konkurrenz erfasste selbst Kaiser und Papst. Der traditionelle Vorrang, den sie als die universellen Häupter der Christenheit geltend machten, zählte kaum noch gegenüber den neuzeitlichen Kriterien von Finanzkraft, territorialer Größe und militärischer Stärke.

Die strukturelle Friedlosigkeit Europas wurde durch Herrscherpersönlichkeiten verschärft, die jede auf ihre Weise mit der Tradition brachen oder sie doch in neuer, eigenwilliger Weise offensiv umdeuteten. So zog der französische König Karl VIII. 1494 in den Krieg, um – koste es, was es wolle – seine zweifelhaften Erbansprüche auf das Königreich Neapel durchzusetzen. Die anderen Fürsten standen ihm in nichts nach – Ferdinand von Aragon nicht, der mit seiner Ehefrau Isabella von Kastilien angetreten war, Macht und Ruhm Spaniens zu mehren, und nicht bereit war, sich von den Franzosen um die süditalienischen Besitzungen bringen zu lassen, und auch Kaiser Maximilian nicht, der Ruhm und Einfluss des Heiligen Römischen Reiches neu zu festigen und damit zugleich den Aufstieg des Hauses Habsburg zu fördern suchte. Schließlich traten auch die Renaissance-Päpste in die Schranken, um mit der Macht und dem Ruhm des Kirchenstaates zugleich die eigene Familie zu privilegieren. Berühmt-berüchtigt ist das Bemühen Alexanders VI., seinen Sohn Cesare Borgia in der Romagna mit einer eigenen Territorialherrschaft zu versorgen.

Teil dieses Ringens um Vorrang und Macht waren die zeremonielle Repräsentation der Macht- und Ranganspüche in Herrschaftsarchitektur, Herrscherporträts, Literatur, Musik und mit allen weiteren medialen Mitteln. Hierzu beschäftigten die Fürsten einen internationalen Kreis von Malern, Graphikern, Bildhauern, Steinschneidern, Teppichwirkern, Architekten, Poeten und nicht zuletzt Historikern. Kaiser und Päpste[2] gingen voran, Könige und Fürsten folgten – Matthias Corvinus in Ungarn, die französischen Könige, vor allem Franz I. gleich nach seiner Thronbesteigung 1515, schließlich auch die deutschen Landesherren.

Die neuzeitliche Fürsten- und Staatenkonkurrenz hatte sich zuerst in Italien herausgebildet. Seit Mitte des 15. Jahrhunderts bestand dort eine Fünfstaatenherrschaft der Republiken Florenz und Venedig, des Herzogtums Mailand, des Kirchenstaates und des Königreiches Neapel. Als System «ausgleichender Gegensätzlichkeit»[3] zügelte diese frühe Pentarchie die kriegerischen Kräfte und trug so nicht unwesentlich zum kulturellen und wirtschaftlichen Aufschwung Renaissance-Italiens bei. Im letzten Jahrzehnt des 15. Jahrhunderts indes europäisierte sich das italienische Mächtesystem und wurde von einer kaum noch zu kontrollierenden Konfliktdynamik ergriffen. Ausgelöst durch den erwähnten Kriegszug Karls VIII. 1494 nach Neapel, wo er dem spanischen Aragon die Herrschaft abjagen wollte, setzte ein erbittertes Ringen der nordalpinen Leitmächte Spanien, Frankreich und Habsburg um den Vorrang in Italien und Europa ein. Nach dem Scheitern Karls VIII. verlagerte sich unter seinem Nachfolger Ludwig XII. der Schwerpunkt nach Norditalien. Umkämpft war vor allem das Herzogtum Mailand, das strategisch wie ökonomisch und kulturell eine Schlüsselposition einnahm. Die Franzosen beriefen sich auf eine ältere Eheverbindung zwischen den Valois und den Mailänder Visconti, Kaiser Maximilian auf seine Ehe mit der Mailänder Prinzessin Bianca Maria Sforza.

Von den inneritalienischen Mächten konnten nur Venedig und der Kirchenstaat in diesen Kämpfen mithalten: Die noch blühende Handelsrepublik war bestrebt, ihren Festlandbesitz, die *terraferma*, zu erweitern und verfügte über die dazu notwendigen finanziellen Mittel. Ähnlich der bis hinauf nach Bologna reichende Kirchenstaat, der unter Julius II. einen Schub der Konsolidierung und territorialen Arrondierung erfuhr. Julius II. gehörte zu den politisch, diplomatisch und militärisch fähigsten Akteuren seiner Zeit, der sich gegenüber den weltlichen Herrschern durchaus zu positionieren wusste. Das war eine bemerkenswerte, angesichts der europäischen Mächtekonkurrenz höchst bemerkenswerte Leistung des Souveräns des Kirchenstaates.[4] Dem zu Frieden und Vermittlung verpflichteten Pontifex und Seelsorger aber standen solche politischen und militärischen Taten schlecht an. Erasmus von Rotterdam, das Sprachrohr der europäischen Gelehrtenwelt, nutzte diese Schwachstelle zu einem fundamentalen Angriff auf die, wie für ihn feststand, eines Papstes nicht würdige Machtpolitik. In dem Dialog «Julius exclusus e coelis» überzog er den Kriegspapst mit beißendem Spott und ließ ihn durch Petrus höchstpersönlich des Himmels verweisen. Dazu mehr im Romkapitel. Die Expansionspolitik des Papstes führte in Oberitalien zu einer scharfen Konfrontation mit Venedig. Um die Herrschaft der wirtschaftlich wie militärisch dominanten Stadtrepublik auf dem Festland niederzuringen, formierte sich Ende 1509 die Liga von Cambrai. In der engagierten sich – abgesehen von den ostmitteleuropäischen – faktisch alle damals in Europa aktiven Mächte, um auf dem oberitalienischen Schauplatz Gewinne zu machen. Es folgte eine Kriegsphase von fast zehn Jahren, in der sich die Allianzen immer wieder veränderten – so bereits 1510, als der schnelle Erfolg gegen das wohlgerüstete Venedig ausblieb und das Kriegsglück wankelmütig blieb. Ein dauerhafter Friede kam gleichwohl nicht in Sicht, zumal auch die militärisch damals führenden Eidgenossen ihre Interessen noch aktiv in Norditalien verfochten. Selbst eine protonationale Vision eröffnete sich kurzzeitig, als Papst Julius II. eine panitalienische Allianz zur Vertreibung aller ausländischen Mächte zu formieren versuchte.

In diesem Ziehen und Zerren, in dem sich zuletzt Frankreich mit dem Sieg von Marignano 1515 über die Eidgenossen das Herzogtum Mailand und damit die Vorrangstellung in Norditalien gesichert hatte, brachten die Jahre 1516/17 einen Friedensschimmer: Der Stuhl Petri war von dem martialischen Julius II. auf Leo X. übergegangen, der zwar nicht zögerte, zugunsten seiner Familie, der Medici, handstreichartig das kleine Herzogtum Urbino zu besetzen, der aber vom Naturell wie von der mächtepolitischen Interessenlage her auf Frieden gestimmt war. 1517 verfolgte Leo zudem das konkrete Projekt einer Bruderschaft oder Friedensunion zwischen den zerstrittenen europäischen Fürsten, um gemeinsam der osmanischen Expansion entgegenzutreten. Die Reaktionen, die seine Initiative an den europäischen

Höfen fand, waren durchaus geeignet, Hoffnung auf eine längere innereuropäische Friedensphase zu wecken. So konnte Erasmus erfreut verkünden, dass auf den ihm so verhassten Kriegs- nun der Friedenspapst gefolgt sei.[5]

In dieselbe Richtung wiesen die Interessen Spaniens und der Habsburger, die, wie erwähnt, seit 1496 durch eine Doppelhochzeit politisch und dynastisch eng verbunden waren. Der Kaiserenkel Karl – wir erinnern uns – hatte im Spätsommer 1516 zur Absicherung seiner Spanienreise mit Frankreich den Vertrag von Noyon abgeschlossen. Im Dezember trat der Kaiser in Brüssel diesem Abkommen bei. Damit schien der Weg zu einem umfassenden Frieden frei. Und in der Tat, die mit der Liga von Cambrai 1509 einsetzende Phase des europäischen Mächteringens in Oberitalien endete im Januar 1517 mit dem in Brüssel vereinbarten freien Abzug der seit Monaten in der Festung Verona eingeschlossenen kaiserlichen Truppen unter Georg von Frundsberg und Marcantonio Colonna. Die Stadt wurde dem französischen Marschall Lautrec übergeben und gelangte dann aus der französischen zurück in die venezianische Herrschaft – ein symbolisch wichtiger «Umweg», um das Zurückweichen des Kaisers vor der verhassten Stadtrepublik zu verbrämen.

Fürstengewalt und Gesellschaftsutopie als Lösungsmodelle. Den italienischen Staaten- und Bürgerkämpfen der Renaissancezeit verdankt Europa das moderne Denken über Politik und Staatskunst. Bereits im 14. Jahrhundert war in den großen Stadtkommunen, vor allem in Florenz, die Theorie des Bürgerrepublikanismus aufgeblüht. Sie sollte über die Jahrhunderte hin den Teil des politischen Denkens prägen, der das partizipatorische Gesellschafts- und Staatsmodell für das beste hält.[6] Jetzt, auf dem ersten Höhepunkt der internationalen Staatenkriege, brachte Niccolò Machiavelli, ebenfalls ein Florentiner, eine Staatslehre zu Papier, die das entgegengesetzte Modell der Fürstenherrschaft rechtfertigte und sehr eigentümliche, für das christliche Politikdenken bislang ganz undenkbare Handlungsanweisungen gegen innere wie äußere Feinde aussprach.[7] Zur Sicherung und Ausdehnung der Macht empfahl er dem Fürsten nicht Moral, Frömmigkeit und Friedensliebe, sondern Verschlagenheit, Grausamkeit, Gewalt, ja falls nötig selbst Verbrechen. Er konnte sich dabei durchaus auf antike Traditionen stützen, etwa auf die Kriegs- und Machtphilosophie eines Thukydides. Wichtiger aber waren die Erfahrungen der eigenen Zeit. In der rauen Renaissancewelt der unerbittlichen Machtkonkurrenz um die Herrschaft im Innern und um die Position innerhalb des sich abzeichnenden neuzeitlichen Staatensystems konnte es nicht länger um das Ideal oder die Normen des Gemeinwohls der europäischen Christenheit gehen, um das alle Gedanken der mittelalterlichen Philosophen gekreist waren. Eine Staatslehre für die anbrechende «Neue Zeit» war vielmehr aus der politischen Realität abzuleiten und hatte die Gesetze der Selbstbehauptung und Machtsteigerung des neuzeitlichen partikularen Einzelstaates zu formulieren, der in Italien wie allgemein in Europa vornehmlich Fürstenstaat war. Machiavelli ging vom *casus necessitatis*, der Notstandssituation aus, in der jeder dieser Staaten beziehungsweise der ihn leitende Fürst stehe: «*Daher*», so heißt es in seiner Abhandlung *Il Principe / Der Fürst*, «*muß sich ein Herrscher, wenn er sich behaupten will, zu der Fähigkeit erziehen, nicht allein nach moralischen Gesetzen zu handeln sowie von diesen Gebrauch oder nicht Gebrauch zu machen, je nach Notwendigkeit (secondo la necessità)*».[8] Das gilt auch für den Einsatz der Religion. Anders als die mittelalterlichen Philosophen und Theologen sah der Florentiner Realist die Religion nicht als ein von Gott gestiftetes Band, das der Christenheit Einigkeit und Frieden bringt, sondern als ein ganz und gar irdisches Instrument, das die Herrschenden zur Stabilisierung ihrer Macht einsetzen dürfen, ja müssen. Vorgemacht habe das die römische Kurie, ein Urteil, wie es wenig später auch der deutsche Reformator Martin Luther formulierte, nun allerdings theologisch-heilsgeschichtlich begründet und auf die Abschaffung des Papsttums gerichtet. Das «*schlechte Vorbild des römischen Hofes*», so Machiavelli, habe dazu geführt, dass Italien «*alle Gottesfurcht und alle Religion verlor, was unzählige Übelstände und endlose Unordnung zur Folge hat*».[9]

Auf der Grundlage einer «realistischen» Analyse des Verhaltens der Menschen in Geschichte und Gegenwart entwickelt Machiavelli den Zentralbegriff seiner Politiktheorie, der sogleich zum schlagkräftigen Kampfbegriff für die Rechtfertigung des frühmodernen Staates und seiner Handlungen im Innern wie nach außen wurde – die *ragione di stato* oder Staatsräson. Diese nicht länger an ethische Normen, sondern ausschließlich an der Wolfsnatur des skrupellosen Machtstrebens orientierte Lehre von der Staatsräson bedeutete einen solchen Umbruch in der lateineuropäischen Politiktheorie, dass sie zum Arkanum, also zum Geheiminstrument der Machtpolitiker wurde. Alle richteten sich danach, doch keiner wagte das öffentlich zu bekennen. Noch der Preußenkönig Friedrich II., in der Realität ein Staatsräsonpolitiker par excellence, empörte sich öffentlich über die unsittlichen Staatslehren des Florentiners, und doch beherrschte die Staatsräson damals längst die politische Praxis in Europa.

Diese bald als «Machiavellismus» berühmt-berüchtigte Lehre entwarf Machiavelli zwischen 1513 und 1516 in der Abgeschiedenheit seines Landgutes, auf das er sich hatte zurückziehen müssen, als in seiner Heimatstadt die ihm verhassten Medici an die Macht zurückgekehrt waren. *De Principatibus* oder *Del Principe*, wie Machiavelli den Traktat nannte, dürfte 1517 einer Reihe europäischer Fürstenhöfe in handschriftlicher Fassung bekannt gewesen sein. Seine große Karriere trat er aber erst 1532, fünf Jahre nach dem Tod seines Verfassers an, als in Rom die erste Druckfassung erschien, ausgestattet mit einem päpstlichen Privileg und nun unter dem bald jedem geläufigen Titel *Il Principe*.

Schließlich erschien in eben denselben Jahren – 1516 in Löwen mit raschen Nachdrucken in Paris und Basel – *De optima republicae statu, deque nova insula Utopia, libellus vere aureus* des englischen Humanisten und Staatsmannes Thomas Morus. Fernab von Italien und dem dortigen Machtringen entstanden, bietet diese Schrift nicht Herrschaftswissen zur Festigung bestehender Verhältnisse in Staat und Gesellschaft. Es geht vielmehr um die Verbesserung einer verderbten Gegenwart im Sinne eines humanistischen Ideals rationaler, auf den Menschen ausgerichteter Ordnung nach allgemein anerkannten, also nicht vom Fürsten oder dem Staat her gedachten Normen. Morus, einen Gelehrten nach Art des Erasmus, erschütterten die inneren Schwächen und Widersprüche des Staatswesens, in dem er lebte und für das er wirkte. Dieser in seinen Augen verderbten Realität hält er im Lichte der neuen

Welterfahrung den Spiegel einer ganz anderen, gleichsam exotischen Ordnung vor.

Der nach Jahren in der Fremde zurückgekehrte portugiesische Seefahrer Raphael Hythlodeus berichtet seinem unschwer als Morus selbst zu erkennenden Gesprächspartner über die Insel Utopia, auf die es ihn im Anschluss an seine Entdeckungsreise mit Amerigo Vespucci verschlagen habe. Auf diesem fernab von Europa gelegenen Eiland herrsche nicht ein einzelner Fürst, sondern die republikanische Gleichheit, vertreten durch ein gewähltes Staatsoberhaupt und ebenfalls gewählte Beamte. Die in Europa übliche Korruption der Machthaber sei unbekannt, da alle nach ihren Kräften für das Gemeinwohl arbeiteten und entsprechend versorgt würden. Ein jeder strebe dort nach Bildung und werde darin gefördert, so dass eine privilegierte Bildungsschicht unbekannt sei. Vor allem aber gebe es auf der Insel keinen Privatbesitz und damit auch nicht die in der europäischen Realität schreiende Ungerechtigkeit von Reich und Arm. Alle Güter und Ressourcen seien Gemeinschaftsbesitz, aus dem ein jeder gemäß seinen natürlichen und vernünftigen Bedürfnissen versorgt werde – die über die Jahrhunderte hinweg wirkungsvollste Idee des Buches.

Die *Utopia* des Thomas Morus sollte das politische Denken der Neuzeit nicht weniger nachhaltig prägen als die Schriften Machiavellis. Wie dieser zum Stichwortgeber skrupelloser Machtpolitik wurde, so die «Utopie» zum Inbegriff einer nicht an die Realität gebundenen, aber gerade dadurch auf Veränderung der Verhältnisse drängenden Vision. «Nicht zufällig entstanden», so das Urteil eines Politologen, «der *Principe* Machiavellis und Morus' *Utopia* etwa zur gleichen Zeit.» Denn in der Renaissance löste sich «mit dem Rückzug der Metaphysik aus der Naturbetrachtung» die mittelalterliche Verknüpfung von Faktum und Norm auf und «in der politischen Theorie ergab sich eine Trennung von politischem Realismus und politischer Utopie».[10] Der «Realist» Machiavelli erklärt die bedingungslose Machträson zum einzigen erfolgversprechenden Ordnungsprinzip, während der «Utopist» Morus die Wirren der europäischen Realpolitik durch eine Vision guter und gerechter politischer Ordnung zu heilen versucht, deren Urbild er bezeichnenderweise bei den neuentdeckten Ländern und Völkern jenseits des Ozeans ansiedelt.

Querela pacis und das allen gemeinsame Haus der Christenheit. Eine von diesen Gegensätzen seltsam unberührte, fast zeitlose Lösung schlug der Humanist Erasmus von Rotterdam 1517 in seiner Schrift *Querela pacis/Klage des Friedens* vor. Auch er ging von der aktuellen Krisensituation aus, ja seine Friedensschrift war eine aus dem politischen Alltagsgeschäft erwachsene Auftragsarbeit. Anlass war ein von den Konfliktparteien zur Neuordnung Europas geplanter Friedenskongress, der 1517 im niederburgundischen Cambrai stattfinden sollte. Die Leiter der burgundischen Politik, Jean le Sauvage und Guillaume de Croy, Herr von Chièvres,[11] planten dort eine große Friedensdemonstration, die zugleich die habsburgische Gesamtpolitik theoretisch begründen und philosophisch moralisch legitimieren sollte. Und wer war zu einer solchen Schrift besser befähigt als Erasmus von Rotterdam, das Sprachrohr des internationalen Humanismus,[12] der darüber hinaus dem burgundischen Hof als Rat verpflichtet war? Der gewünschte Traktat wurde in der zweiten Hälfte 1516 abgefasst und erschien im Frühjahr 1517 in Basel bei Froben, dem Hausverleger des Erasmus. Der geplante europäische Fürstenkongress fand zwar nie statt. Die für ihn verfasste Friedensschrift aber war bald in aller Munde und sollte es bis heute bleiben.

Erasmus hatte das Auftragswerk genutzt, um die dem Frieden entgegenstehenden Zeittendenzen zu brandmarken und die verantwortlichen Politiker an ihre christliche Friedenspflicht zu erinnern. Dabei ist dem Werk der konkrete Anlass durchaus anzumerken, namentlich in seiner scharfen Kritik an allen Stimmen, die einen Krieg mit Frankreich befürworteten. Doch zielt Erasmus weit über das taktisch-politische Kalkül der burgundischen Regierung hinaus ins christlich Ethische und philosophisch Grundsätzliche. Das zeigt bereits der Titel: *Querela pacis undique gentium eiactae profligataeque/Die Klage des Friedens, der von allen Völkern verstoßen und vernichtet wurde.*[13] Wie er kurz zuvor in der dem Burgunderherzog und späteren spanischen König und Römischen Kaiser Karl gewidmeten *Institutio Principis Christiani/Die Erziehung des*

Dürers Erasmus – eine serene, in sich ruhende geistig-moralische Autorität. In einer Epoche existenzbedrohender Kriege zwischen den europäischen Herrschern wie gegen die von außen anstürmenden Osmanen macht sich Europas führender Intellektueller zum Anwalt des leidenden Friedens.

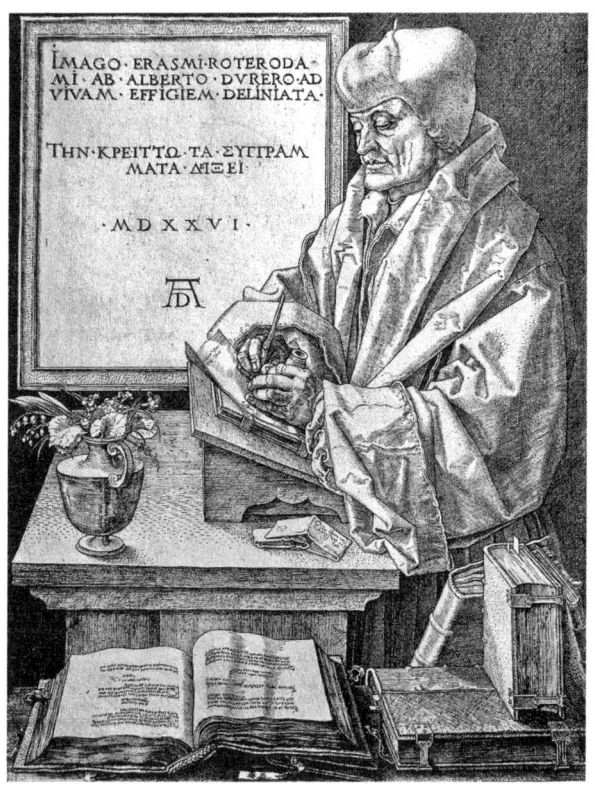

christlichen Fürsten nicht spezifisch habsburgisch-burgundische, sondern allgemein christliche Erziehungsprinzipien entwickelt hatte, so will die *Querela pacis* nicht einzelne Herrscher oder Völker anklagen. Erasmus geht das Friedensproblem grundsätzlich an, gleichsam zeit- und strukturgeschichtlich. Schonungslos, auch gegenüber seinen Auftraggebern, legt er den Finger auf die Friedlosigkeit als schwelende Wunde seiner Zeit und kommt dabei zu einer Analyse, deren Klarheit und Radikalität auch noch die heutigen Leser überzeugt.

Nüchternen Blickes diagnostiziert er den Verfall der lateinisch-europäischen Christenheit, die im aufgebrochenen Machtegoismus der europäischen Herrscher und ihrer Völker zerrieben werde: «*Colliditur gens cum gente, civitas cum civitate, factio cum factione, Princeps cum*

Principe»/*Ein Stamm wird zum Zusammenstoß mit einem anderen Stamm getrieben, Stadt gegen Stadt, Parteiung gegen Parteiung, Herrscher gegen Herrscher.*[14] Nicht weniger deutlich stehen ihm die proto-nationalen Strukturen und Mechanismen innerhalb des um 1500 in voller Schärfe entbrannten europäischen Mächteringens vor Augen: «*Angulus hostis est Gallo, nec ob aliud nisi quod Gallus est. Scoto Britannus infensus est nec aliam ob rem, nisi quod Scotus est. Germanus cum Franco dissidert, Hispanus cum utroque.*»/*Der Engländer ist der Feind des Franzosen, aus keinem anderen Grund, als weil er Franzose ist. Der Schotte ist dem Briten feind, aus keinem andren Grund, als weil er Schotte ist. Der Deutsche ist dem Franzosen feind, der Spanier beiden.*[15]

Schließlich markiert er auch den dritten, bis weit ins 17. Jahrhundert hinein kriegstreibenden Grundprozess der werdenden Neuzeit: die Verbindung von politischer und religiöser Identitätsbildung, die den Auseinandersetzungen bereits eine Schärfe und Feindseligkeit verlieh, als der prinzipielle Bruch durch die protestantische Reformation noch nicht absehbar war. Die europäischen Fürsten zögen mit christlichen Symbolen gegeneinander ins Feld, «*vexilla crucem habent/(...); pugnat crux cum cruce, Christus adversus Christum belligeratur/ihre Fahnen tragen das Kreuz, (...) das Kreuz kämpft mit dem Kreuz, Christus führt gegen Christus Krieg.*»[16]

1517 konnte ein klar blickender Zeitgenosse wie Erasmus somit bereits erkennen, was Europa bevorstand, wenn nicht die Friedensliebe das kriegstreibende Potential der aufstrebenden Partikularkräfte bändigen würde. Verderblich war vor allem die Überlagerung von Religion und Politik, die Erasmus bereits vorreformatorisch in der konfessionell noch ungeteilten Christenheit aufgezogen sah. Religiöse Symbole wurden für Macht- und Herrschaftsinteressen instrumentalisiert und dienten dazu, den Kampfeswillen der gegnerischen Söldnerheere zu schärfen, im Falle der böhmischen Hussiten sogar bereits der proto-nationalen Mobilisierung. Indes, dass sich dieser verheerende Zug noch in demselben Jahr weiter verschärfen und die Feindseligkeit der Konfessions- und Staatenkriege mit sich bringen würde, konnte Erasmus nicht vorhersehen.

Das Nebeneinander von humanistischem Friedensmanifest und reformatorischer Ablasskritik, letztere der Beginn protestantischer Freiheit wie konfessioneller Differenzierung, macht den weltgeschichtlichen Schwebezustand der Jahre um 1517 deutlich: Hatte, so fragt man sich rückblickend beklommen, die pan-christliche Friedensinitiative des Erasmus eine Chance, Europa vor der Fundamentalfeindschaft des frühneuzeitlichen Konfessionalismus und der dadurch freigesetzten Feuerwalze der Glaubenskriege zu bewahren, als Katholiken unter der Marienfahne und Protestanten unter dem Kreuz Christi gegeneinander zu Felde zogen? Wenn ja, um welchen Preis? Um diese Frage zu beantworten, gilt es den geistigen Kern der Erasmianischen Friedensvision genauer zu betrachten.

Der real vorhandenen und von ihm so klarsichtig diagnostizierten nationalen und religiösen Zerrissenheit stellt der Humanistenfürst die christliche Einheit, der materiellen Gegensätzlichkeit die Verbundenheit im Geiste entgegen: Warum die *«Verkehrtheit»/«Pravitas»* der nationalen oder religiösen Abgrenzung und Feindschaft? *«Warum will nicht lieber der Mensch dem Menschen, der Christ dem Christen wohl? Warum vermag eine nichtige Sache mehr als viele Bande der Natur, als so viele Bande Christi? Der Raum trennt nur die Körper, nicht die Geister. / Cur non potius bene vis homo homini? Christianus Christiano? Cur res frivola plus apud istos potest, quam tot naturae nexus? Tot Christi vincula? Locuscorpora dirimit, non animos.»*

Der Rhein trennt Franzosen von Deutschen, nicht aber Christen von Christen. Die Pyrenäen trennen Spanier und Franzosen, die See Franzosen und Engländer, *«aber sie heben nicht die Gemeinschaft der Kirche oder der Religion auf»* / *«at iidem non dirimunt Ecclesiae communionem»*.[17] Partikularität und Feindschaft werden überwunden durch die Rückbesinnung auf den *populus Christianus*, auf das *«christliche Volk»*, das die einzelnen *gentes* (Stämme) überwölbt, und auf die gemeinsame *«ecclesia»*, wo *«dasselbe Haus alle umfaßt»* / *eadem omneis habet domus*.[18]

Nicht Gewalt und Krieg können dieses Gemeinschaftsbewusstsein herbeiführen, so wie es wenig später sein «Zögling» Kaiser Karl V. mit seiner universellen Kaiseridee versuchen sollte, sondern allein die christliche Erziehung der Politiker und die Anziehungskraft des christlichen Friedens. Sein politisches Credo, das sowohl der Friedensschrift als auch der *Institutio Principis Christiani* (Erziehung des christlichen Fürsten) und der Streitschrift gegen den Krieg *Julius exclusus e coelis* (Julius vor der verschlossenen Himmelstür) zugrunde liegt, beruht auf dem christlich-humanistischen Optimismus, dass der Mensch, pädagogisch geleitet, das Gute bewerkstelligen könne. Frieden und gute politische Ordnung in und zwischen den Völkern werde sich mehr oder weniger von selbst einstellen, stehe erst jedem die moralische Verwerflichkeit der Gegenkräfte, die die gute Ordnung stören, vor Augen. Es komme daher darauf an, den Herrschern und ihren Politikern klarzumachen, dass Krieg, Missgunst und Machtstreben dem wahren Glück und dem christlichen Leben schaden. «*Der erhabene Karl, ein junger Mann von unverdorbenem Charakter*» habe das bereits erkannt, ebenso Kaiser Maximilian und der englische König Heinrich. «*Es ist billig, daß die übrigen das Beispiel so großer Herrscher nachahmen.*» Dann werde für alle «*Herrscher die Herrschaft erhabener, da sie über Fromme und Glückliche gebieten, so daß sie mehr durch Gesetz als mit Hilfe der Waffen herrschen. Die Würde der Vornehmen wird größer (...), dem Volk wird Ruhe im Wohlstand und Wohlstand in der Ruhe zuteil*».[19]

So stünde dann auch wieder allen – den Herrschenden wie den Beherrschten – klar vor Augen, was der Machteifer verdunkelt hatte, dass nämlich die einzelnen Nationen oder Herrschaften Europas in Wahrheit nur *gentes/Stämme* innerhalb eines in der Kirche vereinten Christenvolkes (*quod populum Christianum Ecclesiam vocari*)[20] sind und dementsprechend die Menschen unterschiedlicher Sprache und staatlicher Zugehörigkeit nichts anderes als Brüder und Schwestern in Christo.

Wo der Kaiser die Einbindung der Einzelstaaten in ein christliches Universalkaisertum aktiv betreibt und dazu, wo nötig, seine deutschen, italienischen und spanischen Söldnerheere einsetzt, da entlarvt Erasmus aus der Distanz der Gelehrtenstube die inneren Widersprüche des Machtstrebens. Darauf aufbauend entwickelt er Konzepte und Instrumente, die kriegerischen Kräfte der Partikularstaaten zu zähmen und die von deren Vormachtstreben bedrohte Zivilität Europas zu retten. Dabei waren ihm und seinen Zeitgenossen Zivilität und Christentum noch weitgehend identisch. Die muslimischen Osmanen waren nicht Teil seiner Friedensvision. Der europäische Friede war für ihn nur als christlicher Friede denkbar. Erasmus teilte daher die Sorge Leos X. vor der sich ankündigenden Generaloffensive des osmanischen Weltreiches gegen das christliche Europa. Die große Friedensvision ist auf die christlichen Herrscher beschränkt und soll neben der inneren Ruhe der Christenheit der Verteidigung nach außen dienen: Durch die christbrüderliche Einigkeit werde *«den Feinden des Kreuzes der christliche Namen schrecklicher.»*[21]

Dennoch unterscheidet sich sein Türkenbild wesentlich von dem Stereotyp seiner Zeit. Anders als die fürstlichen und kirchlichen Propagandisten, die ungeachtet der eigenen Aggressivität die heidnischen Türken zum Inbegriff des Inhumanen und Bösen machten, sah Erasmus in der osmanischen Herausforderung eine Chance, den Christen einen Spiegel vorzuhalten und sie zu Demut und Selbstkritik zu bringen: *«Wollen wir»*, so mahnte er die Selbstgefälligen, *«die Türken zu Christen machen, seien wir erst selbst Christen!» / Si cupimus Turcas ad Christi religionem adducere, prius ipsi simus Christiani!*[22]

Unmittelbaren Erfolg hatte Erasmus nicht. Bereits wenige Jahre nach Veröffentlichung der Friedensklage stürzte sich das christliche Europa in ein kriegerisches Zeitalter, in dem mit den fanatischen Gräueltaten der Religions- und der eisernen Unerbittlichkeit der Staatenkonflikte eine tiefe Friedlosigkeit und fundamentale Feindseligkeit aufzogen, wie sie den Kontinent erst wieder im 20. Jahrhundert erfassen sollten. Für Erasmus besonders schmerzlich, historisch aber folgerichtig zählte Karl V., für dessen Erziehung zum Friedensfürst er die *Institutio Principis Christiani* verfasst hatte, zu den Hauptverantwortlichen für diesen Höllensturz. Nüchtern ist zu konstatieren, dass das christlich fundierte Einheitskonzept des Erasmus historisch unzeitgemäß war. Seine Vision einer allen machtpolitischen Partikularinteressen der Herrscher und Völker übergeordneten *«res publica christiana»* war bereits rückwärtsgewandt. Der Appell an die christliche Brüderlichkeit, an das allen gemeinsame Haus der Kirche war nicht mehr geeignet, einem politischen Alltag die Richtung zu weisen, der zunehmend von den partikularen, bald auch säkularen Kräften der Neuzeit bestimmt war.

Bereits 1517 lief alles auf Differenzierung und Autonomie der einzelnen Glieder der europäischen Christenheit hinaus. Mit der im selben Jahr wie die Friedensklage in die Welt gesandten Ablasskritik wurde auch der Kern der von Erasmus beschworenen geistig-religiösen Einheit gesprengt. In Europa ließen sich auf absehbare Zeit hin Friede und politische Neuordnung nur auf der Basis der Souveränität der Staaten gewinnen. Ausgangspunkt mussten die materiellen und ideell-kulturellen, zunächst noch vorwiegend religiösen Interessen der einzelnen Staaten, insbesondere der Großmächte sein. Beeindruckend bleibt, wie Erasmus den Krieg aus philosophischen und theologischen Gründen in jenem Moment verwirft, in dem er Europa als geradezu unvermeidlich erscheint.

2. Eine kopernikanische Geldwerttheorie aus dem «entlegensten Winkel der Welt»

«*Pecunia nervus rerum*» / «*Das Geld ist der Nerv aller Dinge*» – dieser bereits der Antike geläufige Satz hatte Ende des 15. Jahrhunderts stark an Evidenz gewonnen. Das war zum einen die Folge des rasant ansteigenden Geldbedarfs der frühneuzeitlichen Finanz- und Militärstaaten, die dieses Prinzip bald zur eisernen Maxime ihrer Staatsräson machten.[23] Zum anderen war die gewachsene Bedeutung des Geldes das Ergebnis der Wirtschaftsdynamik[24], die Europa seit der Jahrhundertmitte aus dem konjunkturellen Abschwung führte, in den es nicht zuletzt durch die 1348 ausgelöste Pestwelle gestürzt worden war. Aufgebrochen in Italien und den niederländischen Gewerbezonen am Atlantiksaum, hatte der Aufschwung zu Beginn des 16. Jahrhunderts längst West-, Mittel- und Osteuropa erfasst. Getragen wurde er von Innovationen in der Landwirtschaft und im Gewerbe.

Die Art und Weise der Bodennutzung veränderte sich; teils wurde sie intensiv, so vor allem in den Niederlanden, teils extensiv, so im Osten. Im Umland der Städte, wo die hohen Gewerbelöhne die Nachfrage nach Fleisch- und Milchprodukten ansteigen ließen, kam es zu einer Spezialisierung auf Vieh- und Milchwirtschaft. Aber auch in stadtfernen Landstrichen Dänemarks, Norddeutschlands, Polens, der Ukraine und Ungarns spezialisierte man sich auf die Aufzucht und Mästung von Rindern und Ochsen, die jährlich zu Tausenden in die großen Verbraucherzentren Mittel- und Nordwesteuropas getrieben wurden. In den Weiten der Ukraine und des Baltikums wurde auf extensive Weise Korn angebaut, das alljährlich über die Ostseehäfen, voran aus Danzig, in die dicht besiedelten Gewerberegionen des Westens verschifft wurde. Im Austausch kamen Gewerbeprodukte nach Osten: Massenware für den Alltag der breiten Schichten ebenso wie Luxusgüter – Tapisserien, Seidenstoffe, Kunstgewerbe aus Silber, Gold und Edelsteinen – für die Fürstenhöfe und die grundbesitzenden Magnaten, teils auch schon für das reiche Bürgertum.

Vor allem im Textilgewerbe, damals Leitsektor wie im 19. Jahrhundert das Montangewerbe, kündigten sich sowohl bei der Massen- als auch bei der Luxusproduktion tiefgreifende Veränderungen an, die das traditionelle Zunftwesen herausforderten – in der Betriebsverfassung wie in den Produktionstechniken. So breitete sich das Verlagswesen aus, bei dem ein städtischer Verleger-Unternehmer den auf dem Land in ihren Häusern oder Katen arbeitenden Webern die Rohstoffe und das Werkzeug zur Verfügung stellte und ihre Produkte auf die teils sehr entfernten Märkte brachte, fast ein frühmodernes Arbeitgeber-Arbeitnehmer-Verhältnis. Bald traten auch zünftig ungebundene Lohnarbeiter auf. Die in den Städten ansässige Produktion schwerer, qualitätvoller und teurer Wolltuche, der Motor der mittelalterlichen Wirtschaft, trat gegenüber der ländlichen Massenproduktion von Leinen und leichten Mischgeweben auf Baumwollbasis zurück. Damit verloren die Qualitätsstandards der städtischen Zünfte an Akzeptanz, so dass neue, bislang verbotene Techniken eingesetzt werden konnten, beim Appretieren und Färben oder beim Posamentieren, bei dem bereits primitive Maschinen eingesetzt wurden. All das stieß auf den erbitterten Widerstand der Zünfte, deren Proteste gelegentlich bereits Züge eines Maschinensturms zeigten.

Harz, Erzgebirge, Alpen und Karpaten waren von einem Montanboom erfasst, der ebenfalls von Innovationen in Technik, Betriebsformen und bei der Finanzierung vorangetrieben wurde. Zur Kapital-

Um die rasante Nachfrage nach dem Münzmetall Silber zu befriedigen, kamen in Bergbau und Hüttenwesen neue Methoden zum Einsatz. So vor allem das Saigerverfahren, mit dem aus einer Metallschmelze das Silber herausgezogen wurde. In seiner Darstellung De Re Metallica beschrieb der Chemnitzer Stadtarzt und Bürgermeister Georg Agricola dieses Verfahren erstmals bis in alle Einzelheiten.

Der Saigerherd in Betrieb A. Derselbe außer Betrieb B. Der Sumpf C.
Kleine runde Formen D. Kuchen von Saigerblei E. Saigerdörner F.

beschaffung wurden Kuxen eingesetzt, aktienähnliche Papiere, die jedem die Beteiligung ermöglichten, der Geld übrig hatte, auch kleinere Summen. Eine liebevoll «Wasserkunst» genannte Technik verbesserte die Entwässerung und erlaubte es so, bis tief zu bislang unerreichbaren Erzadern vorzudringen. Das Saigerverfahren, «die bedeutendste technologische und folgenreichste montanwirtschaftliche Neuerung seit der Erfindung der Messingherstellung in der Antike»,[25] machte die Silbergewinnung profitabel, indem es durch Zusatz von Blei das bislang nicht isolierbare Edelmetall aus dem Kupfererz herausdestillierte.

So bestand im frühen 16. Jahrhundert in Europa ein dichtes Geflecht der Produktion, des Austausches und des Verkehrs, das ohne hinreichende Geldmengen nicht funktionieren konnte. Solange «Geld» Münzen meinte, deren Nominalwert durch den Gold- oder Silbergehalt gedeckt war, hing alles von der Verfügbarkeit des Edelmetalls ab, und zwar für Handel und Verkehr ebenso wie für die Münz- und Fiskalwirtschaft des Staates. Das erklärt, warum der erwähnte Montanboom immer rasanter ablief, immer weitere Bergwerke erschloss und die Gründung eigener Bergstädte veranlasste – St. Annaberg, St. Marienberg, Buchholz, Schneeberg, um nur die wichtigsten in der sächsischen Bergregion zu nennen. Die Gold- und vor allem die Silberproduktion stiegen sprunghaft an. Allein im Erzgebirge wurde um 1520 doppelt so viel Silber gewonnen wie ein halbes Jahrhundert zuvor.[26] Es brach die Blütezeit des Silbertalers an, der als wichtigstes Zahlungsmittel den Goldgulden ablöste. In gewisser Weise war 1517 sein Geburtsjahr. Denn in diesem Jahr wurde der Ort Conradsgrün am südlichen, böhmischen Abhang des Erzgebirges, wo im Jahr zuvor reiche Silbervorkommen entdeckt worden waren, in St. Joachimsthal umbenannt. Wie bei den genannten sächsischen Bergstädten war das ein Zeichen der tiefen Frömmigkeit jener frühen Montangesellschaften. In den nächsten Jahren entstand in dem böhmischen Tal eine wahre Bibellandschaft mit den Schächten Eva, Adam, Maria, Joachim, Nikolaus und so weiter. Das Tal gehörte zum Pfandbesitz der böhmischen Grafen Schlick, die auch das Münzrecht ausübten. Ab 1519 ließen sie prächtige Silbermünzen prägen – allein in den 1520er Jahren über drei Millionen Stück. Sie wurden als Joachimsthaler berühmt und waren bald allenthalben begehrt. Über die Leipziger Messe strömten sie ins Reich, wo die Münzherren darangingen, ebenfalls Silbertaler zu prägen, häufig indem sie den Joachimsthaler einschmolzen, um sein Silber für die eigenen Münzen zu nutzen. Ein Geschäft machten sie, wenn sie dem Edelmetall billigeres Metall beimischten. Als 1528 der böhmische König Ferdinand das Münzregal in eigene Regie übernahm und damit das Prägungsrecht der Grafen Schlick endete, hatte der Joachimsthaler dem Silbergeld längst den Namen gegeben. Als Dollar lebt er bis heute fort – abgeleitet von der niederdeutschen Namensform «Daler».

Die glanzvolle Karriere des Silbergeldes konnte die monetären Probleme des Zeitalters aber nicht lösen. Gewerbe und Handel wuchsen weit rascher als die Edelmetallproduktion, und die aufstrebenden frühmodernen Staaten verschlangen Unsummen für Militär, Bürokratie und fürstliche Repräsentation. Dieses Ungleichgewicht führte zwangsläufig zu einer Edelmetallverknappung, die bald besorgniserregende Dimensionen annahm, so dass die Geldbeschaffung und der Zahlungsverkehr immer schwieriger wurden. Mancher Münzherr griff zu unlauteren Praktiken, und die Geldwertstabilität – in jener Zeit stets an den Edelmetallgehalt der Münzen gebunden – war nicht mehr gewährleistet.

Die «kommerzielle Revolution», wie die Wirtschaftshistoriker den ökonomischen Aufschwung auf den Begriff bringen, führte das Handelsvolumen und die Verkehrsfrequenzen in Europa auf immer neue Höhen. Sie ging von drei Zentren mit drei Hauptverkehrswegen aus: Von Venedig und dessen Levantehandel, der über die Süd-Nord-Route nach Mittel- und Osteuropa reichte; vom Ostseehandel mit Polen und dem Baltikum, der im Austausch mit Gewerbeprodukten baltisches Korn in die dicht besiedelten Zonen des Westens brachte; schließlich von der Atlantikfahrt der Spanier und Portugiesen zuerst nach Süden die afrikanische Küste entlang und ab 1492 nach Westen in die Neue Welt. 1517 dominierte eindeutig der Ostseehandel zwischen den westeuropäischen Gewerbe- und den nordosteuropäischen Agrar- und Rohstoffzonen. Der Amerikahandel steckte noch ganz in den Anfängen, und das Handelsimperium Venedigs war, wie gleich noch näher zu beleuchten sein wird, bereits ernsthaft bedroht. Die Holländer, die den Austausch zwischen baltischem Korn und westeuropäischen Produkten organisierten, nannten daher den Ostseehandel *«moeder handel»*, den Handel, der die Mutter der kommerziellen Revolution war.

So kann nur vordergründig überraschen, dass das Baltikum die erste neuzeitliche Geldwerttheorie hervorbrachte, abgefasst im Sommer 1517 im ermländischen Frauenburg, *«in remotissimo angulo terrae»* / *«im entlegensten Winkel der Welt»*,[27] wie der Autor seinen Wohn- und Wirkungsort charakterisierte. Der nur wenige Seiten starke lateinische Traktat trug den Titel *Meditata Monete cudende ratio / Gedanken über die Grundsätze der Münzprägung*.[28] Verfasser war Nikolaus Kopernikus, uns

Nikolaus Kopernikus auf einem Tafelbild in der St. Johanneskirche in Thorn, dargestellt als frommer Christusanbeter. Berühmt ist der Frauenburger Domherr als Astronom, Mathematiker und Kartograph. Seine eigentlichen Aufgaben waren aber die administrativen, politischen und diplomatischen Belange des Fürstbistums Ermland. Als dessen fiskalische Grundlagen durch den rasch voranschreitenden Verfall des polnisch-preußischen Münzwesens bedroht waren, entwarf Kopernikus 1517 die erste moderne Geldwerttheorie.

heute als Astronom und Entdecker des heliozentrischen Weltbildes, kaum aber als Wirtschaftstheoretiker bekannt.

Als er seine Geldwerttheorie formulierte, befasste sich Kopernikus bereits intensiv mit einer exakten Berechnung und Erklärung der Planetenlaufbahnen, deren Jahrzehnte später erfolgte Publikation ihm bleibenden wissenschaftlichen Ruhm eintragen sollte. Gleichwohl war sein Münztraktat kein «Ausflug» in ein fachfremdes Gebiet. Es entsprang dem humanistischen Engagement für die praktische Politik, wie auch die Utopie von Thomas Morus oder die Friedensschrift von Erasmus. Kopernikus wurde 1473 als Kind einer Thorner Patrizier- und Gelehrtenfamilie geboren.[29] Nach dem frühen Tod der Eltern übernahm sein Onkel mütterlicherseits, Lucas Watzenrode, regierender Fürstbischof des Ermlandes, die Vormundschaft und sorgte für eine humanistisch breit angelegte Ausbildung an der Krakauer und verschiedenen oberitalienischen Universitäten. Dabei stand das Kirchenrecht im Vordergrund, das ihn für eine hervorgehobene Position in der Verwaltung des ermländischen Fürstbistums qualifizieren sollte. Daneben konnte Kopernikus aber allen erdenklichen wissenschaftlichen Interessen nachgehen – den Humaniora, vor allem dem Griechischen, der Mathematik und Astronomie. Schließlich studierte er noch Medizin, und zwar so gründlich, dass er zeitlebens als Arzt tätig sein konnte. Ein *homo universalis* im Sinne der Renaissance also, der alle großen Wissensgebiete seiner Zeit beherrschte, bemerkenswerterweise eines ausgenommen, die Theologie im engeren Sinne.

Nachdem er 1503 in Ferrara zum *Doctor iuris canonici* promoviert worden war, kehrte er nach Preußen zurück und wurde zum Domherrn am Dom zu Frauenburg ernannt. Fortan wirkte Kopernikus in dem kleinen geistlichen Territorium Ermland als Arzt, bischöflicher Sekretär, schließlich als Administrator und Regierungschef, der das Bistum immer wieder auf den westpreußischen Landtagen zu vertreten hatte. Im Königlichen Preußen spielte er bald eine führende politische Rolle, also in jenem «westpreußischen» Bund, zu dem sich die großen Stadtrepubliken Danzig, Thorn, Elbing mit den Kleinterritorien Ermland, Kulm, Marienburg und Pomerellen zusammengeschlossen hatten. Der Bund hatte sich vom Deutschen Orden losgesagt und dem Schutz des Königreiches Polen unterstellt, ohne damit aber seine politische Selbständigkeit aufzugeben.

Neben der politisch wie militärisch schwierigen Lage zwischen dem Königreich Polen und dem Deutschen Orden waren es in erster Linie der Handel und die Finanzen, die Kopernikus als Administrator des ermländischen Hochstifts und dessen Landtagsrepräsentant Aufmerksamkeit und einfallsreiche Lösungen abverlangten. Die Probleme waren teils regionalen Ursprungs, teils die Folge der eingangs skizzierten übergreifenden ökonomischen, insbesondere handelspolitischen und konjunkturellen Prozesse.

Der demographische und konjunkturelle Expansionszyklus des ausgehenden Mittelalters hatte die östliche Randzone der Ostsee handelspolitisch und fiskalisch enger mit den mittel- und westeuropäischen Zonen verbunden. Aus dem «entlegensten Winkel» wurde Schritt für Schritt der Getreideproduzent des frühneuzeitlichen «Weltwirtschaftssystems».[30] Das in den letzten Jahrzehnten des 15. Jahrhunderts einsetzende, bald rasant voranschreitende Bevölkerungswachstum hatte in den dicht besiedelten Gebieten Mittel- und Westeuropas einen Bedarf an Nahrungsmitteln erzeugt, der sich nur durch Importe aus den weiten Agrarräumen Polens, Preußens und des Baltikums befriedigen ließ. Die Frachtfahrt hatten niederländische Reeder in der Hand, sie erfolgte im Wesentlichen über den Danziger Hafen. Zusätzliche Impulse ergaben sich aus der beschriebenen osmanischen Expansion nach Arabien und Nordafrika, die die Süd-Nord-Handelsroute von der Levante über Italien nach Mittel- und Ostmitteleuropa schwächte und bald blockierte. Eine weitere Stärkung erhielt der Ost-West-Handel durch die Verdichtung des Handels mit der Neuen Welt über die Nordsee und den Atlantik.

Das Problem der Geldwertsicherung verschärfte sich im Zuge einer im zweiten Jahrhundertdrittel einsetzenden Preisinflation. Das löste im Westen eine lebhafte Diskussion über das Geldwesen und seine Bedingungen aus. Der französische Politiktheoretiker und «Erfinder» der Souveränitätslehre, Jean Bodin, legte 1568 den Traktat *A propos de la monnaie et de l'enrichissement de toute chose et le moyen d'y remédire* vor, in dem er die «Verteuerung aller Dinge» zutreffend auf den Zufluss südamerikanischen Silbers zurückführte.

Mit den schier unerschöpflich scheinenden Silbervorkommen in Mittel- und Südamerika, voran im mexikanischen Zacatecas und im peruanischen Potosí, waren es die Spanier, die seit Mitte des 16. Jahrhunderts über die weitaus größten Silberreserven aller europäischen Länder verfügten. Doch nicht die Iberische Halbinsel wurde zur Schaltstelle der frühneuzeitlichen Finanzwelt. Denn die Spanier nutzten die Silberflotten, die Jahr für Jahr den Atlantik ostwärts kreuzten, gleichsam nur passiv. Das schnell gewonnene Geld floss unverzüglich weiter nach Norden und Osten, vor allem um die immensen Kosten der spanischen Militärpräsenz auf den mitteleuropäischen Schlachtfeldern zu bezahlen. Die in Europa umlaufende Menge an Edelmetall-

El Secreto de la mina de Potosí se descubre à Villarroel, y la cantidad de plata, que se sacava en los primeros tiempos

Der Silberberg von Potosí im heutigen Peru als geheimnisumwitterte Quelle spanischen Reichtums und europäischer Geldwertsorgen: das südamerikanische Silber überschwemmte seit Mitte des 16. Jahrhunderts den Kontinent und peitschte die Inflation an.

geld vermehrte sich auf diese Art von etwa 5 Tausend Tonnen zu Ende des 15. auf 20 bis 25 Tausend Tonnen zu Beginn des 17. Jahrhunderts.[31] In dem seit Mitte des Jahrhunderts über den Hafen Sevilla in immer größeren und schnelleren Schüben auf den Kontinent strömenden südamerikanischen Edelmetall erkannte Jean Bodin als Erster den gefährlichen Peitschenschlag der Konjunktur, der europaweit die Münzwerte unter Druck setzte und eine Inflation der Preise auslöste, die mit durchschnittlich 2 % pro Jahr zwar moderat, für die Zeitgenossen aber ganz ungewöhnlich und daher besorgniserregend war. Für die in dieser Situation besonders schwierige Münzpolitik formulierte etwa zur gleichen Zeit der englische Handelsunternehmer und königliche

Bankier Thomas Gresham, Gründer der Royal Exchange in London, das nach ihm benannte «Greshamsche Gesetz». Danach wird in nachgerade naturgesetzlicher Logik gutes Geld mit hohem Edelmetallgehalt durch schlechtes Geld mit geringerem Edelmetallgehalt verdrängt. Jede staatliche Münz- und Handelspolitik habe sich auf diese Entwicklung einzustellen und entsprechende Maßnahmen zu treffen.

Indes, in der ostmitteleuropäisch-baltischen Exportlandschaft hatte man bereits ein halbes Jahrhundert früher erkannt, dass sich die Chancen des Aufschwungs nur durch ein solides und funktionierendes Geldwesen nutzen ließen. Nur so war die nötige Infrastruktur zu bezahlen und der Handel in dem notwendigen großen Stil zu organisieren. Zu diesem Zeitpunkt war die monetäre Konstellation allerdings noch durch die Gefahr von Deflation und Devaluation gekennzeichnet, und nicht wie zur Zeit Bodins und Greshams durch Inflation.[32]

So eindeutig die Aufgabe, so groß die Hindernisse. Politisch war das Ringen um die mächtepolitische Gestaltung des Raumes noch nicht entschieden, immer wieder flammten militärische Auseinandersetzungen auf. Hauptakteure waren der Deutsche Orden und das Königreich Polen, daneben das Königliche Preußen[33] mit den großen Handelsrepubliken Danzig, Thorn und Elbing. Hinzu kamen handelspolitische Interessengegensätze zwischen den Groß- und Kleinterritorien, vor allem aber zwischen den Flächenherrschaften und den Stadtrepubliken. Da war die Münzhoheit ein wirkungsvolles Instrument, die Freiheit der Stände und Städte zu schwächen, das die Fürsten nicht einfach aus der Hand geben würden. Die Münzpolitik der Großen, also des Deutschen Ordens und Polens, nahm daher wenig Rücksicht auf die Seefahrts- und Handelsinteressen der Städte und kleinen Territorien im Königlichen Preußen.

Doch besaßen auch die Städte Danzig, Elbing und Thorn das Recht, Münzen zu schlagen, so dass in dem eng verflochtenen polnisch-preußischen Wirtschaftsraum Münzen mit unterschiedlichem Edelmetallgehalt umliefen. Generell waren alle Münzherren bestrebt, den Edelmetallgehalt ihrer Prägungen zu reduzieren. Das Geldwesen wurde immer undurchschaubarer – zu Lasten von Handel und Verkehr, zunehmend aber auch der soliden Finanzwirtschaft von Staaten und Städten. Zu Mitte des zweiten Jahrzehnts ergriff der polnische König Sigismund I. die Initiative, um das Münzwesen zu vereinheitlichen und zu verbessern. Gefragt waren in erster Linie die Stände des Königlichen Preußen, die die Materie sogleich auf die Agenda ihres nächsten Ständetages setzten.

Zur Vorbereitung der Verhandlungen gab die Regierung des Bistums Ermland ein Gutachten in Auftrag, das die besonderen politischen und wirtschaftlichen Verhältnisse der Region wie auch die allgemeinen Prinzipien der Geld- und Münzwirtschaft untersuchen und geeignete Lösungsmodelle vorlegen sollte. Dass diese Aufgabe dem Frauenburger Domherrn Nikolaus Kopernikus zufiel, wundert wenig angesichts seines intellektuellen Profils und seiner Erfahrung in der Verwaltung des Bistums und mit Landtagsverhandlungen. Die Münzdenkschrift, die er 1517 zu Papier brachte, zeichnete sich durch Praxisbezug aus, führte aber zugleich «die Behandlung aus den Niederungen der Praxis und ihrer Verworrenheit auf die Höhen begrifflichen Denkens».[34] So wie er – wenn auch erst zögerlich und mit primitiven Instrumenten wie dem Triquetrum/Dreistaab – den Himmel beobachtete und darauf basierend die Umlaufbahn der Erde um die Sonne beschrieb, so gründete Kopernikus 1517 sein geldwirtschaftliches Gutachten auf die empirische Beobachtung der monetären Abläufe in der Welt. Und wie er das System der Himmelsbahnen mathematisch-theoretisch durchdrang und dadurch zu neuen Erkenntnissen vorstieß, so führte ihn die Kombination von empirischer Beobachtung und strenger Begrifflichkeit zu fundamentalen Einsichten über den Umlaufwert der Münzen und die Bedingungen der Wertsicherung.

Wie dramatisch er die Situation einschätzt, macht Kopernikus gleich zu Beginn der lateinischen Urfassung in lapidarer Prägnanz deutlich, die bereits den stilistischen Meister der Darstellung des neuen Weltsystems erkennen lässt: «*Unter den zahlreichen Plagen, die den Niedergang ganzer Reiche, Monarchien wie Republiken, herbeiführen, sind nach meiner Meinung vier die wichtigsten: Zwietracht, Seuchen, Mißwuchs* (Mißernten) *und Münzverschlechterung.*»[35]

Um dieser Plage zu entkommen, sei es unabdingbar, dass die Münze, die er als *«gezeichnet Gold oder Silber»* definiert, also mit dem Zeichen des Münzherrn versehene Prägung, stets *«ein Maß oder festen und beständigen stand»* habe, wie es auch für die Elle, den Scheffel oder die Gewichte gelte. *«Denn wo das nicht gehalten, folgt zwangsläufig, daß die Ordnung eines gemeinen Nutzens zerstört, auch die Käufer und Verkäufer mannigfaltig betrogen werden.»* Entscheidend für eine gut funktionierende Münzordnung sei einerseits, dass die Münze das *«Gewicht allewege bei sich hat und auch die Lauterkeit des Silbers oder Goldes»* und dass dies von der Prägung garantiert werde. Anderseits sei *«der Unterschied zwischen Wert und Achtung/Schätzung* (nämlich durch die handelnden Menschen)» wichtig: *«Denn eine Münze mag größer geachtet werden, als es der Materie, aus der sie besteht* (also ihrem Edelmetallgehalt), *entspricht.»* Umgekehrt könne eine Münze in *«Verachtung»* kommen, weil in ihr *«zu viel Silber vermünzt ist, so daß von den Leuten das Rohsilber mehr als üblich begehrt wird».* In diesem Falle wird die Münze nicht mehr primär als Zahlungsmittel geschätzt, sondern aufgrund ihres Edelmetalls, dessen Wert höher ist als dasjenige, was man sich für den Nominalwert der Münze kaufen kann. Die Menschen ziehen dann den *«größten Nutzen aus der Münze, wenn sie die Münze tilgen* (also aus dem Zahlungsverkehr ziehen) *und einschmelzen.»* Kurz – das gute Geld mit hohem Edelmetallgehalt wird durch das schlechte Geld verdrängt.

Aus diesem Wert-Nutzen-Kalkül zieht Kopernikus eine Handlungsanweisung für die Verwaltung des Münzwesens: Es sei *«nötig, daß man»* nur solche und so viel *«Münzen schlägt, die dem Wert des Silbers entsprechen».* Darüber hinaus müssen von Fall zu Fall Münzen, die *«aus langem Gebrauch abgenutzt»* sind und daher weniger Edelmetall enthalten, als ihr Nominalwert beträgt, *«eingezogen und erneuert werden».*

Das war eine im Prinzip einfache Lösung, deren Realisierung allerdings einen Haken hatte: Sie konnte nur dann funktionieren, wenn sich alle Münzherren eines gegebenen Wirtschafts- und Zahlungsraumes, hier des preußisch-polnisch-baltischen Ostseeraumes, dieser Einsicht beugten. Vor allem war die Abstimmung unerlässlich, die im Umlauf befindlichen unterschiedlichen Münzen in ein dauerhaftes, wertbeständiges Verhältnis zueinander zu bringen. Das gelang in der politisch heterogenen und für eine einheitliche Münzpolitik besonders schwierigen Gemengelage des preußisch-polnischen Raumes nicht. Und es konnte auch nicht gelingen, weil die Münzregelung eine Stärkung der Staatsautorität voraussetzte, die unter den gegebenen Umständen nur der polnischen Krone zugutegekommen wäre. Das aber wollten und konnten die großen maritim ausgerichteten Handelsrepubliken Danzig, Elbing und Thorn, argwöhnisch auf ihre Freiheiten und Autonomie bedacht, nicht dulden. Zudem hatten sie andere wirtschaftspolitische Prioritäten als der polnische Binnenstaat. Auch wenn Kopernikus betont hatte, dass *«Republiken ebenso wie Monarchien (...) von der Plage der Münzverschlechterung»* ruiniert würden, sahen sich die preußischen Städte durch seine rationalen und systematischen, alle historischen Unterschiede nivellierenden Handlungsanweisungen *«zu Ungebühr angezapft»*.[36] Der polnische König Sigismund I. führte die notwendige Regulierung schließlich einseitig ohne Beteiligung der Landtage durch, und zwar ohne in seiner 1528 erlassenen Münzordnung die Erkenntnisse des Frauenburger Domherrn zu berücksichtigen. Eine grundlegende, dauerhafte Stabilisierung des preußischen Münzwesens konnte damit nicht erreicht werden.

Auch wenn es in der Praxis scheiterte, nimmt das Münzgutachten des Kopernikus eine Vorreiterrolle in der Geschichte der neuzeitlichen Geldtheorie ein. Der im August 1517 entworfene und über mehrere Jahre hin weiterentwickelte Münztraktat war nicht nur «die bedeutendste geldtheoretische Leistung des 16. Jahrhunderts». Kopernikus war darüber hinaus «der erste, der die naturalwirtschaftlichen Schranken, die dem ökonomischen Denken des Mittelalters noch gezogen waren, durchbrach, indem er das Steigen und Sinken des Geldwerts widerspruchsfrei erklärte, dadurch die Gesetzmäßigkeit dieser Bewegung erkannte und anerkannte und sie folglich als einen ausschließlich ökonomisch deutbaren Sachverhalt behandelte».[37]

Vereinfacht und auf den Kern reduziert, waren es zwei bleibende, grundlegende Erkenntnisse der Geldwerttheorie, die Kopernikus 1517 erstmals formuliert hatte: Zum einen die auch heute noch gültige Tatsache, dass der Geldwert nicht in der Münze selbst liegt, sondern ihr von den finanziell Handelnden zugemessen wird. Zum andern die für die Epochen des Edelmetallmünzgeldes grundlegende Regel, dass schlechte Münzen immer die guten Münzen aus dem Umlauf verdrängen, weil die hochwertigen entweder gehortet werden oder außer Landes fließen, die minderwertigen aber ins Land hinein drängen. Voraussetzung war dabei allerdings, dass – wie in den meisten Währungsgebieten der Fall – der Zahlende die Münzsorte frei wählen konnte, der Empfänger also schlechtes Geld mit minderem Edelmetallgehalt zum selben Kurs annehmen musste wie das gute mit viel Edelmetall. Dieses Gesetz, das im frühneuzeitlichen Europa immer wieder handelspolitische Krisen erzeugte,[38] wurde 1517 von Nikolaus Kopernikus im königlichen Preußen formuliert und nicht erst in der zweiten Jahrhunderthälfte von dem Engländer Thomas Gresham, wie die Geldhistoriker lange meinten.

Luther übrigens, der in eben denselben Monaten zu neuen Grundlagen christlicher Theologie und Religiosität vorstieß, blieb von den durch Kopernikus eingeleiteten Schritten hin zum Aufstieg des mathematisch-naturwissenschaftlichen Weltbildes der Neuzeit ganz und gar unberührt – von seiner Geldwerttheorie allemal, stand er als Mönch und selbst später als Familienoberhaupt Gelddingen doch stets fern; aber auch von dessen heliozentrischer Revolution, die er nicht – wie lange Zeit fälschlicherweise behauptet – bekämpfte, sondern für die er schlicht kein Interesse zeigte.[39]

III.

EUROPA UND DIE WEITERE WELT

1. Alte und Neue Welten

So sehr innere Probleme und die osmanische Offensive die Europäer beschäftigten, im frühen 16. Jahrhundert war die Welt längst über den europäisch-vorderasiatisch-nordafrikanischen Raum hinausgewachsen. Seit der viel bewunderten Chinareise Marco Polos im 13. Jahrhundert waren die Entdeckungsreisen der Europäer nicht abgerissen, angeführt von Italienern, vor allem aber von Portugiesen und Spaniern.[1] Einen Meilenstein bedeutete das Jahr 1434, als Portugiesen über das westafrikanische Kap Bojador hinaus segelten, bislang der Endpunkt europäischer Seefahrt. Das war der Beginn europäischer Entdeckungsfahrten im großen Stil. Zum Auftakt eines «europäischen Weltzeitalters» konnte das allerdings nur werden, weil etwa zur selben Zeit die chinesischen Kaiser die Einstellung aller Expeditionen verfügten, die chinesische Seefahrer zuvor nach Arabien und bis an die Ostküste Afrikas geführt hatten.[2] China kapselte sich ab, während Europäer die Erde in alle Richtungen hin erkundeten und sich überall mit Handels- und Herrschaftsstützpunkten festsetzten. Erst damit war entschieden, dass nicht Chinesen Europa entdeckten, sondern Europäer die Welt.

Die Portugiesen waren nach Westen auf den Atlantik bis zu den Azoren und den Kanarischen Inseln vorgedrungen. Nach Süden hatten sie die Westküste Afrikas erkundet und waren mit der Flotte Vasco da Gamas 1497/99 um das Kap der Guten Hoffnung herum nach Osten bis in den Indischen Ozean und nach Indien gelangt. In der «Alten Welt» Asiens hatten sie Handelsbeziehungen angeknüpft und Niederlassungen gegründet, die sie als *Estado da India* durch einen Vizekönig regieren und verwalten ließen. Die Hauptstadt Goa war nicht nur Regierungs- und Verwaltungssitz, sondern vor allem «Handelsposten und Dreh- und Angelpunkt der Handelsrouten, die über das Arabische Meer sowie den östlichen und westlichen Indischen Ozean ins Innere des indischen Subkontinents führten.»[3] Die Reichtümer Asiens erreichten fortan Europa größtenteils über See statt wie bislang primär zu Land über die Seidenstraße. Östlich führte der Seeweg durch das Rote Meer über Suez und das Östliche Mittelmeer zum Umschlagplatz Venedig; westlich ging er um das Kap der Guten Hoffnung die Küsten Afrikas hinauf nach Lissabon, dem ersten größten Überseehafen der Neuzeit. Begehrt und mit hohem Gewinn abzusetzen waren Gewürze, vor allem die Gewürznelke, Seide, Edelsteine, Elfenbein und chinesisches Porzellan, dieses noch lange geheimnisumwoben und nur in Einzelstücken in den erlesenen Sammlungen der Höfe vertreten.

Als der portugiesische Hof dem Plan des Genuesen Christoph Columbus, über die Westpassage nach Indien zu segeln, nichts abgewinnen konnte, erhielt Spanien die Chance, als Entdeckernation mit dem iberischen Nachbarn gleichzuziehen. In die neue Welt, die der Genuese 1492 für die kastilische Krone in Besitz genommen hatte, zogen im zweiten Jahrzehnt des 16. Jahrhunderts bereits Jahr für Jahr Dutzende von Karavellen.

Die Durchdringung der Welt war fortgeschritten und hatte ein Kommunikationsnetz über den Globus gespannt, das zwar noch sehr locker und eher situativ aufgebaut war, sich aber kontinuierlich verdichtete. Lediglich der äußerste Süden blieb noch über Generationen unerforscht. Dass dort große Landmassen der Entdeckung harrten, war zwar bekannt, aber erst im späteren 16. Jahrhundert wurde die Nordküste Australiens von Spaniern und Niederländern gelegentlich angefahren. Zu Mitte des darauffolgenden Jahrhunderts ließ die niederländische Ostindien-Kompanie die ersten Küstenzonen kartographisch erfassen. Dauerhaft in das dann schon ziemlich dichte globale Beziehungsnetz eingeknüpft wurde der fünfte Kontinent aber erst, als ihn der Engländer James Cook 1770 für die britische Krone in Besitz nahm.

Im frühen 16. Jahrhundert war die Vielfalt der Völker Afrikas und Asiens in Europa bekannt – Hans Burgkmairs Holzschnitt von 1508 (hier in einer Kopie von 1511 von Georg Glockendon) «Der Kunik von Gutzin» lässt im Gefolge des hinterindischen Herrschers von Gutzin oder Cochinchina Angehörige asiatischer und afrikanischer Völker auftreten, etwa

Im beginnenden 16. Jahrhundert waren Portugiesen und Spanier dabei, die Entdeckungen der vorangegangenen Generationen näher zu erkunden und die bestehenden Kontakte zu festigen und auszubauen. Ausgangs- und Endpunkt aller Unternehmungen waren die beiden iberischen «villes-mondes» (Fernand Braudel) Lissabon und Sevilla als Zentren des Überseehandels und der Überseeverwaltung. Den Vorrang in den Augen der Zeitgenossen besaßen zu diesem Zeitpunkt ohne Zweifel noch Lissabon und Portugal. Zudem wurde der portugiesische Überseehandel seit 1515 zu einem großen Teil über eine neu gegründete Faktorei in Antwerpen abgewickelt. Über dieses niederländische Tor wanderten jährlich allein an die 1500 Tonnen Pfeffer in die europäischen Küchen. Im Austausch mit ihren Orientwaren, neben Gewürzen auch Sklaven und von den Höfen begehrte Exotika, versorgten sich die Portugiesen mit Metallen, vor allem mit Silber und Kupfer aus den mittel- und süddeutsch-ungarischen Montanregionen, die sie für den Einkauf in Ostasien benötigten. Antwerpen bildete für die nächsten Jahrzehnte den Knotenpunkt eines neuen transkontinentalen Handels mit Gewürzen und Edelmetallen, den die Süddeutschen und Portugiesen beherrschten.[4] Auch im Nordwesten und in der Mitte Europas galten die Portugiesen als führende Überseenation. 1517 waren ihre großen *Naus* (Zwei-,

Hottentotten aus der Kapregion oder «Gennea» Leute aus Westafrika. Von den Menschen aus der eben entdeckten «Neuen Welt» wusste man noch wenig. Nur dass sie Menschenfresser waren, hielt man für sicher.

meist aber Dreimaster) im Kanal und an den Küsten Flanderns längst ein vertrauter Anblick.

Auch das übrige Europa war an der Durchdringung der Welt von Anfang an beteiligt – «italienischer Sachverstand, portugiesischer Wagemut, kastilische Initiative, katalanische Erkenntnisse, wissenschaftliche Einsichten, metallene Gewerbeerzeugnisse und Finanzkapital aus Oberdeutschland (machten sie) zu einer europäischen Gemeinschaftsleistung.»[5] Eine besondere Verantwortung hatte das Papsttum übernommen, als Alexander VI., ein Spanier von Geburt aus der Familie Borja/Borgia, 1494 im Vertrag von Tordesillas die erbitterte Konkurrenz Spaniens und Portugals einhegte und jeder Seite eine Interessenshemisphäre zuwies. Der seit 1513 regierende Papst Leo X. war an allen Informationen über die fernen Weltregionen lebhaft interessiert. Politisch hielt er sich aber eher zurück, vor allem nachdem er eine Allianz mit Frankreich eingegangen war, dem Gegenspieler Spaniens und der dort seit 1517 herrschenden Habsburger.

Anders als die Südländer oder später die Niederländer und Engländer blieben die Mitteleuropäer kontinental ausgerichtet. Wo sie sich der See zuwandten, geschah das fast ausschließlich nach Norden und Osten, zu Anfang des 16. Jahrhunderts vor allem durch die Ostsee ins Baltikum. Dennoch hatten auch deutsche Gelehrte, Kaufleute, Unternehmer, Soldaten und Seeleute einen nicht unbeträchtlichen Anteil an der frühneuzeitlichen Eroberung und Erkundung der Welt. Einer der ersten Welt-Globen stammt von dem Nürnberger Martin Behaim, der Ende des 15. Jahrhunderts an den Entdeckungsfahrten entlang der afrikanischen Küste teilnahm und dafür zum Ritter der portugiesischen Krone geschlagen wurde. Die oberdeutschen Bank- und Handelshäuser, allen voran die Fugger und Welser, verfolgten aufmerksam die wirtschaftlichen Chancen, die sich durch die Entdeckungen und die Erschließung neuer Handelsrouten ergaben. So beteiligten sich Augsburger Handelshäuser bereits 1505 an der ersten portugiesischen Indienexpedition, um sich einen Anteil an dem lockenden Kolonialhandel zu sichern. 1517 war es dann schon selbstverständlich, dass jährlich ein Faktor im Auftrag aller in Lissabon ansässigen deutschen Handelshäuser mit der portugiesischen Flotte nach Indien reiste, um dort einzukaufen.[6] Als der Handel mit Südamerika aufblühte, engagierten sich auch dort oberdeutsche Firmen, voran die Fugger und Welser. Unter der internationalen Besatzung der iberischen Kriegs- und Handelsflotten befanden sich auch zahlreiche Mitteleuropäer. Die portugiesische Krone ließ in Oberdeutschland gezielt «Bombardiere» anwerben, Artilleristen, die als eigene zünftig organisierte Berufsgruppe wesentlich zum militärischen Erfolg im Indischen Ozean beitrugen. Für sie und andere Deutsche und Niederländer wurde 1514 auf Kochi, der ersten portugiesischen Festung auf dem Subkontinent, auf Kosten der Krone eine eigene Kapelle errichtet.[7]

Anfang des 16. Jahrhunderts war in der – traditionell gesprochen – «europäischen Expansion» bzw. in – so die neuere Perspektive – der «Globalisierungsgeschichte der Menschheit» kein welthistorischer Durchbruch mehr zu erwarten. Gleichwohl sind in der Begegnung Europas mit den außereuropäischen Welten für 1517 zwei Meilensteine erreicht: Im Osten wurde erneut versucht, ein Tor zu dem zuletzt wieder hermetisch abgeschlossenen Reich der Mitte aufzustoßen. Im Westen, auf der mexikanischen Halbinsel Yukatan, kam es zu ersten Berührungen zwischen Europäern und Angehörigen einer amerikanischen Hochkultur.

2. Der portugiesische Estado da India und der Zugang zum Reich der Mitte

1517 stand die portugiesische Krone unter Manuel I., dem Glücklichen, auf dem Höhepunkt ihrer Macht, in Europa, vor allem aber auf den Weltmeeren.[8] Die Portugiesen waren noch der energischste «Globalisierungsagent», an den Küsten des südlichen Atlantiks ebenso wie im Indischen Ozean. Vor allem waren sie in den Orienthandel eingedrungen. Neben Seide und Edelsteinen ging es um Gewürze, in erster Linie Pfeffer, auch Zimt, Curry, Muskat. Da es keine wirksame Methode gab, Nahrungsmittel haltbar zu machen, waren Gewürze zur Verbesserung des Geschmacks sehr gefragt und sicherten hohe Gewinne. Gestützt auf ihre nautische und militärische Überlegenheit, durch Kanonen auf den Schiffen wie auf den Wällen ihrer Stützpunkte, beherrschten die Portugiesen den Indischen Ozean und seine Küsten. Ihr dichtes Netz von Handelsrouten und Umschlagplätzen war durch befestigte Plätze abgesichert – entlang der Küsten Afrikas, des Indischen Ozeans, auf der Insel Hormuz an der Einfahrt zum Persischen Golf sowie auch in Indonesien. Seit etwa 1515 war die Position in Indien so gefestigt, dass sich die Portugiesen einen profitablen Markt nach dem anderen erschließen konnten.[9]

In sagenhafte Goldländer stießen die Portugiesen nicht vor. In der ihnen im Vertrag von Tordesillas 1494 zugesprochenen östlichen Hemisphäre waren unbekannte Länder kaum noch zu entdecken, sieht man von Australien ab. Deswegen den Osten und Südosten im Gegensatz zu Amerika pauschal als «Alte Welt» zu charakterisieren, führt aber in die Irre. Denn die teils Jahrhunderte zurückliegenden Kontakte waren sporadisch oder gar singulär geblieben. So auch die berühmte Chinareise der venezianischen Kaufleute Niccolò, Maffeo und Marco Polo. Nicht anders als in der «Neuen Welt» des Westens waren auch im Fernen Osten – China, Indonesien, Indochina – Durchsetzungswille und Wagemut gefragt. Die portugiesischen Seeleute, Händler und Abenteurer stießen von mehr oder weniger gesicherten Handels- oder Siedlungskernen aus in unbekannte und unsichere

Meere und deren Küsten vor, um neue Seewege und neue Märkte zu erschließen – auf den Gewürzinseln oder im geheimnisvollen Reich der Mitte.

Das Jahr 1517 brachte für dieses seegeborene Weltreich zwei einschneidende Ereignisse – das eine auf der Arabischen Halbinsel mit Folgen für die portugiesische Position im Roten Meer und im Persischen Golf, das andere im Fernen Osten im südchinesischen Delta des Perlflusses (Zhu Jiang).

Arabien, das Rote Meer und der Persische Golf. Das Vordringen der Portugiesen in den Indischen Ozean löste einen erbitterten Konkurrenzkampf um den Ostasienhandel sowie um die ihn sichernden Stützpunkte und Seerouten aus. Der 1505 vom portugiesischen König zum Vizekönig von Indien ernannte Francisco de Almeida hatte durch geschickte Absprachen mit einheimischen Herrschern und rücksichtslosen Einsatz seiner militärischen Überlegenheit ein System portugiesischer Faktoreien und Festungen errichtet, das den Handel von Afrika bis Ostindien absicherte. Mit seinem Seesieg über eine vereinigte ägyptisch-mamlukische, arabische und indische Flotte 1509 vor der mittelindischen Insel Diu hatte er endgültig die portugiesische Hegemonie im Indischen Ozean gesichert. Das forderte insbesondere das Arabien und die angrenzenden Seestraßen beherrschende ägyptisch-syrische Mamlukenreich heraus, das seinen äußerst profitablen Gewürzhandel durch das Rote Meer und über Suez ins östliche Mittelmeer von den Portugiesen Schritt für Schritt beschnitten sah.[10]

Die Gefahr verschärfte sich, als im Frühjahr 1513 Almeidas Nachfolger als Gouverneur des Estado da India, Alfonso de Albuquerque, mit einer Flotte und rund anderthalbtausend Mann Aden, den wichtigsten Umschlagplatz für den Handel Ägyptens mit Indien, angriff. Erobern konnte er die stark befestigte Stadt nicht. Doch verbrannte er ein Gutteil der im Hafen liegenden mamlukischen Handelsflotte und stieß in das Rote Meer vor, wo er kapernd die ägyptische Schifffahrt verunsicherte und bereits die Hafenstadt Dschidda anpeilte. Auch wenn widrige Winde und logistische Probleme die portugiesische Flotte bereits im Frühsommer zum Rückzug zwangen, war die Erfah-

Das mächtige, Syrien und Ägypten beherrschende Mamlukenreich war auch eine Handels- und Seemacht, die im Indischen Ozean den Portugiesen entgegentrat. Das mit Bogenschützen bestückte Kriegsschiff einer ägyptischen Schattenspielfigur des 15. Jahrhunderts wirkt ebenso archaisch wie bedrohlich.

rung, in der ureigenen Wasserstraße, gleichsam im ökonomischen wie politischen und vor allem religiös-kulturellen Lebensnerv, verwundbar zu sein, für die Mamlukenherrscher schockierend.

Die bereits zuvor in Suez zusammengezogene Flotte wurde verstärkt und eilig zum Schlag gegen die Portugiesen ausgerüstet. Zu diesem Zeitpunkt konnte man sich noch auf die Hilfe der Osmanen stützen. Sultan Selim hatte selbst bereits den Indischen Ozean ins Auge gefasst und sah den geplanten Vorstoß der mamlukischen Kriegsflotte als Test für spätere eigene Operationen. Mit großem finanziellem und technischem Aufwand verstärkte Sultan Selim die Suez-Flotte durch modernste Artillerie und ein Kontingent von zweitausend Soldaten. Im August 1515 lief die Flotte in den Indischen Ozean aus, kommandiert von dem osmanischen Admiral Selman Reis. Für Selim zahlte sich die Investition in doppelter Weise aus: Sie erleichterte seinen Überfall auf Syrien und Ägypten, weil der Seekrieg mit den Portugiesen die mamlukische Militärkraft, vor allem die Artillerie, schwächte. Und sie erleichterte den Vorstoß der eigenen osmanischen Flotte in den Indischen Ozean wenige Monate später.

Die Suez-Flotte selbst war allerdings nicht sehr erfolgreich. Selman Reis trat noch 1516 ohne substantielle Gewinne den Rückzug an, und die Portugiesen konnten sogleich zum Gegenschlag ausholen. Um der drohenden osmanischen Dominanz an den Küsten Arabiens und in den sie umgebenden Seestraßen zuvorzukommen, stieß Lopo Soares de Albergaria, der Nachfolger Albuquerques im Estado da India, im Frühjahr 1517 erneut in das Rote Meer vor. Ziel war die Hafenstadt Dschidda, führender Handelsplatz Arabiens und Tor zu den Heiligen Stätten der Muslime. Der Handstreich scheiterte verlustreich, weil Selman Reis den Angriff erwartet und seine Flotte vor dem Hafen konzentriert hatte. Das wurde zu einem Ereignis von weltgeschichtlichem Rang. Denn erst diese Niederlage der christlichen Portugiesen machte den Osmanen den Weg zur geistlich-religiösen Führung der muslimischen Welt frei. Dschidda wurde durch moderne Festungsanlagen gesichert und für christliche Flotten fortan uneinnehmbar.

Mit den Entscheidungen des Jahres 1517 war im Indischen Ozean die direkte Konfrontation der beiden Weltreiche aufgezogen. In einem Brief an Selims Nachfolger Soliman riet Admiral Selman Reis, das Eisen zu schmieden, solange es heiß war, und die portugiesische Vorherrschaft sogleich mit einem großen Flottenaufgebot zu brechen.[11] Soliman, im Westen, auf dem Balkan und im Mittelmeer engagiert, beschränkte sich aber auf die Absicherung der Position im Jemen und im Persischen Golf, um von dort aus die Schiffahrt im Indischen Ozean zu verunsichern. Das konnte die militärische und kommerzielle Hegemonie Portugals nicht ernsthaft gefährden. Als Ende der dreißiger Jahre die endlich von Soliman bereitgestellte Flotte von über fünfzig Kriegsschiffen, darunter vier Galeeren, mit dem Versuch scheiterte, den Portugiesen die Schlüsselfestung auf der Insel Diu an der indischen Westküste zu entreißen, war endgültig entschieden, dass sich die Osmanen mit der Herrschaft im Roten Meer und an den westlichen Küsten des Persischen Golfes zu begnügen hatten.

Die Gründe für den türkischen Misserfolg im Indischen Ozean sind vielfältig und komplex. Mangel an nautischen oder militärtechnischen Fähigkeiten gehört nicht dazu. Die osmanischen Flotten waren den europäischen an Schlagkraft und moderner Waffentechnik, namentlich auch in der Artillerie, gleichwertig, ihre Militäringenieure in vielem sogar überlegen. Erst als sich Ende des 16. Jahrhunderts im europäischen Militärwesen eine neue Technologie, vor allem aber eine neue, spezifisch neuzeitliche Ordnung und Disziplin durchsetzte, fielen die Osmanen zurück.[12] Aber an dieser Erneuerung nahmen auch die Portugiesen nicht mehr teil. Am plausibelsten lässt sich die osmanische Unterlegenheit im Indischen Ozean mit der Überforderung erklären, der sich diese See- und Weltmacht durch ihr Mehrfrontenengagement selbst aussetzte.

Soliman konzentrierte seine Kräfte auf den Westen und traf dort auf die gerade aufsteigenden Habsburger – die spanischen im westlichen Mittelmeer, die deutschen auf dem Balkan. Im Osten konnte er nur zeitweilig und mit halber Kraft einschreiten und bekam es dort in den Portugiesen mit einem Gegner zu tun, der auf dem europäischen Kriegsschauplatz nicht gebunden war und sich ganz auf die Hegemonie im Indischen Ozean konzentrierte. Das war eine Arbeitsteilung der christlichen Weltmächte Spanien und Portugal, die zwar nicht abgesprochen war, das Osmanische Reich aber hart traf. Auch handelspolitisch waren die Türken nur halb erfolgreich: Durch ihre Vorherrschaft im östlichen Mittelmeer blockierten sie zwar den Endpunkt der alten Handelsroute zwischen Asien und Europa. Am Ausgangspunkt im Indischen Ozean aber herrschten die Portugiesen, später gefolgt von den Niederländern und Engländern. Damit flossen die im Orienthandel zu erzielenden hohen Gewinne den Europäern zu.

Der Ferne Osten. Vom Regierungssitz Goa aus drangen die Portugiesen weiter nach Osten vor. Schon im August 1511 gelang es dem ebenso umsichtigen wie durchsetzungsfähigen Gouverneur Alfonso de Albuquerque, den malaysischen Sultan Mahmud Shah aus der handelsstrategisch wichtigen Stadt Malakka an der Südostspitze der malaysischen Halbinsel zu vertreiben und dort einen befestigten Stützpunkt zu errichten. Damit war der Weg zu den Gewürzinseln der Molukken frei. Portugal hatte sich auf Jahrzehnte die Dominanz im hochprofitablen Gewürzhandel gesichert – zum Schaden der alten Handelsmächte, zumal der Mamluken und Venedigs. Am Ende des Mittelalters hatte Venedig den Handel mit den Reichtümern Asiens weitgehend beherrscht. Nun sah es sich einer strukturellen Krise ausgesetzt. Es gab zwar immer wieder Phasen der Erholung, so eben 1517, als das Vordringen der Osmanen in den Indischen Ozean die traditionelle Mittelmeerroute des Gewürz- und Seidenhandels zeitweilig wiederbelebte, und zwar über das nordsyrische, nun osmanische Aleppo.[13] Letztlich war Venedigs Niedergang aber unumkehrbar.

Malakka bot den Portugiesen das Sprungbrett für ein Ausgreifen nach Norden. Der Blick richtete sich zwangsläufig auf mögliche Einfallstore in das geheimnisumwitterte China.[14] Die Ausgangslage war umso günstiger, als in Malakka eine Kolonie chinesischer Händler ansässig war, von der man genauere Informationen über die politische Situation und die Lebensbedingungen in China erhielt. So konnte zwischen 1512 und 1515 Tomé Pires, Humanist, Botaniker und königlicher Leibapotheker, in seinem Reisebericht *Suma Oriental* die Europäer mit den geographischen, anthropologischen und botanischen Verhältnissen des Fernen Ostens, aber auch den alltäglichen Gewohnheiten wie dem Essen mit Stäbchen bekannt machen.

Unmittelbar nach der Eroberung Malakkas kam es zu kleineren Vorstößen portugiesischer Seefahrer und Kaufleute in die malaysische Inselwelt und ins Südchinesische Meer, meist auf einheimischen Dschunken. 1513 landete Jorge Alvares auf einer Insel vor der chinesischen Küste und errichtete dort ein Padrão, ein Christenkreuz mit dem Wappen der Krone Portugals. Wie seit dem späten 15. Jahrhundert bei Landungen portugiesischer Seefahrer an der afrikanischen Westküste, sollte das die Entdeckung und den davon abgeleiteten Herrschaftsanspruch dokumentieren. Wenig später gelang es Rafaelo Perestrello, einem Verwandten von Christoph Columbus, das chinesische Festland selbst zu betreten und die portugiesische Kolonie in

Portugiesische Markierungssäule mit Staatswappen und Christenkreuz – an neu entdeckten Küstenstreifen vor allem Afrikas errichteten portugiesische Seefahrer Säulenmonumente, um ihren weltlichen und geistlichen Herrschaftsanspruch kundzutun.

Malakka mit ersten Informationen über Seewege und Beschaffenheit der Küsten zu versorgen. Es kam sogar zu ersten Handelskontakten. Die Chinesen hätten zwar – so ein italienischer Teilnehmer des Erkundungsunternehmens – die Einfahrt in die Hafenstadt verweigert, weil *«es gegen ihre Sitten wäre, Ausländern Zutritt zu ihren Häusern zu gewähren».* Dennoch habe man *«die Waren* (vor der Küste) *mit großem Gewinn verkauft».*[15]

Anders als in Mittelamerika, wo skrupellose Konquistadoren und Glücksritter leichtes Spiel mit den kaum bürokratisierten Indio-Reichen hatten, verlief die Begegnung mit China in institutionell geordneten Bahnen, kontrolliert von einer selbstbewussten Bürokratie und deren Gesetzen. Und wo im Westen Gefahren durch Götter drohten, die mit Menschenopfern zu besänftigen waren, herrschte in China das eherne Zeremoniell, das wie der Götterglaube der amerikanischen Hochkulturen kosmisch verankert war und jeden in Lebensgefahr brachte, der es willentlich oder aus Unkenntnis verletzte.

Das mussten die portugiesischen Gesandten bitter erfahren, die im Sommer 1517 als erste Europäer wieder direkte, offiziell genehmigte Kontakte zum chinesischen Hof aufnahmen. Seit den aufsehenerregenden Berichten Marco Polos hatte das Reich der Mitte die Phantasie der Europäer nicht mehr losgelassen, und das umso mehr, als dieses Land des sagenhaften Reichtums, der Wunder und Geheimnisse längst wieder hinter einem Wall der Unkenntnis versunken war. Der Plan, den bereits intensiven Indienhandel um den Ostasienhandel zu ergänzen und hierzu eine offizielle Mission ins Reich der Mitte zu entsenden, geht wohl noch auf den 1515 entmachteten und auf der Reede vor Goa ums Leben gekommenen Gouverneur Alfonso de Albuquerque zurück. Jetzt wurde er zügig in die Tat umgesetzt. König Manuel I. autorisierte eine offizielle Handelsmission nach China, die zugleich diplomatische Beziehungen zum chinesischen Hof einleiten sollte. Vorderhand sollten dabei auch die militärische Stärke und die Befestigungen von Häfen und Städten ausspioniert werden, was zu nicht unerheblichen Belastungen der von vornherein schwierigen Beziehungen führte.

Am 17. Juni 1517 stieß eine stattliche Flotte von acht mit Kanonen bestückten Schiffen von Malakka aus in See, steuerte nördlich der Küste Indochinas entlang und durch das südchinesische Meer, um

Mitte August die Mündungszone des Perlflussdeltas in der Provinz Kanton zu erreichen. Es kennzeichnet das weitgespannte Interesse der Portugiesen an den fernen Welten und Kulturen, dass die wichtigsten Positionen dieser diplomatischen Mission nicht mit Militärs oder Karrierediplomaten besetzt worden waren, sondern mit Seefahrern, Kaufleuten und Wissenschaftlern. Das Kommando über die Flotte erhielt Fernão Peres de Andrade, der eben von den indonesischen Gewürzinseln zurückgekehrt war. Leiter der diplomatischen Gesandtschaft selbst war Tomé Pires, der Autor der *Suma Oriental*, der in Lissabon wie in Goa als «diskreter und auf alles Neue neugieriger Mensch» galt.[16]

Gleich bei ihrer Annäherung an die Küstenzone Kantons sahen sich die Portugiesen mit der militärischen Macht und den bürokratischen Unabdingbarkeiten des traditionsbewussten Reiches konfrontiert: Schiffe der chinesischen Küstenwacht auf Patrouille gegen Piraten stoppten die portugiesischen Segler mit Geschützfeuer. Die Fremden konnten erst passieren, nachdem Andrade den diplomatischen Charakter der Mission hatte glaubhaft machen können. Für die Landung war aber die formelle Genehmigung des auf dem Festland residierenden Kommandanten der Küstenwacht einzuholen. Da keine Antwort kam, manövrierte Andrade vor der Mündung des Perlflusses ungeduldig hin und her, um die Dringlichkeit seiner Mission zu demonstrieren. Als ein an Land geschickter Abgesandter herausfand, dass die Anfrage überhaupt noch nicht an die Oberbehörde in Kanton am Oberlauf des Deltas weitergeleitet worden war, ließ Andrade Segel setzen und brach ohne Erlaubnis in die Hafen- und Provinzhauptstadt auf. Wiederum kam es zu ernsthaften Verwicklungen, beginnend mit den von Andrade nach europäischem Begrüßungszeremoniell abgefeuerten Salutschüssen, die die chinesischen Behörden als unbotmäßiges Verhalten barbarischer Ausländer werteten.

Anfang 1518 trat Andrade mit seinem Geschwader die Rückfahrt nach Malakka an. Tomé Pires und seine Gesandtschaft saßen zunächst in Kanton fest. Untergebracht in einem Haus der Provinzregierung mussten sie mehr als zwei Jahre warten, bis der nach Peking abgefertigte Bericht beantwortet und ihnen die Weiterreise an den Kaiserhof gestattet wurde. Auf schwierigen Wegen zunächst den Fluss aufwärts,

Unter Kaiser Zhengde, dem innenpolitisch problematischen 11. Herrscher der Ming Dynastie, öffnete sich das Tor zu dem geheimnisvollen Reich der Mitte einen Spalt breit. Diese Chance wusste der portugiesische Tomé Pires zu nutzen – mit katastrophalen Folgen für ihn und seine Begleiter, als nach dem überraschenden Tod Zhengdes der Gegenschlag einsetzte.

dann zu Pferd über einen steilen Bergpass erreichte man Nanking, wohin sich Kaiser Zhengde zu einer Inspektionsreise begeben hatte. Gefördert durch den allmächtigen Günstling Chiang Pin, wurde Pires im Sommer 1520 vom Kaiser empfangen und konnte für mehrere Monate das Leben am Hof beobachten. Die offiziellen Geschäfte der Gesandtschaft ließen sich aber erst zu Beginn des Folgejahres in Angriff nehmen, und zwar nicht vor dem Kaiser, sondern in Peking vor der allmächtigen Zeremonialkommission.

Inzwischen spitzte sich die politische und kulturelle Lage am chinesischen Hof zu. Am 20. April 1521 starb der wegen Ausschweifungen und seines unkonventionellen Herrschaftsstils umstrittene Kaiser Zhengde. Sein Nachfolger Jiajing vollzog sogleich einen radikalen politischen und kulturellen Richtungswechsel hin zu einem strengen, vom Herrscher selbst ernsthaft gelebten Taoismus. Das bedeutete die Rückkehr zum altchinesischen Traditionalismus und seiner ausgeprägten Ausländerfeindlichkeit. Waren unter Zhengde Gesandtschaften aus Birma, Siam und anderen Nachbarstaaten nahezu an der Tagesordnung, so schlug nun den Botschaftern auswärtiger Mächte wieder tiefes Misstrauen entgegen. Jedes Interesse an den Institutionen, Gesetzen und Zeremonien des Landes wurde ihnen als Spionage ausgelegt. Jede Handlung, die (unwissentlich) gegen den ehernen Kosmos der Staats- und Gesellschaftsordnung verstieß, brachte sie in Lebensgefahr, weil sie vom Hof und der allmächtigen Bürokratie als Majestätsbeleidigung und ein Staatsverbrechen angesehen wurde.

Bereits die Verlesung des offiziellen Gesandtschaftsschreibens erregte Unwillen, denn der portugiesische König Manuel I. redete darin den Kaiser als seinesgleichen an und offerierte auch keinen Tribut, den der chinesische Hof von jeder fremden Macht erwartete. Hinzu kam, dass die traditionellen Kräfte unter den Ministern rundweg Kontakte mit ihnen unbekannten Menschen und Ländern ablehnten. Die portugiesische Besetzung Malakkas missbilligten sie zutiefst, betrachteten sie das Land doch als einen Vasallenstaat Chinas.[17] Diese bereits in den letzten Regierungswochen Kaiser Zhengdes ausgebrochenen Irritationen schlugen unter dem neuen Kaiser in offene Feindschaft um. Der chinesische Hof nahm sich nun der Beschwerden des von den Portugiesen aus Malakka vertriebenen malaysischen Sultans an und forderte in offiziellen kaiserlichen Schreiben den portugiesischen König und seinen Vizekönig in Goa auf, Malakka umgehend zu räumen und seinem legitimen Herrscher zu überlassen.

Die Situation verschärfte sich weiter, als Nachrichten über Bewegungen portugiesischer Seefahrer eintrafen, die in den südchinesischen Küstengewässern operierten oder gar befestigte Posten an Land anlegten, um den offiziell untersagten Handel zu erzwingen. Zweimal, 1521 und 1522, stellte die kaiserliche Marine sie im Perlflussdelta vor der Insel T'unmèn oder portugiesisch Tamão in einer Seeschlacht – Dschunken gegen Karavellen, und zweimal war es die Dschunkenflotte, die den Sieg davontrug und den Portugiesen eine empfindliche Niederlage zufügte. Von einer Überlegenheit der europäischen Schiffsbau- und Seefahrttechnik konnte keine Rede sein.

Geradezu verheerend waren die Aktionen von Simão de Andrade, einem Bruder Fernãos, der 1518 vor Kanton chinesische Kinder – ob entführt oder gekauft – an Bord nahm, um sie in Malakka als Arbeitssklaven zu verkaufen. War das bereits schlimm genug, so wuchs der

Schaden zu einer über die Jahrhunderte wirksamen Vergiftung der Beziehungen, als sich das Gerücht verbreitete, die geraubten chinesischen Kinder seien von den Christen verspeist worden. In Europa hatten die Juden immer wieder unter diesem fremdenfeindlichen Stereotyp zu leiden; in China waren nun die Christen selbst davon betroffen! Für die portugiesische Gesandtschaft war das alles fatal. Mehrere ihrer Mitglieder wurden gefangen gesetzt, gefoltert und starben schließlich im Gefängnis. Ob auch der Botschafter Pires selbst ums Leben kam, ist ungewiss. Den Berichten, er sei nach Kanton zurückgebracht und dort 1522 ums Leben gekommen – hingerichtet oder im Gefängnis gestorben –, steht der Bericht eines Chinareisenden gegenüber, er habe ihn Jahrzehnte später als alten Mann in einem entlegenen Dorf Nordchinas getroffen, verbannt, aber zufrieden inmitten seiner chinesischen Familie.

Wie dem auch sei, Tomé Pires war jedenfalls für Jahrhunderte der einzige portugiesische Gesandte, der an den chinesischen Hof vordrang und vom Kaiser empfangen wurde. Das Land war erst wieder im 18. Jahrhundert zu offener Begegnung mit Europäern bereit, und der britisch-chinesische Opiumkrieg 1840–1842 sollte das Land den Europäern endgültig öffnen. Eine vollständige Isolierung bedeutete die Politik des 16. Jahrhunderts indes nicht. Fernão Andrade hatte 1518 auf seinem Rückweg nach Malakka die südchinesischen Gewässer weiter erforscht und an den Küsten informelle Handelskontakte geknüpft. Nach weiteren Erkundungen durch andere Seefahrer kam es zu einer portugiesischen Handelsniederlassung in Macau am westlichen Perlflussdelta, die bereits Mitte des 16. Jahrhunderts von den chinesischen Behörden offiziell anerkannt wurde und den Europäern als Sprungbrett für den Handel in Richtung Japan diente.

Dank der hochentwickelten Bürokratie und Schreibkultur Chinas haben wir Einblick in die einheimische Sicht der Vorgänge. Wie der im Prolog dieses Buches wiedergegebene Bericht des Provinzbeamten Gu Yingxiang belegt, sah man im Verhalten der portugiesischen Gesandtschaft einen gravierenden Verstoß gegen die zeremoniellen und damit geistigen Grundlagen des Imperiums. Nicht anders als in der West-Hemisphäre führte auch in China das Vordringen der Europäer zu einem tiefen Missverständnis der Kulturen. Sie wurzelten in kosmologischen Vorstellungen der Chinesen,[18] die den Portugiesen unbekannt waren und – hätten sie sie gekannt – inakzeptabel gewesen wären: Der chinesische Kaiser saß im «Reich der Mitte» – als Gravitationszentrum, auf das hin sich die Völker zu orientieren hatten. Kultur und Zivilisation waren hier am höchsten entfaltet und nahmen mit der Entfernung vom chinesischen Mittelpunkt kontinuierlich ab. Gleichberechtigte Kulturen konnte es in diesem Weltbild nicht geben. Die fremden Völker konnten nur durch das Wohlwollen des chinesischen Kaisers an der Hochkultur einschließlich der Handelsbeziehungen teilhaben. Dazu dienten diplomatische Beziehungen auf Grundlage des Tributsystems: Auswärtige Gesandtschaften hatten dem Kaiserhof in Peking Tribut, meist als kostbare Geschenke oder auch als Geld, zu überbringen und wurden, wenn die Annäherung akzeptiert worden war, ihrerseits mit Geschenken entlassen, die durchaus den Wert des gezahlten Tributs übersteigen konnten. Auch das ein Zeichen chinesischer Überlegenheit. Dieses höchst ritualisierte System und seine kosmischen Grundlagen waren den Nachbarn bekannt, und sie richteten sich danach. Die Portugiesen aber waren damit überfordert – weil die Regeln sich ihnen nicht erschlossen und weil sie mit ihrem eigenen christlich-europäischen Selbstbewusstsein unvereinbar waren.

In der hoch differenzierten Zivilisation Chinas gingen diese kosmologischen Gegensätze zu Lasten der Europäer. In Mittelamerika dagegen sollten sie den Spaniern den entscheidenden Anfangsvorteil eröffnen, als sie etwa gleichzeitig mit dem Vordringen der Portugiesen nach China auf der Halbinsel Yukatan auf die Hochkultur der Azteken trafen.

3. März 1517, die Spanier auf Yukatan – erste Begegnung mit einer amerikanischen Hochkultur

Aus Mittelamerika drang 1517 die Kunde von neu entdeckten Ländern nach Europa. Zu diesem Zeitpunkt war «nahezu jede Provinz der östlichen kontinentalen Seegrenze, von Labrador bis hinunter nach

Patagonien bekannt, außer den Küstenlinien im Golf von Mexiko, obgleich dort die Meerenge zwischen Kuba und der mexikanischen Halbinsel Yukatan (mit den spanischen Segelschiffen) in gerade mal 40 Stunden zu überwinden war».[19] Nach der Landung der ersten Spanier auf Yukatan im Frühjahr 1517 war zu hoffen, dass sich auch diese letzte Lücke in der Kenntnis über die östlichen Küstenlinien der Neuen Welt rasch schließen würde. Sensationeller noch für europäische Ohren waren die bald folgenden Berichte über die ungemein reichen Hochkulturen der Azteken und Maya. Sie, der europäischen Kultur gewiss gleichrangig, waren der Plünderung und Zerstörung ausgesetzt; den «neu entdeckten» Menschen drohten Erniedrigung, Versklavung und Tod. Den Konquistadoren und der Krone Spaniens winkten unermessliche Gewinne.

Die genauen Umstände der Entdeckung lassen sich nicht mehr in allen Details rekonstruieren. Sicher ist, dass am 8. Februar 1517 eine Flottille von drei Schiffen, zwei davon Kriegsschiffe, und gut hundert Mann Besatzung, Soldaten und Glücksritter von der Ostküste Kubas aus in See stach – mit formeller Beauftragung durch den Gouverneur Diego Velásquez, finanziert und ausgerüstet aber von drei Privatpersonen. Einer von ihnen, Francisco Hernández de Córdoba, übernahm das Kommando; die nautische Führung lag in der Hand des erfahrenen Antón de Alaminos, der bereits mit Christoph Columbus durch die Karibik gesegelt war. Die Flottille stieß von der Ostspitze Kubas nach Süden in unbekannte Gewässer vor. Welche Motive – ob primär geschäftliche oder geographisch-wissenschaftliche – die Expedition leiteten, ist nicht überliefert. Bartolomé de Las Casas, der unerbittliche Kritiker der Konquistadoren, war sich aber sicher: Ziel seien die bereits bekannten Inseln zwischen Kuba und Honduras gewesen, um dort *«Indios anzugreifen, wo immer man sie fände»*, und als Sklaven nach Kuba zu bringen. Andere Quellen wissen dagegen zu berichten, dass gleich als die Flottille offenes Gewässer gewonnen hatte, der Kommandant Córdoba dem Navigator eröffnete, ihm gehe es nicht um Sklaven. Er wolle das sagenhafte Goldreich im Westen ausfindig machen, von dem die Gerüchte nicht schweigen wollten, seit Columbus anfangs des Jahrhunderts die Karibik südlich von Kuba durchsegelt hatte.

Ob von Córdoba willentlich angesteuert oder von widrigen Winden gezwungen, die Expeditionsschiffe segelten nach Westen statt nach Süden – 4, 6, 21 oder gar 40 Tage, die Quellen widersprechen sich. Eines Nachts, als die See still und vom Mondlicht überflutet war, hörte die Wache ein Geräusch, wie es nur Wellen am Strand erzeugen. Der Navigator Alaminos, der sogleich geweckt wurde, ließ die Wassertiefe messen und meldete Córdoba: «*Herr, gute Nachricht. Vor uns liegt das reichste Land in den Indien. Davon weiß ich seit ich als Schiffsjunge mit dem Admiral* (also mit Columbus, H. Sch.) *auf der Suche nach Land diese Gewässer durchfuhr und in einem kleinen Buch die Wassertiefen in unserer Richtung genau in der Weise beschrieben fand, wie wir sie jetzt vor uns haben. Das Büchlein, das ich auch heute noch an der Brust trage, verzeichnet an dieser Küste ein großes Land, dicht besiedelt und sehr reich, mit prächtigen Häusern aus Stein*».[20]

Als dann die Schiffsbesatzungen bei Tagesanbruch – es war wohl inzwischen Anfang März – einer großen und prächtigen Stadt ansichtig wurden, war erstmals eine der amerikanischen Hochkulturen in den Gesichtskreis der Europäer getreten. Das war den Spaniern offensichtlich sogleich bewusst, denn sie nannten die an der Küste Yukatans aufgetauchte Stadt «El gran Cairo» und die wenig später entdeckten Sakralbauten der Maya «Pyramiden» oder «Moscheen». Man orientierte sich also an der hoch entwickelten Kultur des vorderasiatisch-nordafrikanischen Kulturkreises. Córdobas Männer waren allerdings nicht die ersten Europäer, denen die zivilisatorischen Leistungen der Maya vor Augen traten. Denn wie zwei Jahre später bei der Invasion Mexikos durch Hernán Cortés bekannt wurde, hatten sich bereits 1511 zwei spanische Schiffbrüchige einer früheren Expedition an Land gerettet und lebten seitdem unter den Maya auf Yukatan. Davon war aber keine Kunde auf die Karibischen Inseln gedrungen.

Die erste Begegnung fand im März 1517 zu Wasser statt, als einige Indios «*lachend und mit Gesten des Friedens*» – so Bernal Díaz del Castillo, der Chronist dieser Expedition – auf kleinen Booten die Segler umfuhren. Am darauffolgenden Tag gingen die Spanier an Land, teils auf Booten der Indios, teils auf eigenen Barkassen und vorsorglich gerüstet. Die Vorsichtsmaßnahme sollte sich als dringend notwendig herausstellen. Denn die tatsächliche oder scheinbare Freundlichkeit des Vortages war in Feindseligkeit umgeschlagen. Es kam zu einer militärischen Auseinandersetzung mit einem wohlorganisierten Kriegertrupp der Maya. Dank ihrer überlegenen Feuerwaffen konnten die Spanier den Angriff abwehren und sich auf die Schiffe retten. Doch mindestens zwei Soldaten starben an ihren Verletzungen. Die nächsten Tage und Wochen brachten gefährliche Stürme und die verzweifelte Suche nach Trinkwasser. Wo immer man an Land ging, um Quellen oder Brunnen zu suchen, sah man sich über kurz oder lang durch Indiokrieger bedroht und musste fluchtartig auf die Schiffe zurück, häufig ohne Wasser oder gar unter Verlust der wertvollen Krüge. Als die Wassernot lebensbedrohlich wurde, wagte man an einer Flussmündung einen längeren Landgang – der Chronist spricht von Potonchán oder Champotón, also einem Ort an der Westküste Yukatans. Wiederum wurde man in eine Schlacht verwickelt. Dieses Mal erwiesen sich die spanischen Eisenwaffen und Gewehre als wirkungslos. Denn die Maya führten immer neue Krieger ins Feld. An der «Küste des schlechten Kampfs», wie die Landkarten diesen Ort fortan verzeichneten, verloren die Spanier rund die Hälfte ihres Expeditionskorps. Hernández de Córdoba, auf den als offensichtlichen Anführer der Eindringlinge sich die Bogenschützen der Indios konzentriert hatten, war von nicht weniger als 10 Pfeilen durchbohrt worden. Es gelang ihm noch, auf zwei Schiffen – das dritte hatte man mangels arbeitsfähiger Seeleute aufgeben – die verbliebene Mannschaft zurück in den kubanischen Heimathafen zu bringen. Wenige Tage später erlag er seinen Verletzungen.

An Bord der heimkehrenden Schiffe waren zwei gefangene Indios, die sich bei den folgenden Kontakten mit den Einheimischen als außerordentlich wertvoll erweisen sollten: Auf Kuba getauft, christianisiert und hispanisiert, dienten Julianillo und Melchorejo, so ihre christlichen Namen, dem berüchtigten Konquistador Hernán Cortés als Dolmetscher und Vermittler, als dieser zwei Jahre später mit einem Invasionsheer in das Innere der neu entdeckten Länder vorstieß.

Wie die Maya und Azteken selbst die Begegnung mit den Europäern erlebten, lässt sich nur schwer rekonstruieren. Immerhin sind einige kleinere Schriften in Náhuatl überliefert, der aztekischen Verkehrssprache in Zentralmexiko. Missionare brachten die Bilderschrift der Indios gleich nach der Eroberung ins lateinische Alphabet und übersetzten die Texte ins Spanische.[21] Die Überlieferung war somit von vornherein von europäischer Deutung, nicht selten wohl auch Missdeutung geprägt. Sicher ist aber, dass die Indios die Europäer, vor allem als diese zwei Jahre nach der Entdeckung Yukatans mit militärischer Macht weiter vordrangen, als Gesandte der Götter oder gar als Götter selbst erlebten.

Die 1519 von Hernán Cortés begonnene spanische Invasion ins Landesinnere gipfelte am 13. August 1521 in der blutigen Eroberung der glänzenden Aztekenhauptstadt Tenochtitlán, mit rund 200000 Einwohnern größer als alle Städte Europas. Die daran anschließende totale Zerstörung der Stadt und die Ermordung oder Versklavung ihrer Bewohner setzte der bedeutendsten autochthonen Hochkultur der Neuen Welt ein Ende, ihrer ausgefeilten gesellschaftlichen und politischen Organisation, ihrer Kultur- und Wirtschaftsblüte und auch ihrer Religion.

Der Schlund des Verderbens hatte sich für die Indios bereits ein gutes Jahr zuvor geöffnet, als die Spanier erstmals in offener Brutalität gegen deren Religion und Zivilisation vorgingen: Am 23. Mai 1520 hatten sich Priester und Gläubige zur Feier des Toxcatl-Festes, des höchsten, ihrem Stammesgott Huitzilopochtli gewidmeten Feiertages, im Hof des Haupttempels versammelt und huldigten ihrem Gott mit Fasten, Opfergaben, Musik und Schlangentanz. Ohne Anlass und Vorwarnung drang Pedro de Alvarado, der an Stelle des Hernán Cortés das Kommando führte, mit Waffengewalt in den Tempelhof ein. Seine Truppen fielen über die unbewaffnete Sakralgemeinde her und metzelten Hunderte, nach einigen Berichten sogar Tausende Azteken nieder, darunter nahezu die ganze priesterliche und adlige Führungsschicht.[22] Das war ein Angriff auf die sakralen Fundamente der aztekischen Kultur, der – von den Mördern wohl so beabsichtigt – die Unvereinbarkeit von indigenem und christlichem Glauben demonstrierte.

Wenn Alvarado damit die endgültige Klärung der Machtverhältnisse zugunsten der Spanier herbeiführen wollte, so hatte er sich schrecklich geirrt. Die noch handlungsfähige aztekische Führung holte zum Gegenschlag aus. Längst unwillig wegen der Unterwürfigkeit ihres Königs, legte sie alle Rücksicht auf den in spanischer Gefangenschaft gehaltenen Moctezuma ab und ging gegen die Eindringlinge mit gnadenlosem Vernichtungswillen vor. Ihren Triumph feierten sie in der Nacht vom 30. Juni auf den 1. Juli 1520, die die traumatisierten Spanier als «noche triste» in Erinnerung behalten haben. Halb verhungert und vom Kriegsgebaren der Indios zu Tode geängstigt, brachen die Europäer kopflos aus ihrer zur Falle gewordenen Bastion mitten im See der Hauptstadt aus und wurden nahezu aufgerieben. Von 1300 Mann konnten sich gerade einmal vierhundert durchschlagen, mehr oder weniger schwer verwundet. Die für ihre Überlegenheit so wichtigen Pferde waren von 70 auf 20 reduziert; das Kontingent ihrer indianischen Alliierten fast vollständig getötet. Als die Überlebenden bei Tagesanbruch Rauch über den Heiligtümern aufsteigen sahen, waren sie sich sicher, dass die Gefangenen, Spanier wie Indios, dem Kriegsgott Huitzilopochtli als Menschenopfer dargebracht wurden.

Rund ein Jahr später kehrte Cortés mit neuen Truppen und bestens gerüstet zurück. Er traf auf eine im Kern geschwächte Einwohnerschaft, dezimiert durch die von den Spaniern eingeschleppte Pockenepidemie. Den nun deutlich schwächeren Widerstand schlugen die Eroberer mit blutrünstiger Grausamkeit nieder – als Rache für die «noche triste», aber auch in dem Gefühl der Christen, dem menschenverschlingenden «Götzendienst» der Indios zivilisatorisch überlegen zu sein. In der Tat gab es Menschenopfer, deren Ausmaß eine «Wand aus menschlichen Schädeln» dokumentiert, die seit 2015 mitten im Zentrum von Mexiko-Stadt, dort, wo bis zur spanischen Eroberung der Haupttempel stand, ausgegraben wird.[23] Auch unabhängig von der Religion entsprach das dem Bewusstsein des säkularen Humanismus der Europäer, der die Menschenopfer der Indiopriester nur als Ausdruck eines vorzivilisatorischen Zustandes begreifen konnte, den die Europäer seit Jahrhunderten überwunden hatten.

So konnte der Chronist nach Europa mehr oder weniger ungerührt den Untergang des wegen seines Glanzes vor kurzem noch vielbewunderten Tenochtitlán melden: *«Jetzt liegt alles am Boden verstreut*

Stich aus Braun/Hogenberg Städte der Welt *auf Grundlage jener Abbildung, die Hernán Cortés gleich nach der Eroberung anfertigen und an Karl V. schicken ließ.* «Mexiko oder Tenochtitlán, in einem Salzsee gelegen. Es gibt hier viele Götzentempel. (...) Ihre Götzenbilder machen sie aus Mehl und Menschenblut, denen sie an jedem Tag zahlreiche Menschenherzen, die sie aus lebendigem Leib herausschneiden, aufopfern. Hier steht auch ein herrlicher Palast des mächtigen Herrn Moctezuma» – *so beschrieben die Kosmographen noch ein halbes Jahrhundert nach der spanischen Besitznahme den Grundriss der Stadt. Da waren die Tempel und Paläste der Azteken längst niedergerissen, und Mexiko wurde zur Hauptstadt Neuspaniens ausgebaut, mit einer gewaltigen Kathedrale und einem triumphalen Palast des Vizekönigs.*

und kein Ding steht mehr aufrecht (...) und man kann den Fuß nicht niedersetzen, ohne auf einen indianischen Leichnam zu treten.»[24] Als die Ansicht von Mexiko-Stadt, die Cortés sogleich anfertigen und Kaiser Karl V. schicken ließ, 1564 als Stich in Europa verbreitet wurde, erklärte der beigefügte Text die Menschenopfer zur Alltäglichkeit, die jeden, der menschlich fühlte, abstoßen und entsetzen musste: «*Es gibt hier viele Götzentempel. (...) Ihre Götzenbilder machen sie aus Mehl und Menschenblut, denen sie an jedem Tag zahlreiche Menschenherzen, die sie aus den lebendigen Leibern herausschneiden, aufopfern.*»[25]

An die Stelle des Aztekenreiches trat nach 1523 das Vizekönigtum Neuspanien; auf den Trümmern Tenochtitláns entstand die neuzeitliche Kolonialhauptstadt Mexiko, mit einer triumphalen christlichen Kathedrale auf dem Gelände des vernichteten aztekischen Haupttempels.

Zu vermelden ist aber auch mutiger Widerspruch und christliches Engagement für die Einheimischen: Das gilt zum einen für die Bettelorden der Franziskaner und Dominikaner, später auch für die Jesuiten, die ein gigantisches Missionswerk auf den Weg brachten und binnen einer Generation die Indios zu Christen machten. Das geschah mit Zwang und Gewalt, aber auch durch pädagogische Leistungen, die dem gleichzeitigen Bildungsaufschwung der Reformation durchaus vergleichbar sind. Wie im humanistischen, vor allem dann im protestantischen Europa hatte auch in der Indiomission das «Wort» eine tragende Rolle.[26] Im Vizekönigreich Neuspanien wurde das aztekische Náhuatl zur *lingua franca*. Anfangs bedienten sich die Missionare einheimischer Übersetzer, so die Franziskaner bereits in den frühen 1520er Jahren, als sie das Vertrauen zurückzugewinnen versuchten, das die Konquistadoren so brutal zerstört hatten: «*Laßt Euch nicht verwirren!*», predigten sie – rückübersetzt aus dem Náhuatl – den neuen Untertanen der spanischen Krone,[27] «*schaut uns nicht als etwas Höheres an! Denn wir sind auch nur euresgleichen, auch nur Untertanen, auch wir sind Menschen, so wie ihr, keineswegs sind wir Götter, auch auf der Erde sind wir beheimatet, auch wir trinken Wasser, auch wir essen, auch wir leiden Kälte* (und) *Hitze, auch wir sind sterblich, vergänglich.*»

Die Franziskaner betrieben eine Mission, der es nicht mehr wie den ersten Konquistadoren um rasche Massentaufen, sondern um eine Einpflanzung des Christentums in die Herzen der Indios ging, nicht um die Dominanz einer europäischen Kirche, sondern um eine Indiokirche mit Indios als Priester. In Tlatelolco nahe Mexiko-Stadt betrieben sie ein Kolleg nach Art europäischer Hochschulen, um einheimische Führungskräfte für Kirche, Politik und Verwaltung heranzuziehen. Richtlinie war eine christlich-humanistische Kultur, die gleichzeitig lateinisch, spanisch und náhuatl war.[28] Zwar setzte Philipp II. der Vision der Franziskaner ein Ende, als er 1568 die spanische Staatskirche gesetzlich zur Grundlage auch der amerikanischen Reichsteile erhob und damit alle Ansätze einer Indiokirche beseitigte. Die priesterliche Hinwendung zu den Einheimischen und deren Kultur war damit aber nicht beendet. Gegen Ende des 16. Jahrhunderts beherrschten die spanischen Kleriker in Mexiko größtenteils die Landessprache.[29] Am Ende kam es nicht zu einer einfachen Übertragung des europäischen Christentums, sondern zu einem komplizierten Amalgam europäischer und einheimischer Gottesbilder, in dem manche vorchristliche Vorstellung umgedeutet weiterlebte oder europäische Vorstellungen auf die amerikanische Glaubenswelt übertragen wurden, etwa das christliche Satans- oder Teufelsbild auf den aztekischen Kriegs- und Sonnengott Huitzilopochtli.[30]

Am entschiedensten kämpfte Bartolomé de Las Casas für die Interessen der Einheimischen, bald als «Apostel der Indios» verehrt oder als paranoider Lügner und Vaterlandsverräter geschmäht.[31] Sein Ringen mit der schier unermesslichen Gewinnsucht und gefühllosen Gewaltbereitschaft der Kolonialgesellschaft trat im Mai 1517 in eine entscheidende Phase ein, als er sich zur Reise ins spanische Mutterland entschloss. Er wollte dort am königlichen Hof persönlich seine Klagen gegen die unmenschliche Behandlung der Indios vorbringen und eine grundlegende Veränderung der Kolonialpolitik fordern.

1484 in Sevilla geboren, war Las Casas bereits 1502 auf die Insel Hispaniola gekommen und hatte dort zunächst das übliche Leben eines Kolonialspaniers geführt, an Kriegszügen gegen die Einheimischen teilgenommen und sie als Landbesitzer und Sklavenhalter ausgebeutet.

Das änderte sich auch nicht, als er 1506 zum Priester geweiht wurde. Noch an der Eroberung Kubas im Jahre 1511 beteiligte er sich, wie zuvor sein Vater und Onkel an derjenigen Hispaniolas. Als Militärkaplan schritt er zwar gegen die schlimmsten Ausschreitungen der Soldateska ein, ließ sich aber ruhigen Gewissens aus dem eroberten Land ein «großes und schönes Dorf» zuteilen sowie Indios, «mit denen er einen landwirtschaftlichen Betrieb aufbaute, andere aber in die Goldminen schickte».

Seine *Conversio* erlebte Las Casas bezeichnenderweise im Gottesdienst der Dominikaner, die nicht anders als die Franziskaner unter den Indios missionierten und immer unerbittlicher gegen ihre unmenschliche Behandlung zu Felde zogen: *«Mit welchem Recht habt ihr»*, so stellte der Dominikaner Antonio de Montesinos am vierten Adventssonntag 1511 die auf weihnachtliche Erbauung eingestellte Eroberergemeinde von Santo Domingo zur Rede, *«diese Völker blutig bekriegt, die ruhig und friedlich in ihren Ländern lebten, sie in unzähligen Mengen gemartert und gemordet, auch durch die maßlose Arbeit, die ihr ihnen auferlegt? Ihr tötet sie, um Tag für Tag Gold zu gewinnen.»* Indes, weder solche Predigten noch die Weigerung der Mönche, den Ausbeutern der Indios die Absolution zu erteilen, konnte die verrohten Kolonisten zum Umdenken bewegen. Anders der Weltpriester Las Casas, der sich umbesann und seinen geistlichen Auftrag zunehmend ernst nahm. *«In dem sich* (in ihm) *jeden Tag die Überzeugung mehr festigte, daß alles, was man den Indios antat, ungerecht und tyrannisch war»*, wurde ihm sein nur durch Sklavenarbeit ermöglichter Lebensstil zuwider. Las Casas wandelte sich zum Anwalt der Indios, den seine skrupellos nach Reichtum gierenden Landsleute bald verwünschen sollten.

1515 reiste er erstmals zurück nach Spanien. Im Dezember erhielt er Audienz bei König Ferdinand, der ihn mit der Ausarbeitung von Änderungsvorschlägen beauftragte. Da Ferdinand bereits im darauffolgenden Januar starb, musste sich der «Reichsverweser» Jiménez de Cisneros der Sache annehmen. Als erster Schritt hin zur Abhilfe seiner Beschwerden erhielt Las Casas im September 1516 die Ernennung zum «universellen Prokurator aller Indios in Westindien» und damit zum Hüter über die bereits bestehenden königlichen Schutzmandate.

Damit begann ein langer Kampf, der Las Casas manch bittere Stunde und immer wieder Niederlagen bringen sollte. So bereits im Frühjahr 1517, als er erfahren musste, dass königliche Mandate und königliche Bestallungen das eine, die Macht, sich in der vom Hof weit entfernten Kolonialwelt durchzusetzen, etwas ganz anderes war. Denn dort bestimmten die Konquistadoren und Encomenderos, die Eigner riesiger Ländereien samt den dort lebenden Menschen, die ihnen von der Krone zwar nur «anvertraut» waren, die sie in der Realität aber längst als Sklaven hielten und ausbeuteten. Aufgeben kam für Las Casas allerdings nicht mehr in Betracht, und so reiste er im Mai erneut nach Spanien, um seine Verbindungen am Hof für die Sache der Indios einzusetzen. Und in der Tat, 1520 gewährte ihm der neue König Karl I. Audienz,[32] der kurz darauf als Kaiser Karl V. das Weltreich der Habsburger errichten sollte.

Es ist richtig, dass in der Realität Christianisierung und Menschenrechte stets hinter den Machtinteressen der Eroberung zurückzustehen hatten.[33] Zudem wurde der von Las Casas erwirkte Schutz der Indios den afrikanischen Sklaven zum Verhängnis, denn an Stelle der geschützten Indios wurden Afrikaner auf die Plantagen und in die Bergwerke geschickt – im großen Stil übrigens ab 1517, als die spanische Krone genuesischen Kaufleuten das Monopol für die Einfuhr afrikanischer Sklaven erteilte.[34] Trotz dieser und anderer Schattenseiten gehört der Kampf des Las Casas zu den erfreulicheren Aspekten spanischer und europäischer Weltpolitik. Sein Widerspruch löste im Mutterland heftige juristische und theologische Kontroversen über die moralischen Grundlagen der Kolonialpolitik aus. Das stärkte das universelle Völkerrechtsdenken, das alle Menschen gleich welchen Glaubens einschließt und dadurch den Interessen der Kolonialherrschaft entgegenlief. Auch gelang es, die schlimmsten Auswüchse wenigstens zeitweise einzuhegen.

Einen tagelangen öffentlichen Prinzipienstreit, wie er zwischen Las Casas und dem Humanisten Juan Ginés de Sepúlveda im August/September 1550 und April/Mai 1551 im Dominikanerkloster zu Valladolid ausgefochten wurde, haben die späteren protestantischen Kolonialnationen Niederlande und England nicht gestattet. Stattdessen verbreiteten sie seit dem ausgehenden 16. Jahrhundert die teilweise bis heute nachwirkende «Schwarze Legende» über die spanische Kolonialpolitik.[35]

In seinem 1938 im Leipziger Insel Verlag erschienenen, sogleich verbotenen Roman *Las Casas vor Karl V.* lässt Reinhold Schneider den spanischen Dominikaner noch einmal als unerschrockenen Kämpfer gegen Unrecht und Versklavung auftreten – mit unüberhörbaren zeitgeschichtlichen Anklängen, vor allem an die nationalsozialistischen Verbrechen gegen die Juden. Und als Spanien im Jahr 2000 in der Kathedrale von Salamanca des 500. Geburtstags seines großen Königs Karls I. (V.) gedachte, beschwor König Juan Carlos die Bedeutung dieser Gedanken für die moderne Gesellschaft: «*Seit den Theologen und Rechtsgelehrten der Schule von Salamanca zu Zeiten des Kaisers schlägt in der Tiefe des spanischen Denkens ein Ruf hin zum universalen Bewußtsein mit Überwindung allen Partikularismus*», und das insbesondere in den Banden «*zu den Völkern Iberoamerikas, (...), in denen die Völkergemeinschaft auf besondere Weise deutlich wird, welche die westliche Zivilisation darstellt.*»[36]

IV.

DIE RENAISSANCE UND
EIN NEUES WELTWISSEN

1. «*Calikutisch leut*» und das Rhinozeros Odysseus –
Übersee in Europa

Das Neue in Wissenschaft, Kunst und Kultur kam als Humanismus und Renaissance zum Durchbruch, also als Rückbesinnung auf die eigenen Traditionen – so jedenfalls nach geläufigem europäischem Selbstverständnis: «*O, saeculum! O, litterae! Juvat, vivere!*» / «*O Jahrhundert, o Wissenschaften! Es ist eine Lust zu leben! Die Studien blühen, der Geist regt sich. Barbarei, nimm dir einen Strick und mach dich auf Verbannung gefaßt*»,[1] jubelte Ulrich von Hutten und feierte damit eine neue Zeit, die durch Rückgriff auf die verschütteten Quellen der klassischen Antike das Wissen und die Kultur zu neuen Ufern führen würde. In Wahrheit war es aber nicht die Renaissance allein, die im lateinischen Europa eine neue, die neuzeitliche Wissenskultur aufziehen ließ. Die von Anfang an aufmerksam verfolgten und intensiv kommentierten Entdeckungsreisen hatten eine Neugier geweckt, die sich mit dem innereuropäischen Aufbruch des Wissens und der Kultur verband und ihm eine weltweite Perspektive eröffnete. Das war keine Globalisierung im modernen Sinne, wohl aber der Beginn eines Prozesses, der Europa immer enger mit den Lebenswelten anderer Kontinente in Beziehung brachte und damit das europäische Wissen erweiterte, vertiefte, immer bunter werden ließ. Die europäische Wahrnehmung außereuropäischer Kulturen und Gesellschaften brachte kraftvolle Impulse für den innereuropäischen Wandel und den Aufbruch in die Neuzeit.[2]

In den maritim ausgerichteten Zonen West- und Südwesteuropas war man geradezu fasziniert von den Nachrichten, die jedes Expeditionsschiff mitbrachte – aus der Neuen Welt jenseits des Atlantiks, die Zug um Zug erkundet und für die spanische oder portugiesische Krone in Besitz genommen wurde, ebenso wie aus dem Fernen Osten, von wo zugleich mit den begehrten neuen Produkten eine Flut von Informationen über Land und Leute nach Europa kam. Atemberaubend schnell fanden die neuen Erkenntnisse in der europäischen Kartographie Niederschlag – so bereits im ersten Jahrzehnt des 16. Jahrhunderts die Geographie des Indischen Ozeans in zwei Portolanen, eine aus dem Besitz des Augsburger Ratsschreibers Konrad Peutinger, heute im Bestand der Wolfenbütteler Herzog August Bibliothek.[3] Amerika war bereits um 1504 auf einem Straußenei-Globus zu sehen, wenig später auch in einer 1507 erschienenen weltkundlichen Publikation, der *Cosmographiae Introductio*, einem Gemeinschaftswerk des Philologen Matthias Ringmann und des Kartographen Martin Waldseemüller, die als «Erfinder» des Namens «Amerika» zu Ruhm gelangten. Dabei könnte der Name sogar bereits älter sein. Das legt jedenfalls eine jüngst in der New York Public Library gefundene Kupferstichkarte aus dem Umkreis des französischen Hofes nahe.[4] So oder so, es waren zunächst nur das höfische Publikum, die Gelehrtenwelt und wohlhabende Bürger der großen Städte sowie interessierte Adlige, die sich ein eigenes Bild von den neuen Welten machen konnten. All die vielen anderen in Stadt und Land, die sich Globen und Kosmographien nicht leisten konnten, waren auf rasch in Umlauf gesetzte Gerüchte und mündliche Berichte angewiesen.

Die Globalisierung der europäischen Wissenskultur erhielt 1517 einen neuen Schub, als die erste altamerikanische Hochkultur und das sagenumwobene chinesische Reich der Mitte ins Blickfeld traten. Fasziniert waren nicht nur die Eroberer- und Entdeckernationen, sondern auch bereits die europäische Öffentlichkeit von Kaufleuten, Wissenschaftlern, Intellektuellen und Künstlern. Sie alle nahmen begierig das neue Wissen auf, das durch Reiseberichte und Chroniken, aber auch bereits durch reale Zeugnisse der Kunst und des alltäglichen Lebens nach

Europa gelangten, und fügten es in ihre Weltsicht ein – Wissen über Aussehen, Glauben, Gebräuche und Gewohnheiten der Menschen und ihrer Gesellschaften, über Flüsse und Gebirge, Pflanzen und Tiere ihrer Länder. Ein Streben nach Ausweitung des Wissens und Durchdringung der Welt war geweckt, das nicht mehr erlahmen sollte.

Die Kunde von den Handelskontakten im Osten und den neu entdeckten Ländern im Westen erregte die Menschen auf der Iberischen Halbinsel weit mehr als die Fragen nach dem individuellen Seelenheil oder der rechten evangelischen Gestalt der Kirche, die so viele Christen in Mitteleuropa quälten und für die im Spätjahr 1517 einsetzende reformatorische Theologie empfänglich machten. Nicht dass der christliche Glaube für die Iberer keine oder auch nur eine geringere Rolle gespielt hätte. Im Gegenteil, Religion und Expansion waren aufs engste verflochten. Im Vordergrund stand aber nicht der spirituelle Aufbruch zu einer neuen individuellen Heilsgewissheit, sondern die Befestigung der bestehenden kulturellen Existenz durch deren Ausbreitung und mondiale Absicherung. Die Mission galt beiden – der Rettung der Seelen und Integration der neu entdeckten Völker in eine nun weltweite *christianitas*, aber auch der kulturellen und institutionellen Absicherung spanischer oder portugiesischer Herrschaft. Geistig-religiöse Grundlage war nicht der Zweifel, sondern die in die neuen Welten und neuen Zeiten hinübergenommene Glaubensgewissheit, die Konquistadoren wie Überseekaufleute unter dem Mantel der Madonna Sicherheit finden ließ.

Noch die skrupellosesten und goldgierigsten Eroberer hatten auch einen Blick für das Besondere in den von ihnen entdeckten Ländern. So stellte Hernán Cortés bei seiner Eroberung Mexikos sogleich eine Sammlung von Kultgegenständen, Waffen, Kunstwerken und Gegenständen des täglichen Gebrauchs zusammen und verschiffte sie nach Spanien, um König Karl und seinen Hof mit der Zivilisation der Azteken bekannt zu machen. Der spanische Hof schickte diese Zeugnisse einer fremden Welt auf Ausstellungstournee nach Sevilla, Valladolid und Brüssel. Sie wurden zu Exponaten und damit zugänglich für die Öffentlichkeit. Das Wissen über die neuen Welten vereinigte sich mit dem innereuropäischen Wissensaufbruch der Renaissance. Denn auch außerhalb der Entdeckerländer waren die Fürsten und ihre humanistischen Berater längst dabei, außergewöhnliche Naturalia und kostbare *Artificialia* zusammenzutragen, zu kategorisieren und in den fürstlichen Kunst- und Wunderkammern auszustellen.

Jedem, der sich dafür interessierte und das Geld zum Besuch der Amerika-Ausstellungen aufbrachte, war die Möglichkeit gegeben, seinen Gesichtskreis in die Welt auszuweiten. Und wem Zeit und Geld zu einer persönlichen Besichtigung fehlten, dem standen bald günstig auf den Markt gebrachte Flugblätter mit genauen Beschreibungen und Holzschnitten zur Verfügung. Berühmte und gefragte Meister wie Giovanni Penni mit Stephano Guilireti in Rom, die Deutschen Hans Burgkmair, Albrecht Altdorfer, Jörg Breu und vor allem Albrecht Dürer sorgten dafür, dass die viel bestaunten Artefakte des Aztekenreiches, allen voran die beiden kunstvoll in Gold und Silber gearbeiteten großen Sonnenscheiben, sogleich Aufnahme in den europäischen Wissens- und Kulturkanon fanden.

Dürer kam bereits 1520/21 auf seiner Reise in die Niederlande mit der exotischen Welt in Berührung. In Antwerpen war er immer wieder bei Don Roderigo zu Gast, dem Faktor und Vorsteher der portugiesischen Handelsvertretung, über die die Waren aus Ostindien nach Mitteleuropa gelangten. Hier schenkte man ihm «*indische Nüsse*», wohl Kokosnüsse, «*ein Fäßchen voll eingemachten Zuckers allerlei Sorten (...) und einige Zuckerrohre, so wie sie wachsen*», ferner «*eine calikutische hölzerne Wehr*», ein «*calecutisch tärtschlein, von einer fischhaut gemacht*» sowie «*zwei calecutisch helffenbein salczfaß*», also ein Holzschild, eine kleine Tartsche (ein längliches Schild) und Salzfässer aus «Calikut». So nannten die Europäer damals Indien, nach der Stadt Calikut, dem heutigen Kozhikode, wo Vasco da Gama 1498 gelandet war und den portugiesischen Indienhandel begründet hatte. Den burgundischen Hof erfasste ein regelrechtes «Calikut-Fieber», vergleichbar der späteren Chinabegeisterung der europäischen Fürsten. So wurden Wandteppiche «à la manière de Calcut» in Auftrag gegeben, die aber nicht mehr erhalten sind.[5]

Ende August reiste Dürer mit Don Roderigo nach Brüssel und besuchte dort die Aztekenausstellung, die nicht weniger als 158 Expo-

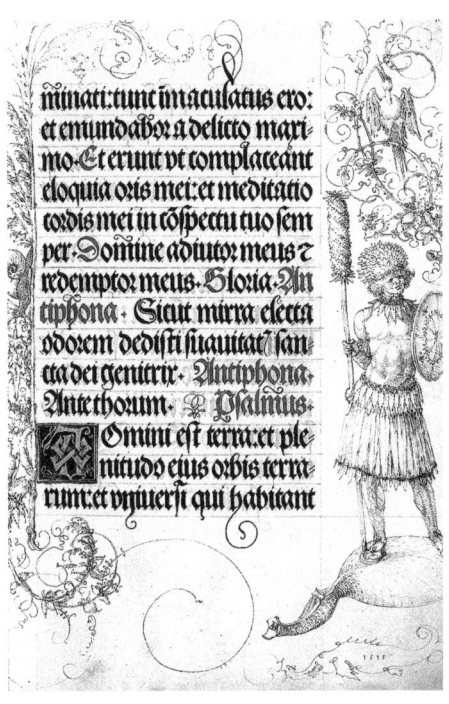

Gregorianische Antiphona und «Calikuter» aus dem kürzlich entdeckten Indien als Randzeichnung – das von Albrecht Dürer illustrierte Gebetbuch Kaiser Maximilians I. zeigt die Gleichzeitigkeit von Spätgotik und neuem Weltwissen.

nate aus den spanischen Eroberungen in Mittelamerika zur Schau stellte. Da «*sah ich Dinge, die man dem König aus dem neuen Goldland gebracht hat: Eine ganz goldene Sonne, eine ganze Klafter breit, desgleichen einen ganz silbernen Mond, ebenso groß, desgleichen zwei Kammern voll Rüstungen der Leute dort, desgleichen allerlei Wunderliches von ihren Waffen, Harnischen und Geschossen; gar seltsame Kleidung, Bettgewand und allerlei wundersame Gegenstände zu menschlichem Gebrauch. Diese Sachen sind alle so kostbar, daß man sie hunderttausend Gulden wert schätzt. (…) Ich sah darunter wunderbare, kunstvolle Sachen und verwunderte mich über die subtilen Ingenia der Menschen in fremden Ländern*».[6]

Nur wenige Monate nach den karibischen Neuentdeckungen des Jahres 1517 wurde man in Europa somit bereits über ihre Bewohner und deren Lebensgewohnheiten unterrichtet. Vor allem bewunderte man die hochentwickelte Kunst der «*calikutischen Leute*», wie einstweilen auch die Indios oder Inder der westlichen Hemisphäre genannt wurden, weil man sie noch für Verwandte der Inder des Ostens hielt. In den frühesten Darstellungen erscheinen auch afrikanische Völker mit Schilden und Holzschwertern nach Aztekenart. Das zeigt, wie vorsichtig man sich vorantasten musste, um das Neue und Fremde angemessen zu beschreiben und einzuordnen. Für die Deutung und Bewertung der Gegenstände fehlte es vollends an Begriffen. Häufig wird das Fremde unsachgemäß mit ähnlichen europäischen Dingen gleichgesetzt. Bei besonders fremden Objekten gestehen sich klarsichtige Betrachter wie Albrecht Dürer die sprachliche Unfähigkeit ein: *«die ich nicht zu beschreiben verstehe»*.

Immerhin wurde bereits 1519/1522 mit der von Ferdinand Magellan im Auftrage der spanischen Krone organisierten Weltumsegelung klar, dass es sich bei den vermeintlich einheitlich indischen *«calikutisch leut»* um Bewohner unterschiedlicher Erdteile handelte, die nicht nur im Aussehen und der körperlichen Gestalt, sondern auch in ihrer Geschichte und Kultur ganz unterschiedlich waren.[7]

Auch das Wissen über den Osten ging rasch in die Renaissancekultur ein. Vor allem die Nachrichten, die von der Chinamission Andrades und Pires' 1517/18 über das bislang geheimnisvolle Land nach Europa kamen, regten ungeachtet der diplomatischen Rückschläge zu immer tieferer Beschäftigung mit dem Fernen Osten an. Wie präsent die exotischen Welten bereits 1517 in Europa waren, zeigt das berühmte asiatische Rhinozeros Odysseus, das der Indien-Gouverneur Albuquerque dem portugiesischen König Manuel geschickt hatte. Am 20. Mai 1515 in Lissabon angekommen, konnte es dort im königlichen Gehege von jedermann bewundert werden. In Rom erschien bereits zwei Monate später der Verstraktat *«Forma e natura e costumi de lo Rinocerante»* aus der Feder des Florentiner Humanisten und Arztes Giovanni Giacomo Penni. Bald war das Konterfei des Tieres durch Hunderte von Flugblättern in Europa verbreitet.

Wie rasch und nachhaltig sich die Bilder der neuen Welten über Europa verbreiteten, belegt Albrecht Dürers bis heute berühmter Rhinozeros-Holzschnitt: Angeregt von der Beschreibung eines Nürnberger Kaufmanns, der das Tier in Lissabon sah, riss und vertrieb Dürer

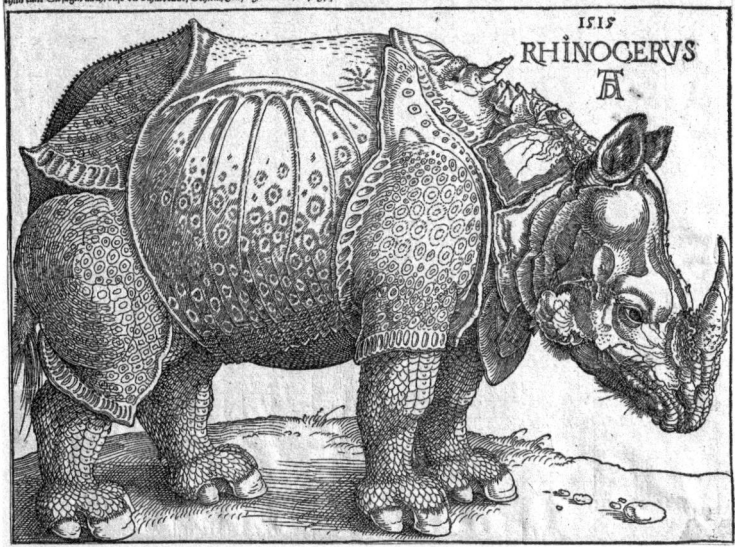

Bis in unsere Tage gilt Dürers Rhinozeros als Ikone europäischer Renaissance-Kunst. Zum Zeitpunkt seiner Entstehung gab der Holzschnitt Kunde von dem neuen Weltwissen, das auf den alten Kontinent strömte und zusammen mit der wiederentdeckten Antike die neue Zeit nachhaltig prägte.

das Konterfei dieses exotischen Tieres noch im Jahr 1515. Der Abbildung fügte er einen Text über Herkunft und Lebensgewohnheiten des Tieres bei, der dessen Ankunft in Portugal interessanterweise um zwei Jahre zurückdatiert. Der Künstler konnte offensichtlich die Schnelligkeit des Informationsflusses von Lissabon nach Nürnberg selbst nicht glauben:

> «Nach Christus geburt 1513. Jar Adi. 1. May. Hat man dem großmechtigen Kunig von Portugall Emanuell gen Lyssabona pracht aus India / ein sollich lebendig Thier. Das nennen sie Rhinocerus (...) Es hat eine farb wie eine gespreckelte Schildkrot. Und ist von dicken Schalen uberlegt fast fest. Und ist in der größ als der Helefandt Aber nydertrechtiger von peynen / und fast werhafftig. Es hat ein scharff starck Horn vorn auff der nasen / Das begyndt es albeg zu wetzen wo es by

steynen ist. Das dosig Thier ist des Heleffantz todt feyndt. Der Helffant furcht es fast ubel / dann wo es In ankumbt / so laufft Im das Thier mit dem kopff zwischen dye fordern payn und reyst den Heleffandt unden am pauch auff und erwürt In / des mag er sich nit erwern, Dann das Thier ist also gewapent / das Im der Heleffandt nichts kann thun. Sie sagen auch das der Rhynocerus Schnell / Fraydig und Listig sey.»[8]

Dürers Rhinozeros wurde immer wieder popularisiert, sogar in Meißener Porzellan, und gilt auch heute noch als Symbol für die Begegnung Europas mit der weiteren Welt und deren intellektuelle und künstlerische Aneignung – für die sammelnde und ordnende Aufnahme fremder Welten und deren Integration in das europäische Wissen und Selbstverständnis.

Welche Anregungen auch das politische Denken von den Berichten aus der Neuen Welt erhielt, hat uns bereits das Beispiel der *Utopia* gezeigt. Inhaltlich ganz das Ergebnis humanistischer Rezeption der Antike, insbesondere der *Politeia* des Platon, tritt mit dem fiktiven Reisebericht aus der Feder des englischen Gelehrten Thomas Morus das alternative Denken der Sozialutopie seinen so erfolgreichen Weg in die europäische Neuzeit unter Aufnahme des neuen Weltwissens an.

2. Kultureller Aufbruch im Zeichen der Antike

Noch konnten die exotischen Welten Europa nicht beunruhigen. Sie riefen aber auch noch nicht jenen Triumph- und Überlegenheitsgestus hervor wie später, mit den vor allem im 18. Jahrhundert verbreiteten Darstellungen der vier Erdteile, Europa stets in der Mitte und von den Vertretern der anderen Kontinente bewundert und gehuldigt. Von wenigen Darstellungen exotischer Tiere wie Elefant und Rhinozeros auf Fresken des Papstpalastes abgesehen, waren Anfang des 16. Jahrhunderts Repräsentation und Selbstbewusstsein der europäischen Völker und ihrer Herrscher noch ganz von der Wiedergeburt der Antike bestimmt, ihrer Künste und Wissenschaften, vor allem aber ihrer Mythen. Gestützt auf klassische Texte, nicht zuletzt den eben wiederentdeckten Tacitus, ordneten die Humanisten den Völkern einen Ursprungsmythos zu – einen gallischen, germanischen, batavischen (für die Niederländer), gotischen (für die Schweden) etc.[9] Nicht anders die Fürsten, ja selbst die großen, aufstrebenden Städte. Sie alle waren bemüht, ihren Rang und Anspruch durch Genealogien zu festigen, die ihre Wurzeln in der Antike hatten, am besten in Troja oder Rom.

Der neue Geist hatte 1517 die einzelnen Regionen Europas noch in recht unterschiedlichem Maße erfasst[10] – stärker der Humanismus als die Renaissancekunst. Das war vor allem dem Buchdruck zu verdanken, der eben aus dem Inkunabeln-/Wiegenalter herausgetreten und zur Kraft der Jugend herangereift war. Ein Netz von Druckern und Verlegern überspannte Europa, von der zentralen Rheintal-Achse mit den Hauptdruckorten Basel, Straßburg, Speyer, Heidelberg, Mainz, Köln und Antwerpen nach Süd- und Mitteldeutschland ausgreifend mit Augsburg, Nürnberg, Tübingen und Leipzig als Knotenpunkten, von dort nach Italien mit Venedig, Florenz, Rom und Neapel, nach Frankreich mit Paris und Lyon, England mit Oxford und Cambridge, der Iberischen Halbinsel mit Lissabon, Sevilla, Segovia, Valladolid und Barcelona.[11] Allein, ökonomisch gesehen war noch keineswegs sicher, dass «die aufwendige Spitzentechnologie (nicht) als einer der Irrwege der Erfindungsgeschichte enden» würde.[12] Denn bei einer Lesefähigkeit der Bevölkerung von unter 10 % waren Nachfrage und Absatz weitgehend auf Kleriker, Universitätsleute und einen kleinen Kreis von Gebildeten in den Städten und an den Höfen beschränkt. Einen Ausweg aus der Wachstumskrise schien es nicht zu geben. Da bahnte sich am 31. Oktober 1517 ein Medienereignis an, das dem Druck- und Verlagsgewerbe einen nahezu unerschöpflichen Absatzmarkt eröffnete. Darauf ist im Zusammenhang mit dem Ablassprotest des Wittenberger Mönchs Martin Luther zurückzukommen.

In Italien hatte die Renaissance einen mächtigen Impuls durch den Zuzug griechischer Migranten aus Byzanz erhalten, die vor den Türken geflohen waren – Gelehrte und Künstler, wichtig aber auch die Handwerker. Ohne sprach- und sachkundige Schriftsetzer wäre die Drucklegung der Werke Homers, Platons oder anderer antiker Schriftsteller in der Originalsprache gar nicht denkbar gewesen.[13] Nicht weniger wichtig waren aber das hohe Niveau und die Offenheit der einheimischen Gelehrten und Künstler sowie die Förderung, die sie von ihren Fürsten erhielten. Zentren waren die Höfe in Neapel, Florenz und Rom, die machtpolitisch wie kulturell um den Vorrang wetteiferten. Auch die Handelsrepublik Venedig stand 1517 ungeachtet der im östlichen Mittelmeer aufziehenden verkehrs- und handelspolitischen Probleme weiterhin in Blüte. Seit mit Leo X. ein Florentiner Medici-Prinz den Stuhl Petri innehatte, war aber unverkennbar, dass vor allen Rom den Ton angab. Darüber ist genauer zu berichten, wenn wir uns dem Papst als italienischem Souverän und universellem Pontifex zuwenden.

Hier sei nur ein für die neuzeitliche Kultur Italiens grundlegender Impuls hervorgehoben, weil er über die Apenninenhalbinsel hinaus für die Zeit bezeichnend ist und sich eine bislang kaum beachtete Vergleichsperspektive zu den Folgen der 1517 aufbrechenden Reformation für Deutschland ergibt. Gemeint ist die Herausbildung einer die einzelnen Regionen und Herrschaften übergreifende Literatursprache. Für das Deutsche wurde bekanntlich die Sprachgewalt des Reformators Martin Luther richtungsweisend, seine Predigten, deutschsprachigen Flugschriften und natürlich vor allem die Bibelübersetzung, an der er zusammen mit seinen Wittenberger Kollegen bis in seine letzten Lebensjahre hinein arbeitete.[14] Für das Italienische wurden in eben denselben Jahren die entscheidenden Schritte getan, allerdings in einem deutlich anderen Umfeld und mit anderen kulturellen Folgen. Sie gingen in erster Linie von dem Humanisten Pietro Bembo aus,[15] der genau in dem Jahr, in dem der eine knappe Generation jüngere Wittenberger Mönch seine – lateinischen! – Ablassthesen verfasste, als Brevensekretär (*segretario di brevi*) an der Kurie tätig und damit für den Stil der lateinischen Urkunden und sonstigen Verlautbarungen der Kurie verantwortlich war.

Kirchenmänner also beide, doch in kulturellem Profil wie Lebensführung unterschiedlich, wie sie unterschiedlicher nicht hätten sein können: Martin Luther, der ganz und ausschließlich religiösen Problemen lebende Mönch, der radikal und existentiell seiner Wahrheit folgt, und der elegante und lebensfreudige Humanist, der als Geistlicher weltmännisch offen mit einer Geliebten zusammenlebt, mehrere Kinder hat, diese unbefangen vom Papst legitimieren lässt und sich so lange weigert, die Priesterweihe zu empfangen, bis ihm gegen Ende des Lebens der Farnese-Papst Paul III. die Kardinalswürde verleiht. In Venedig geboren und über den Hof in Urbino nach Rom gekommen, war Bembo von Leo X. 1513, wenige Wochen nach dessen Thronbesteigung, in das literarisch anspruchsvolle und angesehene Amt des Brevensekretärs berufen worden – Ausdruck gleichermaßen von Kennerschaft und Kulturanspruch des neuen Papstes wie von Bembos bewunderter Sprach- und Stilkompetenz. Neben seiner Leidenschaft für die alten Sprachen, die er seinen Zeitgenossen im Stil der klassischen Autoren normativ zu vermitteln versuchte, trat bereits früh die Verantwortung für die «volgar lingua», das Italienische also. Um dessen Vereinheitlichung und Reinigung auf der Basis des Toskanischen bemühte er sich sowohl als Autor wie als Sprachtheoretiker. In seiner einflussreichen, 1525 in Venedig erschienenen *Abhandlung über die Volkssprache/Prose della volgar lingua* entwickelte er auf Italienisch für die Volkssprache ein «Sprachprogramm, das klug genug war, der längst bewährten italienischen Literatur eine gleiche Autorität einzuräumen.» Auch dabei verfuhr er normativ, indem er «Modellautoren» ernannte, «Boccaccio (für die Prosa) und Petrarca (für die Verdichtung). Begründung: ihre Ebenbürtigkeit mit der Antike.»[16]

Die zeitliche Parallelität ist offensichtlich: 1522 erscheint Luthers Übersetzung des Neuen Testaments, 1534 die erste Gesamtausgabe der Bibel als Gemeinschaftsarbeit der Wittenberger Reformatoren. 1530 legt Luther den *Sendbrief vom Dolmetschen* vor, in dem er seine Methode und seine Prinzipien der Übertragung antiker Texte in die Volkssprache an Beispielen erläutert. Vielen gilt der Sendbrief mit seiner einschlägigen Maxime, *«dem Volk aufs Maul* (zu) *schauen»*, als «Klassiker der Übersetzungstheorie». Zu Unrecht, wie jüngst in einer einschlägigen Neuinterpretation dargelegt. Denn die Probleme des Übersetzens werden hier nur beiläufig behandelt, nicht in «einer gelehrten Arbeit» theoretisch entwickelt, sondern in einer konfessionellen «Kampfschrift» polemisch und zur Bloßstellung des Gegners instrumentalisiert.[17] Wo der italienische Kirchenmann und feinsinnige Humanist als Sprachpurist seine Texte endlos überarbeitete, da haut der Reformator seine Texte heraus, auf ihre Wirkung bei Freund und Feind bedacht, kaum aber auf Sprachlogik, rationale Argumentationsabfolge oder gar Eleganz. Die Deutschen erhielten ihre einheitliche Sprache aus den gewaltigen Sprachbildern der Bibel und den die Seele ergreifenden Debatten um das Heil. Die von Kardinal Pietro Bembo ausgesandten Impulse für die italienische Schriftsprache folgen, so Hugo Friedrich, einem Traditionalismus, der der Sprache «Fesseln anlegt, aber (...) sie auch vor der Barbarei und der Verwilderung bewahrt, die in der Geschichte aller Künste stets mehr zerstört als geöffnet hat.» Bembos «Versteifung der Formen war auch eine Sicherung des Formensinnes».[18]

Von Italien ausstrahlend, wehte der neue Geist des Humanismus und der Renaissance 1517 längst auch nördlich der Alpen – an Fürstenhöfen, in Städten und Klöstern ebenso wie an Universitäten. Quer über Europa war eine eigene soziale Gruppe von Künstlern, Literaten und Wissenschaftlern entstanden, die die überkommenen Stände- oder Statusstrukturen sprengte. Diese «Intellektuellen», wie man sie nennen möchte, wenn der Begriff nicht auf das 19. Jahrhundert zugespitzt wäre, besaßen ein engmaschiges Kommunikationsnetz, mit dem sich die neuen Ideen und Kunstformen rasch über Europa verbreiteten. Ihre wichtigsten Kommunikationsmedien waren Traktate und Flugschriften, zunehmend auch die Druckgraphik mit ihrer neuen Sprache der Bilder. Nicht weniger wichtig, von der Begeisterung für den neuen Buchdruck aber häufig übersehen, war noch für Generationen die Korrespondenz der Humanisten, die mit Leidenschaft Briefe schrieben und empfingen – und für ihren Freundeskreis abschrieben.[19]

Von Italien aus war das Neue zuerst an die nahe adriatische Gegenküste gelangt. Bis dorthin erstreckte sich das ungarische Großreich von König Matthias Corvinus. Selbst ein Freund der Humaniora und mit der hochgebildeten neapolitanischen Prinzessin Beatrix von Aragonien verheiratet, unterhielt er enge Beziehungen zu den Höfen in Neapel, Ferrara und Mailand. Seine *Bibliotheca Corviniana* war die bedeutendste Humanisten-Bibliothek außerhalb Italiens. In Ofen (Buda) und vor allem in seiner gewaltigen Schlossanlage in Visegrad führte er einen glänzenden Renaissance-Hof. Mit einer Kapelle und einem Chor, die in internationaler Zusammensetzung die franko-flämische Polyphonie pflegten, erreichte dort auch die Musikkultur europäische Höhe.[20] Der Wissens- und Innovationsfluss über die Adria hinweg modernisierte ferner Herrschaftspraxis und Bürokratie, so dass Ungarn einen deutlichen Vorsprung gegenüber den deutschen Territorien oder Polen besaß.

In Polen brachte die Ehe zwischen König Sigismund I. und der Bona Sforza, von der wir im Zusammenhang mit der Moskaureise Herbersteins hörten, mächtige Impulse für die neuen Künste und Wissenschaften. Durch die Vermittlung der italienischen Königin, der einzigen in Polens Geschichte, entfaltete sich in Polen eine Blüte in Literatur und Architektur, die noch heute jedem Reisenden den damaligen kulturellen Vorsprung Polens gegenüber den westlich angrenzenden Zonen des Reiches vor Augen stellt. Binnen einer Generation erstrahlte das Land im Renaissanceglanz von Schlössern, Adelspalais und Rathäusern – allen voran der Burgberg in Krakau mit dem Schloss und der Grabkapelle König Sigismunds I.[21] Literarisch hatte die Renaissance sogar schon früher in Polen-Litauen Einzug gehalten, ebenfalls durch einen Italiener, Filippo Buonaccorsi oder Callimachus (1437–1496). Aus Rom vertrieben, hatte Buonaccorsi 1470 zunächst Zuflucht beim Erzbischof von Lemberg gefunden, später dann am Königshof, wo er als Erzieher von Prinz Sigismund wirkte. Daneben versammelte er einen Kreis von jungen polnischen Literaten, um ihn in Geist und Formsprache von Humanismus und Renaissance einzuweihen.[22] Andrzej Krzycki/Crusius, polnischer Diplomat und Bischof, rühmte in einer eleganten lateinischen Inschrift, «*wie kunstvoll den Stein Phidias' Meißel*» an Kapelle und Schloss auf dem Wawel geformt habe, die König Sigismund eben im Renaissancestil hatte erbauen lassen. Jan Dantyszek oder Dantiscus, Danziger Bürgersohn und ebenfalls polnischer Diplomat, machte sich einen Namen durch gekonnte Panegyrik, vor allem aber durch eine an Ovid geschulte Liebesdichtung. König Sigismund, «*Zier und Muster der Könige*», dedizierte er anlässlich seiner Hochzeit selbstbewusst ein «*Lied, des Dichters als Geschenk*» und überlässt es anderen, ihm «*Gold, Juwelen und Seide zu schenken*». Als er rund anderthalb Jahrzehnte später Bischof im Ermland wurde, gab er den humanistischen Stil auf und widmete sich dem Kirchenlied, womöglich angeregt durch Martin Luther, den er in den frühen 1520er Jahren in Wittenberg eigens besucht hatte.[23]

Bona Sforza brachte allerdings auch die Intrigen und die schrankenlose Macht- und Besitzgier der italienischen Renaissance nach Polen, und zwar so gründlich, dass die Großen des Landes «die Italienerin» auf dem Wawel in Krakau hassten und ihr Giftmorde an unbequemen Magnaten zuschrieben. Selbst ihre Schwiegertochter Barbara Radziwill soll sie umgebracht haben. Ihr Mäzenatentum bei Schlossbauten, Schulen und Hospitälern wurde darüber vergessen.

Der Norden und die Britischen Inseln erfuhren zu diesem Zeitpunkt keine vergleichbaren Impulse aus Italien. Gleichwohl hatten einzelne italienische Künstler bereits Zeugnisse des neuen Stils auf die Insel gebracht, etwa das Grabmal für den eben verstorbenen König Heinrich VII. und seine Gemahlin von Pietro Torrigiano. Insbesondere Kardinal Wolsey war an dem neuen Kunst- und Lebensstil interessiert. Seinen bald hoch gerühmten Palast in Hampton Court schmückten die Italiener Giovanni da Maiano und Benedetto da Rovezzano aus. Gespeist wurde auf Gedecken im Renaissancestil.[24] Vor allem aber war England in das Humanistennetz eingebunden. Erasmus von Rotterdam war mehrmals auf der Insel zu Gast und pflegte danach stets engen Briefkontakt zu den Humanisten unter den Politikern und Gelehrten der Insel – zu John Colet, Thomas Wolsey, Thomas Morus.

König Heinrich VIII. selbst war Humanist und in den Künsten seiner Zeit bewandert, von der Literatur über die Architektur bis hin zur Musik. «*By his Ingenuity and Pen*» verfasste er 1521 «*for the Glory of God and the Tranquillity of the Roman Church*» die Flugschrift *Assertio Septem sacramentorum*, mit der er Luthers Angriffe auf die Lehre von den sieben Sakramenten zurückwies. Papst Leo X. revanchierte sich mit der goldenen Papstrose und dem Ehrentitel «*defensor fidei*» / «*Verteidiger des Glaubens*». Vor allem aber waren es sein Lebens- und Herrschaftsstil,

Der englische König Heinrich VIII., Humanist und Renaissancemensch – inszeniert von seinem Hofmaler Hans Holbein in standfester Herrscherpose und unüberbietbarer Manneskraft.

die ihn – in Gemälden zur Pose verdichtet – zum Inbegriff des Renaissancemonarchen werden ließen.[25]

Auf dem Kontinent herrschte in dem kulturell wie wirtschaftlich führenden burgundischen Zwischenreich von den niederländischen Provinzen an der Nordsee über Dijon und das Herzogtum Burgund bis hinab ans Mittelmeer noch der «Herbst des Mittelalters» mit seiner flamboyanten Formensprache.[26] Künstlerische Innovationen gab es hier gleichwohl, insbesondere in Malerei und Musik. Die Polyphonie kam von den flämisch-burgundischen Höfen nach Italien und bereicherte dort das neue Musikschaffen. Einige Historiker wollen darin sogar eine niederländisch-burgundische Renaissance erkennen, eine zweite Wurzel der Renaissance neben der italienischen. Führende Politiker am Brüsseler Hof standen – wir erinnern uns – in engem Kontakt zu Erasmus von Rotterdam, der ja Kind dieser Kultur war. Als Prinzenerzieher, politischer Berater und Propagandist diente er ganz direkt burgundisch-habsburgischen Interessen, was seine Friedensschrift 1517 nochmals deutlich machte.

Frankreich hatte der erwähnte Kriegszug König Karls VIII. nach Süditalien 1494/95 entscheidende Anstöße gebracht. Militärisch ein Desaster, hatte er dem Renaissancegeist der Künste und Wissenschaften die Tore geöffnet. In Frankreich blühte eine Renaissancelandschaft königlicher Schlösser und Gartenanlagen auf – zunächst in Fontainebleau, dann mit besonderer Strahlkraft im Tal der Loire mit Blois und seinem berühmten Wendelstein, Amboise und Chambord. Mit Franz I., der 1515 den Thron bestieg, trat das Land in die internationale Konkurrenz der Kulturrepräsentation ein. Noch im Jahre der Krönung begegnete der junge Monarch am Rande politischer Verhandlungen in Bologna Leonardo da Vinci und lud ihn sogleich nach Frankreich ein. Leonardo folgte dem Ruf, wohl auch, weil er sich in Italien von den neu aufgestiegenen Sternen Raffael und Michelangelo überstrahlt sah. Das hatte ganz handgreifliche Folgen, die Frankreich bis heute bereichern. Denn der Meister nahm drei unvollendete Gemälde mit auf die Reise, die bei seinem Tod in den Besitz der Krone gelangen sollten und heute zum wichtigsten Bestand des Louvre zählen – den dunkel verschwimmenden Johannes den Täufer, die St. Anna mit dem schmerzlichen Lächeln der Frauen und natürlich die geheimnisvolle Gioconda/Mona Lisa.

Seit 1517 wirkte der *Uomo universale* des Renaissancewissens und der Renaissancekünste in dem Schloss Château du Clos Lucé, das ihm der König in Amboise zur Verfügung gestellt hatte. Hier vollendete er als letztes Gemälde den Täufer, setzte seine Anatomie- und Architekturstudien fort, entwarf einen Renaissancetrakt für das Königsschloss und bereitete eines der größten Ingenieurprojekte der Zeit vor, den Canal du Centre, der die Loire mit der Sâone verbinden sollte. Mit Leonardo setzte auch die große Tradition königlicher Renaissance- und Barockfeste ein: Als im Frühjahr 1518 in Amboise zwei große

Freudenfeste geplant wurden, berief der König den Florentiner zum Festintendanten und eröffnete damit seinem Hof den Weg an die Spitze der europäischen Festkultur. Leonardo wäre nicht Leonardo gewesen, hätte er nicht seiner Technikbegeisterung freien Lauf gelassen. Er konstruierte einen mechanischen Löwen, der auf die Gäste zusprang und damit Schrecken wie Bewunderung erregen sollte.

In Amboise wurden die Taufe des Dauphin und die Hochzeit der Madeleine de la Tour d'Auvergne mit dem Papstneffen Lorenzo II. gefeiert. Die Ehe zwischen dem Medici-Prinzen und der Bourbonenprinzessin war Ergebnis der politischen Annäherung zwischen Papst Leo X. und Frankreich, mit der der Kulturtransfer weitere wichtige Impulse erhielt. Das wird im Romkapitel noch genauer zu betrachten sein.

3. Gleichzeitigkeit des Ungleichzeitigen und ein Ritter-Humanismus in Mitteleuropa

Altes und Neues um 1517. Der Kulturtransfer aus Italien führte, was eine lineare kunsthistorische Betrachtung leicht vergessen lässt, in den ersten Jahrzehnten des 16. Jahrhunderts zu einer eigentümlichen Mischung von traditionellen und neuen Formen und Ideen. Die Gleichzeitigkeit des Ungleichzeitigen war vor allem in Mitteleuropa ausgeprägt, das durch Geographie und Reichsidee eng mit Italien verbunden war. Die Unterschiede traten hier deutlich zu Tage, die Kontroversen waren hier besonders heftig, bis hin zum reformatorischen Aufbruch.

Der Süden und Westen Deutschlands waren stärker als der Norden und Osten von Renaissance und Humanismus berührt. Doch auch dort, wo bereits der Geist des Neuen wehte, standen die alten Formen und Traditionen noch in Blüte. Etwa in Nürnberg, das als «Stadt der Künstler» schlechthin galt so wie Rom und Venedig als die der Hofleute beziehungsweise Krämer, Prag der Juden und Würzburg der Pfaffen:[27] Als der Nürnberger Patrizier Anton Tucher 1517 zu Ehren der Muttergottes der Pfarrkirche St. Lorenz eine Kunststiftung machte, beauftragte er nicht die bereits «weltberühmte» Renaissancewerkstatt Dürers, sondern Veit Stoß. Es entstand der Englische Gruß, dessen von einem fast vier Meter hohen Rosenkranz umschlossene Figurengruppe Mariens und des Verkündigungsengels die Holzschnitzkunst wie die Marienverehrung des späten Mittelalters auf einen neuen Höhepunkt führte.[28] Ähnlich Würzburg und Mainfranken mit den hochgotischen Schnitzaltären Tilman Riemenschneiders, die an Main und Tauber eine eigene Kulturlandschaft schufen. Sie stand 1517 in voller Blüte, brach aber zur Mitte des dritten Jahrzehnts ab bzw. – ein offensichtlich passenderes Bild – ging zur Neige. Dieser Umschwung wurde bis vor kurzem meist mit dem Hinweis auf die schwere Folter erklärt, die Riemenschneider 1525 wegen seiner Beteiligung am Bauernaufstand durchleiden musste und in deren Verlauf ihm die Schergen der Obrigkeit die Hände dauerhaft verkrüppelten und ihn damit zum Schnitzen unfähig machten. Im Lichte neuerer Untersuchungen wird man das weniger als eine historische Realität denn als Legende späterer Generationen zu bewerten haben: Für die Folterung gibt es zwar zuverlässige Belege, «daß man ihm die Hände brach, ist aber nicht belegt».[29] Jedenfalls lief die Werkstatt weiter, und es gibt keine Anzeichen dafür, «dass – wie allgemein dargestellt – Tilman Riemenschneider nun seine letzten Lebensjahre zurückgezogen, gebrochen, verarmt und wenig beachtet verbrachte.»[30] Abgesehen von kleineren kirchlichen Aufträgen produzierte die Riemenschneider-Werkstatt allerdings kaum noch neue große Werke. Verantwortlich dafür waren aber nicht die Ereignisse des Jahres 1525, sondern die 1517 eingeleitete Erschütterung der mittelalterlichen Kirche und ihres Frömmigkeitsprofils. Denn «die Nachfrage nach Flügelretabeln, im Deutschland der Spätgotik traditionell die Haupteinnahmequelle sowohl der Maler wie der Bildschnitzer, kam mit der Reformation nahezu vollständig zum Erliegen – und dies selbst in Regionen, die sich letzterer nicht anschlossen.»[31]

In Augsburg, der mitteleuropäischen Kaufmannsstadt mit den intensivsten Verbindungen nach Italien, wirtschaftlichen wie spirituellen und kulturellen, setzt 1517 die erste Bauphase der «Fuggerei» ein, jener Armensiedlung, die Jakob Fugger der Reiche ganz im Stiftergeist des Mittelalters finanzierte. Die traditionelle Sorge um das ewige

Seelenheil war auch die Triebkraft für die berühmte Fuggersche Grabkapelle in St. Anna, 1517 im Innern vollendet. Entstanden war eine ganz «moderne» Anlage – ein frühes Kleinod der Renaissance nördlich der Alpen, das der Italiener Antonio de Beatis, ein Reisebegleiter des Kurienkardinals Luigi d'Aragona, bei seinem Besuch im Mai des Jahres hoch pries, weil die Marmorskulpturen den antiken Vorbildern so ähnlich seien.[32] Architekturgeschichtlich gilt die Kapelle als «das früheste und vollkommenste Denkmal der Renaissance auf deutschem Boden, (bestimmt durch die) schlackenlose Verschmelzung italienischer, speziell venezianischer Vorbilder mit der einheimischen Tradition, (...) (die) nördlich der Alpen weder unmittelbare Vorläufer noch Nachfolger» hatte.[33]

Der Isenheimer Altar von Matthias Grünewald, der den im Antoniterkloster gepflegten leidenden Menschen Christus ganz und gar gegen den Strich der Renaissance als Schmerzensmann vor Augen stellt, wurde 1516 vollendet. In den darauffolgenden Jahren arbeitete der Künstler in Aschaffenburg und Mainz im Auftrag frommer Stifter an Marienbildern, die das Maria-Schnee-Wunder von St. Maria Maggiore in Rom im Rhein-Main-Gebiet populär machen sollten.[34] Noch Mitte der zwanziger Jahre gab Grünewald mit dem fast schon grünlich schimmernden Leichnam der «Beweinung Christi» in der Aschaffenburger Stiftskirche dem spätmittelalterlichen *memento-mori*-Gefühl eine existentielle Tiefe, wie sie kaum einer der vielen spätmittelalterlichen Totentänze zum Ausdruck bringen konnte. Für die Situation im zweiten Jahrzehnt des 16. Jahrhunderts ist die Gleichzeitigkeit traditioneller und neuer Ausdrucksformen bezeichnend: In Kirchen oder ähnlichen öffentlichen Gebäuden werden die letzten Totentänze gemalt, die den Menschen in seiner ständischen Zugehörigkeit mit der Realität des Todes konfrontieren. So eben noch zwischen 1515 und 1517 von dem Ratsherrn und Maler Nickolaus Manuel am Dominikanerkloster in Bern. Gleichzeitig entsteht das Motiv «Tod und Mädchen», das die Todesrealität und Todeserinnerung in neuzeitlicher, individueller und subjektiver Weise darstellt und das über die Jahrhunderte in der europäischen Kultur präsent bleiben sollte, in Bildern ebenso wie in der Musik: 1517 malte Hans Baldung Grien in Straßburg das vom Tod

In dem Motiv «Tod und Mädchen», hier umgesetzt von Hans Schwarz, fand das memento mori des ausgehenden Mittelalters einen anrührenden Ausdruck, der bis in die Gegenwart in Bildender Kunst und Musik nachklingt.

bedrängte Mädchen in einer derart verführerischen Fleischlichkeit, dass die Kunsthistoriker das Bild auch als *Tod und Wollust* deuten. Nur drei, vier Jahre später schnitt Hans Schwarz ein Buchsbaumholzrelief, auf dem Mädchen und Tod in einer den Betrachter anrührenden Umarmung verbunden sind.[35]

Die Janusköpfigkeit des Kaiserhofes. Wie kaum irgendwo sonst in Europa ist der kulturelle Übergang am Wiener Kaiserhof und an der Person Kaiser Maximilians I. zu beobachten. Maximilian gilt als «letzter Ritter» auf dem deutschen Königsthron und liebte es, sich so zu stilisieren. Zugleich war er aber auch ein «erster Renaissancemonarch» nördlich der Alpen, im Zuschnitt seiner Politik ebenso wie in seinem Kunstverständnis, einschließlich der Verwendung von Kunst für Propaganda und Selbstdarstellung. Maximilian ist nicht auf den Horizont des mittelalterlichen Abendlandes zu reduzieren. Vielmehr zeigte er lebhaftes Interesse an den neuen Welten, vor allem des Fernen Ostens, worüber er sich vom portugiesischen Hof unterrichten ließ. Auch in der symbolischen Veranschaulichung seines kaiserlichen Selbstverständnisses erscheinen die exotischen Welten – so eine Heeresabteilung der «*calikutischen leut*» in Dürers Beitrag zum *Triumphzug Maximilians I.* oder der Malaie im ebenfalls von Dürer stammenden Gebetbuch von

1515. Zeugnis genug für Maximilians Interesse und Fähigkeit, sein Kaisertum an das sich ausweitende Weltbild anzupassen.[36]

1517 wurde die *Ehrenpforte Kaiser Maximilians* vollendet, mit 3,00 mal 3,50 Meter der größte Holzschnitt, der je hergestellt wurde.[37] Gute zehn Jahre hatten Gelehrte und Künstler an dieser monumentalen Repräsentation des maximilianisch-habsburgischen Kaisertums gearbeitet. Das Programm und seine bildliche Umsetzung hatte bereits Anfang des Jahrhunderts der Hofhistoriograph Johannes Stabius entwickelt, ohne Zweifel in enger Absprache mit dem Kaiser. Der Hofmaler Jörg Kölderer legte den architektonischen Aufbau fest, der die einzelnen Bilder umrahmt und trägt. Ab 1512 arbeiteten Albrecht Dürer und Albrecht Altdorfer an den Bilderholzschnitten, maßgeblich unterstützt von den Nürnberger Mitarbeitern Hans Springinklee und Wolf Traut. Mit dem Schneiden der 195 Druckstöcke beauftragte Dürer die Nürnberger Werkstatt von Hieronymus Andreae oder Formschneider. 1518 lagen dann rund 700 Exemplare der *Ehrenpforte* vor, gedruckt auf jeweils 36 numerierten Papierbögen, die leicht zu verschicken waren und am Ort der «Aufhängung» zusammengesetzt werden konnten.

Einige Exemplare wurden koloriert und vergoldet und wichtigen Reichsfürsten wie den Herzögen von Braunschweig[38] als kaiserliches Prachtgeschenk dargeboten, um alte Freundschaften mit dem Haus Habsburg zu festigen oder neue zu gewinnen. Als Wandschmuck den großen Tapisserien der Zeit vergleichbar, verkündete das monumentale Architektur- und Historienbild quer durch das Reich den Fürstenhöfen Macht und Ansehen Maximilians und seiner Dynastie. Die kaiserliche *Ehrenpforte* zeigt einen imposanten Torbau mit einem erhöhten Mittel- und zwei niedrigeren Seitentürmen. Die Türme überragen drei Tore, die hohe und breite «Porte der Eere» in der Mitte, zwei kleinere in den Seitentürmen, die «Porte des Lobs» und die «Porte des Adels». Über der Ehrenpforte als Mittelachse der dreiteiligen Torarchitektur erhebt sich der Stammbaum Kaiser Maximilians und des Hauses Österreich. Stilistisch und im Aufbau spielt er auf den Wurzel-Jesse-Stammbaum Christi an – lesbar als Ausdruck eines dynastisch-familiären Renaissancebewusstseins analog zu Dürers individuellem

Ehrenpforte Kaiser Maximilians – in Ausmaß und Idee ein gewaltiges Monument persönlichen und dynastischen Selbstbewusstseins des Habsburgers, der als «letzter Ritter» gilt und doch die Machtpolitik wie das Repräsentationsinstrumentarium der Renaissance perfekt beherrschte.

Renaissancegestus in der Christus-Pose auf seinem berühmten Selbstbildnis im Pelzrock gut anderthalb Jahrzehnte zuvor.

Zu der christlichen kommt die antike Legitimation des Herrscheranspruchs – ausgedrückt in einer Reihe antiker Kaiserporträts. Auf den beiden flankierenden Seitentürmen erscheinen Allegorien der Charaktereigenschaften des Herrschers sowie Historienszenen wichtiger politischer, militärischer oder dynastischer Ereignisse – als letzte eine Darstellung der Wiener Doppelhochzeit der beiden Kaiserenkel Ferdinand und Maria und damit die Repräsentation der eben etablierten ostmitteleuropäischen Allianzpolitik. Aktueller noch ist das 24. und letzte Feld der Historienszenen – eine Leerstelle für den Türkenkrieg, den die europäischen Herrscher auf Initiative Papst Leos X. seit Sommer 1517 planten und den der Kaiserhof somit unabhängig vom Stand der Verhandlungen bereits ins Auge gefasst hatte. Indes, als Maximilian Anfang 1519 starb, war der Türkenfeldzug weit in die Ferne gerückt, so dass die Leerstelle mit dem sogenannten «Gruftblatt» geschlossen werden musste. Statt mit den vorgesehenen Heldentaten gegen die Türken endeten die Historiendarstellungen der *Ehrenpforte* mit der irdischen Vollendung des Kaiserlebens.

Ganz als «letzter Ritter» erscheint Maximilian dagegen in dem Versepos *Theuerdank*, das 1517 entweder in Nürnberg oder Augsburg erschien – in 40 pergamentenen Pracht- und 300 einfachen Papierexemplaren. Das war die literarische Version des habsburgisch-kaiserlichen Ehren- und Herrschaftsanspruchs. Nach Art mittelalterlicher Heldenepen – «*in form, mass und weis der heldenspücher*» – wird hier in 80 von Maximilian selbst inhaltlich festgelegten «*geverlichkeiten*», also Abenteuern, von der Brautfahrt zu seiner ersten Ehefrau Maria von Burgund erzählt. Ein eigens mitgegebener «*clavis*» entschlüsselt die den alten Epen nachgebildeten Namen der Handelnden – «*Eerenreich*» ist Maria von Burgund, «*Romreich*» ihr Vater Herzog Karl von Burgund, «*Theuerdank*» Maximilian selbst. Indem der Held Theuerdank besonnen, tapfer und weise alle durch die Laster «Übermut», «Vermessenheit» und «Neid» erzeugten Gefährdungen meistert, verkörpert er Ethik und Herrscherideal der hochmittelalterlichen Ritterepik – keine Spur von der berechnenden Verschlagenheit italienischer Renaissancepolitik und ihrer bereits in Handschriften kursierenden theoretischen Rechtfertigung durch Machiavellis Fürstenlehre!

Inhaltlich und stilistisch war das *Theuerdank*-Epos bewusst traditionell und liegt daher nicht auf der Ebene der *Ehrenpforte* oder des wenig später vom Kaiser selbst mit entworfenen und von den ersten Künstlern der Zeit, darunter wiederum Albrecht Dürer, realisierten 57 Meter langen *Triumphzug Maximilians*. So erinnert es an das ältere

Gebetbuch Maximilians aus den 1480er Jahren mit seinen erlesenen spätgotischen Miniaturen, und damit an den flämisch-burgundischen «Herbst des Mittelalters». Sicherlich keine unbeabsichtigte Parallele, geht es mit der Brautfahrt zu Maria von Burgund im *Theuerdank* doch um die Grundlegung dieser frühen Herrschaftsjahre in Flandern und Brabant. Zukunftsweisender war das aufwendige Druckverfahren. Auf Wunsch des Kaisers wurde eine eigene Typographie entworfen, die sich an die in der kaiserlichen Kanzlei gebräuchliche Handschrift anlehnte. Damit brachte das Jahr 1517 in der europäischen Druckkultur einen tiefen, Jahrhunderte nachwirkenden Einschnitt: Auf der Basis der Theuerdank-Drucktype wurde in einer Nürnberger Formschneiderei sogleich eine allgemein verwendbare Frakturtype entwickelt, die fortan für deutsche Texte verwendet wurde, zunächst bei Texten Albrecht Dürers. Das bedeutete eine europäische «Schriftspaltung», die erst im 19. Jahrhundert überwunden wurde: Während man in nahezu allen anderen europäischen Ländern in Antiqua druckte, schlug man in Deutschland einen Sonderweg ein. In Antiqua wurden nur lateinische Texte gesetzt, die deutschen aber in Theuerdank-Fraktur.[39]

Bei aller betonten Distanz zur machiavellistischen Machtpolitik wusste sich auch der Kaiserhof des Instrumentariums moderner Propaganda zu bedienen: in Publizistik, Historiographie, Poesie und bildender Kunst. Als besonderes Instrument stand dem Kaiser die altehrwürdige Poetenkrönung zur Verfügung. Die Erhebung zum «poeta laureatus» stand unter den humanistischen Meinungsführern in hohem Ansehen, war es doch antiker Brauch, die in einem Wettstreit siegreichen Dichter mit einem immergrünen Lorbeerkranz zu schmücken. Keine Geringeren als Dante Alighieri und Francesco Petrarca, die Begründer der italienischen Dichtkunst, hatten diesem Ritus neue Kraft verliehen. Dante, indem er in seiner *Divina Commedia* im ersten Gesang des Paradieses Apoll um Kraft bittet,

> «daß ich bei dir des Lorbeerpreises würdig werde (...)
> dann wirst du mich zu deinem Lieblingsbaume
> einst kommen sehn, mit seinen Blättern mich,

dem hohen Stoff und dir zu Danke, krönen.
So selten, Vater, pflückt man von dem Baume
zu eines Kaisers, eines Dichters Ehre.»[40]

Und Petrarca stilisierte seine Ostern 1341 auf dem Kapitol in Rom durch einen Senator vollzogene Dichterkrönung zum humanistischen Urbild der Erhebung zum «poeta laureatus». Im 15. Jahrhundert waren es die Römischen Kaiser, die das Privileg der Dichterkrönung für sich in Anspruch nahmen – denkwürdig die Krönung des Erzhumanisten Enea Silvio Piccolomini, des späteren Papst Pius II., 1442 in Frankfurt durch Kaiser Friedrich III. Sein Sohn und Nachfolger Maximilian I. setzte diese Tradition fort. 1487 krönte er auf der Nürnberger Kaiserburg den deutschen «Erzhumanisten» Conrad Celtis;[41] 1516 in Wien den polnischen Humanisten Jan Dantyszek/Dantiscus, nicht zuletzt, um in dem neuen poeta laureatus einen einheimischen Fürsprecher für die uns bereits bekannte neue ostmitteleuropäische Allianzpolitik der Habsburger zu gewinnen.[42]

Der Ritter-Humanismus Ulrich von Huttens. Im Sommer 1517 fand in Augsburg eine besonders spektakuläre und, wie sich bald zeigen sollte, folgenreiche Dichterkrönung statt, als Maximilian auf dem Reichstag[43] ebenso feierlich wie öffentlichkeitswirksam dem Reichsritter, Humanisten und streitlustigen Publizisten Ulrich von Hutten den Lorbeerkranz auf das Haupt setzte. Hutten war gerade von einem längeren Bildungsaufenthalt aus Italien zurückgekehrt und galt unter den deutschen Humanisten als aufsteigender Stern, dessen Strahlkraft der Kaiserhof zu nutzen suchte. Empfohlen hatte ihn der Augsburger Jurist und Humanist Konrad Peutinger, dessen «Vorschlagsgutachten» unter den Leistungen und Talenten des Reichsritters die soeben in Italien bewiesenen Verdienste zur Förderung des deutschen Geistes und der Deutschen hervorhob. Am 12. Juli durfte Hutten vor dem durch Alter und Regierungsjahre fast schon legendären Kaiser Maximilian niederknien, um so zum poeta laureatus gekrönt zu werden. Das war eine Szene, die zugleich den deutschen Humanisten insgesamt Gelegenheit gab, auf der großen Bühne des Reichstages ihre Bedeutung und ihren Ruhm zu demonstrieren. Die Lorbeerkrone für den Reichsritter hatte Peutingers junge Tochter Konstanze geflochten, ein von der kaiserlichen Propaganda liebevoll hervorgehobenes romantisches Detail.

An der Formulierung des Diploms hat der Laureatus wohl selbst mitgewirkt. Jedenfalls werden darin seine Herkunft aus dem Ritterstand – «*ex nobili equitum familia*» – und seine berühmte Tugend ebenso betont wie seine Liebe zur Wissenschaft, die ihn Europa durchwandern ließ. Härten und Gefahren habe er erduldet und sein Leben für das Vaterland eingesetzt, auch dies eine gekonnte Selbststilisierung: Auf der Rückreise von Italien war Hutten in Viterbo mit einer Gruppe Franzosen in Wirtshaushändel geraten, die mit einem Totschlag endeten. Vor dem zeitgeschichtlichen Hintergrund konnte das als patriotische Heldentat gelten, hatte sein beherztes Auftreten doch die Franzosen in die Schranken gewiesen, die seit ihrem Sieg im Sommer 1515 vor Marignano in Triumphstimmung waren und das anscheinend im Wirtshaus übermütig zur Schau gestellt hatten.

Wichtiger und gebührend herausgestrichen waren dem Anlass entsprechend natürlich die Schriften und der darauf sich gründende literarische Ruhm. Sie, so die Laudatio, hatten dem neuen poeta laureatus die Freundschaft der ersten Gelehrten Deutschlands und Italiens eingebracht. Die berühmtesten Männer der Zeit erkannten seine literarische Bedeutung an – wohl eine Anspielung auf Erasmus von Rotterdam, den Hutten gerade in jenen Tagen fast schwärmerisch umwarb, geschmeichelt durch eine lobende Erwähnung in den Anmerkungen der 1516 erschienen Edition des Neuen Testaments.[44]

Die Augsburger Poetenkrönung galt ohne Zweifel einem außergewöhnlichen, von den Zeitgenossen bewunderten Dichter und Publizisten. Sie war aber auch ein Schachzug der auf Hochtouren laufenden kaiserlichen Propaganda, den sprachgewaltigen Reichsritter als Mitarbeiter zu gewinnen. Dieser Reichsritter, der sich den Wiener Höflingen ständisch ebenbürtig fühlte, war indes ein schwieriger Fall und sollte es durch die Ereignisse des Jahres 1517 immer mehr werden: Bei allem Stolz auf seine freie Humanistenexistenz und trotz scharfer Kritik an der rückwärtsgewandten Unbeweglichkeit des deutschen Adels seiner

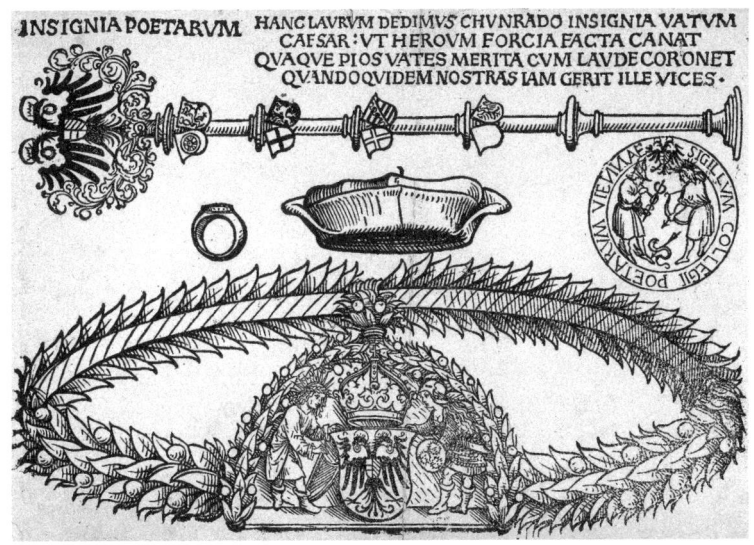

Insignien der Dichterkrönung, Holzschnitt von Hans Burgkmair: Die INSIGNIA POETARUM, wie sie der Kaiser bei einer Dichterkrönung verlieh – das Zepter, über Ring, Barett, Siegel und Lorbeerkrone mit Kaiserwappen.

Zeit blieb Hutten tief im Reichsritterstand verwurzelt. Er ließ sich immer wieder als Ritter porträtieren, ab 1517 dann mit dem Poetenlorbeer auf dem Haupt. Wie Kaiser Maximilian «letzter Ritter» und zugleich moderner Verwalter und Militär war, so war auch Hutten ein Mann zweier Welten: Als humanistischer Gelehrter ein freier Intellektueller, der mit den Waffen der Publizistik stände- und territorialübergreifend öffentliche Resonanz erzielte, war er gleichzeitig Vertreter einer mittelalterlichen Reichsidee und rücksichtsloser Fehderitter für die Adelsehre seiner Familie, die durch Herzog Ulrich von Württemberg skrupellos und öffentlich besudelt worden war.

Die literarische Fehde gegen den Württemberger hatte im März 1517 einen Höhepunkt erreicht, als in der Mainzer Offizin von Johann Schöffer der in Italien niedergeschriebene lateinische Dialogtraktat *Phalarismus* erschien. Anlass war eine Liebesaffäre Herzog Ulrichs mit Ursula Thumb von Neuburg, der Ehefrau seines Stallmeisters Hans von Hutten, in deren Verlauf er den Ehemann eigenhändig erschlagen hatte. Die Familie des Ermordeten gab sich mit heftigen, aber erfolglosen Protesten vor Kaiser und Reich zufrieden. Ulrich von Hutten aber, der Rächer der Unterdrückten und Schwachen, schritt zur Tat und zog mit der Feder gegen den Schwabenherzog zu Felde. In seinem «Gelehrten Gedicht von einem Tyrannen», das nach der lateinischen Urfassung des Jahres 1517 bereits 1519 als *Phalarismus – Die Schule des Tyrannen* auf Deutsch erschien, führt er der europäischen Öffentlichkeit, der Gelehrtenwelt wie den Fürstenhöfen, den Schwabenherzog als unwürdigen, egoistischen und lächerlichen Gewaltherrscher vor.

Der überlegene Anspruch des Autors tritt dem Leser in der deutschen Fassung bereits in der Überschrift entgegen: Unbeeindruckt von der realen Machtlosigkeit eines Reichsritters setzt er der hohen wie – in seinen Augen – hohlen Fürstenreputation des Herzogs die Ehre des freien Ritters entgegen. Den Anspruch des Landesherrn auf Gewalt in seinem und über sein Territorium sticht er aus mit dem universell geltenden Ansehen des «hochberühmten Herrn Ulrichen von Hutten, gekrönten Poeten und Orator». Hier spricht ein neuzeitliches, ja modernes Selbstverständnis des freien Künstlers, wie es eher zur Gegenwart und dem öffentlichen Auftreten und moralischen Anspruch moderner Intellektueller seit dem 19. Jahrhundert zu passen scheint als zu Dichtern oder Künstlern Alteuropas. Das gilt auch für sein Gespür, dass Erfolg Öffentlichkeit verlangt. Er beschränkt sich nicht darauf, als «Orator im Latein» aufzutreten, also als hoch geachteter Redner vor der begrenzten Öffentlichkeit der Höfe, Land- und Reichstage oder der Konzilien. Er überträgt seine *Oratorik* sogleich *«in das Teutzsch (wie sich das hat schicken wöllen)»*.[45]

Inhaltlich meint «Phalarismus» die tyrannische Gewaltherrschaft ohne Gesetz und Moral, für die seit der Antike Phalaris von Akragas, der Tyrann von Sizilien, als unrühmliches Beispiel galt. Indem er einen deutschen Tyrannen in den Hades herabsteigen und bei Phalaris in die Lehre gehen lässt, macht Hutten offenbar, dass sich in seiner Zeit die Tyrannei wieder ausbreitet. Es ist die Tyrannei des Fürsten und seiner neuzeitlichen Landesherrschaft, die nicht nur die eigenen Untertanen, sondern auch die freien Ritter knechtet. In einer Gegen-

wart, von der die Humanisten doch nichts als sittliches Maßhalten und
ästhetische Vollendung erwarteten, werden Gewaltexzesse wiederbelebt, die die Antike bereits überwunden hatte. Der Dialogtraktat
von 1517 klagt noch einen einzelnen Fürsten einer solchen Tyrannei
an, wenig später sieht Hutten aber den Fürstenstand generell davon
infiziert. Wer mit der Dialogfigur «der Tyrann» konkret gemeint war,
wurde dem Leser spätestens bei der Klugheitslehre des Phalaris klar:

*«Phalaris: Solltest du dich einmal in die Ehefrau eines anderen verlieben (...) so
lass den Mann schnell umbringen, aber heimlich, damit man dir den Mord nicht
nachweisen kann.*
Tyrann: Mit Gift meinst du?
*Phalaris: Etwas in der Art. Denn bei der Ermordung des Franken hast du nicht
klug genug gehandelt.*
Tyrann: Ich war so völlig darauf aus, meine Wollust zu befriedigen, daß ich die Vernunft vergaß. Jetzt sehe ich ein, daß ich dich vorher um Rat hätte fragen müssen.»

Selbst den in der Antike berüchtigten «Sizilianischen Bullen» lässt sich
der deutsche Tyrann im Hades empfehlen:

*«Phalaris: Du bist eines Phalaris ganz und gar würdig. Deswegen werde ich dir
nichts verhehlen, was ich weiß. Also, hast du schon von meinem ehernen Stier
gehört?*
*Tyrann: In den du die eingeschlossen hast, die du bestrafen wolltest? Dann wurde
unter ihnen ein Feuer entfacht, bis du dem Opfer ein Gebrüll zur Freude deiner
Ohren entlocktest, als schriee der Stier selbst?*
*Phalaris: Den meine ich. Den laß dir nachbilden, daß du ihn verwenden kannst,
wenn es dir nötig erscheint.»*[46]

Auch über seinen politischen Inhalt hinaus war der *Phalarismus*-Dialog
des Jahres 1517 für das weitere literarische wie politische Wirken Huttens wegweisend: Hier greift er erstmals die von dem Satiriker Lukian
im zweiten nachchristlichen Jahrhundert entwickelte Form eines fiktiven Dialogs auf, die ihm fortan als Ausdrucksmittel seiner beißenden
Polemik dienen sollte. Und erstmals folgt auf die lateinische eine vom
Autor selbst besorgte deutsche Fassung, und damit die zukünftig für
Hutten typische Wendung an die breite Öffentlichkeit, die des ganzen
Volkes. Schließlich trägt das Titelblatt des Mainzer Drucks erstmals

die Caesar-Worte «*Jacta est alea*» (Der Würfel ist gefallen) – fortan die Devise des Reichsritters, die ihn immer entschiedener zur wagenden Tat trieb. Germanisten sehen damit den Weg zum neuzeitlichen Autorensubjekt als «Urbild für den Mythos des einsamen, freien, gerade im Scheitern vorbildhaften Schriftstellers», ja zur ichautonomen neuzeitlichen Existenz überhaupt eröffnet, wie sie sich 1521 in der deutschen Übersetzung der *Jacta-est-alea*-Devise ausspricht:

> «*Ich habs gewagt mit sinnen
> und trag des noch kain reu
> Mag ich nit dran gewinnen
> Noch müß man spüren trew.*»[47]

Ungleich weiter greifend und wirkungsvoller als die letztlich von privaten Interessen getriebene Publizistik gegen Herzog Ulrich – neben dem *Phalarismus* des Jahrs 1517 stehen vier, den Reden des Demosthenes gegen Philipp von Mazedonien nachgebildete «Ulrich-Reden» – war der ebenfalls im Jahr 1517 publizierte zweite Teil der *Dunkelmännerbriefe*, die bis auf wenige Ausnahmen aus der Feder Huttens stammten. Darauf ist näher einzugehen, wenn wir im Zusammenhang mit den psychosozialen Ängsten der Zeit die Angriffe auf die Juden behandeln. Zunächst sind die *Dunkelmännerbriefe* Ausdruck der neuen scharf anti-römischen und anti-päpstlichen Stoßrichtung, die Huttens Patriotismus während seines zweiten Italienaufenthaltes angenommen hatte. Das machte ihn zu einem gleichsam natürlichen Verbündeten Luthers, der wenige Monate nach der Augsburger Dichterkrönung gegen den römischen Ablass auftrat. Wie die Gerüchte um Aufruhr unter den Bauern und Reichsrittern, so waren auch die flammenden Schriften Huttens und der Ablassprotest Luthers Anzeichen für eine verbreitete Unruhe und Aufbruchsstimmung, die sich 1517 vor allem in Mitteleuropa regten und Deutschland und der Christenheit stürmische Jahre bescheren sollten.

Zu dem von Hutten ersehnten, von Sickingen und den aufständischen Reichsrittern, wenig später auch von den Bauernführern angebotenen Aktionsbündnis zwischen dem Reformator und den sozial aufbegehrenden Ständegruppen sollte es aber nicht kommen. Zu unterschiedlich waren die Personen und zu unterschiedlich auch ihre Motive und Programme. Bei aller Leidenschaftlichkeit seines Charakters[48] waren Luther die Sprunghaftigkeit und das äußerliche, fast gefallsüchtige Erfolgsstreben des Reichsritters zutiefst fremd. Unterschiedlich auch der Anlass ihres Aufbegehrens gegen Rom: Hutten war enttäuscht, ja angewidert von dem, was er in Rom gesehen hatte. Als ihm in Bologna im Juni 1517 Lorenzo Vallas Abhandlung zur Fälschung der sogenannten Konstantinischen Schenkung, also der angeblichen kaiserlichen Überantwortung zahlreicher Vorrechte an die Päpste, in die Hände fiel, war für ihn wissenschaftlich bewiesen, dass alle Ansprüche der Kurie auf Lug und Trug gründeten. Auch Luther, der wenige Jahre zuvor Rom kennengelernt hatte, waren die dunklen Seiten durchaus bekannt. Sein Protest entzündete sich aber nicht am Wohlleben oder an der Korruption der Kirchenfürsten, sondern an der Sorge, dass eine falsche Theologie und eine unbedachte Seelsorge den Menschen das ewige Heil verstellen würde. Schließlich war es der Mönch, der die radikale Erneuerung der Kirche forderte und – als das am Widerstand der Hierarchie scheiterte – eine erneuerte evangelische Kirche begründete. Huttens Schriften hingegen «waren geeignet, das römisch-hierarchische System auflockern zu helfen, nicht aber es umzustürzen.»[49] Ulrich von Hutten war und blieb kirchen- wie reichspolitisch Anhänger der mittelalterlichen Idee einer einheitlichen *res publica christiana* – ganz ähnlich wie Erasmus, den er 1517 noch anbetete, bald darauf aber umso tiefer hasste.

Die intellektuelle Radikalität und den unbedingten Mut, das Papsttum und die kirchliche Einheit der lateinischen Christenheit prinzipiell in Frage zu stellen und damit einen Systembruch herbeizuführen, brachten weder Erasmus noch Hutten oder gar die Künstler und Denker der Renaissance auf. Wie im Wittenberg-Kapitel noch genauer zu entwickeln, war der Umbruch das – wenn auch eher unbeabsichtigte – Ergebnis eines genuin theologischen Denkens und einer sehr persönlichen Tat: der Ablasskritik und der darauf fußenden Lehre von der Freiheit eines Christenmenschen und dem allgemeinen Priestertum der Getauften, wie sie aus dem Sündenbewusstsein und dem Bußbedürfnis eines Einzelnen, nämlich des

Augustinermönchs Martin Luther, erwachsen waren. Humanisten und Renaissancekünstler konnten sich für die eine oder andere Seite entscheiden und taten das auch – Erasmus für Rom, Melanchthon für Wittenberg; Albrecht Dürer und Lucas Cranach für Luther, Tizian für den Papst und den katholischen Kaiser. Eine Generation lang konnte ein Teil der Humanisten versuchen, sich der religiösen Entscheidung zu entziehen und einen Mittelweg einzuschlagen. Das endete Mitte des Jahrhunderts, als mit der Konfessionalisierung der Zwang aufzog, sich für eines der beiden feindlichen Glaubens- und Weltanschauungssysteme zu entscheiden. Dem religiös indifferenten Humanismus war, von Einzelfällen abgesehen, für längere Zeit der Boden entzogen.

4. Renaissance-Frauen

Wenn Jacob Burckhardt von einer «Vollendung der Persönlichkeit» in der Renaissance spricht, so darf das nicht nur auf Männer bezogen werden. Das ausgehende 15. und frühe 16. Jahrhundert war eine Epoche bedeutender Frauen, in Städten und Klöstern ebenso wie auf Adelsburgen oder Bauernhöfen.[50] So stand – um nur einige Beispiele aus Deutschland zu nennen – die hochgebildete und energische Nürnberger Äbtissin Caritas Pirckheimer in regem Austausch mit Humanisten und Gelehrten und verteidigte in Flugschriften und einer wissenschaftlichen Disputation mit Andreas Osiander gegen Obrigkeit und Bürgermehrheit die Gewissensfreiheit, sich mit ihrem Konvent gegen die Reformation entscheiden zu können. Für Gewissensfreiheit engagierten sich auch Katharina Zell in Straßburg und die bayrische Reichsfreifrau Argula von Grumbach, sie aber für Luthers Lehre, die Argula in mehreren Flugschriften propagierte; dafür gilt sie heute als «Reformatorin».[51]

Besondere Entfaltungsmöglichkeiten waren den Renaissance-Frauen an den Höfen geboten, an den großen – wir erinnern uns an Bona Sforza in Polen –, aber auch an den mittleren und kleinen. Ein günstiges Milieu bot sich den an Kunst und Wissenschaft interessierten Frauen an den Höfen der kleineren italienischen Potentaten. Dort konnten sie kulturell, nicht selten auch politisch den Ton angeben. Zweieinhalb Jahrhunderte später setzte Goethe in seinem Schauspiel *Torquato Tasso* den höfischen Damen der Renaissance ein feinsinniges Denkmal. Indes, sein berühmter Rat «*Willst du genau erfahren, was sich ziemt / so frag bei edlen Frauen an*»[52], trifft nicht die Rolle der «edlen Frauen» in der aufbrechenden Neuzeit, sondern feiert das «Stille-Einfalt-edle-Größe-Ideal» der Weimarer Klassik. Der deutsche Duodez-Hof Goethescher Idealisierung, nicht der italienische Renaissancehof wurde in Deutschland für das bürgerliche Frauenbild des 19. Jahrhunderts prägend.

Inbegriff der gebildeten und überlegenen Fürstin ist Isabella d'Este, die Markgräfin von Mantua, die die Zeitgenossen als «*Prima donna del mondo*» verehrten. Ihre Mutter Leonora regierte den Hof in Neapel und sorgte für eine Erziehung, die ihrer Tochter musisch wie intellektuell den Kosmos der Zeit öffnete. Gianfrancesco II. Gonzaga, Markgraf von Mantua und Isabellas Ehemann, stand in militärischen Diensten Venedigs und war daher häufig abwesend. So war es vor allem Isabella, die den Musenhof in Mantua leitete. Sie zählte zu den Förderern Ludovico Ariosts, dessen 1516 erschienenes Epos *Orlando Furioso* zu den ersten Meisterwerken der Renaissance zählt. Die höfische Gesittung und Zivilität, die Baldassare Castiglione etwa zur gleichen Zeit in seiner berühmten Schrift *Il libro del Cortegiano* theoretisch begründete, verwirklichte sie an ihrem Hof. Noch auf Generationen hin sollten die europäischen Fürstenhöfe diesem Vorbild nacheifern.

Während einer Gefangenschaft ihres Ehemannes und nach dessen Tod 1519 steuerte Isabella das Herzogtum auch politisch. Ihr Ansehen, ihre Sensibilität und Übersicht waren ausschlaggebend dafür, dass sich die Gonzaga-Dynastie in jenen Jahren festigen konnte, obgleich das kleine Territorium an der gefährlichen Schnittstelle zwischen päpstlichen, kaiserlichen, venezianischen und französischen Interessen lag. Mit acht Geburten sorgte die Markgräfin auch als Mutter für den Fortbestand der Dynastie. Bemerkenswerterweise bevorzugte sie in jeder Hinsicht die Söhne, während sie zu den Töchtern kaum ein Verhältnis entwickelte.

Isabella d'Este als Frau von größtem Einfluss war kein Ausnahmefall. Selbst die Papsttochter Lucretia Borgia bietet ein beeindruckendes Beispiel an Gestaltungskraft und Größe weiblicher Handlungsspielräume, ist man nur bereit, die negative Fama – auch sie übrigens ein typisches Phänomen der Renaissance – historisch zu hinterfragen und Lucretia im Zusammenhang der Zeit zu verstehen. Im ausgehenden 15. und beginnenden 16. Jahrhundert war das Verhältnis der Geschlechter untereinander offen und unkompliziert, und zwar allenthalben in Europa. Die Nacktheit menschlicher Körper war keine Erfindung der Renaissancemaler oder -bildhauer. Sie war alltägliche Normalität, etwa in den von Männern wie Frauen besuchten Badehäusern der Städte wie auf dem Land. Ähnlich die Sexualität, die in öffentlichen Frauenhäusern der Städte ebenso frei gelebt wurde wie an Adelshöfen oder in den Kreisen des niederen wie hohen Klerus. Die lüsternen Exzesse der Borgia-Feste machten nur das Extravagante eines verbreiteten Lebensgefühls aus. Zudem sind sich die Papsthistoriker inzwischen ziemlich sicher, dass die üppigsten Szenen wie der berüchtigte Kastanientanz, bei dem sich die Kurtisanen halb nackt auf dem Boden wälzen mussten, wohl eher der Phantasie und Gefallsucht des Berichterstatters geschuldet waren als einem realen Ereignis. Lucretia Borgia jedenfalls, die die Ausschweifungen ihres päpstlichen Vaters geteilt haben soll, konnte zur Herzogin von Ferrara aufsteigen und sittsam und ehrenhaft einem der bedeutendsten Renaissancehöfe Italiens vorstehen.

Lucretia hatte 1501 in dritter Ehe den Herzog von Ferrara, Alfonso d'Este, den Bruder Isabellas, geheiratet. Das war zwar das Ergebnis eines fast erpresserischen Schachzuges ihres damals noch allmächtigen Vaters. Doch 1517 war aus der anrüchigen Papsttochter längst ein geehrtes Mitglied der auf Stand und Sittlichkeit stolzen d'Este-Dynastie geworden: Als Widersacher 1503 nach dem Tod Alexanders VI. ihrem Ehemann geraten hatten, die Verbindung für erzwungen zu erklären und sich scheiden zu lassen, hatte dieser das Ansinnen sogleich zurückgewiesen. Bis zu ihrem Tod im Kindbett gut anderthalb Jahrzehnte später gebar Lucretia Borgia dem Hause d'Este acht Kinder, darunter den Thronfolger Ercole II. und Kardinal Ippolito, der in Tivoli den Grundstein zur Villa d'Este mit ihrem berühmten Renaissancepark legte. In Ferrara stand sie einem ähnlichen Musenhof vor wie ihre Schwägerin Isabella in Mantua.

Eher außergewöhnlich war dagegen Lucretias unternehmerisches Geschick, wohl ein Erbe der Borgia. In der norditalienischen Ebene kaufte sie in großem Stil billiges Sumpfland, ließ es entwässern und mit großem Gewinn agrarisch nutzen. Am Ende ihres Lebens sollen es nicht weniger als 20 000 Hektar gewesen sein. Besonders war dabei der große Stil, nicht das wirtschaftliche Engagement und der unternehmerische Erfolg als solche. Bereits im Mittelalter waren stets auch Frauen im Zunftgewerbe oder im Handel tätig, häufig, aber nicht ausschließlich als Witwen. Stadtbekannt war etwa das wirtschaftliche Geschick von Luthers Ehefrau Katharina von Bora. Sie unterhielt im Wittenberger «Lutherhaus» eine florierende Studentenburse und erwarb zur Absicherung des Familienvermögens und zur landwirtschaftlichen Nutzung Grund und Boden, wenn auch in weit bescheidenerem Ausmaß als die Papsttochter in ihrem oberitalienischen Herzogtum.

In Frankreich war um 1517 Marguerite d'Angoulême eine «Grande Dame der Renaissance»; sie beriet ihren Bruder Franz I. politisch und wenig später auch in den von Luther aufgeworfenen religiösen Fragen. Sie stand mit einem weiten Humanistenkreis im Austausch, befasste sich intensiv mit der evangelischen Theologie und wurde zur Schutzpatronin französischer Reformatoren, darunter Jacques Lefèvre d'Étables und Johannes Calvin. Durch ihre zweite Ehe mit dem König von Rest-Navarra diesseits der Pyrenäen wurde sie Großmutter des Hugenottenführers und späteren französischen Königs Heinrich IV. Sie verfasste philosophische und theologische Werke, Gedichte, Theaterstücke und Erzählungen, berühmt das posthum veröffentlichte *L'Heptaméron*, eine Novellensammlung nach Art des *Decamerone* von Boccaccio.

In Frankreich begann 1517 auch für den zweiten Zweig der Borgia-Familie der dynastische Aufstieg in die europäische Fürstengesellschaft: Im April heiratete Louise Borgia, die 1500 geborene Tochter des Papstsohnes Cesare und Charlotte d'Albrets, Schwester König

Johanns III. von Navarra, den französischen Heerführer Louis de la Trémouille. Als dieser 1525 vor Pavia den Schlachtentod fand, wurde sie Philippe von Bourbon-Busset angetraut und begründete mit ihm eine Seitenlinie der späteren französischen Königsdynastie.[53]

Die mächtigste der Renaissance-Frauen war aber weder Italienerin noch Französin, sondern Margarete von Österreich, die Tochter Marias von Burgund und Kaiser Maximilians, auch sie *femme de lettres*, Dichterin und Kunstmäzenin. Wie kaum ein anderer zeigt ihr Lebenslauf Glanz und intellektuelle Weite, aber auch die Abhängigkeiten der Frauen zu Beginn der Neuzeit. Ihr Schicksal zwischen kulturell-geistiger Eigenbestimmung und Herrschergewalt einerseits und Gehorsam und Nachordnung andererseits verdient eine genauere Betrachtung.

1517 übernahm Margarete zum zweiten Mal die Statthalterschaft in den habsburgischen Niederlanden, nachdem der Herzog von Burgund, ihr Neffe Karl, nach Spanien aufgebrochen war. Sie war zu diesem Zeitpunkt 37 Jahre alt und konnte auf ein an Hoffnungen und Enttäuschungen reiches Leben zurückblicken. Bereits als dreijähriges Mädchen war sie von der großen Politik erfasst worden, als sie zur dynastischen Befestigung des Friedens von Arras zwischen Burgund und Frankreich vertraglich mit dem dreizehnjährigen Dauphin Karl verheiratet und an den französischen Hof gebracht wurde. Da der Bräutigam nach dem plötzlichen Tod seines Vaters noch im selben Jahr als Karl VIII. den Thron bestieg, war sie formell Königin von Frankreich. Das Kind erhielt in Amboise eine Erziehung, wie sie für die häufig bereits im Kindesalter nach Frankreich verbrachten zukünftigen Königinnen üblich war.[54] Ungewöhnlich waren Intelligenz, Wissbegier und kulturelles Interesse der kleinen Habsburgerin. Es scheinen glückliche Tage des Lernens, wohl auch des Spiels gewesen zu sein. Umso tiefer war der Absturz, als Karl VIII. zur Sicherung der Bretagne für Frankreich Anfang Dezember 1491 Anne de Bretagne heiratete und Margarete verstoßen und ihres Ranges entkleidet wurde. Das anschließende fast zweijährige Geschacher über die rechtliche und finanzielle Abwicklung, insbesondere über Verbleib oder Herausgabe der Mitgift, konnte die gerade zwölfjährige

Margarete von Österreich – Kaisertochter, Kaisererzieherin, Regentin Niederburgunds, unglückliche und glückliche Ehefrau, vor allem aber femme de lettres und die mächtigste der Renaissance-Frauen. Porträtiert in ihren mittleren Lebensjahren durch ihren Brüsseler Hofmaler Bernard van Orley.

Habsburgerin nur als Demütigung empfinden. Erst im Sommer 1493 erteilte ihr der französische Hof die Erlaubnis, in ihre Heimat zurückzukehren.

Wenig später sollte sich die große Politik ein zweites Mal ihrer bemächtigen. Anfang 1495 schloss ihr Vater erneut ein Bündnis, dieses Mal mit den Spanischen Königen gegen Frankreich. Wiederum sollte es dynastisch befestigt werden, nun gleich durch eine Doppelehe zwischen den spanischen Königskindern Juan und Juana einerseits und den Kaiserkindern Margarete und Philipp andererseits. Bereits im November wurde Margaretes Ehe *per procura* geschlossen, also rechtsverbindlich durch einen bevollmächtigten Stellvertreter, ohne Anwesenheit der Brautleute. So konnte sie reimen, als sie im Frühjahr 1497 auf der Schiffsreise nach Spanien während eines Sturms in der Biskaya den zu Tode erschreckten Hofdamen zur Ablenkung vorschlug, Sprüche für ihren eigenen Grabstein auszudenken:

> «Ci-gît Margot, la gente demoiselle,
> Qu'eût deux maris, mais qui mourut pucelle.»[55]
> («Hier liegt Margot, das edle Fräulein,
> Das zwei Ehemänner hatte, aber als Jungfrau starb.»)

Allein, der Sturm zog vorüber, und Anfang April 1497 wurde die Ehe in Burgos vollzogen. Das Glück währte nur kurz. Denn bereits ein halbes Jahr später war Don Juan tot, hingerafft durch ein nicht zu bändigendes Fieber, ausgelöst – wie der Hof zu wissen meinte – durch allzu heftige Liebesleidenschaft. Margarete war schwanger, das Kind wurde aber tot geboren. Als sie im Frühjahr 1500 wieder in den Niederlanden ankam, war sie zwar keine Jungfrau mehr, aber eine junge Frau von gerade einmal 20 Jahren.

Dem Hause Habsburg-Burgund stand sie weiterhin als politisches Heiratskapital zur Verfügung. Bereits im Spätsommer 1501 fertigte ihr Bruder Herzog Philipp von Burgund für sie einen Ehekontrakt mit Herzog Philibert von Savoyen aus, um im Südwesten die habsburgischen Interessen gegen Frankreich abzusichern. Diese dritte Ehe bescherte ihr gleichwohl einige glückliche Jahre, die das Paar – übrigens ehemalige Spielgefährten am Hof von Amboise – überwiegend im Bresse verbrachte, der damals zum Herzogtum Savoyen gehörenden Landschaft östlich der unteren Saône mit Bourg-en-Bresse als Hauptstadt. Hier nahm Margarete erstmals politische Verantwortung wahr, da der Herzog selbst wenig Interesse am Regieren und Verwalten zeigte. Beraten wurde sie durch den später zum Großkanzler Karls V. aufsteigenden Mercurino Gattinara. Mit nachgerade machiavellistischer Klugheit baute sich die junge Herzogin ein Informationsnetz auf, mit dem sie die frankreichfreundlichen Intrigen ihres Schwagers René aufdeckte und ihren zögernden Ehemann zur Entmachtung seines Halbbruders veranlasste. Flüchtig war aber auch das savoyardische Glück: Nach einem ausgelassenen Jagdvergnügen trank der Herzog eiskaltes Quellwasser und löste damit in seinem überhitzten Körper einen Schock aus, von dem er sich nicht mehr erholte.

Mit 24 Jahren erneut Witwe, widersetzte sich Margarete fortan allen neuen Eheplänen ihres Hauses. Sie richtete ihren Blick auf eine andere Welt und eine andere Zukunft, in der sie – dessen war sie sich sicher – den jäh verlorenen Savoyardenherzog wiedersehen würde. In der ihr als Wittum übergebenen Bresse sollte in Brou, einem weitgehend verfallenen Kloster nahe dem alten Herrschersitz Bourg-en-Bresse, eine monumentale Grablege entstehen. Dort gedachte sich Margarete auch selbst anzusiedeln, bis sie ihrem Gatten in die nahe Gruft folgen würde, um an seiner Seite die Auferstehung zu erfahren. Doch die Sehnsucht nach religiöser Kontemplation und intellektueller Muße an der Totenstatt ihres Gatten sollte sich nicht erfüllen: Nach dem unerwarteten Tod ihres Bruders Herzog Philipp von Burgund im Herbst 1506 sah sich Margarete bereits im Frühjahr 1507 von ihrem Vater Kaiser Maximilian verpflichtet, Savoyen zu verlassen, um in den burgundischen Niederlanden als Statthalterin für ihren unmündigen Neffen Karl die Regierungsgeschäfte zu übernehmen. Margarete widmete sich der Statthalterschaft, die sie mit einer Unterbrechung von 1515 bis 1517, als ihr mündig erklärter Neffe die Länder selbst regierte, bis zu ihrem Tod mit politischem Geschick und Weitblick innehatte. Sie konnte dabei dem Vorbild zweier mächtiger Frauen ihrer Jugend folgen, Margarete von York, der in Mecheln residierenden Witwe ihres Großvaters Karl des Kühnen von Burgund, und Isabella von Kastilien, deren berüchtigte politische Taktierkunst sie während ihrer kurzen spanischen Ehe kennengelernt hatte.

Die Statthalterin galt bald als mächtigste Politikerin ihrer Generation. Sie trug entscheidend zur Festigung und zum Aufstieg des Hauses Habsburg bei. Außenpolitisch schmiedete sie die entscheidenden Bündnisse gegen Frankreich und verhandelte 1529 mit der französischen Königsmutter Luise von Savoyen, ältere Schwester Philiberts und somit ihre Schwägerin, den Damenfrieden von Cambrai, der den Habsburgern die Vormacht in Italien und – abgesehen vom Herzogtum Burgund mit der Hauptstadt Dijon – die Sicherung ihrer niederländisch-burgundischen Besitzungen brachte. Innenpolitisch förderte sie den Handel, vor allem indem sie die Seefahrt ins Baltikum sicherte. Den besonders ausgeprägten Unabhängigkeitsdrang der Provinzen und ihrer Stände wusste sie einzuhegen. Ihr Versuch indes, die Landtage zu zwingen, vor den Ständebeschwerden die Steuern zu bewilligen und ihnen damit das wichtigste Widerstandsinstrument zu entwinden, schlug fehl.[56] In den öffentlichen Finanzen ebenso wie in den privaten, die sie weitestgehend für den Bau der savoyardischen Grablege einsetzte, zeigte Margarete eine beeindruckende neuzeitliche Rechenhaftigkeit, gelegentlich bis hin zum Geiz. So notierte Albrecht Dürer in seinem ebenfalls penibel geführten niederländischen Tagebuch die finanziellen Gewinne und Verluste der Reise und musste zuletzt feststellen, in allen seinen «*Beziehungen zu hohen und niederen Ständen*» Schaden erlitten zu haben; «*insbesondere hat mir Frau Margarete für das, was ich ihr geschenkt und gemacht habe, nichts gegeben.*»[57]

Ihr Palais in Mecheln, von wo aus sie das Land regierte, wurde zu einem kulturellen Zentrum von europäischem Rang, an dem die führenden Künstler und Humanisten verkehrten, darunter Erasmus von Rotterdam und eben Albrecht Dürer. Ihre Kunstsammlung wurde bald europaweit gerühmt. Zugleich machte sie ihren Hof zur Hohen Schule der folgenden Herrschergeneration, wobei ihr womöglich ihre eigene Erziehung am Hof in Amboise vor Augen stand. Nicht nur ihr Neffe Karl, auch dessen Schwestern und ab 1517 der jüngere Bruder Ferdinand wurden unter der Aufsicht der Statthalterin auf ihre Lebensaufgabe vorbereitet, dazu weitere Kinder des europäischen Hochadels.

Vor all dem lag Margarete aber der Fortgang der Grablege in Brou am Herzen, die sie inzwischen testamentarisch auch zu ihrer eigenen letzten Ruhestätte bestimmt hatte – wo wir «*neben unserem Gatten und Herren selig, dem Herzog Philibert von Savoyen begraben seyn*» wollen.[58] Immer wieder rief sie die von ihr ausgesuchten Architekten und Künstler in den Palast von Mecheln, um mit ihnen die Pläne durchzugehen und Details der Umsetzung festzulegen. Wie unter den Bauleuten der Renaissance üblich, zogen sie dabei ein sorgfältig gearbeitetes Modell zu Rate. In Brou waren, als Margarete 1517 zum zweiten Mal die Statthalterschaft in den Niederlanden übernahm, die romanische Kirche und das alte Priorat abgerissen. Die Neubauten ließen bereits die imposante Anlage erkennen, die in einem Kathedrale, Mausoleum, Großkloster mit nicht weniger als drei Kreuzgängen und Witwensitz mit Wohngemächern und direktem Zugang zum Grab im Chor der Kirche war. Die Kapelle nächst dem Fürstengrab, in der

Margarete ihre täglichen Fürbitten zu halten gedachte, war bereits weitgehend fertiggestellt. Von den Grabmälern selbst lagen detaillierte Zeichnungen vor, und 1526 erhielt der in Worms geborene, seit Jahren in den Niederlanden für Margarete tätige Bildhauer Konrad Meit den Auftrag, *«die Greber zu metzen»*,[59] also das von dem flämischen Zeichner Jan van Roome entworfene Figurenprogramm in Marmor und Alabaster auszuführen. Es entstanden zwei üppig mit Figuren und Wappen geschmückte doppelstöckige Liegegrabmäler, die Verstorbenen oben lebensfrisch in Prunkkleidern dargestellt und darunter in einer von Säulen gestützten Konstruktion als verwesende Leichen im Leichentuch.

Trotz drückender Regierungsgeschäfte und großer räumlicher Distanz gelang Margarete die zügige Vollendung der künstlerisch ebenso wie rituell und symbolisch höchst ambitionierten Anlage. Es sollte ihr aber nicht vergönnt sein, Kirche und Kloster leibhaftig vor Augen zu sehen. Als sie sich, inzwischen fünfzigjährig, zur Rückkehr in die Landschaft der frühen, glücklichen Jahre rüstete, verwundete sie sich am Bein und starb Ende 1530 am Wundbrand. In ihrem Sinne vollendet war ihr Lebenslauf aber erst zwei Jahre später, als ihr Leichnam von Brüssel nach Savoyen überführt und neben Herzog Philibert bestattet wurde.

In ihrer Gesamtheit ist die Grablege von Brou einem Übergangsstil verpflichtet – nicht mehr ganz Herbst des Mittelalters und noch nicht italienische Neuzeit. Das als Ausdruck eines erstarrten konventionellen Geschmacks oder gar eines rückwärtsgewandten Geistes zu bewerten, hieße die Komplexität der Stilentwicklung, vor allem aber der menschlichen Seele verkennen. Margarete wusste beim Bau ihres Palasts von Mecheln italienische Meister durchaus zu schätzen. Für das religiöse Zentrum am Unterlauf der Saône dagegen, das zugleich Herrschaftsgeste gegenüber dem nahen Frankreich war, hielt sie die Kunst ihrer burgundischen Heimat für angemessen. Karl V., ihrem kaiserlichen Neffen vergleichbar,[60] wohnten zwei Seelen in ihrer Brust – das auf Leistung der Vorfahren und deren religiöser Tradition fußende burgundisch-habsburgische Majestätsbewusstsein und der diesseitige Wille der Renaissanceherrscherin zur Macht und Selbst-

Grablege von Brou. Die Verstorbenen sind zweifach dargestellt – auf der oberen Ebene in all ihrer weltlichen Schönheit und fürstlichen Pracht, darunter als «Transi», also bereits im Übergang in eine andere Welt. Hier die Transi-Darstellung Margaretes, die mit fließendem Haar über dem Leichentuch noch in der beginnenden Verwesung die Majestät der Kaisertochter und die Macht der Habsburger Regentin zum Ausdruck bringt.

verwirklichung. Dass diese sich für Frauen und Männer in unterschiedlichem Rahmen vollzog, stand für Margarete fest, und sie hat den politischen Vorrang Kaiser Karls nie in Frage gestellt. Bewusst war ihr aber die hohe Stellung als Herrscherin und ihr besonderes Schicksal als Frau, das sie in der bei Humanisten beliebten Fortuna/Glücksgöttin-Symbolik fasste:

«Fortune Infortune Fort Une»[61]
«Beide, Glück und Unglück, machen eine Frau stark» oder
«Fortuna verlangt viel von einer Frau» (so eine andere mögliche Übersetzung)

Diese Devise ließ Margarete – Erzherzogin, designierte Königin von Frankreich und Spanien, Herzogin von Savoyen und Statthalterin der burgundischen Niederlande – in immer neuen Variationen in die Mauern der Grabanlage von Brou einmeißeln – Summe eines Frauenlebens auf den gesellschaftlichen Gipfelpunkten des frühen 16. Jahrhunderts, anrührende Geste weiblicher Selbstbehauptung, aber auch, anders als die Fortuna bei Machiavelli, Monument der Frömmigkeit.

1517, so lässt sich nicht nur an den Beispielen aus hohen Adelskreisen erkennen, war sowohl in den Handlungsspielräumen von Frauen als auch im Verhältnis zwischen den Geschlechtern noch vieles weit und offen, was wenig später durch Reformation und anschließende Konfessionalisierung formiert und diszipliniert wurde, in einigen Punkten durchaus zum Nachteil der Frauen.[62]

V.

KOLLEKTIVE ÄNGSTE UND SEHNSUCHT NACH SICHERHEIT

Die Vermessung der Welt und deren Dokumentation auf Globen und in Atlanten, die rationale Erklärung der monetären und wirtschaftlichen Zusammenhänge, philosophische Erörterungen über Krieg und Frieden – das alles war nur *eine* Form, in der die Menschen des frühen 16. Jahrhunderts sich in ihrer so verwirrenden Gegenwart Orientierung zu verschaffen suchten. Die *andere* Form solcher Orientierung schaute auf Himmelserscheinungen, Unwetter, Teuerungen, Hungersnöte, Seuchenzüge oder Kriege, um in ihnen Zeichen einer übernatürlichen Wirklichkeit zu erkennen. Sie sahen darin den Ausdruck einer tiefen Störung im Verhältnis zwischen Mensch und Gott, oder, schlimmer noch, die Warnung vor dem bevorstehenden Strafgericht, das über die Menschheit hereinbrechen werde, wenn sie nicht von ihrem sündhaften Handeln ablasse und Buße tue.

All das waren nicht Hirngespinste allein des ungebildeten Volkes. Auch das Weltbild von Fürsten und ihrer hochkultivierten Höfe, ja selbst das der meisten Gelehrten einschließlich der Theologen war von solchen Vorstellungen und den aus ihnen wachsenden Ängsten vor bevorstehenden kosmischen Katastrophen geprägt. Rationale und übernatürliche Welterklärung schlossen sich nicht aus, sondern ergänzten sich. Religion und Magie waren keine Gegensätze, und das sollte noch über Jahrhunderte so bleiben.[1] «Der Niedergang der Magie»[2] im offiziellen Kirchen- wie im Volksglauben begann erst Ende des 17. Jahrhunderts, und zwar in der protestantischen nicht anders als in der katholischen Welt.

Über die sozialen Grenzen hinweg gehörte das übernatürlich Böse ebenso wie das Heilige zur selbstverständlichen Welterfahrung. Man war sich gewiss, dass die überirdischen Kräfte durch ihre Agenten unmittelbar in das Weltgeschehen eingriffen – Gott durch Heilige und Engel, sein teuflischer Widersacher durch Hexen, Dämonen und Völkerschaften wie Juden und Moslems, die als religiös «unrein» und daher verderblich für das Heil der Christen galten.

1. Wunder, Magie, Hexen und Dämonen

Schlacht der Geisterheere. Nur wenige freie Geister verspotteten den beunruhigenden Bericht über die Geisterschlacht vor Bergamo als Hirngespinst des ungebildeten Volkes, hervorgerufen von wabernden Schwaden aus den ländlichen Misthaufen, die die Winterkälte auf- und absteigen ließ. Die große Mehrheit war sich einig, dass ein solches Schauspiel gewaltsame Umbrüche ankündige. Die Nachricht über den wild wogenden Entscheidungskampf der waffenstarrenden Geisterheere verbreitete sich mit erstaunlicher Geschwindigkeit – zunächst mündlich und durch Briefe, recht bald auch in gedruckten, teils bebilderten Flugschriften. Der Kommunikationsweg war typisch für die Zeit der neuen Druckmedien: Am Anfang standen Briefe, die in Abschriften im Kreis der Humanisten zirkulierten. Auf deren Basis brachten dann Verleger und Drucker, meist selbst Teil der Humanistengesellschaft, mit kommerziellem Interesse Flugschriften heraus, die eine breitere Öffentlichkeit erreichten. So wusste man bereits im Frühjahr 1518 nicht nur in Italien, sondern auch in Deutschland, Frankreich und Spanien von den seltsamen Erscheinungen im Norden der Apenninenhalbinsel.

Die Geisterschlacht vor Bergamo beunruhigte Bauern und Städter ebenso wie Fürsten und ihre Räte. Gelehrten- und Straßenkultur flossen hier ineinander. Darin drückt sich bereits der radikale Umschwung in der zeit- und heilsgeschichtlichen Einschätzung der Türkengefahr aus, die in der «Zeiterfahrung der Reformationsgeneration» endgültig zum Durchbruch kommen sollte:[3] Um 1500 hatten die Türkenschriften noch den Endsieg der Christenheit über den osmanischen Antichristen prophezeit, sogar seine Bekehrung und diejenige des gesamten Erdkreises zum Christentum angekündigt.[4] Unter dem Eindruck der erfolgreichen Expansion Sultan Selims, die neben Ägypten und Nordafrika auch bereits die Christen auf dem Balkan erfasste, gewann wieder das ältere Bedrohungsszenario die Oberhand: Die osmanische Gefahr war die Zuchtrute, mit der Gott sein sündiges Volk strafte und die so lange die Christenheit quälen würde, bis diese zur reinen Gottesfolgschaft zurückgekehrt war.

In dem Brief, den der Humanist Giovanni Antonio Flaminio aus Imola gegen Ende des Jahres 1517 an die Kurie schrieb, wurde die Geisterdeutung geradezu Teil der Politikberatung – die im Volk kursierenden Berichte über Himmelszeichen seien Vorhersagen einer akuten Türkenbedrohung und riefen die Christen zur militärischen Gegenoffensive auf. Ähnlich der weltgewandte Humanist und Papstberater Francesco Guicciardini: «*Die Prodigien* (göttliche Zeichen) *sind zwar verschwunden. Sie sind aber von so vielen Orten bestätigt, dass – was mich anbetrifft – ich nicht darüber lachen kann, hört man doch so viel über die Kriegsvorbereitung der Türken. Ich glaube, daß es sich wieder wie schon in der Vergangenheit so verhält, daß große Dinge vorweg von großen Prodigien angekündigt wurden und werden.*»[5]

Der Papst selbst tat die Berichte nicht als Ausgeburt bäuerlichen Aberglaubens ab, sondern ließ sie im Konsistorium verlesen. Die Erscheinung deutete er höchstpersönlich als göttliche Mahnung an die Christenheit, sich für den bevorstehenden Generalangriff türkischer Heere zu rüsten.[6] Das bedeutete zugleich eine sakrale Legitimation für den Kreuzzugsplan gegen die Osmanen, für den – wie noch zu berichten sein wird – Leo X. seit Mitte 1517 unter den europäischen Mächten warb. Die Wunderzeichen wurden zu einem Argument der Propaganda, von dem die Kurie sich eine aufrüttelnde Wirkung bei Armen wie Reichen, in den Völkern wie bei den Fürsten erwarten durfte.

Hätte Leo, als er Anfang 1518 vor dem Konsistorium sprach, die Folgen des Wittenberger Ablassprotestes vom Ende des Vorjahres vorhersehen können, wäre seine Deutung der gnadenlosen Endkampfszene vor Bergamo womöglich anders ausgefallen. In den nächsten

Generationen sollte die Hauptbedrohung für die lateinische Christenheit nicht von den muslimischen Türken ausgehen. Vielmehr waren es, von den Zeitgenossen zunächst unbemerkt, die am 31. Oktober aufgezogenen innerchristlichen Glaubensgegensätze, die auf beiden Seiten einen fundamentalen Vernichtungswillen erzeugten und Europa am Ende des Jahrhunderts in das blutige Chaos der Konfessionskriege stürzten.

Wunder, Vorzeichen und memento mori. Die Geisterschlacht von Bergamo und die dadurch ausgelöste Erregung erscheinen uns heute eher als ein Kuriosum, eine kaum bedeutsame Randerscheinung in den großen zukunftsweisenden Bewegungen von Renaissance, Humanismus oder Reformation. Hört man auf die zeitgenössischen Stimmen, wird man eines anderen belehrt: Bis ins 18. Jahrhundert war in Europa nicht anders als in anderen Zonen der Welt der Glaube an Wunder und die Wirksamkeit magischer Praktiken alltäglich präsent.

Bei aller tief verankerten kirchlichen Frömmigkeit und trotz der Subtilität der theologischen Diskussionen haben die Menschen damals «ihr Leben häufiger auf das himmlische Alphabet als auf die heilige Schrift buchstabiert».[7] Die Höfe registrierten und interpretierten «jede Art von Wunderzeichen am Himmel und auf Erden».[8] Selbst Gelehrte, Künstler und Humanisten wie Marsilio Ficino in Italien oder Willibald Pirckheimer in Nürnberg beobachteten genauestens den Himmel, um Auskunft über die Weltläufte zu gewinnen. Ungeachtet ihres theologischen Protestes gegen magische Praktiken in der Kirche blieben die Wittenberger Reformatoren Martin Luther und Philipp Melanchthon zeitlebens überzeugt, dass sich Ereignisse wie der Tod des sächsischen Kurfürsten oder der Bauernkrieg vorweg durch außergewöhnliche Zeichen am Himmel ankündigten.

In alldem spiegelte sich die simple Tatsache, dass naturwissenschaftliche Kenntnisse über die Bedingungen des Wetters, über Erntezyklen oder Epidemien kaum zur Verfügung standen. Bei Überschwemmungen, Brandkatastrophen, Missernten, Hungersnöten oder Epidemien sahen sich die Menschen überirdischen Mächten ausgesetzt.[9] Selbst Naturwissenschaftler hingen diesem Glauben an. So erforschte Johan-

Hölle und Paradies waren für die Menschen des frühen 16. Jahrhunderts Realitäten, auf die sie ihre Sehnsucht und Ängste richteten. Und da sie keinen sicheren Weg ins Paradies sahen, überwältigten sie die Angstphantasien, die kein anderer so drastisch und bedrängend zu schildern wusste wie der 1516 verstorbene brabantische Maler Hieronymus Bosch.

nes Kepler, der Pionier einer neuzeitlichen Astronomie, Ende des Jahrhunderts die Naturgesetze der Himmelsbahnen und betätigte sich zugleich als Astrologe, deutete seine Himmelsbeobachtungen also als böse oder gute Vorzeichen. Unerklärt und unverstanden blieben auch der mit Sorge beobachtete Bevölkerungsdruck infolge des demographischen Aufschwungs und die wirtschaftlichen wie sozialen Veränderungen durch den aufblühenden Handelskapitalismus. Nicht zuletzt sahen sich die Menschen von Kriegsnöten bedrängt – von den Kämpfen zwischen den europäischen Herrschern und Völkern, die Erasmus so bitter beklagte, ebenso wie durch die von Südosten herandrängenden muslimischen Heere, deren Grausamkeit Predigten und Flugschriften auch in den Regionen Europas verkündeten, wo Türken nie und nimmer auftauchten.

Da man diese Bedrohungen nicht rational erklären konnte, deutete man sie als den Willen überirdischer Mächte. In nervöser Anspannung wurden Himmel und Erde nach Vorzeichen des Unheils durchsucht. So wurden astronomische Besonderheiten, außergewöhnliche Wetterformationen, menschliche oder tierische Missgeburten und ähnliche «widernatürliche» Phänomene[10] zu Zeichen der Zuchtrute Gottes, der die sündhaften Menschen wegen ihrer Verstöße gegen den christlichen Sittenkodex straft und zur Umkehr mahnt.

Der Diskurs über dies alles wurde in Flugschriften ausgetragen, die mit Abbildungen die Zusammenhänge auch den Analphabeten plausibel machten. Ihre Titelholzschnitte wurden zu überregional lesbaren «Schlagbildern».[11] Die Kunst bestärkte die Menschen in dieser Sicht – so die Höllensturzbilder eines Hieronymus Bosch, die als frühmoderner Surrealismus völlig falsch verstanden wären. Was sie zum Ausdruck bringen, sind die kollektiven Ängste des Zeitalters vor den Höllenqualen. Teufelsfratzen, Schlachtmesser, Kopffüßler oder Vogelmenschen waren den Menschen ganz reale Schreckbilder, die sie für das Leben nach dem irdischen Tod bedrohten. Komplementär dazu kannte der 1516 gestorbene niederländische Meister aber auch die heilende Kraft nicht nur der Heiligen, etwa Johannes des Täufers oder – auf dem Lissaboner Triptychon – Antonius', sondern auch des Gottessohnes selbst, darin in gewisser Weise auf Luthers Christustheologie vorausdeutend. Sein Jüngstes Gericht, heute in der Wiener Gemäldesammlung, sollte Lucas Cranach, der Chefmaler der Wittenberger Reformation, noch in den 1530er Jahren kopieren, zu einem Zeitpunkt, als Luthers Gnadenlehre diese Art von Angst eigentlich überwunden hatte.[12]

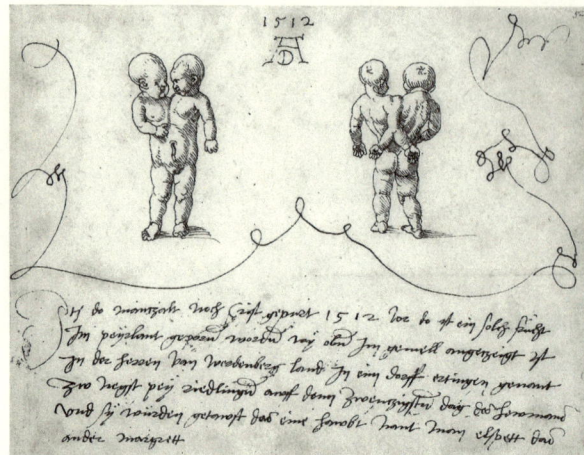

Missgeburten galten als bedrohliche Vorzeichen, gar als Warnung vor Gottes Zorn. Selbst Siamesische Zwillinge erregten nicht als erstes Mitleid mit den Eltern, sondern Angst vor dem Numinosen.

Denken wir auch an die vielen Holzschnitte Albrecht Dürers und seiner Zeitgenossen – die *Zwiefältige Gans*, das *Sechsfüßige Ferkel zu Gugenheim*; die *Mißgeburt eines Hasen*, die *Geburt von siamesischen Zwillingen*. Archetypisch tritt die Bedrohung durch übernatürliche Mächte dem Betrachter in Dürers berühmtem Holzschnitt *Die vier apokalyptischen Reiter*[13] von 1498 und 1511 entgegen, der die apokalyptische Prophezeiung der Offenbarung des Johannes ins Bild setzt: In einer geschlossenen Formation, die jeden, der sich ihr entgegenstellt, geradezu niederwalzt, fegen vier mit den symbolischen Attributen Bogen, Krone, Schwert, Waage, Dreizack ausgestattete Reiter über die Erde – Gewalt, Krieg, Hungersnot und Tod. Unter den donnernden Hufen der Pferde hat sich bereits der Höllenschlund geöffnet, der die zu Boden geworfenen Menschen, gleich welchen Standes, verschlingt.

Vielerorts war an markanten Stellen der öffentliche Raum von spätgotischen Totentanzszenen beherrscht[14] – in St. Nikolaus in Reval; St. Marien in Berlin; in Stockholm, Lübeck und Swolle; in der Abtei von La Chaise-Dieu in der Auvergne, am Dominikanerkloster in Bern, zwischen 1515 und 1519 geschaffen; der «Tod von Basel», innen an der städtischen Friedhofmauer. – Mit dem Motiv *Tod und das Mäd-*

In Dürers berühmtem Holzschnitt Apokalyptische Reiter *stürmen die Unglücksboten der Heiligen Schrift drohend in die Gegenwart und erklären die Zeitgeschichte zum Schlachtfeld übernatürlicher Kräfte.*

chen, das uns bereits im Zusammenhang mit der Renaissancekultur begegnet ist, wurde das Todesmotiv schließlich auch außerhalb von Sakralräumen in der Kunst präsent.

Die Geisterschlacht von Bergamo war nur eine einzelne Welle in einer ganzen Flut von Vorhersagen und Prophezeiungen, die seit Mitte des zweiten Jahrzehnts anschwoll und 1524 ihren Höhepunkt erreichte, als die Vorhersage einer neuen Sintflut die Menschen auf die Berge fliehen ließ. Literaturwissenschaftler berichten von einem wahren «Flugschriftensturm, der sich zunächst in Italien erhob, von hier nach Norden zog, Süddeutschland, die Schweiz, Österreich, Sachsen und Brandenburg, im Westen Flandern und Teile Frankreichs erreichte, sich ausbreitete über die gesamte Iberische Halbinsel, schließlich auch Polen erfasste, und mit einem letzten Ausläufer England berührte.»[15]

All das geschah nicht außerhalb des offiziellen Christentums, sondern war integraler Teil christlicher Frömmigkeit, die in jenen Jahrzehnten von «eschatologischen Ängsten und Naherwartungen eines rächenden Gottes» bestimmt war.[16] In dieser Situation waren die Menschen bereit, nahezu jede kirchliche Anweisung und seelsorgerliche Ermahnung zu befolgen, die drohenden Schaden abzuwenden versprachen – Schaden im diesseitigen, vor allem aber im jenseitigen Leben. Existentielle Erschütterung rief das Bild von Christus als Weltenrichter hervor, der thronende Erlöser mit einer Lilie und einem Schwert im Mund, die ewiges Leben oder ewige Verdammnis symbolisierten. «Wird für mich am Tage des Gerichtes die Lilie oder das Schwert gelten?», das fragten sich viele Zeitgenossen, wenn sie den Holzschnitt *Ultima etas mundi* in der im letzten Jahrzehnt in Nürnberg gedruckten und illustrierten, bald weitverbreiteten Schedelschen Weltchronik betrachteten. Für einen wurde dieses Bild zum Lebensschicksal – für den Augustinermönch Martin Luther, den die Vision des endrichtenden Christus in existentielle Not versetzte und für das Problem von Buße und Sündenvergebung sensibilisierte, das die päpstliche Ablassverkündigung von 1517 so frivol überspielte. Darauf ist zurückzukommen.

Aufs engste verknüpft mit der Angst vor dem Jüngsten Gericht war die vor einem plötzlichen Tod, der den Sünder unvorbereitet und ohne Gelegenheit zur letzten Buße vor den Richterstuhl zieht. Der

Nürnberger Patrizier und Humanist Sixtus Tucher ließ sich von Albrecht Dürer vor einem offenen Grab porträtieren. Auf eine Dreipassscheibe übertragen, sollte ihn das Bild in seiner Studierstube alltäglich an den unvermittelt auftretenden Tod erinnern.[17] Viele nahmen Zuflucht zum Heiligen Christopherus, dessen Anblick sie vor einem plötzlichen Tod schützen sollte. So wurde Christopherus in jenen Jahren zu einem der meist dargestellten Heiligen, in und außerhalb der Kirchen.[18] Die tiefe Erschütterung, die der bereits erwähnte Ausbruch des Englischen Schweißes auch auf dem Kontinent hervorrief, der zunächst doch gar nicht betroffen war, wurzelte in dieser kollektiven Angst vor einem unvorbereiteten Tod. Denn, so warnten die Berichte, *«in einem Zeitraum von acht Stunden sank ein vom Englischen Schweiß Befallener vom blühenden Leben ins Grab.»*[19]

Anders als heute, da uns ein rascher, schmerzloser Tod meist als «Erlösung» erscheint, war es damals gerade der plötzliche Tod, der viele in Schrecken versetzte. Unversehens und unvorbereitet vor dem richtenden Gott zu stehen, brachte den Sünder in Gefahr, vom Höllenschlund ewiger Verdammnis verschlungen zu werden. Diesen Ängsten mit der Vorstellung eines definitiven Endes menschlicher Existenz durch den Tod zu begegnen, war Sache einer nur äußerst kleinen Schar von Agnostikern. Für alle übrigen war das Leben nach dem Tod Gewissheit, und daraus stieg die brennende Sorge, ob man dieses Leben in ewiger Seligkeit oder ewiger Verdammnis verbringen werde. Wie konkret die Menschen – die Armen wie die Reichen, die Gelehrten wie die Handwerker, Bauern oder Vaganten – sich die nicht endenden Qualen und das ewige Entsetzen der nicht mit Gott versöhnten Seelen vorstellten, zeigen wiederum eindrucksvoll die Gemälde des kurz zuvor im August 1516 verstorbenen flämischen Malers Hieronymus Bosch. Ihre Teufelsfratzen und Grotesken, ihre subtilen oder brutalen Martern und Schrecknisse waren für die damals lebenden Menschen grauenerregende Realitäten. Überzeugende Gegenmittel wusste 1517 niemand anzubieten, auch die Kirche als Verwalter des ewigen Gnadenschatzes nicht.

Und doch sollte sich nur wenige Wochen nach den aufrüttelnden Berichten aus England Hoffnung, ja Rettung ankündigen. Nicht aus

Rom, worauf die meisten der von Seelenangst Geplagten ihre Hoffnung richteten, sondern aus Wittenberg – an der Grenze der Zivilisation, von der kaum einer das Heil erwartete.

Die Verbreitung der neuzeitlichen Hexenlehre. Die Tendenz der Zeit, das Übernatürliche wissenschaftlich zu untersuchen und zu begründen, erstreckte sich auch auf den tief im Volk verwurzelten Gauben an Hexen und Dämonen. Die ersten gelehrten Abhandlungen waren noch im 15. Jahrhundert erschienen. Anfang des 16. Jahrhunderts erlebten sie durch den Buchdruck rasch weite Verbreitung, und zwar nicht nur unter Gelehrten. 1517 erschien in Straßburg eine Neuausgabe der dämonologischen Abhandlung *Formicarius* (Ameisenhaufen) des gelehrten Dominikaners Johannes Nider.[20] Besorgt hatte sie kein Geringerer als der Elsässer Humanist Jakob Wimpfeling, der die seit einigen Jahren heftig geführte Diskussion um das Wirken von Dämonen und deren Bekämpfung auf eine solide wissenschaftliche Basis stellen wollte.

Ebenfalls 1517 publizierte in Paris der Drucker und Verleger Jean Petit eine für ein breiteres Publikum gedachte Taschenausgabe des berühmten *Malleus maleficarum* (Hexenhammer)[21], eine bereits in den 1480er Jahren erschienene, aus den Quellen und Fallbeispielen des *Formicarius* schöpfende Systematisierung des überkommenen Hexenglaubens zu einem geschlossenen Lehrgebäude. Auch dieses Werk hatte ein Dominikaner verfasst, Heinrich Kramer oder latinisiert Henricus Institoris. In den folgenden Jahrzehnten erschienen immer wieder Neudrucke, wobei «Ameisenhaufen» und «Hexenhammer» häufig in einem Band vertrieben wurden.[22] Insbesondere der *Malleus maleficarum* sollte durch seine detaillierte Prozesslehre zu einem juristischen Handbuch aufsteigen, als seit Mitte des 16. Jahrhunderts in Europa, später auch in Amerika die Zahl der Hexenprozesse sprunghaft zunahm.

Die dämonologischen Schriften zielten nicht auf Populismus oder Verdummung des Volkes ab.[23] Sie waren Teil der Renaissancekultur und der neuen Weltorientierung der Humanisten. Das wird nur zu leicht übersehen, wenn man den Renaissancehumanismus mit dem gleichsetzt, was wir heute unter Humanismus verstehen. Wenn diese Schriften das Wirken des Bösen in der Welt rational beschrieben, so analysierten sie damit zugleich die Seelenzustände des Menschen mit dem Ziel, sie zu kontrollieren und zu beeinflussen. Wichtiger noch waren ihnen Erkenntnisse über den heilsgeschichtlichen Kampf zwischen Gott und dem Teufel und über die Rolle, die dabei Menschen als Werkzeuge des Bösen spielten. Verdächtig waren in erster Linie die Frauen. Für Nider waren sie Verführerinnen zu sexueller Lust, die das Klosterleben und die christliche Moral ruiniere. Kramer/Institoris hielt Frauen von Natur aus für lügenhaft und unzuverlässig im Glauben und wollte das nach Art der mittelalterlichen Etymologie begründen. «*Dicit enim femina fe et minus: quia semper minorem habet et servat fidem.* / Es heißt nämlich *femina* (lateinisch Frau) *fe* (fides, Glaube) und *minus* (weniger), weil sie regelmäßig weniger Glauben hat und bewahrt.»

Diese gerade in den ernsthaften Reformkreisen der Orden verbreitete misogyne Einstellung führte zu einer systematischen und ausdifferenzierten Hexenlehre, die Existenz und Handeln der Hexen genauestens beschrieb und kategorisierte – als Teufelspakt, Teufelsbuhlschaft, Hexensabbat, Hexenflug und – sozialpsychologisch besonders wirkungsvoll – als Schadenszauber, der jederzeit jeden Menschen an Leib oder Gut treffen konnte. Es war dann nur noch konsequent, wenn den Mitte des 16. Jahrhunderts einsetzenden Verfolgungswellen ganz überwiegend Frauen zum Opfer fielen.

Ergänzt und untermauert wurden der Hexenglaube des Volks und die Dämonendebatten der Gelehrten von der Phantasie der Künstler. Ihre Gemälde und Holzschnitte gaben den Hexen Gesicht und Gestalt und ihrem Handeln erzählerische Dramatik. Die schwüle Atmosphäre des Zauberritus auf dem Blatt *Hexensabbat* von Hans Baldung Grien etwa musste die Betrachter zutiefst beunruhigen. Und es lockte und verführte durch Reize, die ebenso verheißungsvoll wie verderblich waren, auch dies von Baldung Grien ins Bild gesetzt mit seinem Doppelakt zweier voll erblühter Hexen vor unheilvoll erglühtem Feuerhimmel.[24] Wenn die Künstler damit zugleich, wie Hexenforscher heute vermuten, erotische oder gar pornographische Interessen verfolgten, so konnte das die abgründige Faszination des Hexenglaubens nur noch steigern.

Wie kaum in einer anderen zeitgenössischen Darstellung kommt in Baldung Griens Hexenakt die Verbindung von «sündiger» Lust und endzeitlichen Schrecken im frühneuzeitlichen Hexenglauben zum Ausdruck.

Der mit den beiden Neuauflagen des Jahres 1517 wiederbelebte Hexendiskurs erfasste nachweislich auch Luther. So liegt es nahe zu fragen, ob die reformatorische Neudeutung des Christentums Ende Oktober 1517 nicht auch inhaltlich mit dem eben intensivierten Gelehrtendiskurs über die reale und physische Wirksamkeit von Teufeln und Dämonen zu tun hatte. Schlüssig beweisen lässt sich das nicht, aber doch mit theologischen und geistesgeschichtlichen Argumenten plausibel machen, dass «Luthers *solus*-Theologie (also das Herzstück des Protestantismus, der Glaube, dass allein Christus, *solus Christus*, durch den Kreuzestod den Menschen rette, H. Sch.) eine christozentrische Antwort» auf die öffentliche Debatte über die Bedrohung des Menschen durch die Teufelsdämonen darstellte.[25] Jedenfalls blieb sich der Reformator zeitlebens sicher, dass Hexen und Dämonen real existierten und als Agenten des Teufels gegen die Heilsgeschichte und gegen seine evangelische Erneuerung der Kirche kämpften. Mit der Reformation ist der Hexenglaube nicht verschwunden. Die Hexenprozesse mit Tausenden von Hinrichtungen erfassten auch protestantische Territorien, sogar calvinistische, wie einige der Neuengland-Kolonien, die gemeinhin für rational und «aufgeklärt» gelten.

2. Juden und Muslime als Gefahr für die christliche «Reinheit»

Reinheitswahn und Fremdenphobie. Am Ende des Mittelalters war in Europa das jahrhundertelange Zusammenleben von christlicher Mehrheit und nichtchristlichen Minderheiten in eine tiefe Krise geraten. Das hatte politische und ökonomische Gründe. Prägend für die tief in der christlichen Gesellschaft verwurzelte Judenphobie wurden aber magische Vorstellungen von religiöser und ethnischer «Reinheit» und deren Gefährdung durch die «Unreinheit» von Juden oder Muslimen.[26] Auf der Iberischen Halbinsel hatte die Reconquista gegen die muslimischen Araber eine die Gesellschaft tief prägende Ideologie hervorgebracht, die unter dem Schlagwort *«limpieza de sangre»* sich gleichermaßen der Reinheit des Blutes wie des christlichen Glaubens verschrieb. Das erzeugte einen spirituell, bald auch rechtlich verankerten Abwehr- und Vernichtungswillen gegen alles kulturell oder ethnisch Fremde. Für die beiden auf der Iberischen Halbinsel seit Jahrhunderten ansässigen nichtchristlichen Minderheiten bedeutete das Folter, Tod und gewaltsame Vertreibung. Mittel- und Osteuropa auf der einen, Nordafrika auf der anderen Seite gewannen neue, ökonomisch wie geistig äußerst aktive jüdische bzw. muslimische Bevölkerungsgruppen.

Spanien und Portugal zahlten dafür mit einem demographischen Einbruch. Schwerwiegender noch waren die kulturellen und sozialpsychologischen Kosten – die kollektive Angst vor zwei neuen, im Unterschied zu den Vertriebenen klandestinen Minderheiten, den Conversos und Moriscos, Abkömmlingen von Juden beziehungsweise Arabern, die sich der Zwangstaufe unterworfen hatten, um der Vertreibung zu entgehen.

Indem das Programm der «Reinheit des Blutes» den reinen Glauben gleichsam erbbiologisch an das Blut knüpfte, standen auch die von Juden oder Arabern abstammenden «Neugläubigen» unter Generalverdacht, das christliche Spaniertum subversiv zu verunreinigen. In den ersten Jahrzehnten des 16. Jahrhunderts wurde Spanien geradezu von einem «Reinheitswahn» erfasst, der eine kirchliche und staatliche Instanz nach der anderen scharfe Restriktionen ergreifen ließ, um getaufte Abkömmlinge von Juden oder Arabern auszugrenzen – die großen kirchlichen oder gesellschaftlichen Orden ebenso wie die Universitäten und Domkapitel, beginnend mit dem Domkapitel von Sevilla, das 1515 ein Exklusivmandat für Altchristen erließ.[27] Schlimmer noch, die alltägliche argwöhnische Beobachtung und Belauerung der neuchristlichen Familien durch Nachbarn und die Inquisition zeigten Züge sozialen und psychischen Terrors, eingefärbt mit einem frühen Rassismus.

In unseren Tagen erinnern sich Spanier wie Portugiesen dieser historischen Last und bieten den in alle Welt verstreuten Nachkommen der sephardischen Juden offiziell Pässe an. Geschätzt dreieinhalb Millionen Menschen sind damit eingeladen, in die Länder «zurückzukehren», die ihre Vorfahren vor einem halben Jahrtausend verlassen mussten.[28]

Auch in anderen Teilen Europas zeigten um 1500 die Ängste vor dem religiös Fremden – vor den Türken von außen und den Juden im Innern – sozialpathologische Züge. Die jüdischen Gemeinden standen unter Generalverdacht, ihre christlichen Nachbarn mit magischen und übernatürlichen Kräften zu schädigen. Immer wieder ging es um den Vorwurf jüdischen Hostienfrevels, also die böswillige Schändung oder den magischen Missbrauch der Abendmahlsoblate – so 1510 in Berlin oder 1514 im elsässischen Mittelbergheim, wo selbst der politische Führer der deutschen Judenheit, Josel von Rosheim, nur knapp der

Von den zahlreichen Hostienfrevel-Prozessen der Zeit war der im mecklenburgischen Sternberg, zwischen Schwerin und Güstrow gelegen, einer der blutigsten – 27 Juden wurden verurteilt und auf einem Hügel vor der Stadt verbrannt, seitdem «Judenberg» genannt. Der noch im Jahr des Prozesses 1492 verbreitete Holzschnitt zeigt die jüdische Hochzeitsgesellschaft, wie sie mit Messern in die Hostien einsticht – eine drastisch propagandistische Darstellung, die in der verunsicherten Christenheit nur zu gerne als bare Münze genommen wurde.

Bestrafung entging. In Trient kam 1475 ein angeblicher Ritualmord an einem Christenknaben vor Gericht. Die Folter förderte himmelschreiende «Erkenntnisse» über das blutrünstige Treiben der Juden zu Tage, die sogleich über Flugschriften verbreitet wurden und auch nördlich der Alpen die Gemüter erregten. Eine Zuspitzung erfuhren die Ängste mit den anschwellenden apokalyptischen Erwartungen des Endzeitkampfes, in dem die Juden im Bund mit dem Antichrist stehen würden. Die Furcht vor den Roten Juden, vor Gog und Magog der Johannesoffenbarung ging um, vor den versprengten jüdischen Stämmen des Ostens, die sich gegen Gott und die Christen mit den Heeren der Finsternis vereinigen würden.[29]

Kontrapunktisch zu dem steigenden Antijudaismus mit zahlreichen Todesurteilen kam ein Prozess der Annäherung in Gang, der zu ernsthaften Versuchen christlicher Gelehrter führte, die jüdische Kultur und Religion besser zu verstehen. Diese widerstreitenden Tendenzen in der jüdisch-christlichen Beziehungsgeschichte kennzeichnen das Jahr 1517 insbesondere in Mitteleuropa – mit einer neuen Runde im

Gelehrtenstreit über Wert und Gefahr jüdischer Schriften einerseits und der Zuspitzung antijüdischer Agitation andererseits.

Im Frühjahr 1517 erschien in Speyer eine neue Lieferung der *Dunkelmännerbriefe*, jener Sammlung von fiktiven Briefen, die mit beißender Satire die ungebildeten Kleriker und ihre finsteren Machenschaften der Lächerlichkeit preisgaben. Bereits die ersten, anderthalb Jahre zuvor in Hagenau erschienenen Briefe hatten in der Gelehrtenwelt ebenso wie unter den Klerikern Verwirrung und großes Aufsehen hervorgerufen. Dass es sich bei diesen *Epistilae obscurorum / Dunkelmännerbriefen*, die die Nachwelt zu den genialsten und frechsten Satiren der Weltliteratur zählt, um Parteischriften handelte, war den Zeitgenossen schon beim ersten Lesen klar geworden. Doch wer diese anonym veröffentlichten Briefe verfasst hatte, war schwer zu entscheiden, ja selbst die Stoßrichtung blieb angesichts der hintersinnigen Ironie manchem unklar, so dass sogar die Angegriffenen einen Moment lang glaubten, es handele sich um eine Verteidigungsschrift aus den eigenen Reihen: «Welcher Dummkopf könnte dümmer sein», kommentierte das Erasmus von Rotterdam, der das Spiel sogleich durchschaut hatte.[30] Im Frühjahr 1517 war zwar klar, wen die Briefe verspotteten, die Verfasserschaft blieb aber weiterhin unbekannt und ein Gegenstand wilder Spekulationen.

Was war der Gegenstand, wer die Kontrahenten dieses Streites mit Geist und Druckerschwärze? Die Ursprünge lagen mehr als ein Jahrzehnt zurück, als der konvertierte Jude Johannes Pfefferkorn in der üblichen Verbissenheit der Neubekehrten gegen seine ehemaligen Glaubensbrüder zu Felde zog. Er warf ihnen vor, vor allem im Talmud das Christentum zu schmähen und die christliche Lehre zu verunreinigen. Um der damit verbundenen Gefahr für das Seelenheil der Christen vorzubeugen, sollten alle jüdischen Schriften eingezogen und verbrannt werden. Pfefferkorn erwirkte hierfür sogar eine kaiserliche Anordnung, musste aber erleben, dass Maximilian I. seine Anschuldigungen durch ein Gutachtergremium überprüfen ließ. Die meisten Gutachter schlossen sich dem Urteil Pfefferkorns an. Einer indes setzte sich leidenschaftlich für die Juden und ihre Kultur ein, der Humanist Johannes Reuchlin, Württembergischer

Johannes Reuchlin, Holzschnitt nach einem verlorenen Gemälde Hans Holbeins d. J. – edle Menschlichkeit fern jeder Streitsucht bringt diese weit verbreitete Darstellung des frühen Streiters für die Kultur der Juden zum Ausdruck.

Rat, später Professor für Griechisch und Hebräisch an den Universitäten Ingolstadt beziehungsweise Tübingen.

Reuchlin hatte die Juden nicht gemieden, ängstlich auf die Reinheit seiner Kultur bedacht, sondern vielmehr die Chance der Nachbarschaft genutzt und bei einem der vielen in Deutschland lebenden jüdischen Gelehrten Hebräisch gelernt und die jüdischen Schriften intensiv im Original studiert. Anfang des 16. Jahrhunderts war er der führende nichtjüdische Hebraist, philologisch wie kulturwissenschaftlich. Noch für Goethe stand fest: «Reuchlin! Wer will sich ihm vergleichen! Zu seiner Zeit ein Wunderzeichen.» (*Zahme Xenien*)

Reuchlins Widerspruch gegen Pfefferkorns Vernichtungswahn speiste sich nicht aus Toleranz im heutigen Sinne. Wie alle seine christlichen Zeitgenossen gestand auch er den Juden nicht eine gleiche religiöse Wahrheit wie den Christen zu. Doch hatte er die theologische Weisheit ihrer Schriften und die Frömmigkeit ihrer Religion erkannt und schätzen gelernt. So stand für ihn fest, dass ihre Bücher und ihre Kultur generell für die Christen eine Bereicherung waren. Es war somit die Aufgabe der Gelehrten, für deren Erhaltung zu sorgen und nicht etwa zur Vernichtung aufzurufen. Darüber hinaus wollte er auch den Rechtsstatus der jüdischen Minderheit gesichert wissen.[31]

Der Streit um die jüdischen Bücher wurde in zahlreichen Abhandlungen und Flugschriften ausgetragen und weitete sich rasch zur «ersten großen Spaltung der deutschen Intellektuellen aus».[32] Das war zugleich der alles entscheidende Schlagabtausch zwischen traditioneller scholastischer und neuer humanistischer Theologie und Philosophie. Es standen sich gegenüber die Kölner Dominikaner, die im Auftrag des Papstes die dogmatisch reine Lehre zu überwachen hatten, und die Humanisten, die sich allein der Wahrheit der Quellen verpflichtet fühlten und daher keine dogmatische Bindung anerkannten. Humanistische Gelehrte und wortgewandte Literaten im Umkreis der Erfurter Universität waren es auch, die hinter den *Dunkelmännerbriefen* standen – übrigens von dem Wittenberger Bibelprofessor Martin Luther in einem Gutachten unterstützt.[33] Die Kölner Dominikaner waren in heller Aufregung, weil ihr stümperhaftes Latein verspottet, ihre Theologie als konventionell und abgestanden und die Verurteilung der jüdischen Schriften als Panik rückwärtsgewandter Hasenfüße bloßgestellt wurden.

Die Erregung der literarischen Öffentlichkeit war groß und steigerte sich mit den 1517 erneut anonym publizierten Briefen. Die Satire war noch bissiger, und zahlreiche Literaten und Kleriker fanden sich beim Namen genannt und gnadenlos in ihren Schwächen charakterisiert. Das war die Feder Ulrich von Huttens,[34] der – wie wir bereits hörten – voll Hass und Verachtung auf die römische Klerisei aus Italien zurückgekehrt war, wild entschlossen, mit den Vertretern des Überkommenen abzurechnen.

Neben literarischen Größen der Zeit wie Thomas Murner, der *«in allen Künsten etwas, im Ganzen nichts»* wisse, waren wiederum die Kölner Dominikaner das Ziel. Ihr Prior Jakob von Hoogstraten, als päpstlicher Inquisitor für die Rechtgläubigkeit im Reich zuständig, wird geradezu vorgeführt als Inbegriff des hohlen Scholastikers und selbstgefälligen Prälaten, *«ausgezeichnet in der Spekulation und Beweisführung, worin er seinesgleichen nicht hat»*. Selbst Erasmus blieb nicht verschont, obgleich ihn Hutten zu diesem Zeitpunkt noch umwarb. Den ersten Teil der *Dunkelmännerbriefe* hatte der Humanistenfürst noch begrüßt, jetzt zeigte er sich indigniert: In *Lob der Torheit* habe er selbst mit den Menschen Spott getrieben, aber doch nicht in einer solch *«blutigen»* Weise.[35]

Im Reuchlin-Pfefferkorn-Streit positionierten sich die Briefe eindeutig: Dass die Gegner Reuchlins einen *«Windbeutel als Verfasser vorschieben»* und *«durch einen getauften Juden* (nämlich Pfefferkorn) *mit skandalösen Schriften (...) ihre Geschäfte besorgen lassen»*, offenbare ihre Einfalt. Johann Pfefferkorn möge zwar getauft sein, doch sei das nur mit Wasser ohne Geist geschehen und daher ohne intellektuelle Folgen geblieben. Für eine rechte Wiedergeburt verlangten die Evangelien Wasser und Geist: *«Weil aber Pfefferkorn niemals wiedergeboren worden sei aus dem Geist, darum nützt jenes Wasser nichts, sondern er werde ein Jude bleiben in Ewigkeit»* und damit unfähig, sich qualifiziert an Diskussionen innerhalb der Christenheit zu beteiligen. Wie man sieht, selbst aus der Polemik der Reuchlin-Freunde spricht der verbreitete Argwohn gegen getaufte Juden, auch das eine Form des vormodernen Antijudaismus. Wenige Jahre später sollte Luther dieses unter den Christen quer durch Europa allgegenwärtige Misstrauen gegen getaufte Juden mit der ihm eigenen Sprachgewalt in ein niederträchtiges Bild bringen: *«Wen ich (...) ein frumen Juden wird finden zu tauffen, will ich yhn also bald nach der tauffe auff die Elbbrucken furen und eynen stein an hals hencken und ins wasser sturtzen.»* Denn, so fügt er auf Latein hinzu, *«diese Taugenichtse alle verspotten nur uns und unsere Religion».*[36]

In den ersten Jahrzehnten des Jahrhunderts ging es noch nicht um diese verheerende Abgrenzung, auch für Luther nicht. Im Gegenteil: Hatte bereits das Eintreten der Humanisten für die Erneuerung von Kunst und Wissenschaften aus dem unverfälschten Geist der Antike ein kritisches Klima, eine für Neues aufgeschlossene Öffentlichkeit erzeugt,[37] so war im zweiten Teil der *Dunkelmännerbriefe* die Kritik am Überkommenen nochmals zugespitzt worden. Indem die konservativen

Theologen als tumbe Toren vorgeführt und ganz offen Kurie und Papsttum für die Fehlentwicklungen verantwortlich gemacht wurden, verstärkte sich der Druck auf die Kirche. Zwar wird die Position des Papstes nur so beschrieben, wie sie den Zeitgenossen vor Augen steht – als «*unbeschränkte Macht, (...) zu binden und zu lösen*» oder als «*Herrschaft über den ganzen Erdkreis*». Das geschieht aber mit einem sarkastischen Hintersinn, der den Leser fragen lässt, ob das denn seine Richtigkeit haben kann: «*Und wenn der Papst das Gesetz ist, so kann er tun, was er will, und braucht auf niemanden Rücksicht zu nehmen. Und wenngleich er einmal ‹ja› gesagt hat, so kann er doch nachher ‹nein› sagen.*» Als Ursprung allen Übels wird – hier ist Huttens Feder unverkennbar – die Geldgier der hohen Prälaten identifiziert: Wer in Rom in geistigen oder weltlichen Dingen etwas erreichen wolle, benötige Geld, das man eben «*von dem nehmen (müsse), das aus den Ablässen gesammelt*» wurde. Skrupel müsse man nicht haben, denn bei allem in Rom zu Erwirkenden «*handelt es sich ja um eine Glaubenssache*». Und so sorgten die Kurialen dafür, «*daß das Geld aus Deutschland nach Rom*» kommt.[38]

Indes, dieser Antiklerikalismus machte nur einen Unterton des Reuchlin-Pfefferkorn-Streites aus. Auf der Seite Reuchlins standen hohe kirchliche Amtsträger, die später ebenso wenig wie Reuchlin selbst die Wende zur Reformation vollzogen. Der Kölner und Aachener Stiftskanoniker Hermann von Neuenahr gab 1517 in Köln die Schrift *Defensio praestantissimi viri Johannes Reuchlin / Verteidigung des herausragendsten Mannes Johannes Reuchlin* heraus und widmete sie dem Mainzer Generalvikar Dietrich Zobel von Giebelstadt. Autor war der in Italien lebende Kroate und franziskanische Humanist Juraj Dragić, italienisch Giorgio Benigno Salvatie, päpstlicher Legat und Titularerzbischof von Nazareth. Als Mitglied des Akademiezirkels um Lorenzo de' Medici war er mit den jüdischen Schriften vertraut und gehörte der päpstlichen Untersuchungskommission über Reuchlins Schrift *Der Augenspiegel* an. Dort hatte er gegen deren Verurteilung gestimmt. Die Kölner Edition der *Defensio* machte nun sein positives Urteil über Reuchlin und seine judenfreundliche Haltung publik. Das fand bei beiden Parteien Beachtung, so dass die Schrift bereits 1518 eine zweite Auflage erlebte.[39]

Johannes Reuchlin selbst meldete sich 1517 noch einmal zu Wort, doch nicht mit Tagespolemik, sondern, wie wir noch sehen werden, mit einer Studie zu einem Kernbestand jüdischer Theologie und Kultur.

Verleumdungen und latente Gewalt. Aus dem Kreis der Humanisten waren angesehene und wortmächtige Männer aufgetreten, die zwar nicht für Toleranz im heutigen Sinne, aber doch für eine seriöse Beschäftigung mit dem Judentum und seinen Schriften eintraten und damit zugleich für den Schutz der jüdischen Gemeinden. Und sie hatten durchaus Erfolg – trotz der Hetzpropaganda Pfefferkorns und der Dominikaner wurde der Talmud nicht verbrannt, auch keines der anderen Zeugnisse jüdischer Theologie und Kultur. Der Streit förderte sogar ihre Verbreitung: 1520 bis 1523 wurde der Talmud, der bislang nur in Handschriften vorlag, gedruckt. Angeregt und gefördert hatte das kein Geringerer als Papst Leo X., der Reuchlins *Augenspiegel* noch verboten hatte, weil dort der Talmud zu positiv beurteilt wurde.

Die jüdischen Gemeinden konnten daraus aber kaum Hoffnung schöpfen. Im Gegenteil, ihre gesellschaftliche Lage war allenthalben in Europa angespannt und verschlechterte sich weiter:[40] Aus Westeuropa, von der Iberischen Halbinsel über Frankreich nach England, waren sie im frühen 16. Jahrhundert vertrieben worden. Die mit der Ausweisung aus Spanien 1492 einsetzende sephardische Diaspora hatte neben Nordafrika vor allem in Italien und Griechenland mit Konzentration in Thessaloniki neue Zentren jüdischen Glaubens und Lebens entstehen lassen. Die iberischen Vertreibungsländer blieben weiterhin vom antisemitischen Jagdfieber geschüttelt, getrieben von der Angst vor den «judaisierenden» Riten der Zwangsgetauften. Im Heiligen Römischen Reich und Italien, selbst im Kirchenstaat, waren Juden weiterhin geduldet. Die Anfeindungen durch christliche Prediger wurden aber immer schärfer. Vor allem die im Volk beliebten Franziskaner dämonisierten die Juden als Brunnenvergifter, Hostienfrevler oder Ritualmörder. Beliebt wurden formelle Beleidigungsklagen wegen herabwürdigender Äußerungen über den christlichen Erlöser oder die Jungfrau Maria, im Moment der aufblühenden Marienverehrung besonders gefährlich. Das alles heizte die Stimmung gegen die Juden an.[41]

Lediglich im Nordosten Europas, im polnisch-litauischen Großreich, hatte sich die Lage stabilisiert, als die Krone 1503 ein wenige Jahre zuvor erlassenes Ausweisungsmandat zurücknahm und die Juden wieder in ihren alten Status einsetzte, mit dem verbrieften Recht auf Besitz an Land und beweglicher Habe und explizitem Schutz ihrer wirtschaftlichen Tätigkeit, vor allem auch der Geldgeschäfte. Auch auf den Britischen Inseln gab es zwar Antisemitismus, aber keine gewaltsamen Ausschreitungen – dort gab es seit der kollektiven Vertreibung durch König Edward so gut wie keine Juden mehr.

In Deutschland war die Lage besonders explosiv. Territorialstaatsbildung und Frühkapitalismus brachten einen tiefen Wandel, der in den großen Handels- und Gewerbestädten die christlichen Mittelschichten verunsicherte und nach Sündenböcken suchen ließ. Die Juden versuchten sich darauf einzustellen. Im Elsass zum Beispiel, wo sie in Kleinstädten und Dörfern lebten, wählten sie einen ihrer klügsten Köpfe, den Kaufmann und Rabbi Josel von Rosheim, zum «*Befehlshaber der elsässischen Judenheit*», der ihre Interessen bei den Obrigkeiten und vor Gericht vertreten sollte. Josel war darin so erfolgreich, dass er wenig später als «*Regierer der gemeinen Jüdischheit in Teutschland*» die jüdischen Angelegenheiten fortan nicht nur lokal oder regional, sondern reichsweit vor Kaiser und Reich vertrat. Damit schien sich eine «nationale» Organisation der deutschen Juden auf personaler Basis anzubahnen, ähnlich wie bei den Reichsrittern, denen die übliche territoriale Formierung ebenfalls verschlossen war.[42] In der Reichsstadt Straßburg bildete sich trotz eines formellen Ansiedlungsverbots ein schiedlich-friedliches Zusammenleben heraus. So konnten die jüdischen Händler in der Stadt tagsüber unbehelligt ihren Geschäften nachgehen und dabei auch gesellschaftliche Kontakte zu den Bürgern aufnehmen. Daraus resultierte eine Konvivialität, die es im Moment der Reformation möglich machte, dass jüdische Gelehrte und protestantische Pastoren in einen Austausch über ihre jeweiligen Gottesvorstellungen eintreten konnten.[43]

Das Jahr 1517 stand für die jüdischen Gemeinden im Reich aber nicht im Zeichen reibungsloser Gestaltung des alltäglichen Austauschs, sondern kündigte eine gesellschaftliche und politische Zuspitzung an. Brennpunkte waren das Rhein-Main-Gebiet und die Reichsstadt Regensburg, beides traditionelle Zentren jüdischen Lebens. In Westdeutschland arbeiteten Landesherren und Stadtmagistrate seit längerem an einem gemeinsamen Vertreibungsplan. Kurpfalz, Kurmainz, die Landgrafschaft Hessen, die Abtei Fulda sowie die Städte Worms und Frankfurt verhandelten über eine gegenseitige vertragliche Verpflichtung, andernorts vertriebene Juden nicht etwa aus Gewinnsucht im eigenen Territorium aufzunehmen. Treibende Kraft für eine abgestimmte Vertreibung aus der Region waren der Mainzer Kurfürst Albrecht von Brandenburg und die Reichsstadt Frankfurt, die im Juli und August 1517 ihre diesbezüglichen Verhandlungen intensivierten.[44] Ihre Pläne scheiterten aber fürs Erste an der kaiserlichen Judenschutzpolitik, die Maximilian I. in seinen letzten Regierungsjahren nachdrücklich verfolgte.[45]

Gefährlicher waren die Angriffe, denen die jüdische Gemeinde in Regensburg ausgesetzt war, zahlenmäßig die größte im Heiligen Römischen Reich, nachdem die ebenfalls traditionsreichen und wirtschaftlich bedeutenden Gemeinden in den rheinischen Städten Speyer, Worms, Mainz und Frankfurt zuletzt deutlich geschrumpft waren.[46] In Regensburg wie überall im Reich war für das Leben der Juden ein Kräfteviereck bestimmend, bestehend aus Stadt – Kirche – Kaiser – Landesherrschaft, hier konkret der Herzog von Bayern. Die Situation der Regensburger Judengemeinde, die seit über tausend Jahren in der Stadt ansässig war, war seit Jahrzehnten brisant. Das hing nicht zuletzt mit der Wirtschaftslage der Stadt zusammen, die – anders als die westdeutschen Städte – in eine Phase wirtschaftlichen Abstiegs geraten war. Das hatte mit den uns bereits bekannten Verschiebungen in den transkontinentalen Handelswegen zu tun, aber auch mit dem Aufstieg des Handelskapitalismus, der Augsburg und Nürnberg kraftvoll gefördert hatte. Das verunsicherte die christlichen Bürger, die nur zu gerne den Grund für alle Schwierigkeiten bei den Juden suchten, in deren Geldgeschäften, aber auch der Gewerbekonkurrenz, etwa bei den Schneidern.

Der Druck zur Vertreibung der Juden kam daher in Regensburg aus der Bürgerschaft und dem ihr beispringenden Klerus. Ihre Forderungen an den Stadtrat erreichten eine für die Fortexistenz der Judengemeinde bedrohende Dynamik, als der 1516 zum Domprediger berufene Ingolstädter Theologieprofessor Balthasar Hubmaier – wenige Jahre später einer der prominentesten Täufertheologen – aggressiv von der Kanzel herab gegen die Juden predigte und deren Geldgeschäfte als biblisch verbotenen Wucher geißelte. Bischof und Domkapitel setzten das sogleich praktisch um und zogen alle Streitfälle zwischen Juden und Christen vor ihr Geistliches Gericht. Das urteilte wegen der Gleichsetzung der Geldgeschäfte mit dem biblisch verbotenen Wucher immer gegen die jüdische Partei. Darüber hinaus bemühten sich die Geistlichen, die konkurrierende weltliche Gerichtsbarkeit auszuschalten, indem sie jeden Richter, der Juden bei der Eintreibung ihrer Geldforderungen behilflich war, mit der Exkommunikation bedrohten, was zugleich den Ausschluss aus der bürgerlichen Gemeinschaft bedeutete.

Wirtschaftlichen Gewinn vor Augen, aber auch von Ängsten um ihr durch die «unreinen» Juden bedrohtes Seelenheil getrieben, stimmte die überwältigende Mehrheit der Regensburger in den Ruf nach Vertreibung ein, die Handwerker ebenso wie das Großbürgertum und der Adel. Die Schuldner der Juden verweigerten nicht nur jegliche Zinszahlungen, sie verlangten auch die Rückerstattung aller früheren Zahlungen. Der Besitz der Juden sollte der Allgemeinheit verfallen. Um leichter gegen die jüdischen Geldgeschäfte vorgehen zu können, bewirkten Bischof und Domkapitel im Juni 1517 ein päpstliches Mandat, das das geltende Wucherverbot noch einmal eigens bekräftigte. Inzwischen war auch der Stadtrat unter dem Druck der Bürgerschaft in den antijüdischen Kurs eingeschwenkt und ließ den Schultheiß Johannes Schmaller am Reichskammergericht um die reichsrechtliche Erlaubnis nachsuchen, die Juden aus der Stadt zu vertreiben.

Wie Josel von Rosheim auf der Ebene des Reiches, so setzten auch die Regensburger Juden alle ihnen zur Verfügung stehenden politischen und juristischen Mittel zur Verteidigung ihrer Stellung ein. In einer Supplikation gegen die «Hassprediger» legten sie 1517 Beschwerde dagegen ein, dass *«die prediger des thumstifts und Parfuß-ordens (...) den gemainen man (...) wider uns bewegen under anderm sprechend: die freyhaiten, welche wir von den Bäpsten, Keysern und Künigen (...) haben, sollen nyemants gelten».*[47] Zu Hilfe kam der kaiserliche, teils auch österreichische Schutz, den Maximilian I. noch 1514 dem Rat gegenüber bekräftigt hatte – *«dhweyl nu die Judischait in Regensburg uns zugehoret».*[48] Im Sommer 1517 trafen mehrere Schutzmandate der Innsbrucker Regierung und des Kaisers persönlich ein, erlassen am 9. und 31. August in Augsburg beziehungsweise Linz.[49] Das Domkapitel wurde angewiesen, die Prozesse am geistlichen Gericht einzustellen. Darüber hinaus sei durch Anschlag öffentlich bekannt zu machen, dass das bewirkte päpstliche Mandat gegen kaiserliches Recht verstoße und die Schuldner daher weiterhin ihre Zinsen an die Juden zahlen müssten. Der Stadtrat musste die Appellation ans Reichskammergericht zurücknehmen und Schiedsrichter berufen, die die aufgetretenen Konflikte schlichten sollten.

Eine dauerhafte Stabilisierung brachte das Eingreifen des Kaisers nicht, zumal dieser stets auch eigene finanzielle Interessen verfolgte. Als Maximilian am 12. Januar 1519 starb, hatte der kaiserliche Schutz seine Kraft verloren. Es brach ein Pogrom los, das die Judengemeinde austrieb und ihre Synagoge dem Erdboden gleichmachte. Die Errettung eines bei den Abbrucharbeiten verunglückten Handwerkers wurde als Zeichen himmlischen Wohlwollens gedeutet. An der Stelle der Synagoge entstand eine christliche Kapelle, der «schönen Madonna» geweiht, der man das Wunder zuschrieb. Sogleich brachen allenthalben Tausende von Pilgern zur Wallfahrt nach Regensburg auf – gleichermaßen ein Zeichen auflodernder antijüdischer Stimmung wie der Vitalität der mittelalterlichen Leistungsfrömmigkeit noch in der Frühphase der Reformation.

Die sich 1517 krisenhaft zuspitzenden Regensburger Ereignisse waren noch in einer ganz spezifischen Weise verhängnisvoll für die deutschen Juden. Denn wenig später konvertierte der Regensburger Jude Antonius Margaritha in Wasserburg am Inn zum Christentum und löste damit eine erregte Debatte über jüdische Theologie und Ritus aus, die im Endeffekt weniger die Erkenntnis als das Ressentiment förderte. Der 1492 geborene Margarithas war in einer geistig wie wohl auch finanziell wohlsituierten Rabbinerfamilie aufgewachsen, die alles daransetzte, den Apostaten zurückzugewinnen. Was ihn genau zur Konversion bewegt hatte, lässt sich nicht mehr feststellen. Die Regensburger Ereignisse werden aber mit Sicherheit einen Anteil gehabt haben. Seine 1530 veröffentlichte Schrift *Der gantze Jüdisch glaub*, eine Art enzyklopädische Beschreibung des Judentums, wirkte umso verheerender als sie mit Kennerschaft, aber in tiefer Entfremdung wenn nicht Feindschaft verfasst war und daher den Antijudaismus unter den christlichen Gelehrten nicht besänftigte, sondern bestärkte.[50]

Das trug auch dazu bei, dass der im Oktober 1517 eingeleitete reformatorische Umbruch in Deutschland ganz und gar in den eingefahrenen antijüdischen Gleisen verblieb. Nach den schlimmen Erfahrungen 1517/19 in Regensburg begrüßten einige Rabbiner Luthers Protest gegen das alte Regime, von dem sie auch eine grundlegende Verbesserung der christlich-jüdischen Beziehungen erwarteten. Diese Hoffnung befestigte sich, als der Reformator in Fortsetzung der von ihm schon vor Jahren unterstützten Linie Reuchlins 1523 die Schrift *Daß Jesus Christus ein geborner Jude sei* veröffentlichte. Nicht zuletzt von Margarithas' Schrift beeinflusst, folgten in den 1530er und 1540er Jahren umso radikalere Schriften gegen die Juden, die ganz in den traditionellen Hass einlenkten und alle Stereotypen von Kindermord, Hostienschändung, blutsaugendem Wucher und so weiter wiederholten. Erstaunlich ist das nicht. Denn Luther war auch in seiner frühen judenfreundlichen Schrift den magischen Vorstellungen von «rein» und «unrein» verhaftet geblieben, aber davon ausgegangen, dass die damit verbundene Gefahr sich durch die Konversion der Juden zum neu entdeckten reinen Evangelium von selbst auflösen würde. Als er dann erkannte, dass die Juden bei ihrem Glauben bleiben wollten, bekämpfte er sie ähnlich besessen wie die spanische Inquisition als Bedrohung für die «Reinheit» der christlichen Gesellschaft.[51]

Die Neueröffnung des christlich-jüdischen Dialogs auf freundlicherer Grundlage erfolgte im Protestantismus nicht im lutherischen, sondern im reformiert-calvinistischen Umfeld. Vor allem in den Niederlanden und in England wurden die Juden im 17. Jahrhundert nicht – wie in der deutschen Reformation – argwöhnisch als Kreaturen des Antichrist belauert. Vielmehr galten sie als *«glorious apocalyptic agents»*, denen man hohe Sympathie entgegenbrachte.[52]

De arte cabalistica. Mitten im Kampfgetümmel der *Dunkelmännerbriefe* erschien 1517 im elsässischen Hagenau eine neue Schrift Reuchlins, die jenseits des aktuellen Parteienstreites weit in die Neuzeit hinein wirken sollte: *De arte cabalistica, liber tres / Drei Bücher über die Kunst der Kabbala.* Sie befasste sich ausführlich mit der Geheimwissenschaft der jüdischen Mystik – nicht um die christliche Gesellschaft vor satanisch-unreinen Machenschaften zu warnen, sondern im Gegenteil um der europäisch-christlichen Kultur einen theologischen Kernbestand des Judentums zu erschließen. Das war ein Plädoyer gegen die verbreiteten kollektiven Ängste der Zeit und für geistige Neugier auf die Weisheit einer Minderheitenkultur, die der christlichen in vielem verwandt war. Vorurteilsfrei und sachkundig gelesen, war die Kabbala keine Gefahr, sondern im Gegenteil eine Bestätigung der christlichen Lehre.

Wie keine andere Abhandlung des frühen 16. Jahrhunderts belegt *De arte cabalistica*, dass trotz der Exklusivität des christlichen Wahrheitsanspruches, die auch Reuchlin vertrat, das Judentum als Teil der europäischen Kultur und Zivilisation gewürdigt werden konnte. Jüdischer Glaube und jüdische Spiritualität standen für ihn längst nicht mehr in schroffem Gegensatz zum Christentum. Vielmehr war das Studium des Hebräischen und der vielfältigen Texttraditionen des Judentums geboten, um zu den Grundlagentexten des Christentums vorzustoßen. Nur so war die getrübte Ursprünglichkeit und Reinheit der Heiligen Schrift wiederzuerlangen – ein Konzept, wie es zur gleichen Zeit auch Erasmus und wenig später Martin Luther verfolgten.

Reuchlin hatte auch auf dem Höhepunkt des zermürbenden Pfefferkorn-Streites die ihm eigentlich am Herzen liegende wissenschaftliche Arbeit an den jüdischen Texten nicht aus den Augen verloren. Nach der Streitschrift *Augenspiegel* von 1511, in der er als Antwort auf die

Anwürfe Pfefferkorns das erwähnte, eigentlich vertrauliche Gutachten für Kaiser Maximilian veröffentlicht hatte, war er *ad fontes*, zu den Quellen der jüdischen Tradition und Kultur zurückgekehrt. Vor allem die Kabbala faszinierte ihn, eine mystische Geheimlehre für wenige Auserwählte, denen der verborgene Sinn einzelner Worte und Wendungen in Bibel oder Talmud direkt durch Gott offenbart wurde und wird.

Er konnte an die Studien der Florentiner Neoplatoniker anknüpfen, die er auf mehreren Italienreisen persönlich kennen gelernt hatte; die erste Anfang der 1480er Jahre im Gefolge seines württembergischen Landesherren Grafen Eberhard im Bart, der in Rom letzte Verhandlungen über die Privilegierung der neu gegründeten Universität Tübingen führte. Die leuchtenden Sterne am Florentiner Philologen- und Philosophenhimmel – Angelo Poliziano, Giovanni Pico della Mirandola, Marsilio Ficino, der gelehrte Verleger Aldus Manutius vor allem – wiesen Reuchlin den Weg in Wissenschaft und Kultur der italienischen Renaissance und machten ihn so zum wichtigsten Vertreter des Neuplatonismus nördlich der Alpen. Neben der Hochschätzung für die griechische Sprache und Philosophie übernahm Reuchlin auch ihr Interesse am Hebräischen und an der jüdischen Kultur und Theologie, insbesondere an der Mystik und der Offenbarung in der Kabbala. Vor allem Pico della Mirandola hatte sich intensiv mit der Kabbala beschäftigt und rühmte sie als die gemeinsame Grundlage von alttestamentlicher Gottesoffenbarung, antiker Philosophie, namentlich Platon und Pythagoras, und erneuertem, philosophisch im Neuplatonismus verankertem Christentum.

Bei allen beruflichen und privaten Belastungen, Krisen und Umbrüchen hatte Reuchlin das Studium der Kabbala-Texte nie ganz zur Seite gelegt. Die Abhandlung von 1517 war somit die reife Frucht jahrzehntelanger Studien, deren Ergebnisse Papst Leo X. gewidmet wurden, auch das ein Beleg für die überragende, Kirche und Synagoge versöhnende Bedeutung, die Reuchlin gerade dieser Schrift zumaß. Inhaltlich geht es zum einen um den Nachweis, dass sich durch Umstellung von Buchstaben in den Heiligen Texten ein tieferer Sinn erschließen lässt, der unter der Oberfläche des wörtlichen

Textes verborgen ist. Zum andern geht es um die gemeinsamen Grundprinzipien von Kabbala und griechischer Philosophie, insbesondere der Zahlenmystik des Pythagoras: Zahlen, unter denen der Zehn besondere Heiligkeit zukommt, führen den Menschen zu Weisheit und Gotterkenntnis: 50 Pforten öffnen die Erkenntnis; 32 Pfade führen ihn zur Wahrheit; 72 Engel vermitteln die Begegnung mit Gott.

Auch wenn *De arte cabalistica* stets nur von einem kleinen Kreis von Gelehrten gelesen wurde, so trug die Schrift doch entscheidend zu einem weniger vorurteilsbeladenen Verständnis der jüdischen Religion und Kultur bei. Es war ein Aneignungsprozess der jüdischen Mystik durch christliche Theologen und Philosophen in Gang gesetzt, der über die Brüche der Reformation und Konfessionalisierung hinweg bis ins 17. und 18. Jahrhundert fortwirkte. Indem ihre religiöse Symbolik christologisch gedeutet wurde, entstand eine Art «christliche Kabbala», und vernunfttheologisch gewendet ging kabbalistische Substanz schließlich auch in das Gedankengut der europäischen Freimaurerbewegung ein. So konnte Max Brod, der Freund Franz Kafkas, noch in der zweiten Hälfte des 20. Jahrhunderts Reuchlin wegen seiner Kabbala-Studien als denjenigen Autor würdigen, der «mehr und Wesentlicheres zugunsten der verfolgten Juden und ihrer missachteten und missverstandenen Geisteshelden zu sagen wagte» als irgendein anderer.[53]

Festzuhalten ist aber auch, dass die Wege zu einer vorurteilsfreien Begegnung zwischen christlicher und jüdischer Kultur, wie sie Pico della Mirandola und Reuchlin eröffnet hatten, rasch wieder verschüttet wurden. Mit der Reformation zog sich die Christenheit wieder auf ihre inneren Diskurse und Konflikte zurück. In der Frühphase wirkte auf beiden Seiten die aufgebrochene Suche nach Gemeinsamkeiten fort – in Rom erfolgte 1520–23 die Drucklegung des Talmud, angeregt durch Papst Leo X.; 1523 verfasste Luther seine erste Judenschrift *Daß Jesus Christus ein geborener Jude sei*, in der der Wittenberger Reformator auf die Juden als «blut freund, vettern und brüder unsers hern» zuging.[54] Mit der Verengung des Renaissance-Aufbruchs auf innerchristliche Fragen im Zuge der Konfessionalisierung trat die Tatsache, dass die jüdische Religion und Kultur Teil der europäischen Zivilisation waren, wieder in den Hintergrund. Minderheiten wie die jüdische und arabische galten nicht als Gewinn für Kultur und Zivilisation,[55] sondern als Bedrohung der dogmatischen und sittlichen «Reinheit» des katholischen wie protestantischen Christentums.

VI.

DER PAPST IN ROM – ITALIENISCHER SOUVERÄN UND UNIVERSELLER PONTIFEX

1. Urbi et orbi – Rom im Bann des Medici-Papstes

Papst-Interessen / Medici-Interessen. So sehr die lateinische Christenheit auch darauf wartete, die geistige und institutionelle Erneuerung der Kirche stand 1517 bei Papst und Kurie nicht im Zentrum des Interesses. Auch die Finanzierung des ambitiösen Neubaus von St. Peter nicht, die gleich nach Luthers Ablassprotest die europäische Öffentlichkeit fesselte und dann für Jahrhunderte das protestantische Selbstverständnis ebenso wie das Urteil der Historiker bestimmen sollte. Das Leben in Rom, in der Kirche wie in der Stadt, stand ganz im Bann eines Papstes, der als Aufsteiger aus einer bürgerlichen Kaufherrenfamilie alles daransetzte, seine Familie in Rom auf Dauer zu verankern und ihr den dynastischen Aufstieg in die europäische Fürstengesellschaft zu verschaffen – und der sich dadurch zwangsläufig die Todfeindschaft derjenigen Kardinäle und römischen Geschlechter zuzog, die sich von dieser Politik ins Abseits gedrängt sahen. Giovanni de' Medici, der 1513 als Leo X. die Nachfolge des grimmigen Militärpapstes Julius II. angetreten hatte, war nach dem Schlachtentod seines Bruders Piero 1503 zugleich Chef der politisch und gesellschaftlich ehrgeizigen Florentiner Medici-Familie. Aus dem Handwerksstand aufgestiegen, hatte diese eines der größten Handels- und Finanzunternehmen der Zeit aufgebaut und schließlich sogar die Herrschaft über die Stadtrepublik Florenz errungen.[1] Alles, was der Papst unternahm, das unternahm auch das Oberhaupt der machtbewussten Medici.

Am 1. Dezember 1475 als zweiter Sohn des bewunderten wie gefürchteten Florentiner Stadtherrn Lorenzo des Prächtigen geboren, war Giovanni dazu ausersehen, die seinem älteren Bruder Piero zufallenden weltlichen Familiengeschäfte durch reiche Pfründen und hohe Ämter in der Kirche flankierend abzusichern. Gestützt auf sein internationales Beziehungsgeflecht, fädelte Lorenzo das früh ein:[2] Noch im Kindesalter wurden Giovanni in Florenz, Frankreich, Neapel und Mailand die ersten Pfründen verliehen. Als Vierzehnjähriger erhielt er 1489 den Kardinalshut, eine Gegengabe für den von Innozenz VIII. gewünschten Ehevertrag zwischen einem Papstsohn und einer Medici-Tochter. Frömmigkeit oder besonderes theologisches Interesse entwickelte der junge Kardinal nicht, auch wenn er in Pisa kurz Kirchenrecht und Theologie studiert hatte. Umso ausgeprägter waren sein Kunstsinn und seine Neigung zu höfischer Pracht: *«Lasst uns des Papsttums erfreuen, da es uns Gott verliehen hat»*, soll er einem venezianischen Gesandtenbericht zufolge unmittelbar nach seiner Wahl ausgerufen haben. Die Quelle ist ein wenig unsauber, da der Gesandte bei diesem Ereignis gar nicht in Rom anwesend war und seine Republik nicht zu den Anhängern der Medici zählte. Gleichwohl kommt in diesem Ondit die Einstellung Leos X. zum Ausdruck.

Generationen von protestantischen Historikern haben Leo X. durch die Brille Luthers und der Reformation gesehen. Doch der Medici-Papst markiert keineswegs den Höhepunkt der Verweltlichung und theologischen Entfremdung des Renaissancepapsttums. Im Gegenteil, er trat sein Amt mit einer Bescheidenheitsgeste an, die die Abkehr von den überzogenen weltlichen Machtansprüchen seiner Vorgänger bekundete: Er verzichtete ostentativ auf die *sedia gestatoria*, den von zwölf vatikanischen Granden getragenen Thronsessel, und ging am Sonntag nach seiner Wahl in der Palmenprozession zu Fuß.[3] Den Machtgestus seines eisernen Vorgängers legte er ab und betonte stattdessen die friedenstiftende Seite seines Amtes. So erkennt dann auch Erasmus von Rotterdam, der scharfe Kritiker Julius' II., in Leo X. den Friedenpapst. *«Leo, der milde Friedensbringer»*, so feiert er ihn noch in der *Klage des Friedens* von 1516/17, *«gab allen ein Zeichen, indem er zum Frieden aufrief und darin wahrhaft als Statthalter Christi han-*

Ein weit verbreitetes, gleichsam klassisches Porträt des ersten Medici-Papstes nach Raffael: gutmütig und lebensfreudig anmutend oder – mit Augen von Papstgegnern betrachtet – verschlagen, egoistisch oder gar wollüstig. So oder so, ein höchst gekonntes Konterfei des großen Renaissancefürsten und Gegenspielers des deutschen Reformators.

delte». Als wenig später Luther diesen Papst zum Antichristen und somit zur Inkarnation des widergöttlich Bösen erklärte, konnte Erasmus ihm endgültig nicht mehr folgen. Für ihn blieb es dabei: Diesem Friedenspapst zu folgen, sei Christenpflicht: *«Wenn ihr wahre Lämmer seid, folgt eurem Hirten!»*[4]

Auch für den Florentiner Historiker und Staatsmann Francesco Guicciardini stand fest, dass Leo X. *«die Idee des Krieges vollständig fremd»* war. Der unverdrossene Parteigänger der Medici sah aber auch die Kehrseite, nämlich *«die seiner Natur gegebene Neigung zu Wohlleben und Lustbarkeit, seine sorglose Grandeur, die ihn auf Distanz zu den praktischen Problemen bringt, seine alltägliche Hingabe an Musik, Scherze, Aufzüge und unziemende Lustbarkeiten aller Art.»*[5] Wenn auch der venezianische Gesandte hervorhebt, Leo wollte sich *«des Papsttums erfreuen»*, dann meint «erfreuen» allerdings anders als bei seinem Vorgänger nicht militärischen Machtrausch oder gar Exzesse der Verderbtheit wie bei Alexander VI. Borgia. Dem musisch wie literarisch gleichermaßen interessierten und kundigen Medici-Papst ging es um ein Leben auf der

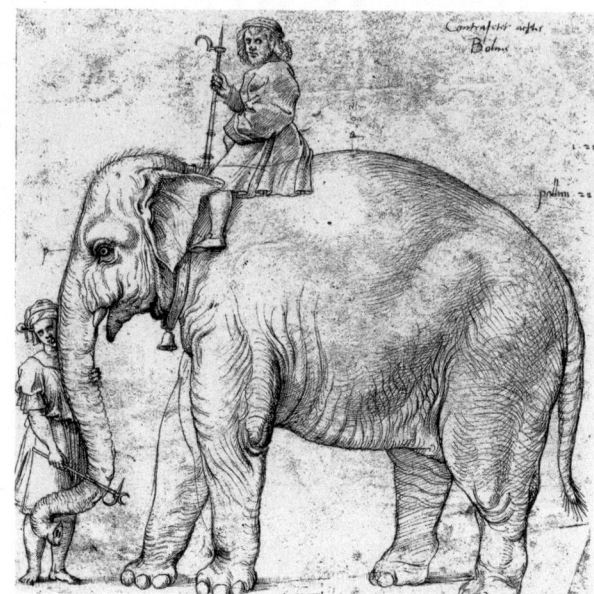

Der Papst-Elefant Hanno, Bote ferner Welten und Liebling Leos X., wohlbehütet durch Wächter und Pfleger, verewigt von keinem Geringeren als dem Papstporträtisten Raffael.

Höhe der Bildung und des Kunstgenusses seiner Zeit mit Theater, Konzerten, Maskeraden, Jagden und allen nur erdenklichen höfischen Vergnügungen einschließlich standesgemäßer Hofnarren. Ganz Rom war ihm Bühne für eine Selbstdarstellung, die päpstliche und dynastische Ansprüche aufs engste verwob. Als Mittelpunkt der lateinischen Christenheit und Nabel einer sich erweiternden Welt hatte seine Residenzstadt in Architektur und urbaner Gestalt ebenso zu glänzen wie als Sitz von Kunst und Wissenschaft. Bedingung für all dies war aber Geld, Geld und nochmals Geld. Der *«nervus rerum»*, der Nerv aller Dinge, sollte bald für Leo X. zur Achillesferse werden.

Leo soll ein Genie des Lachens gewesen sein – mit seinen Narren, aber auch mit den Medici-Kindern, die er – wie Ippolito, den illegitimen Sohn seines Bruders Giuliano – nach dem Tod ihrer Eltern an seinen Hof geholt hatte.[6] Selbst die Vielfalt von Pflanzen und Tieren der neu entdeckten Welten diente ihm zum Vergnügen, aber auch zur Repräsentation seiner Stellung als Oberhaupt der Christenheit: Leo ließ sich gerne in seiner Menagerie bewundern, am liebsten neben

Hanno, dem indischen Elefanten, den ihm König Manuel von Portugal geschenkt hatte. Als das Tier im Sommer 1516 an einer Verstopfung erkrankte und kurz darauf verendete, war der Papst tief traurig, was in Deutschland die *Dunkelmännerbriefe* genüsslich aufs Korn nahmen. Der italienische Literat Pietro Aretino machte daraus eine bissige Satire über Leo und die Kurie. In seinem 1516 oder 1517 verfassten Pamphlet *Der letzte Wille und das Testament des Elefanten* vermacht Hanno seine Stoßzähne an den als ambitioniert und eitel bekannten Kardinal San Giorgio – unter der Bedingung, dass dieser seine Gier nach dem Papstthron zügle. Seine Knie überträgt er dem Kardinal Sant Croce, damit er Hannos Kunst des Niederkniens übertragen erhalte, verlangt als Gegengabe aber die Zusage, dass der Kardinal zukünftig im Konsistorium nicht mehr lüge. Natürlich ließ sich später auch Luther die Gelegenheit nicht entgehen, Leo wegen seiner Spielerei mit dem Elefanten mit Spott zu übergießen: Während er dem Herumtollen Hannos zuschaue, falle ihm nicht Gescheiteres ein, als Fliegen zu fangen.[7]

Das zweite exotische Ehrengeschenk indes, das asiatische Rhinozeros Odysseus, das – wir erinnern uns[8] – im Mai 1515 in Lissabon Europa erreicht hatte, war in Rom nur als ausgestopftes Ungeheuer zu bewundern. Manuel hatte es, prächtig ausgerüstet mit Samtkragen, vergoldetem Halsband und Fransendecke, auf die Seereise geschickt. In Marseille wurde die Reise unterbrochen, um das exotische Tier auf der Hafeninsel Château d'If dem französischen König Franz I. vorzuführen. Vor der ligurischen Küste erlitt es indes Schiffbruch, wurde an Land geschwemmt und als ausgeweideter und präparierter Kadaver nach Portugal zurückgebracht. Ausgestopft mit Stroh trat seine äußere Hülle erneut die Seereise an und erreichte im Frühjahr 1516 den päpstlichen Hof. Dass auch dem toten Rhinozeros ewiges Leben beschieden war, dafür sorgte kein Geringerer als Raffael: In der 1517/18 von ihm ausgemalten Loggia der Papstgemächer ist Odysseus bis heute präsent, und zwar in trauter Eintracht mit seinem zu diesem Zeitpunkt ebenfalls bereits verschiedenen Landsmann Hanno. Raffael hatte sich somit den blutrünstigen Text auf dem Holzschnitt seines deutschen Malerkollegen Dürer, wonach das Rhinozeros «*des Heleffantz todt feyndt*» sei und ihn *«unden am pauch auffreisst und erwürgt»*, nicht zu eigen gemacht, sondern stellt beide vereint im paradiesischen Zustand des Friedens zwischen allen Kreaturen dar.

Die exotischen Geschenke des portugiesischen Königs, unter denen die beiden Riesentiere nur die herausragenden Beispiele sind, legen auch in anderer, politisch sehr konkreter Hinsicht Zeugnis ab von der 1517 noch ungebrochenen Autorität des Papsttums: Manuel warb um das Wohlwollen Leos X., da er in der Sache der Abgrenzung spanischer und portugiesischer Interessenszonen im Fernen Osten erneut auf einen Schiedsspruch Roms hoffte, vergleichbar dem Vertrag von Tordesillas 1494. Diese Entscheidungen als Anmaßung oder Willkür zu interpretieren, wie gelegentlich von ganz auf moderne Verhältnisse orientierten Juristen zu hören, verkennt die zu diesem Zeitpunkt noch unbestrittene, gleichsam völkerrechtliche Funktion des Papstes, für Frieden und Eintracht unter den Herrschern und Völkern zu sorgen.

Bei all dem verlor Leo X. eins nie aus dem Auge – die ihm von Kindheit an zugedachte Rolle, den dynastischen Aufstieg der Medici zu fördern. Diesem Ziel gab er sich mit umso größerer Energie hin, nachdem er 1494 zusammen mit seiner Familie vor der Herrschaft des charismatischen Dominikanermönchs Girolamo Savonarola aus Florenz hatte fliehen müssen. Lange achtzehn Jahre, von 1494 bis 1512, hatte das Exil gedauert. Einer Wiederholung dieser Schmach vorzubeugen, gehörte zu den Lebensmaximen Leos X.

Dieses komplizierte, vielschichtige Interessen- und Finanzgeflecht des Medici-Papstes prägte entscheidend die Ereignisse und Entscheidungen des Jahres 1517, in Rom und in der Christenheit insgesamt. In seinen ersten Regierungsjahren hatte Leo X. in dem von Habsburg-Spanien und Frankreich beherrschten italienischen Mächteringen vorsichtig, aber immer entschiedener den quasi natürlichen Interessen der Medici Raum gegeben und das Papsttum entsprechend ausgerichtet. Leo nutzte die politische Konstellation, um das Lavieren zwischen den Leitmächten zu beenden, das seinen Bruder Piero das Leben und die Medici die Herrschaft über Florenz gekostet hatte. Solange die konkurrierenden Habsburger noch durch den eben 1517 in Spanien in

Gang gekommenen Erbfolgeprozess gebunden waren, gaben die Franzosen den Ton an. Nach ihrem spektakulären Sieg über die gefürchteten Eidgenossen im Herbst 1515 bei Marignano beherrschten sie faktisch den ganzen Norden Italiens. Bereits im Oktober desselben Jahres besiegelte Leo X. seine politische Wende hin nach Frankreich mit dem Vertrag von Viterbo, der nicht nur zwischen Papst und Frankreich geschlossen wurde, sondern ausdrücklich zwischen Franz I., dem Papst, der Republik Florenz und dem ganzen Haus Medici.[9] Die Allianz mit dem eben auf den Thron gelangten französischen König Franz I. sollte dem Kirchenstaat wie den Medici neue Spielräume erschließen – politisch, fiskalisch, kulturell und nicht zuletzt dynastisch.

Nicht weniger wichtig waren die finanziellen Aussichten. Solange andere Geldquellen, vor allem der neu aufgelegte Ablass, noch nicht sprudelten, waren die intensiven Geldgeschäfte Leos mit der französischen Krone fast der einzige Schutz vor dem ständig drohenden Staatsbankrott. Denn den von seinem Vorgänger angehäuften Staatsschatz hatte er längst verschleudert. Abgewickelt wurden die Geschäfte über das reaktivierte Netz der Medici-Bank mit Zentrum in Lyon, wo die befreundete Bertolini-Bank die Vermittlung übernahm.

Die neuen päpstlich-französischen Beziehungen lösten einen Kulturtransfer aus, der Ideen und erstrangige Kunstwerke der italienischen Renaissance nach Frankreich brachte. Als wahrhaft königliche Geschenke der Medici-Familie gelangten mehrere Gemälde Raffaels, des unbestrittenen Leitsterns der Epoche, an das französische Königshaus, so eine *Heilige Familie* für die Königin und ein *Heiliger Michael* für den König, beide wohl 1517 gemalt. Hinzu kamen Altarretabel, die vermögende Italiener für französische Kirchen stifteten.[10] Auch was den Kunstgeschmack anbelangt, waren die französischen Valois dem Renaissancepapst weit kongenialer als die Habsburger, die sich nur vorsichtig neuen Ausdrucksformen öffneten.

Der Austausch der Kunstgeschenke fand aus Anlass von Taufen oder Verlöbnissen statt, in einem Kontext also, der Leo X. vor allem am Herzen lag. Seine Frankreichpolitik bahnte den Eintritt des Florentiner Kaufmannsgeschlechtes in den Kreis des europäischen Hochadels an: Gleich nach der Thronbesteigung Franz' I. wurde die Ehe zwischen Giuliano de' Medici, dem Bruder des Papstes, und Filiberta von Savoyen, der Tante des Königs, geschlossen. Als Giuliano wenige Monate später starb, wurde im Mai 1518 ein neues Band geknüpft: Lorenzo II. Medici, Herzog von Urbino, der Sohn Pieros und damit Neffe des Papstes, heiratete in Amboise die Bourbonenprinzessin Madeleine de la Tour d'Auvergne. Zwar währte auch diese Ehe nur kurz, weil beide Partner 1519 kurz hintereinander starben. Sie hinterließen aber eine wenige Tage alte Erbin – Katharina de' Medici, die unter der Obhut zweier Medici-Päpste aufwuchs, 1547 Franz' I. Sohn Heinrich heiratete und vier Jahrzehnte lang Frankreich mitregierte, zunächst als Königin, dann als Königinwitwe und Regentin ihrer unmündigen Söhne. Die dynastische Strategie des ersten Medici-Papstes war aufgegangen. Einige Jahre später sollte sogar eine Verbindung mit dem habsburgischen Kaiserhaus gelingen: 1536 heiratete Alessandro de' Medici, Herzog von Florenz und Großneffe der Medici-Päpste Leo X. und Clemens VII., Margarete, die natürliche Tochter Karls V. Diese Verbindung blieb aber ohne dynastische Konsequenzen, da Alessandro bereits wenige Monate später ermordet wurde.

Triumph über die Kardinalsverschwörung. Mit der französischen Allianz waren Papsttum und Kirchenstaat gleichsam zu Gefangenen der Medici-Interessen geworden. So konnten, ja mussten es jedenfalls diejenigen sehen, die von dieser Politik nicht profitierten oder gar auf Spanien und die Habsburger gesetzt hatten. Ihre Unzufriedenheit war umso gefährlicher, als die anderen in Italien involvierten Mächte, Spanien und der Habsburger-Kaiser, alles daransetzten, die Opposition zu stärken, um ein Gegengewicht gegen Frankreich zu gewinnen. Auch inneritalienisch stand noch eine Rechnung offen – die militärische Vertreibung der della Rovere aus ihrem Herzogtum Urbino und dessen Verleihung an den erwähnten Papstneffen Lorenzo II. Dieser Handstreich hatte nicht nur die della Rovere und ihre Klientel gegen Leo aufgebracht. Er wurde auch in den nicht direkt betroffenen Kreisen Roms und Italiens missbilligt, hatte der Herzog von Urbino den Medici doch nach ihrer Vertreibung aus Florenz großherzig Exil gewährt. 1517 spitzte sich die Lage zu, als es dem kriegserfahrenen

Francesco Maria della Rovere im Januar gelang, mit seinen Truppen die Stadt Urbino einzuschließen und im Monat darauf einzunehmen.

In dieser heiklen Konstellation gelang es im März den Vertrauten des Papstes, einen verdächtigen Brief abzufangen und zu dechiffrieren.[11] Gerichtet war er an den eben siebenundzwanzigjährigen Sieneser Kardinal Alfonso Petrucci, der als skrupelloser Wüstling verschrien war. Zudem brannte er darauf, seine Heimatstadt Siena von der Florentiner Fremdherrschaft und den Medici zu befreien. War Petrucci wegen seiner antipäpstlichen Machenschaften bereits seit längerem verdächtig, so offenbarte der Brief endgültig, welch tödliche Gefahr er für das Medici-Establishment darstellte: Der Schreiber, Petruccis Sekretär und Verwalter in Rom, berichtete seinem Herrn, der Florentiner Arzt Battista de Vercelli sei bereit, das vom Kardinal Gewünschte zu tun, wolle ihn aber nicht persönlich treffen, da das Verdacht erregen könne. Das musste die Entourage des Papstes alarmieren. Denn de Vercelli war Leo schon wiederholt zur Heilung einer quälenden venerischen Fistel empfohlen worden, und nur dessen Argwohn gegen ihm fremde Menschen hatte bislang die Behandlung verhindert.

Die Folter offenbarte rasch das Ausmaß der Verschwörung: Leo sollte vergiftet und an seiner Stelle Kardinal Raffael Riario, Angehöriger des den Medici feindlichen Colonna-della Rovere-Kreises, auf den Stuhl Petri gebracht werden. Das war ein Projekt, das nichts weniger als den innen- wie außenpolitischen Umsturz zugunsten einer pro-spanischen Ausrichtung Roms und des Kirchenstaates bedeutete. Um die Opposition mit Stumpf und Stil auszurotten, hielt Leo sein Wissen von der Verschwörung geheim, sagte deren Kopf die Restitution in seine Besitztümer in Siena zu und lud ihn zur Regelung der Angelegenheit nach Rom. Für diese Reise wurde ihm freies Geleit zugesagt, was – um ihn in Sicherheit zu wiegen – eigens dem Botschafter Spaniens mitgeteilt wurde. Petrucci traf am 18. Mai in der Heiligen Stadt ein, erschien am darauffolgenden Morgen zur Audienz, wurde aber gar nicht mehr vorgelassen, sondern bereits im Vorzimmer verhaftet und zusammen mit einem ihn begleitenden Kardinalskollegen in die Verliese der Engelsburg geworfen.

Das Kardinalskollegium, das in einem sofort zusammengerufenen Konsistorium unterrichtet wurde, war in hellem Aufruhr über das eigenmächtige Vorgehen des Papstes, musste aber eine Untersuchungskommission akzeptieren. In der Stadt kursierten sogleich die wildesten Gerüchte, auch gegen unschuldige Kardinäle. Die Vertreter auswärtiger Mächte, vor allem Spaniens, zeigten sich irritiert. Die drohenden diplomatischen Verwicklungen wurden erst abgewendet, als man am 25. Juni einer außerordentlichen Gesandtenversammlung den ausführlichen Untersuchungsbericht zur Kenntnis brachte. Leo X. selbst war aufs höchste verunsichert. Über Wochen hinweg wagte er nicht, den sicheren Palast zu verlassen. Als er sich Ende Juni zum Peter- und Pauls-Fest in die vatikanische Basilika begab, begleitete ihn eine schwer bewaffnete Leibgarde. Zudem war die Kirche durch Soldaten abgeriegelt.

Allein, die Medici-Partei wusste auch diese Turbulenzen zu nutzen, um die Machtverhältnisse dauerhaft zu ihren Gunsten zu klären. Leo selbst war wohl zur Mäßigung bereit. Doch sein Neffe Lorenzo, der seine eben erkämpfte Herrschaft im Herzogtum Urbino in Gefahr sah, erschien persönlich in Rom und sorgte für Entscheidungen. Als Erster fiel der Anführer, Alfonso Petrucci. Da Kardinalsblut sakrosankt war und nicht vergossen werden durfte, ließ man ihn durch einen Mohren erdrosseln – ein am osmanischen Hof übliches Verfahren. Petruccis Sekretär und der Arzt wurden in einer Inszenierung des Schreckens vor der Engelsbrücke gefoltert, gehängt und geviertelt. Die vier in unterschiedlicher Weise in die Sache verwickelten Kardinäle wurden in langen, durch heftige und laute Auseinandersetzungen zwischen dem Papst und einzelnen Kardinälen gekennzeichneten Konsistorien durch ihre Kardinalskollegen für schuldig befunden. Sie verloren aber nur ihre Ämter und die damit verbundenen Einkünfte, teils auch ihr Vermögen. Selbst wenn diese später teilweise zurückerstattet wurden, blieben sie politisch kaltgestellt.

All diese Vorgänge dienten nicht nur der Medici-Herrschaft, sie festigten auch den frühmodernen Papststaat. Noch heute stellt das der mächtige Komplex am Corso Vittorio Emanuele, der Palazzo della Cancellaria, vor Augen: Von Kardinal Riario, dem Papstkandidat der

Verschwörer, errichtet, galt der gewaltige Baukörper als einer der ersten Renaissance-Prunkbauten und Inbegriff von Macht und Größe der della Rovere-Partei. Nach der Niederwerfung der Verschwörung gelangte er in den Besitz der Kurie und wurde auf Jahrhunderte hin zu dem Verwaltungssitz des Kirchenstaates. Ein für jedermann sichtbares Zeichen der neuen Machtverhältnisse, und das obgleich Riario an dem Umsturzversuch nicht aktiv teilgenommen hatte.[12]

Bedeutender noch als die Ausschaltung der Opposition war der personelle und institutionelle Umbau des Kardinalskollegiums, den Leo schon Ende Mai in Angriff nahm und trotz heftigen Widerstands einzelner Kardinäle am 3. Juli mit der Ernennung neuer Kardinäle zum Abschluss brachte. Die Liste der Neuernannten umfasste nicht weniger als 31 Namen – ein ganz unerhörter Vorgang, war doch die Zahl der Kardinäle rechtlich auf 24 beschränkt. Das war eine Revolution, der sich das eingeschüchterte Kollegium nicht zu widersetzen wagte. Für den Augenblick wichtiger noch war der Peersschub zugunsten der Medici-Partei und last not least – da die Pfründen nicht umsonst vergeben wurden – der kräftige Geldfluss, den Leo X. für die ersehnte Rückeroberung des Herzogtums Urbino dringend benötigte. Zwar waren die Mängel unübersehbar, so insbesondere die Ernennung von Angehörigen römischer Geschlechter, die frühere Päpste wegen der notorischen Streitsucht des städtischen Adels stets vermieden hatten. Als Ganzes aber bedeutete Leos Eingriff in die Autonomie des Kardinalskollegiums eine wichtige Maßnahme in der allseits geforderten Kurienreform, allerdings als Stärkung der päpstlichen Prärogative.

Die Folgen für eine inhaltliche Reform waren zwiespältig: Einerseits war die Berufung angesehener und frommer Kardinäle wie Hadrian von Utrecht und der Dominikaner- bzw. Augustinergeneräle Tommaso/Cajetan und Ägidius von Viterbo ein Signal gegen die Verrohung und Verweltlichung des Kardinalskollegiums, wie sie gerade die Verschwörung offenbart hatte. Damit standen in Rom Männer zur Verfügung, die aufgrund wissenschaftlicher Leistung, Frömmigkeit und tadelloser Lebensführung dem Kardinalsgremium und der Kurie insgesamt Gewicht verleihen konnten, wenn Rom – wie sich bald zeigen sollte – der immer wieder aufgeschobenen Reformdebatte nicht mehr ausweichen konnte. Andererseits trat in Rom das ein, was bald allenthalben in Europa geschah: Die politische Entmachtung des Adels brachte einen gezähmten Hofadel hervor, der nur noch an Prestige, Ehren, Wohlleben und Reichtum interessiert war. Bei den römischen Kardinalsgeschlechtern kam die Jagd nach dem Papstamt hinzu und damit die Radikalisierung des innerkurialen Kampfes um Reichtum und Luxus zur Darstellung des Herrschaftsanspruchs. Das förderte zwar den Glanz der Ewigen Stadt, die Sehnsucht nach umfassender Kirchenreform wurde aber nicht gestillt. Damit war der Boden für den Rebell aus dem fernen Wittenberg bereitet, dessen Ruf nach Abkehr von weltlicher Macht und Reichtum und Rückbesinnung auf den religiösen Kern des Papstamtes in der Christenheit sogleich breite Resonanz fand.

2. Um die Reform der Christenheit an Haupt und Gliedern

Verabschiedung des Fünften Laterankonzils. Auch den Renaissancepäpsten war nicht entgangen, dass der Ruf nach einer *«reformatio in capite et membris»*, nach Erneuerung der Christenheit an Haupt und Gliedern, der das gesamte Mittelalter hindurch – mal leiser, mal lauter – zu hören war, wieder an Kraft gewonnen hatte. Zudem war nicht zu übersehen, dass man vielerorts bereits daran ging, das religiöse Leben und die kirchlichen Institutionen zu reformieren. Papst und Kuriale fühlten sich aber stark genug, die Reformbewegung unter Kontrolle zu halten oder sie gar für eine weitere Festigung des Kirchenstaates und der Papstherrschaft zu nutzen. Diese Einschätzung schien sich zu bestätigen, als es Leo X. am 16. März 1517 gelang, das von seinem Vorgänger Julius II. 1512 in den Lateran einberufene 18. allgemeine Konzil der Christenheit ohne wesentliche Zugeständnisse an die Reformer feierlich zu verabschieden. Nach der Verkündigung der letzten Dekrete entließ der Papst die Konzilsväter, damit sie nicht *«mit Arbeit und Kosten weiterhin ermüdet* (werden), *sondern mit geistigen Gaben gestärkt und mit vermehrter Freude in ihre Heimat zurückkehren können, wozu wir ihnen und ihren Familiaren die volle Vergebung all ihrer Sünden und einen einmaligen Ablaß im Leben und in der Stunde des Todes gewähren».*

Die elf Sitzungen des fünften Laterankonzils hatten kirchenpolitisch noch ganz unter dem Eindruck des langen Konfliktes zwischen Papstgewalt und Konzil bzw. Kardinälen gestanden. Zwar hatte sich dank der Unterstützung durch die weltlichen Großen, die ihre eigenen Interessen in ihren National- oder Landeskirchen verfolgten, die Papstgewalt behauptet. In Rom herrschte der «souveräne Pontifex» (Paolo Prodi)[13] mit zwei Seelen in der Brust – derjenigen des höchsten Priesters, der über Religion und Kirchenrecht entschied, und derjenigen des frühmodernen Fürsten, der Staat und Gesellschaft regierte. Die Päpste hatten sogar als Erste unter den europäischen Fürsten das Mitspracherecht der Stände, hier also der Kardinäle, zurückgedrängt. Auch hatten sie den Kirchenstaat im Innern reformiert und nach außen stabilisiert und arrondiert.

Die Probleme waren damit nicht beseitigt, im Gegenteil. Zum einen war mit der Machtfülle des Papstes auch der Anspruch an ihn gestiegen. Die Christenheit erwartete nun umso ungeduldiger kirchliche Reformen und seelsorgerliche Führung, insbesondere nördlich der Alpen, wo die Ängste um das ewige Seelenheil besonders ausgeprägt waren. Zum andern weckte die Neuausrichtung des Kirchenstaats auf den souveränen Pontifex zwangsläufig Widerspruch und Widerstand – innenpolitisch unter den entmachteten Gruppen, außenpolitisch bei den anderen italienischen Fürsten, die sich von der Machtentfaltung des Kirchenstaates bedrängt sahen. Der Kirchenstaat wurde zudem zwangsläufig in den Strudel der eben entbrannten Rang- und Machtstreitigkeiten der europäischen Großmächte hineingerissen, die vorzüglich in Italien ausgetragen wurden. Und schließlich hatten die Bischöfe ihre Niederlage keineswegs verwunden. Das Gespenst des Konziliarismus lag weiterhin auf der Lauer, um in letzter Minute doch noch zu triumphieren und den Papst wieder dem Willen der Kirchenversammlung zu unterwerfen.

Zu Ende der Regierung Papst Julius' II. hatte sich die Lage kritisch zugespitzt, als Ludwig XII. von Frankreich eine innerkirchliche Opposition gegen den Papst und seine kaiserlichen und spanischen

Verbündeten zusammenbrachte. Unter seiner Protektion trat 1511 in Pisa ein vom Papst nicht autorisiertes Konzil zusammen. Ziel der überwiegend französischen Oppositions-Bischöfe war es, dem fortgeschrittenen päpstlichen Absolutismus einen Riegel vorzuschieben. Zu diesem Zweck erneuerten sie die Dekrete des Konstanzer Konzils, die den Vorrang der Kirchenversammlung vor dem Papst verkündet hatten. Gleichzeitig betonten sie die nicht eingelöste Forderung nach geistiger und institutioneller Erneuerung der Kirche. Julius parierte den Schlag, indem er seinerseits ein Konzil in den römischen Lateran berief und am 10. Mai 1512 in Anwesenheit von 15 Kardinälen und 79 Bischöfen, ganz überwiegend Italiener, eröffnete. Dieses Fünfte Laterankonzil griff in Zuschnitt und Arbeitsweise über die anti-päpstliche Konzilstradition des 15. Jahrhunderts zurück und knüpfte an die hochmittelalterlichen Konzilien an: Bestimmend war der Papst, der den Vorsitz führte, die Konzilsbeamten ernannte und die Konzilsdekrete in Form päpstlicher Bullen erließ. Theoretisch und rechtlich begründet wurde diese papalistische Konzilsverfassung in der Schrift *De comparatione auctoritatis papae et concilii*. Autor war der Dominikanergeneral Tommaso de Vio Cajetan, eben jener Kardinal, der wenige Jahre später in Augsburg einen 1512 noch völlig unbekannten deutschen Augustinermönch verhören und ganz und gar keinen Gefallen an ihm finden sollte.[14]

Das Laterankonzil entwickelte sich außerordentlich günstig für den Papst. Denn es fand sogleich die Unterstützung der wichtigsten Fürsten. Nach dem Tod Julius' II. im Februar 1513 wechselte schließlich auch der französische König die Seite. Das konziliare Schisma zwischen Pisa und Rom war beseitigt, bevor es dem Papst schädlich werden konnte. Der ihm zugrunde liegende Konflikt mit Frankreich war endlich behoben, als im Dezember 1516 Papst Leo X. und der neue französische König Franz I. das Konkordat von Bologna abschlossen und vom Konzil bestätigen ließen. An die Stelle der scharf antipäpstlichen Pragmatischen Sanktion von Bourges aus dem Jahre 1438 trat eine einvernehmliche Lösung: Der französische König erkannte den universellen Vorrang des Papstes an und erhielt dafür gewisse Vorrechte in seiner Nationalkirche. Damit war zugleich der

Weg für die bereits beschriebene frankreichfreundliche Wende in der päpstlichen Außenpolitik angebahnt.

Angesichts der Dominanz des Papstes erstaunt es wenig, dass die Konzilsväter keine nennenswerten Ansätze für eine Reform der Kirche erarbeiteten, von einer Erneuerung der geistigen und spirituellen Grundlagen des christlichen Glaubens ganz zu schweigen. Der bedeutende Theologe und General der Augustiner Ägidius von Viterbo – Luthers höchster Vorgesetzter! – hatte zwar die Konzilsväter zu Tränen gerührt, als er in seiner Eröffnungsrede hoffnungsvoll mahnte, *«die Menschen müssen durch das Heilige umgestaltet werden, nicht aber das Heilige durch die Menschen»*. Und noch im Frühjahr 1517 hielt Gianfrancesco Pico della Mirandola, Neffe und Schüler des Renaissancephilosophen Giovanni Pico, eine große Reformrede *De reformandis moribus oratio*.[15] Doch theologischer Ernst und geschliffene Humanistenrhetorik prallten am Desinteresse Leos ab. Ohne Folgen blieben die Rufe nach Reformen indes nicht. Rückblickend sind sie als vor-lutherische Manifestationen des europaweiten Reformdiskurses zu erkennen, der wenig später die post-reformatorische Reform innerhalb der Römischen Kirche vorantrieb.

Leo X. war «kein Reformpapst».[16] Welche Ziele er verfolgte, machen die Aufträge deutlich, die er den drei Kardinalsdeputationen zur Vorbereitung der gewünschten Dekrete erteilt hatte und die er in der Abschlusssitzung vom März 1517 mit Dank für die geleistete Arbeit nochmals ausdrücklich erwähnte: Die erste *«Deputation sollte sich in unserem Auftrag besonders um die Herstellung des universellen Friedens zwischen den christlichen Königen und Fürsten kümmern und um die Beseitigung des Schismas»*. Die zweite sollte sich der allgemeinen Reform, auch der Kurienreform widmen. Die dritte schließlich sollte besondere Sorgfalt auf die Erörterung und Abschaffung der Pragmatischen Sanktion von Bourges und auf alle Fragen des rechten Glaubens verwenden.[17] Für den Medici-Prinzen ging es vorrangig um außen- und kirchenpolitische Stabilisierung, und unter Kirchenreform verstand er im Wesentlichen die Straffung der kurialen Regierung und Verwaltung in Rom. «Fragen des rechten Glaubens» erscheinen nur als Anhängsel und wurden daher von den Konzilsvätern kaum ernsthaft erörtert.

So war auch das letzte, im März 1517 beschlossene Dekret mit dem Kirchenapparat und der Festigung der römischen Funktionselite befasst. Es ging um den Schutz der Kardinalspaläste, die bei einem Papstwechsel immer wieder der Plünderung durch das römische Volk ausgesetzt waren. Sie wurden nun für «überall und alle Zukunft als unverletzlich» erklärt, und jeder Übergriff wurde mit schweren kirchlichen und zivilen Strafen sanktioniert. Dabei waren in den fünf Sitzungsjahren durchaus einzelne Entscheidungen getroffen worden, die in die richtige Richtung wiesen, etwa zugunsten der Ernennung von fähigen Bischöfen sowie einer Verbesserung von Religionsunterricht und Predigt. Letzteres brachte die Bischöfe aber gleich wieder gegen die Bettelorden auf, die für ihre großen Prediger berühmt waren. Aufs Ganze gilt das vernichtende Urteil des Konzilshistorikers und katholischen Priesters Hubert Jedin: «Man muß konstatieren, daß das Konzil gerade gegenüber den schlimmsten Schäden der Häufung der Pfründen in einer Person, der Vernachlässigung der Residenzpflicht, dem ‹laisser faire› so vieler kirchlicher Amtsträger die harte Hand vermissen ließ, ohne die kein Wandel zu schaffen war. Der Zündstoff, der sich zumal im Norden angehäuft hatte, wurde nicht entschärft.»[18]

Der Papst jedoch zeigte sich überzeugt, dass *«Gott in seiner unermeßlichen Güte und Barmherzigkeit dem Konzil sehr gewogen war. Er selbst hat uns gewährt, was uns im Geiste vor Augen stand und worum wir uns so sehr bemühten, nämlich dieses Konzil nach wunschgemäßer Erledigung der Angelegenheiten, derentwegen es einberufen war, erfolgreich zu beenden und auflösen zu können.»*[19]

Dennoch – die Negativbilanz in Fragen der Kirchenreform musste Leo und der Kurie bewusst gewesen sein. Ja, es ist davon auszugehen, dass ihnen der Stillstand der Reformdebatte sehr zupass kam. Das ergab sich auch aus der Tatsache, dass das Verabschiedungszeremoniell auf weite Strecken von der Türkenfrage bestimmt wurde. Wie noch näher zu zeigen ist, lag Leo der Kampf gegen den «türkischen Tyrannen» und «gegen die wütenden Ungläubigen» gerade in diesen Wochen besonders am Herzen. Den auf Reformen hoffenden Christen aber musste die wortreiche Beschwörung der Türkengefahr während der

Abschlusszeremonien als ein willkommener Vorwand erscheinen, die Verhandlungen zu beenden und alles so zu belassen, wie es der römischen Kirchenführung gelegen war.

Auch die kleinen Reformansätze des Konzils verliefen im Sand. Die Reformer mussten nach eigenen Wegen unabhängig von Papst und Kurie suchen – innerhalb oder außerhalb der Römischen Kirche.

Reformen ohne den Papst. «*Das Gericht muß im Hause des Herrn beginnen*»,[20] hatte auf dem Laterankonzil eine spanische Denkschrift gefordert. Da sie damit nicht durchgedrungen war, blieb nur die Hoffnung auf Reforminitiativen in den einzelnen Ländern. In Spanien selbst hatte die kirchlich-religiöse Erneuerung bereits eingesetzt, und zwar parallel zu der politischen Formierung des kastilisch-aragonischen Gesamtreichs unter den Katholischen Königen Isabella und Ferdinand. Erneuerungsbestrebungen, die sich anderwärts in einem Sumpf von Interessenskonflikten festgefahren hatten, waren in Spanien weitgehend gelungen, so vor allem die soziale und geistig-moralische Reform des Klerus – der Orden ebenso wie der Weltgeistlichkeit. Das war das Verdienst der Katholischen Könige, die mit dem Recht der Krone regelmäßig Visitatoren durch ihre Länder schickten. Hinzu kamen diverse päpstliche Erlasse, so dass in den spanischen Herrschaften eine «enge Kooperation von Kirche und Staat auf allen Ebenen»[21] erfolgte. Traurige Berühmtheit erlangte die 1478 mit Zustimmung Roms errichtete Inquisition.[22] Es war diese staatliche Behörde, die den Kampf um die dogmatische und ethnische Reinheit Spaniens leitete. Mit rational-bürokratischer Leidenschaft richtete sie einen periodenweise geradezu paranoiden Wahn der Reinheit gegen Conversos, Moriscos, später auch Protestanten, ebenso gegen «Sodomiten» (Homosexuelle) oder «Hexen». Niemand konnte sich sicher fühlen. Die Inquisition zusammen mit der von den protestantischen Kolonialkonkurrenten Holland und England seit dem ausgehenden 16. Jahrhundert propagandistisch verbreiteten «Schwarzen Legende» haben das Bild vom spätmittelalterlichen und frühneuzeitlichen Spanien über die Jahrhunderte in ein trostloses Licht getaucht. Die frühen Ansätze religiös-kirchlicher Reformen gerieten darüber in Vergessenheit.

Die Impulse für den religiösen Wandel waren nicht staatlich verordnet, sondern kamen aus der spanischen Kirche selbst, die ausgangs des 15. Jahrhunderts ein beeindruckend offenes und lebendiges Reformklima entwickelte. Das gilt für den 1373 gegründeten Reformorden der Hieronymiten oder Jeromiten, der Anfang des 16. Jahrhunderts das Land mit 49 Konventen überzog, ebenso wie für eine Reformergruppe innerhalb der spanischen Benediktiner, die sich der neuen Spiritualität der niederländischen *devotio moderna* anschlossen. Durch diesen geistigen Aufbruch und durch eine ganz außergewöhnliche Zusammenarbeit zwischen Krongewalt und Kirchenführung bei der Durchsetzung der neuen Disziplinforderungen war ein Klerus herangezogen worden, der an religiös-reformerischem Eifer, Sittlichkeit und Bildung den Klerus anderer Länder überragte.

Leitender politischer Kopf der Reformer war Francisco Jiménez de Cisneros, Erzbischof von Toledo, seit 1507 Großinquisitor, und als Beichtvater der Königin einer der mächtigsten Männer der vereinigten Kronländer, in dessen Händen – davon war bereits die Rede – 1517 die Statthalterschaft über Kastilien lag. Cisneros hatte Ende des 15. Jahrhunderts begierig die neuen religiösen Ideen aus dem Ausland aufgegriffen, besonders Gedanken von Savonarola, Katharina von Siena und Erasmus von Rotterdam. Um die Verbreitung der Reformschriften zu beschleunigen, förderte Cisneros gezielt den Buchdruck. 1499 gründete er die Universität von Alcalá und bot dort dem neuen Geist humanistischer Wissenschaften eine Heimstatt. Für die nächsten Jahrzehnte lag hier in der Complutense – wie die Universität nach dem ursprünglichen, römischen Namen von Alcalá genannt wurde – das Zentrum des geistigen und religiösen Aufbruchs, mit dem der Erzbischof den christlichen Glauben auf den Grundlagen der neuesten wissenschaftlich-humanistisch-philologischen Kenntnisse zu festigen bestrebt war.

Typisch für Cisneros und Spanien war, dass das kirchlich-religiöse Programm mit dem neuen Weltwissen verwoben war, das die Konquistadoren und Kaufleute mit nach Europa brachten. Für beides bedeuteten die Jahre 1516/17, die zugleich die letzten Lebensjahre des Prälaten werden sollten, einen Höhepunkt: 1516 erschien in Alcalá *De orbe novo decades cum Legatione Babylonica* des aus Italien gebürtigen hohen spanischen Hofprälaten Petrus Martyr von Anghiera. Es war die erste vom Autor selbst besorgte Ausgabe seiner in Dekaden eingeteilten Darstellung der spanischen Entdeckungen in Amerika, ergänzt um den Bericht über Martyrs Gesandtenreise an den Mamluken-Hof in Alexandria im Jahr 1501. Wenige Monate später, im Frühjahr 1517, fand die Arbeit an der sogenannten Complutensischen Polyglottbibel ihren Abschluss. Dieses ehrgeizige bibelwissenschaftliche Editionsprojekt hatte der Kardinal vor anderthalb Jahrzehnten auf den Weg gebracht, mit dem Ziel, eine Gesamtausgabe der Heiligen Schrift auf dem neuesten Stand des philologischen Wissens vorzulegen. In dieses Vorhaben hatte er, der dem Volksmund zufolge reich wie ein Prälat war, aber arm wie ein Mönch lebte, ein Gutteil seines Privatvermögens gesteckt. 1514 war bereits als Band fünf der Gesamtausgabe das Neue Testament in der griechischen Originalsprache erschienen. Im Juli 1517 lag nun das druckfertige Manuskript des letzten der insgesamt vier Bände des Alten Testamentes vor. Das Editionswerk war vollendet. Spanien hatte die erste polyglotte Gesamtausgabe der Bibel auf dem Stand der neuesten Erkenntnisse hervorgebracht.[23] Das war nicht weniger als ein Meilenstein der frühmodernen Bibelwissenschaft.

Anerkennung und Ruhm sollten Cisneros und sein Editionsteam damit aber nicht erringen – bei den Zeitgenossen nicht und auch kaum in der Nachwelt. Denn in den Jahren zwischen 1514 und 1520/21 fand so etwas wie ein Editions- oder Urheberschaftskrimi statt, der die Leistung der Spanier ganz in den Hintergrund drängte: Die für die Verbreitung von Bibeleditionen nötigen kaiserlichen und päpstlichen Privilegien erhielt nämlich als Erster nicht Cisneros für die Complutensischen Bibelbände, sondern Erasmus von Rotterdam für seine Basler Edition des Neuen Testaments in der griechischen Urfassung. Und so gilt bis heute Erasmus als derjenige, der, dem humanistischen Ethos «Zurück-zu-den-Quellen» folgend, dem über die Jahrhunderte gebräuchlichen lateinischen Text der Vulgata die Evangelien im griechischen Original zur Seite stellte. Dass die spanischen Editoren ganze zwei Jahre vor ihm das Neue Testament in Griechisch erarbeitet und in der Offizin von Arnao Guillén de Broca hatten drucken lassen, ist dagegen nur noch einem kleinen Spezialistenkreis bekannt. Eine Verbreitung der Alcalá-Bibel konnte erst beginnen, als nach zähem Ringen endlich erreicht wurde, dass Leo X. im März 1520 in einem apostolischen Schreiben dem Gesamtwerk den päpstlichen Konsens erteilte. Da war der Ruhm des Erasmus aber bereits gefestigt, und mit der kurz danach erschienenen Lutherbibel luden sich die Kontroversen konfessionell auf. Die Complutensische Polyglott-Ausgabe war von der Geschichte überrannt worden.

Im Sommer 1517 indes war das noch nicht abzusehen, und Cisneros konnte die Fertigstellung des letzten Bandes als einmaligen Erfolg feiern. Bereits Ende des 15. Jahrhunderts hatte er sich auf die Jagd nach einschlägigen Bibelhandschriften begeben und für deren Bearbeitung einen Kreis von Wissenschaftlern zusammengerufen. Ihm gehörten europaweit führende Philologen an, so der Latinist Hernán Núñez de Toledo y Guzmán sowie Alonso de Zamora, ein Konvertit aus dem Judentum und Professor für Hebräisch. Zum Sitz der, wie wir heute sagen würden, bibelwissenschaftlichen und editorischen Forschungsstelle bestimmte der Erzbischof die eben von ihm gegründete Universität Alcalá de Henares. Projektleiter war der junge Philologe Diego López de Zúñiga, latinisiert Jacobus Stunica, aus Salamanca, der die Arbeit der beteiligten Wissenschaftler koordinierte und ihre Textvorlagen kollationierte, also minutiös mit den Quellenvorlagen verglich. Besonders anspruchsvoll war die 1517 abgeschlossene Ausgabe des Alten Testaments. Jede Seite war in drei Textspalten gesetzt – außen Hebräisch, in der Mitte das Latein der Vulgata und in der Innenspalte der griechische Text der Septuaginta. Im Falle des Pentateuchs gab es am unteren Rand noch eine vierte Spalte mit erläuternden aramäischen Texten und deren lateinischer Übersetzung.

Stunica war für diese Arbeit wie kein anderer geeignet, weil er neben den bei europäischen Humanisten üblichen Sprachkenntnissen auch noch solche in Aramäisch und Arabisch besaß. Seine herausragenden Fähigkeiten machten ihn aber gegenüber dem Werk anderer Wissenschaftler hochfahrend kritisch und für die eigene Meinung stets streitbereit. Das sollte insbesondere Erasmus erfahren, der seinerseits von kaum geringerem Selbstwertgefühl beseelt war. Als Stunica dessen Basler Neues Testament von 1516[24] in die Hände bekam, unterzog er es einer kritischen Prüfung und setzte dabei die eigene Edition als Vorbild und Maßstab an. Sein Urteil fiel geradezu vernichtend aus. Während seine Kollegen ungeachtet der auch ihnen bekannten Schwächen die Leistung des Rotterdamers anerkannten, brannte Stunica darauf, seine Kritik zu veröffentlichen und so Wasser in den Wein der Begeisterung zu schütten.[25] Zu diesem Zweck bereitete er eine ausführliche Rezension mit anhängender umfassender und detaillierter Fehlerliste vor. Dieses in Humanistenkreisen ganz ungewöhnliche Verfahren konnte nur das persönliche Eingreifen Cisneros verhindern, der darauf bestand, dass die Fehlerliste nicht veröffentlicht, sondern Erasmus direkt zugeschickt wurde.

Anfang der 1520er Jahre konnte die Complutensische Polyglotte endlich in die Welt hinaus gehen – in sechs beeindruckenden Bänden, vier für das Alte, einer für das Neue Testament, der sechste mit aramäischen, hebräischen und griechischen Wörterbüchern und sonstigen philologischen Hilfsmitteln. In den knapp fünf Jahren seit Abschluss des letzten Manuskriptes im Sommer 1517 hatten sich aber die Welt und mit ihr die religiösen und wissenschaftlichen Konfliktlinien dermaßen verändert, dass die unmittelbaren Wirkungen dieses spanischen Pionierwerks begrenzt blieben. Doch ungeachtet des «Pechs, zu dem sie verdammt war»,[26] ist die Polyglottbibel ein Indiz dafür, dass auf der Iberischen Halbinsel bereits am Ende des Mittelalters Schritte getan wurden, die anderwärts in Europa erst die reformatorische Rebellion und die katholische Reaktion darauf erzwangen. Nicht zuletzt auf diese vorreformatorischen Reformen ist es zurückzuführen, dass Spanien sich nach 1517 gegenüber der lutherischen «Häresie» resistent, gleichsam imprägniert erwies.

In gewisser Weise hatte aber auch – Ironie der Geschichte! – Erasmus mit seiner Basler Evangelienedition Pech, so hoch ihr wissenschaftliches Renommee auch bis heute ist. Denn Erasmus sah sich, hierin fast ein Luther avant la lettre, als «großer Herold einer Wiedergeburt des Evangeliums, mit dem erklärten Ziel, das Evangelium in die Hand eines jeden zu legen, einschließlich der Frauen und Bauern».

Unter dem Eindruck der reformatorischen Erschütterungen, die die Ablassthesen vom Oktober 1517 auslösten, reduzierte er dieses Programm dann aber ab 1523 merklich und gab es schließlich ganz auf. Luther und die Wittenberger hatten sein Bibelprogramm übernommen und ihm eine Frieden und Ordnung sprengende Radikalität gegeben, die den empfindsamen Gelehrten zutiefst schreckte. Auch der Selbsterhaltungswille zwang Erasmus zur Abgrenzung von der jetzt auch das Volk erfassenden Bibelbegeisterung. Denn nun stand jeder, der die freie Kraft der Bibel verkündete, in Rom unter Häresieverdacht.[27]

Vor der Polarisierung durch Luther waren Ansätze praktischer Kirchenreformen auch außerhalb Spaniens zu beobachten, selbst in Rom. Dort stieß 1517 der französische Gesandte Guillaume Briçonnet auf eine Reformgruppe mit Namen *«Oratorio del Divino Amore»*, deren Verbindung von mystischer Frömmigkeit und praktischer Nächstenliebe ihn faszinierte. Als er wenig später zum Abt von St. Germain-des-Prés in Paris ernannt wurde, ging er sogleich daran, diesen Reformansatz nach Frankreich zu übertragen.[28] Das «Oratorium der Göttlichen Liebe» hatte sich kurz zuvor in der Heiligen Stadt zusammengefunden. Es war der Ableger einer Genueser Bruderschaft aus Klerikern und hochgebildeten Laien, die ganz ähnlich wie der Wittenberger Augustinermönch Martin Luther mit dem Glauben und der Frömmigkeit ihrer Zeit unzufrieden waren und nach neuen, lebendigen und ehrlichen Formen christlicher Existenz suchten.

Bereits im späten 15. Jahrhundert existierte in Italien unter Klerikern und ihnen verbundenen Laieneliten ein *«evangelismo»*, dem das Evangelium Richtschnur des christlichen Lebens war.[29] Anders als Savonarola in Florenz in den frühen 1490er Jahren oder später Luther in Deutschland lag diesen Gruppen allerdings eine Rebellion gegen die Papstkirche fern. Es ging ihnen vielmehr um deren Festigung durch Beseitigung der Missstände und Rückkehr zu den ursprünglichen apostolischen Lebensformen. Nicht fromme Werke zu Gunsten des eigenen Seelenheils, Fasten und Pilgern etwa, standen im Zentrum, sondern das Ideal gelebter, die Person durchdringender *caritas*, die als eine von Gott geschenkte Gnade begriffen wurde. Das war eine Distanz zur herrschenden Werkfrömmigkeit, wie sie wenig später auch in den Ablassthesen des Wittenberger Augustiners zum Ausdruck kommen sollte. Bei der Umsetzung in den kirchlichen Alltag aber schlugen beide unterschiedliche Wege ein. Die Italiener setzten auf den Klerus selbst, der durch Verbesserung seiner Bildung, Frömmigkeit und Disziplin den Laienstand gleichsam organisch nach sich ziehen und damit die Priesterkirche wieder auf den Stand der Reinheit bringen sollte. Luther dagegen entwickelte aus seiner Gnadenlehre die These vom Priestertum aller Getauften und machte damit einen zur Vermittlung des göttlichen Heils notwendigen Priesterstand überflüssig.[30]

3. Ein europäischer Frieden zum Kampf gegen die anstürmenden Osmanen

Die Eroberung Kairos und der Arabischen Halbinsel durch die Osmanen beschäftigte seit Ende Februar die europäischen Mächte.[31] Besorgt waren auch die einfachen Christen auf dem Balkan und an den Küsten des Mittelmeers. Seit der Eroberung Konstantinopels 1453 galten die islamischen Türken als ebenso fähige wie grausame Erzfeinde der Christen. Auf dem Balkan rückten sie scheinbar unaufhaltsam vor – 1517 hatten sie Istrien erreicht und beherrschten damit die Gegenküste Venedigs. Als sich nach ihrem Triumph in Ägypten das Gerücht ausbreitete, der Sultan zöge vor der Küstenstadt Alexandria eine Kriegsflotte zusammen, um Italien vom Meer aus anzugreifen, rief das in Süditalien sogleich Erinnerungen an die Bluttat von Otranto wach. Dort waren im Sommer 1480 osmanische Schiffe aufgetaucht, und ein Stoßtrupp hatte die Stadt gestürmt. Damals mussten nicht weniger als 800 Männer mit ihrem Leben büßen, weil sie sich weigerten, zum Islam überzutreten, hingeschlachtet in einem wohlinszenierten Spektakel der Grausamkeit. Es war eine Tat der Einschüchterung, die 1517 nichts an Wirkkraft verloren hatte.

Wie seine Vorgänger sah sich Leo X. verpflichtet, die Selbstbehauptung der Christenheit gegenüber den Türken nicht nur geistlich-seelsorgerlich zu begleiten, sondern auch allianz- und machtpolitisch zu organisieren. Am 16. März nutzte er die feierliche Schlusssitzung des Fünften Laterankonzils in der St. Johannes-Basilika zu einem ebenso feierlichen wie dringenden Appell an die christlichen Herrscher, ihre Interessensgegensätze zu überbrücken und geschlossen gegen den gemeinsamen Feind vorzugehen: «*Gedrängt durch unseren Glaubenseifer beschließen wir mit Billigung des heiligen Konzils, den (...) Feldzug gegen die Ungläubigen aufzunehmen (...), wie er von uns und unserem Vorgänger Julius (...) so oft in Aussicht gestellt und versprochen und mit den Sprechern der Könige und Fürsten (...) viele Male erörtert wurde.*»

Er selbst werde unablässig für einen glücklichen Verlauf beten und gebiete «*ebendies allen Christgläubigen beiderlei Geschlechts*». Zudem bot er konkrete logistische und finanzielle Unterstützung durch den Kirchenstaat an. Eindringlich ermahnt er «*den gewählten Kaiser Maximilian, die christlichen Könige, Fürsten und Machthaber, (...) sie mögen eingedenk sein, daß sie über die Kirche, die durch Christi Blut erlöst wurde und die sie, auch unter Einsatz des eigenen Lebens, schützen und erhalten müssen, Rechenschaft abzulegen haben. Sie sollen allen gegenseitigen Haß hintanstellen (...) und aus Hochachtung vor Gott und dem Apostolischen Stuhl wenigstens während des besagten Feldzugs dafür Sorge tragen, den von ihnen geschlossenen Frieden unverbrüchlich zu bewahren, damit ein so hohes Gut, das wir mit Hilfe der Rechte des Herrn zu erreichen hoffen, durch das Auftreten von Zwietracht und Streit nicht noch behindert wird.*»[32]

In den folgenden Monaten war die Kurie intensiv damit beschäftigt, die Resolution in die Tat umzusetzen und die christlichen Fürsten zur raschen Aufstellung von Militärkontingenten zu veranlassen. Um die Herrscher und ihre Räte aufzurütteln, verwies man auf die Geisterschlacht vor Bergamo, die den Generalangriff der Türken angezeigt und endgültig deutlich gemacht habe, dass «*nicht mehr Larifari, sondern handfeste Vorkehrungen*» nottäten.[33] Im Sommer beriet eine päpstliche Expertenkommission über die finanziellen, logistischen und politischen Voraussetzungen der militärischen Intervention und ihres Erfolges. Im November verabschiedete sie ein ausführliches Memorandum, das die päpstliche Diplomatie sogleich an die weltlichen Höfe weiterleitete.[34]

In sechs Punkten werden Legitimation und Durchführung des Feldzugs konkret entwickelt – die Berechtigung und Art der militärischen Aktionen (Verteidigungs- oder Angriffskrieg); die Allianzfrage; das Oberkommando; die Finanzierung durch Kleriker und Laien; die Rekrutierung und Zusammensetzung des Heeres und der Flotte; deren Marsch- und Segelrouten; schließlich die Verteilung der eroberten Landstriche und sonstiger zu erwartender Beute unter die einzelnen Fürsten.

Die Legitimationsfrage streifte man nur, sei doch offensichtlich, dass *«unser ewiger und zugleich mächtiger Feind (...) nicht eher Ruhe geben werde, als bis er die ganze Christenheit unterjocht hat. Und wo die Notwendigkeit (der Selbsterhaltung) eintritt, da finden selbstredend keine Beratungen mehr statt.»* Die somit unumgänglichen militärischen Operationen könnten vernünftigerweise strategisch nur als Offensivkrieg geführt werden. Träger solle eine unter dem Schutz des Papstes abzuschließende *«Heilige Bruderschaft der Fürsten»* (una sancta fraternitas principum) sein, im Kern der west- und mitteleuropäischen Mächte, flankierend aber auch der Könige Ungarns und Polens. Denn der Vorstoß von *«ihrer Seite in die Türkei»* werde den Siegeszug des Hauptheeres entscheidend erleichtern. Das Oberkommando solle bei *«zwei Feldherren»* liegen, *«die unter Gottes Schutz, durch große Macht und großes Ansehen, sowie durch gegenseitiges Vertrauen miteinander verbunden wären. Es kann kein Zweifel sein, daß hierzu die geheiligte kaiserliche Majestät und der Allerheiligste König der Franzosen die geeignetsten sind.»* Noch keine Rede von dem Habsburger Karl, der ein Jahrzehnt später als *«miles christianus»* die Hauptlast des Türkenkrieges übernehmen sollte, 1517 aber noch ganz damit beschäftigt war, in mehreren Etappen seine spanischen Herrschaften anzutreten. Keine Rede auch von einem *«Kreuzzug»*, allenfalls ein ferner Anklang an die jahrhundertealte Kreuzzugsrhetorik im Schlusssatz, der den *«teuren Königen und Fürsten»* verheißt, dass sie durch diesen Krieg *«Gott so angenehm sein (werden), daß sie außer der Vermehrung ihres Besitztums auch noch ewiges Lob als den Preis ihrer Tugend bei den Menschen erlangen, und ihren Namen in das Buch des Himmels eingeschrieben sehen werden».*[35]

Noch im Dezember 1517 traf die Antwort Franz' I. von Frankreich in Rom ein – eine Frucht der frankreichfreundlichen Wende des

Medici-Papstes. Der zweite zum Führer der christlichen Heere vorgesehene Herrscher ließ sich dagegen Zeit: Kaiser Maximilian setzte eine Kommission ein, die das päpstliche Schreiben Punkt für Punkt erörterte und erst im Laufe des Februars 1518 beantwortete. Beide Monarchen trugen Bedenken und eigene Vorstellungen vor: Der französische König äußerte sich skeptisch gegenüber dem päpstlichen Optimismus, die gesamte Christenheit werde sich an den Kosten beteiligen. Die vorgeschlagenen Modalitäten über die Verteilung der Beute lehnte er weitgehend ab.

«*Kayser Maximilians Anslag wider die Türken*» entwickelte mit einem auf drei Jahre festgelegten Feldzugsplan einen detaillierten Gegenentwurf: Die oberste Leitung müsse beim Kaiser liegen. Franz I. und auch der englische König sollten zunächst im Hintergrund bleiben. Stattdessen müsse König Manuel von Portugal eine führende Rolle übernehmen. Zu packen sei der Feind dort, wo er gerade seine größten Erfolge erzielte. Deutsche Landsknechte sollten zusammen mit spanischen und portugiesischen Fußtruppen, von den iberischen Flotten an die nordafrikanische Küste gebracht, die Osmanen aus Ägypten und Syrien vertreiben – angeführt von der «*Kay. Majestät und dem Kunig zu Portugal, die zue wasser und lanndt stats ungetailt beyainander bleyben*» sollen. Erst im zweiten Jahr sollten dann die anderen europäischen Könige aktiv werden, Franz I. über den Balkan und der polnische König von Nordosten auf Konstantinopel vorstoßen. Dort sollten sich im dritten Jahr alle christlichen Heere vereinigen, um unter dem Oberbefehl des Kaisers Ostrom wieder dem Christentum zuzuführen.[36] Angesichts seines hohen Alters wird man Zweifel haben, dass es Maximilian ernst war, selbst an die Spitze der Christenheere zu treten. Eher handelte es sich um den Versuch, die gerade im Verhältnis Frankreich-Habsburg wichtige Frage des Oberkommandos so lange offen zu halten, bis die Herrschaft seines Enkels Karl in Spanien fest etabliert war.

Gleichwohl hatten beide Monarchen ihr prinzipielles Einverständnis erklärt. In Frankreich war die Vorstellung, der König werde als *miles Christi* gegen die Türken ziehen, so stark, dass in Paris noch 1517 der Bericht über die «*Grant voyage de Jhérusalem*» erschien,[37] eine Reminiszenz an die Kreuzzüge, in denen französische Heere bereits einmal an vorderster Front im Kampf gegen die Muslime gestanden hatten. Als sich auch Heinrich VIII. von England, der neue spanische König Karl und vor allem Manuel von Portugal zur Teilnahme verpflichteten, schien Ende 1517, Anfang 1518 eine von den führenden christlichen Mächten gemeinsam getragene militärische Abwehraktion gegen die Osmanen näher als je seit dem Fall Konstantinopels 1453.

Leo X. sah sich als Friedenspapst und geistiger Führer christlicher Selbstbehauptung bestätigt. Am 3. März 1518 entsandte er vier der politisch versiertesten Mitglieder des Kardinalsgremiums als päpstliche Sonderbotschafter an die führenden europäischen Höfe. Als «Legati de latere», direkt von der Seite des Papstes geschickt, sollten sie vor Ort die politischen und militärischen Vorbereitungen des Kreuzzuges vorantreiben. Am 6. März erschien eine päpstliche Bulle, die nochmals eindringlich die Türkengefahr beschwor und in einer Art päpstlicher Notstandsverfügung für die gesamte Christenheit einen fünfjährigen Waffenstillstand anordnete und Verstöße dagegen mit schweren Kirchenstrafen sanktionierte.

Der Papst wäre nicht Papst gewesen, hätte er versäumt, seine diplomatischen und mächtepolitischen Aktionen priesterlich zu begleiten: Mitte März inszenierte er in Rom eine kirchliche Feier, die demütige Bitte an Gott und Demonstration christlicher Macht und Entschlossenheit in einem war. Eine Bittprozession zog über mehrere Tage hinweg durch die Heilige Stadt – von Altar zu Altar, von Kirche zu Kirche. An ihrer Spitze gingen oder ritten der päpstliche Hof und die Kardinäle, gefolgt von den Ordens- und Weltgeistlichen, den Bruderschaften und dem allgemeinen Kirchenvolk.[38]

Die hochgestimmten Hoffnungen währten jedoch nur wenige Monate. Wie bereits die berühmten Türkenreden des Kardinals Enea Silvio Piccolomini nach dem Fall Konstantinopels 1453[39] führte das alles auch jetzt vor allem zur Konstruktion des «ungläubigen Barbaren» als symbolisches Feindbild des christlichen Europa.[40] Eine echte machtpolitische Geschlossenheit ließ sich nicht erreichen, zu gewaltig waren die finanziellen und logistischen Probleme, zu unterschiedlich die konkreten Interessen. Vor allem denen, die unmittelbarer Gefahr ausgesetzt waren, musste alles an einer raschen Sicherung liegen, die nur von der Hohen Pforte selbst zu erlangen war. Das galt nächst den Christen auf dem Balkan vor allem für die Handelsrepublik Venedig. Diese hatte immer wieder diplomatische Kontakte zur Hohen Pforte aufgenommen, die 1514 in einen formellen Friedensvertrag mündeten. Die Markusrepublik war nicht gewillt, auf diesen Schutz zu verzichten. Im Gegenteil, zur Empörung Roms erneuerte sie den Frieden eilig.[41]

Auch die von Leo beschworene *«heilige Brüderschaft der Fürsten»* hielt der Konkurrenz der aufsteigenden Machtstaaten nicht stand. Im Januar 1519 starb Kaiser Maximilian, und die Gewichte in der europäischen Mächtebalance waren zwischen Habsburg und Valois neu auszutarieren. Gleichzeitig erreichte die Ende 1517 in Wittenberg eingeleitete Rebellion gegen Rom ein Ausmaß und eine Grundsätzlichkeit, die auf Jahre hin die Aufmerksamkeit der Kurie ebenso wie der weltlichen Fürsten Europas nach innen lenkte. So blieb auch unter Leo X. die unverkennbare Machtasymmetrie zwischen Christen und Osmanen bestehen: Europa hatte über Jahrzehnte hinweg eine erfolgreiche Invasion der Muslime zu verkraften. Eine abgestimmte gemeinsame Militäraktion blieb eine Vision, die die osmanischen Sultane nicht zu fürchten hatten.[42] Auch später, als 1526 die Osmanen das ungarische Heer bei Mohács vernichteten, der Weg nach Mitteleuropa frei war und türkische Flotten selbst ins westliche Mittelmeerbecken vordrangen, kamen gesamteuropäische Aktionen nur ausnahmsweise zustande. Die Hauptlast der Verteidigung trug hier wie dort das Haus Habsburg, an der Balkanfront immerhin unterstützt durch die inzwischen aufgeschreckten Reichsstände.

4. Die Pracht der Renaissance und die Ruine von St. Peter

Unter Julius II. und Leo X. war Rom nicht nur religiös, sondern auch kulturell *caput mundi / Haupt der Welt*. Zwar machten Venedig, Florenz, Neapel und die kleineren Fürstenhöfe Oberitaliens der Ewigen Stadt Konkurrenz. Für die Zeitgenossen wie im heutigen Rückblick war es

aber der Hof der Päpste, der in den beiden ersten Jahrzehnten des
16. Jahrhunderts die Normen des Geschmacks setzte.[43] Nachdem die
Blüte der Frührenaissance in Florenz und Neapel in dynastischen und
politischen Wirren versunken war, entfaltete sich die Hochrenaissance
am Tiber. Die Künste und Wissenschaften zu fördern, um dadurch das
eigene Ansehen zu mehren, daran war damals allen Fürsten, ja selbst
den Stadtmagistraten gelegen. Das war die «neue Realität des Staates,
begriffen als öffentliche Ordnung und als Gewaltmonopol zur Bestimmung des weltlichen und des ewigen Wohls der Untertanen».[44] Im
päpstlichen Rom war die symbolische Repräsentation aber von besonderer Art. Dort stellte der «souveräne Pontifex» seine zwei Seelen dar,
die geistige und die weltliche, auf denen sein Führungsanspruch in der
Stadt und im Erdkreis ruhte. Die Ewige Stadt wurde zur Bühne, auf
der sich das Antike und Christentum verbindende Renaissance-Programm gleichsam universell entfaltete.

Wie bei seinen Vorgängern seit Mitte des 15. Jahrhunderts, hatte
auch die Herrschaftsrepräsentation Leos X. drei Schwerpunkte – die
Stadt Rom, den Papstpalast und die Petrus-Basilika. Das neue Renaissance-Rom wurde inhaltlich wie formal als Gesamtkunstwerk geplant, in dem sich nicht nur die Straßenzüge, Sichtachsen, Kirchen,
Papstpaläste zusammen mit den Villen und Gärten des neuen Hofadels
zu geometrischer Harmonie zusammenfanden, sondern die Heilige
Stadt als Abbild des himmlischen Jerusalem die ewige Wahrheit und
Verheißung des Christentums bezeugte.

Den Wert urbanistischer Planung für Kirche und Papsttum hatte
bereits Mitte des 15. Jahrhunderts Nikolaus V. erkannt und in einer
Empfehlung festgehalten. Für die wenigen Gelehrten lasse sich die
Autorität der Kirche in Büchern darlegen: *«Die Menge des Volkes aber
versteht nichts von Büchern und ermangelt jeder gelehrten Bildung. Dem Volk
muß deshalb mit großartigen Schauspielen imponiert werden, denn sonst wird
sein auf schwankenden und schwachen Fundamenten gegründeter Glaube endlich ganz hinschwinden. Durch großartige Gebäude nämlich, die in gewissem
Maß dauernde, eigenhändige Werke Gottes zu sein scheinen, kann die Überzeugung des Volkes gestärkt werden, und erfährt die Versicherung der Gelehrten Bestätigung.»*[45]

So sehr er sich in der Tradition der früheren Päpste sah, zeigte doch erst Leo X. den Willen zu einem großen Plan, der die vielfältigen städtebaulichen Ansätze der Vorgänger zusammenzwang und systematisierte. Vor allem aber schuf er mit dem Geschäftssinn der Medici die materiellen Voraussetzungen, einen guten Teil der Pläne zu verwirklichen. Gleich nach seiner Thronbesteigung 1516 hatte er einen Preisstop für Baumaterialien verhängt. Mit der Bulle vom 2. November 1516 machte er Planung und Ausbau des Römischen Wegenetzes zu einem hoheitlichen Reservatrecht, begünstigte aber zugleich die *curiam sequentes* – modern gesprochen: die von der Kurie berechtigten Investoren – mit der Freiheit, Wohnhäuser umzubauen, zu erweitern oder auch abzureißen und neue zu errichten. Am 2. September 1517, ein knappes Jahr später, stellte der Erste Konservator der Kurie, Mario de Peruschi, zufrieden fest, es stehe *«bereits vor aller Augen, wie Geist und Wille zu bauen aufblühten und die Stadt Rom mit neuen Bauwerken und Menschen erhoben und nobilitiert wird».*[46]

Für die moderne Gestaltung der Stadt wurde ein *motu proprio*, also eine vom Papst persönlich ausgegangene Verfügung vom 11. Oktober 1517 richtungsweisend, die sich auf die Gebäude- und Wegesituation am nördlichen Eingang Roms bei der Kirche Santa Maria del Popolo bezog. Die auf dieser Basis von Raffael und Antonio da Sangallo dem Jüngeren entwickelten Pläne für einen Platz mit zwei spitzwinklig davon ausgehenden Straßenzügen wurden zur Blaupause der heute noch vorhandenen nördlichen Eintrittssituation in die innere Stadt. Ähnlich sah es mit den Palästen der römischen Geschlechter aus, die, wie vor allem die Farnese, Leos Initiative nutzten, um in den Jahren 1516/17 Grundstücke zur Arrondierung ihres Besitzes zu erwerben und die damit für Jahrhunderte Präsenz und Anspruch ihres Geschlechts markierten. Außerhalb der Stadt setzte mit den ersten Villenprojekten eine neuzeitliche Landschaftsgestaltung ein, so namentlich im Falle der *Villa Madama* nordwestlich auf dem rechten Tiberufer, für die Raffael 1517 im Auftrag des Papstcousins Kardinal Giulio de' Medici einen ersten Entwurf anfertigte. Wo die stadtbaulichen Visionen der della-Rovere-Päpste dem blanken Machtwillen galten, da wollte Leo Rom und die Tiberlandschaft zu einer steingewordenen Demonstration des Ideals des *buon governo* machen, zum Inbegriff des friedlichen, dem ästhetischen wie dem geistigen Wohl der Untertanen dienenden Regiments.[47]

Im vatikanischen Palast waren zu diesem Zeitpunkt Raffael und seine von Giulio Romano geführte Werkstatt dabei, die Zimmerfluchten im zweiten Stock auszumalen.[48] Dort lagen die Arbeits- und Privaträume des Papstes, in denen er seine Studien trieb, Privataudienz erteilte, Diplomaten empfing und Dokumente unterzeichnete, viele weltgeschichtlich bedeutsam wie die Bullen gegen Luther und die Reformation. Das war zugleich der Ort, an dem der Herrschafts- und Machtanspruch des Souveräns in ästhetischer und philosophischer Verdichtung darzustellen war. Das dort zu verwirklichende ikonographische Programm, aber auch die Wahl des Künstlers, der es realisieren sollte, waren Staatsangelegenheiten ersten Ranges.

Den Auftrag, die Stanzen mit Fresken zu schmücken, hatte Papst Julius an Raffael Sanzio vergeben, einen zu diesem Zeitpunkt noch sehr jungen und nur Kennern bekannten Künstler. Auch das Programm stammte von Julius beziehungsweise einem seiner engsten Berater. Darzustellen war die ästhetisch-philosophische Feier der Religion sowie der Ruhm des Papstes in seiner Doppelfunktion als Pontifex maximus und säkularer Fürst – eine machtvolle Verkündigung seines Vorranges im Kreise der christlichen Herrscher. Wie die Themen in gemalte Erzählungen umzusetzen waren, darin blieb die Phantasie des Künstlers ganz und gar frei. Das hatte Raffael bei der Stanza della Segnatura, dem Arbeits- und Bibliothekszimmer Julius' II., überzeugend zu nutzen gewusst.

Leo X. bestätigte daher Raffaels Auftrag, zumal dessen Ruhm inzwischen den aller anderen Künstler überstrahlte. Im Programm der noch anzufertigenden Fresken und in der konkreten Ausgestaltung der einzelnen Erzählszenen setzte der Medici-Papst aber eigene Akzente. In den *Stanze di Eliodoro* und *dell'Incendio*, in denen Raffaels Werkstatt 1517 tätig gewesen sein dürfte – genaue Datierungen liegen nicht vor –, sind es nun die Porträts Leos X. und ihm nahestehender Kardinäle, die die großen Szenen der Papstgeschichte und die papalen

Herrschaftsansprüche in Gegenwart und Zukunft darstellen: In dem kleinen Vorzimmer *Stanza di Eliodoro*, benannt nach dem Hauptbild *Die Vertreibung des Heliodor*, ist als symbolischer Ausdruck des Vorrangs der geistlichen vor der weltlichen Macht die Begegnung Leos I., des Großen, mit dem Hunnenkönig Attila 452 vor Mantua dargestellt. Der Papst hoch zu Ross trägt unverkennbar die Züge Leos X., ihm zur Seite prominent platziert zwei Kardinäle, Porträts aus der engsten Umgebung Leos X., nämlich Bernadino Carvajal und Frederico di Sanseverino. Eine Vorzeichnung, die erhalten blieb, macht wahrscheinlich, dass ursprünglich einer der Begleiter die Züge Kardinal Alfonso Petruccis tragen sollte. Da Petrucci aber im März die Kardinalsverschwörung angeführt hatte, musste das geplante Porträt durch ein anderes ersetzt werden. Es boten sich die Kardinäle Carjaval und Sanseverino an, die dann im ausgeführten Fresko tatsächlich ihren Auftritt haben. Wegen ihres früheren Engagements für Frankreich und das Pisaner Oppositionskonzil wären sie für Leos Vorgänger Julius ganz inakzeptabel gewesen. Nun ließen sich mit ihnen gleich zwei Grundpfeiler der Medici-Politik ins Bild setzen: die französische Allianz und der Friedenspapst, der den ehemals schismatischen Kardinälen des Pisaner Konzils verzeiht.[49]

Im anschließenden privaten Esszimmer konnte Leo X. das Freskenprogramm weitgehend unabhängig von Vorplanungen seines Vorgängers selbst bestimmen. Das geschah in enger, zeitweilig täglicher Abstimmung mit Raffael. Das namengebende Hauptfresko in dieser *Stanza dell'Incendio* zeigt den verheerenden Brand von 847 im «Borgo», dem Viertel unmittelbar vor St. Peter, den Papst Leo IV. der Legende nach durch seinen Segen löschte. Auch hier trägt der frühmittelalterliche Papst die Züge Leos X. In serener Distanz vom wilden Brandgeschehen gebietet er vom Fenster des vatikanischen Palastes aus dem Feuer Einhalt, ohne dazu einen Wassereimer in die Hand nehmen zu müssen.

Noch deutlicher ist das politische Interesse des Medici-Papstes in der zweiten Haupterzählung des Raumes, die direkt auf sein Vorhaben anspielt, die Fürsten der Christenheit zu einer Militärallianz gegen die Türken zusammenzuschmieden. Leo X. verkörpert wiederum Leo IV., nun im Jahr 849 am Strand vor dem Hafen von Ostia auf einem Thron

Leo X. in der Rolle seines großen Vorgängers Leo IV. am Strand von Ostia die Hilfe Gottes gegen die Invasionsflotte der Sarazenen erflehend – ein Raffael-Bild, das damals jeder Betrachter mit dem Willen des Papstes, die europäischen Herrscher zum Kampf gegen die Türken zu bewegen, in Verbindung brachte.

sitzend. Anlass ist der eben in Allianz mit süditalienischen Hafenstädten erfochtene Seesieg über die Sarazenen. Wiederum wird nicht auf Aktivität, sondern auf die päpstliche Spiritualität abgehoben. Denn vor Ostia hatte seinerzeit nicht das Schwert des weltlichen Souveräns die Entscheidung herbeigeführt. Vielmehr hatte das Gebet des Pontifex Gott selbst einen gewaltigen Sturm schicken lassen, der die Sarazenenschiffe vernichtete. Auch dieses Fresko führte den Geschichtskundigen – das waren damals alle, die etwas zu sagen hatten – den päpstlichen Vorrang vor den weltlichen Fürsten vor Augen. Denn die karolingische Kaisermacht hatte als Schützer der Heiligen Stadt versagt und zulassen müssen, dass die heidnischen Sarazenen sogar St. Peter in Rom ausraubten und die ehrwürdigsten Heiligenstatuen und liturgischen Geräte verloren gingen.[50] Und schließlich war jedem Betrachter die Parallelität zwischen der dargestellten Sarazenengefahr zu Mitte des 9. Jahrhunderts und der 1517 akut drohenden Türkeninvasion bewusst.

Das dritte und vierte Fresko in dieser Stanze zeigt den Betrachtern, namentlich den hier empfangenen Diplomaten, welchen der zeitgenössischen Fürsten der Medici-Papst sich als weltliches Pendant an der Spitze der Christenheit wünschte: Sowohl bei der *Krönung Karls des Großen* des Jahres 800 als auch bei dem in denselben historischen Zusammenhang gehörenden *Reinigungseid* ist es König Franz I. von Frankreich, der im Zusammenspiel mit Leo X. (diesmal als Leo III.) den Karolinger-Kaiser verkörpert. Wenn bei der Erarbeitung des Programms auch wohl kaum intendiert, so eröffnete diese Darstellung doch wenige Monate nach ihrer Vollendung die «Perspektive auf die mit der Luthersache engstens verwobene Problematik der deutschen Königs- bzw. Kaiserwahl 1518/19»,[51] bei der der Medici-Papst alles daransetzte, den Habsburger Karl von Spanien zu verhindern und stattdessen Franz I. von Frankreich zur Römischen Kaiserwürde zu verhelfen.

Raffael nahm 1517 noch zwei weitere formal wie inhaltlich höchst beachtliche Beispiele Mediceischer Kunstrepräsentation in Angriff: die Darstellung *Leos X. mit seinen Nepoten Giuliano de' Medici und Luigi de Rossi* und das Monumentalgemälde *Verklärung Christi*. Die Porträts der drei Medici (Luigi Rossi war Sohn der älteren Maria de' Medici) zeigen das neue Papst-Geschlecht auf dem Höhepunkt seiner Strahl- und Lebenskraft: Im Vordergrund sitzend der Papst ebenso würdig wie kraftvoll. Mit seinen kleinen Schwächen lässt sich sogar spielen: Leo hält eine Lupe in der Hand, Zeichen gleichermaßen der realen Kurzsichtigkeit wie der papalen Aufmerksamkeit auch für die scheinbar kleinen Dinge in der Christenheit. Hinter ihm, aber nicht im Hintergrund, seine Cousins als Garanten für eine bleibende Präsenz der Medici-Dynastie in Rom. Giulio sollte sie wenig später als Papst Clemens VII. (1523–1534) auf einen neuen glanzvollen Höhepunkt führen.

Das Tafelbild *Verklärung Christi* gab eben derselbe Kardinal Giulio de' Medici 1517 bei Raffael in Auftrag. Es sollte das letzte Werk des Meisters werden, an dem er bis zu seinem Tode 1520 arbeitete. Grandios bringt es die durch den Medici-Papst verkörperte Synthese von Kunst

Das letzte große Tafelbild Raffaels bringt nochmals jene Synthese von Religion und Kunst zum Ausdruck, die über die nächsten Jahrhunderte hin den einen als kostbares Erbe des Medici-Papstes gilt, den anderen, den Protestanten, aber als Beleg dafür, dass das Renaissance-Papsttum die Religion um der Macht willen verriet und das durch die Kunst verbrämte.

und Religion zum Ausdruck – in einem Moment, als im fernen Wittenberg die Einschätzung heranreift, der Papst in Rom sei der Antichrist! Alles weist bei Raffael auf den weiß bekleidet in den Himmel emporschwebenden Christus hin – die alttestamentlichen Propheten und die knienden Heiligen der Himmelszone ebenso wie im Vordergrund die Apostel und das biblische Ehepaar, das bei dem Erlöser Hilfe für seinen kranken Sohn sucht, ja auch der besessene Jüngling selbst, der mit hoch erhobener Hand zu Christus fleht.[52] Das ist ein Christuszentrismus der Hochrenaissance, der uns heute mit der Christustheologie der eben aufbrechenden Reformation durchaus verwandt erscheint.

Tief religiös ist schließlich auch das Programm der Raffael-Tapisserien zur Apostelgeschichte für die untere Wandzone der Sixtinischen

Kapelle. Die Kartons hatte Leo X. bereits 1514/15 in Auftrag gegeben. Ende 1516 erhielt der Künstler seinen letzten Honoraranteil ausgezahlt, 1517 wurden die Kartons nach Brüssel versandt, ins Zentrum des europäischen Tappisseriehandwerks. Unter Leitung der berühmten Kunstwebemeister Pieter van Aelst und Bernard van Orley begann man dort im Sommer mit der Produktion der Wandteppiche. Bereits im Dezember 1519 konnten Raffaels Apostel-Teppiche ihren Platz im religiösen Welt- und Historientheater der Sixtinischen Kapelle einnehmen.[53]

Leos wichtigstes Bau- und Kunstprojekt war aber weder die urbane Umgestaltung Roms noch die Freskierung der Papstgemächer. Wie eine Wunde klaffte gleich neben dem Papstpalast die Ruine von Alt-St.-Peter und verlangte Heilung. Anders als in der Papstresidenz ging es hier nicht um die weltliche Herrschaftsrepräsentation, sondern um den Anspruch des Papstes, als Nachfolger Petri die Christenheit zu führen. Die Grabeskirche des Apostels stellte sich 1517 in einer chaotischen Mischung aus Ruine, Provisorium und himmelanstürmendem Geniegestus dar: Die Basilika, die Kaiser Konstantin hatte errichten lassen, war seit langem der Sicherung und Renovierung bedürftig. Mitte des 15. Jahrhunderts hatte Papst Nikolaus V. diese Aufgabe in Angriff genommen, sie aber nicht vollenden können. Zu Beginn des 16. Jahrhunderts war der Verfall so weit fortgeschritten, dass eine grundlegende Neugestaltung unaufschiebbar war. Noch im Jahr seiner Inthronisierung beauftragte Julius II. den erfahrenen Architekten Donato Bramante, der sogleich mit Energie ans Werk ging. Er ließ die nur noch unter Lebensgefahr zu betretende Kirche bis auf die Fassade abreißen und trieb «gleichsam in das Weichteil der spätantiken Basilika Alt-St.-Peter» gewaltige Vierungspfeiler, die einen Neubau gewaltigen Ausmaßes ankündigten. Als Auftraggeber und Architekt 1513 bzw. 1514 starben, standen nicht mehr als diese vier mächtigen Pfeiler. Im provisorisch gesicherten Chor war über dem Altar und dem Apostelgrab eine Art Schutzhütte errichtet, die Rompilgern und Einheimischen einen bescheidenen Raum zur Feier der Messe bot.

Noch Jahrzehnte nach der fehlgeschlagenen Finanzierungskampagne durch den St. Petrus-Ablass blieb die päpstliche Kathedralkirche Ruine – grandios in der Skizze des Niederländers Maarten van Heemskerck aus dem Jahr 1536, zugleich aber berührendes Mahnmal für die tiefe Krise, die die lateinische Christenheit im 16. Jahrhundert durchlief.

An der ehrwürdigsten Stelle der christlichen Welt zeigte sich ganz ungeschminkt das «Doppelgesicht der Renaissance»[54] – der Wille, die Antike neu zu erwecken, einerseits und andererseits die brutale Bedenkenlosigkeit, das Alte zu zerstören und für die eigene geniale Neuschöpfung Tabula rasa zu machen. Es konnte nicht ausbleiben, dass sich an dieser unwürdigen Bauwunde Unwille und Kritik entzündeten, besonders beißend im Sommer 1517 im Dialogtraktat *Simias / Affe* aus der Feder des Humanisten Andrea Guarna da Salerno. Dem Erasmus-Traktat *Julius exclusus* vergleichbar, disputieren unter Führung des Titelhelden Simias die Seelen Verstorbener am Himmelstor mit dem Pförtner Petrus. Dabei kommt es zu einer absurd komischen Auseinandersetzung zwischen dem Apostel und Bramante, dem eben von der Erde abberufenen Baumeister von St. Petri. Der Himmelspförtner weist den Architekten scharf zurecht, weil er die Kirche über seiner irdischen Ruhestätte demoliert habe. Bramante reagiert in der selbstbewussten Manier des Renaissancemenschen: Er sei gerne bereit, auch das Paradies abzureißen und prachtvoll neu zu gestalten. Verweigere man ihm das, werde er seine Baukunst der Hölle widmen.[55] Direkter noch war der Protest der Römer: *«Donato Bramante, Maestro Ruinante»* / *«Bramante, der ruinöse Meister»* schrieb einer auf ein Schild und hängte es in der Ruine von St. Peter einer Statue um den Hals. Die Architektenkollegen stimmten in den Spott *post mortem* ein und legten eine Bauzeichnung vor, die in «gezeichneter Ironie» die von Bramante hinterlassene Planung ins Groteske steigerte.[56]

Das Bauvorhaben war aber keineswegs aufgegeben worden.[57] Im Gegenteil, Leo X. – ebenso kunstfreudig wie sein Vorgänger und wie dieser auf machtvolle Repräsentation bedacht – machte sich das Projekt zu eigen und begleitete den Fortgang durch wo möglich tägliche Gespräche mit dem neuernannten Chefarchitekten Raffael und dem Bauingenieur Bramantes, Frà Giocondo. Aus der unter Julius tätigen Baukommission machte er ein internationales Expertengremium, das in modern anmutender Weise Planung und Baubetrieb organisieren und kontrollieren sollte. Vor allem aber setzte er sein Finanztalent ein, um den für dieses ambitiöse Bauvorhaben bislang allzu spärlichen Geldfluss zu beschleunigen. Er setzte auf den Ablass als ein Finanzierungsinstrument, das in geradezu idealer Weise die Pflichten des Bauherrn mit denjenigen des Seelsorgers zu verbinden schien. In gewisser Hinsicht hatte der Ablass[58] sogar partizipatorische Züge, gab er doch dem einzelnen Christenmenschen die Möglichkeit, sich an der Errichtung des wichtigsten Sakralbaus der Christenheit zu beteiligen – vergleichbar dem heute verbreiteten symbolischen Verkauf von Bausteinen zur finanziellen und ideellen Beteiligung Einzelner an hervorgehobenen Kulturbauten.

Leo X. übertrug den sogenannten Petersablass, der bereits von seinem Vorgänger für Gebiete außerhalb Deutschlands verkündet worden war, 1514 für drei Jahre auch auf süd-, west- und norddeutsche Bistümer; 1515/16 wurden die Kirchenprovinzen Mainz und Magdeburg einbezogen, ab Sommer 1517 auch die bis dahin ausgesparten Teile Österreichs. Generalkommissar für die Erzdiözesen Mainz und Magdeburg war deren Oberhaupt Erzbischof Albrecht von Brandenburg. Die Kampagne organisierte der Leipziger Dominikanermönch

Johannes Tetzel, der 1517 mit Hochdruck und findigen Verkaufsstrategien die Ablassbriefe an den Mann oder die Frau brachte.
Trotz dieser Ausweitung und Intensivierung konnte Rom bis Ende 1517 kaum nennenswerte Einnahmen aus Deutschland verzeichnen. Bereits vor Luthers Grundsatzkritik hatte die spätmittelalterliche Ablassbegeisterung ihren Zenit überschritten – totgeritten von einer «maßlosen Vermehrung». Allein in den ersten anderthalb Jahrzehnten des 16. Jahrhunderts hatte es in den genannten Gebieten Deutschlands nicht weniger als sieben Ablasskampagnen gegeben – für Deichbauten in den Niederlanden, zum Wiederaufbau abgebrannter Pfarrkirchen, für Neubauprojekte etwa in Augsburg oder Mainz etc. etc.[59] Somit war der Ablass zur Finanzierung von Neu-St.-Peter, auf den sich seit Luther die Ablasskritik konzentrierte, nur ein Angebot unter vielen. Und da sich die Ablassofferten häuften, nahm sie die Christenheit inzwischen desinteressiert oder gar mit Skepsis auf.

Der Verkaufserlös wurde für die Kurie zusätzlich dadurch geschmälert, dass ein nicht unerheblicher Anteil den deutschen Verkäufern zufloss, vor allem dem Mainzer Erzbischof Kardinal Albrecht. Allein, auch das gehörte zu den Finanzierungsmodellen des Medici-Papstes: Ein Dreiecksgeschäft zwischen Rom, Augsburg/Fugger und Mainz hatte Leo X. eine beträchtliche Summe eingebracht – als Kompensation für seine Zustimmung zu der kirchenrechtlich verbotenen Akkumulation der beiden Erzbistümer Magdeburg und Mainz in der Hand Albrechts von Brandenburg. Albrecht hatte die Gelder bei den Fuggern geliehen und wollte sie nun aus den Ablasseinnahmen zurückzahlen zuzüglich eines nicht unbeträchtlichen Zinsaufschlags. Dass dies alles geheim bleiben musste, versteht sich von selbst, sollte Papst wie Kardinal aber nicht vor der Katastrophe bewahren.

Noch in einer weiteren Hinsicht unterlag Leo X. bei der Planung des Weiterbaus von St. Peter einer Fehleinschätzung: Indem er auch die Bauleitung von St. Peter seinem Hausgenie Raffael übertrug, überspannte er die Kräfte dieses allseits gefragten Künstlers und Kunstunternehmers. 1517 lagen daher die konkreten Entwurfs- und Planungsarbeiten zur Fortsetzung des Bramantebaus nicht bei Raffael, sondern bei dem ihm zugeordneten *architetto coordinator* Antonio da

Sangallo dem Jüngeren.[60] Am Bau selbst tat sich in diesem Jahr so gut wie nichts.

Als sich Ende 1517 Luthers Ablasskritik wie ein Lauffeuer verbreitete, war das Finanzierungsmodell endgültig geplatzt. Niemand wollte mehr in den Ablass und in St. Peter investieren. Mit der reformatorischen Bewegung, die nach Schätzung des päpstlichen Nuntius Hieronymus Aleander sogleich neun Zehntel der Deutschen erfasste, und mit der Kaiserwahl, die nach dem Tod Maximilians I. im Januar 1519 notwendig wurde, sahen sich Papst und Kurie mit gravierenden aktuellen Problemen konfrontiert, die das Bauvorhaben in den Hintergrund drängten. Auf Jahrzehnte hin blieb in der Schwebe, ob die vier gewaltigen Kuppelpfeiler Vorzeichen für Macht und Glanz eines neu belebten Papsttums sein würden oder doch eher Sinnbild für den endgültigen Zusammenbruch der römischen Kirche vor der aus dem Norden anstürmenden Fundamentalkritik. Die Skizzen, die Maarten van Heemskerck in den 1530er Jahren von St. Peter machte und wenig später als Kupferstiche in Europa verbreitete, lassen die Antwort auf diese für das Schicksal der lateinischen Christenheit so wichtigen Frage noch ganz und gar offen.

5. 1517 – ein Jahr des Medici-Papstes

Das Jahr 1517 hatte dem Medici-Papst Aufregung, Turbulenzen und beinahe den Verlust des Lebens gebracht – im Januar Francesco Maria della Roveres Offensive gegen Mantua, Ende Februar die Schreckensnachrichten von den Siegen der Türken in Syrien und Ägypten, im März die Entdeckung der Petrucci-Verschwörung mit anschließenden monatelangen Verhören, Prozessen und Hinrichtungen, dazu die permanente Sorge um die Finanzierung von Hof und Staat. Am Ende aber waren Leo X. und die Medici-Dynastie gestärkt aus den Wirren hervorgegangen: Es war gelungen, das Fünfte Laterankonzil, das Julius II. aus der Defensive heraus gegen das Pisaner Oppositionskonzil einberufen hatte, zum Abschluss zu bringen, und dies ohne Schaden für das Papsttum und ohne die Reformer öffentlich zu verprellen. In der Türkengefahr hatte er sich als die Christenheit einigender Friedenspapst positioniert, dessen diplomatische Initiative an den europäischen Höfen Gehör und Achtung fand. Selbst die Gefahr des Staatsbankrotts war durch kreative Finanzierungsmodelle reduziert. Auch das Haus Medici war finanziell und politisch gefestigt – im September hatte ihm ein Schlichtungsvertrag mit Francesco Maria della Rovere das Herzogtum Urbino wieder gesichert; durch eine erste Eheverbindung mit dem französischen Königshaus war der Weg in die Spitzengruppe der europäischen Dynastien angetreten.

Mit Raffaels Fresken und Tafelbildern, vor allem aber mit dessen thematisch wie ästhetisch herausragenden und bereits als Kartons viel bewunderten Tapisserien zur Geschichte der beiden Hauptapostel Petrus und Paulus hatte Rom in der Konkurrenz um die glanzvollste Kunst- und Herrschaftsrepräsentation den Sieg davongetragen. Neu-St.-Peter zeigte den Willen, mit dem größten und glänzendsten Kirchbau der Christenheit ein in Stein gesetztes Zeichen für den Führungsanspruch Roms und der Päpste zu setzen. Eine Überlegenheitsgeste vor allem auch gegenüber der östlichen Orthodoxie, wo ein halbes Jahrhundert zuvor den Christen die oströmische Hauptkirche Hagia Sophia verloren gegangenen war. Der Vorrang in der Herrschaftssymbolik wog umso schwerer, als die europäischen Fürsten in eben jenen Jahren in einen heftigen Konkurrenzkampf um Rang und Macht und deren Ausdruck in Kunst und Architektur eingetreten waren.

Ende 1517 deutete im Gesichtskreis Leos X. und der Kurialen nichts darauf hin, dass von innen her, aus der Christenheit selbst heraus, ein Schlag geführt werden könnte, der binnen kurzem die Renaissance-Sicherheit und den unbestrittenen Vorrang des römischen Papstes zusammenfallen lassen würde. Dass am 31. Oktober im fernen Sachsen, am Rande der Zivilisation, ein Mönch gegen den päpstlich verkündeten Ablass 95 Thesen veröffentlichte, nahm man daher auf die leichte Schulter. Zwar registrierte man das endgültige Versiegen der Ablassgelder. Das neuzeitliche Geschäftsgenie auf dem Stuhle Petri war aber um Ersatzinstrumente kaum verlegen. Dass man gleich an einen zweiten Savonarola denken müsse, das kam bei der bekannt bedächtigen

Art der Deutschen in diesem Moment in der Kurie niemandem in den Sinn.

Und die Religion? Der gegenüber seinen Vorgängern noch einmal gesteigerte Aufwand des Medici-Papstes für Kunst und Luxus konnte nicht ohne Widerspruch bleiben. Zu tief war das Armutsideal im abendländischen Christentum verwurzelt. Die noch im selben Jahr in Wittenberg eingeleitete protestantische Reformation delegitimierte in weiten Teilen Europas jegliche Herrschaftsrepräsentation des Papstes. Damit war das über die Jahrhunderte hin gewachsene Zwei-Seelen-Modell des päpstlichen Amtes zerstört. Für den Renaissancegestus päpstlicher Macht und Größe blieb im protestantischen Teil Europas kein Raum. Akzeptabel wäre allenfalls das geistliche Amt gewesen, der «sacerdotale Pontifex», der Seelsorgerpapst. Hinzu kam eine emphatische Distanzierung von der Renaissance, speziell von der durch die Renaissancepäpste vertretenen Idee einer Verschmelzung von Christentum und heidnischer Antike, die man als Paganisierung und Auflösung christlicher Religion verwarf.

Indes, im Rückblick nach 500 Jahren wird man die Brille ablegen, mit der Luther und der Protestantismus die Religiosität Leos X. und Roms betrachteten und beurteilten. Und auch in der Kunst- und Kulturgeschichte haben sich gewichtige Stimmen erhoben, die neben der paganen auch wieder die religiöse Seite der Renaissance hervorheben.[61]

So wird man zwischen zwei Formen christlicher Religion zu unterscheiden haben, die beide am Anfang der europäischen Neuzeit standen und diese auf je eigene Art prägten: Auf der einen Seite die hoch ästhetisch-sinnliche, aber auch philosophisch-gedanklich sorgfältig durchdeklinierte Religion der Renaissance. Sie fand in den frühen Regierungsjahren Papst Leos X. ihren Höhepunkt, künstlerisch verdichtet in Raffaels Fresko *Disput des Allerheiligsten Sakraments* in der *Stanza della Segnatura*. – Auf der anderen Seite die existentielle Religiosität, wie sie der Wittenberger Mönch wiederbelebte und der Renaissance-Religiosität als ursprüngliche, evangelische Form des Christentums entgegenstellte. Aus dieser puristisch theologischen Sicht erschien die Religion – wenn auch in vielem zu Unrecht – in den Meisterwerken der italienischen Renaissance wie degradiert, nur noch eine Arabeske von Philosophie und Kunst. Schlimmer noch, der Machtgestus der großen Renaissancekunst Roms wurde als Zeichen des Widerchristlichen gelesen, als Ausgeburt des Satans wie die Päpste selbst. Indem der religiöse Existentialist Luther den Glauben auf das ewige Seelenheil ausrichtete, auf das, was für jeden Christen das Wichtigste sein musste, fand er leicht Zugang zu breiten Volksschichten, die dem Elitephänomen der römischen Renaissance-Religion bestenfalls mit Staunen, aber kaum mit innerer Anteilnahme gegenüberstanden. Dass auch die evangelischen Glaubensgehalte der Wittenberger Reformation durch die große Renaissancekunst eines Albrecht Dürer – man denke nur an seine *Vier Apostel* – oder Lucas Cranach dargestellt wurden, geriet darüber fast in Vergessenheit.[62]

VII.

DER MÖNCH IN WITTENBERG –
EX ORIENTE LUX ODER DIE MORGENRÖTE
DES PROTESTANTISMUS AN DEN GRENZEN
DER ZIVILISATION

1. Wittenberg 1517 – Aufbruch «an den Grenzen der Zivilisation»

Auch nördlich der Alpen wehte und wirkte der Geist der Reform längst unabhängig von Entscheidungen des Papstes oder der Kurie. So konnte noch in demselben Jahr, in dem Leo X. mit dem Lateankonzil auch die Kirchenreform verabschiedet hatte, fernab von Rom eine Reformbewegung aufbrechen, die alle bisherigen Ansätze sprengte und zur «Reformation» wurde. Wegen der engen Verzahnung von Religion und Politik löste das zugleich im weltlichen Bereich eine tiefgreifende Veränderungsdynamik aus.

Der erste Dominostein, der diese nicht mehr zu bremsende Bewegung auslöste, fiel am 31. Oktober in Wittenberg am nördlichen Ufer der Elbe – an den «Grenzen der Zivilisation», wie der den Stein anstoßende Augustinermönch seine Stadt charakterisierte. Im Vergleich zu Rom ein provinzieller Standort, ohne Zweifel. Doch gab gerade das die Kraft der Konzentration auf das Kardinalproblem der religiösen Existenz und die geistige Freiheit, es zu lösen. Das war ein zutiefst persönliches Problem, das die Seele des Menschen Martin Luther in Abgründe der Verzweiflung stürzte. Doch indem die Qualen aus dem Kern humaner Existenz hervorbrachen und das seelische und intellektuelle Ringen dem rechten Verhältnis des Menschen zu Gott galt, waren das bohrende Fragen des Mönchs und seine schließlich gefundenen Antworten zugleich universell, für alle Menschen relevant. Diese Spannung zwischen Provinzialität und Individualität einerseits und Universalität und Gültigkeit für die Menschheit macht das Geheimnis von Ursprung und Wirkung der am 31. Oktober 1517 auf den Weg gebrachten Reformbewegung aus, die zur Reformation wurde und bis heute fortwirkt.

«*An den Grenzen der Zivilisation*» darf nicht als öde Stagnation und geistlose Abkapselung missverstanden werden. Im Gegenteil, die auf kolonialem Boden[1] gegründete kursächsische Residenz- und Universitätsstadt Wittenberg stand in diesen Jahren im Zeichen der aufstrebenden Fürstenmacht und von deren Repräsentationsbedürfnis. Ihr Stadt- und Landesherr, Kurfürst Friedrich der Weise, war ein hochgebildeter und machtbewusster Renaissancefürst. Er zählte zu den tragenden Säulen des Heiligen Römischen Reiches, und das wollte er in Wittenberg zeigen, weil dort seine Kurfürstenwürde verankert war. Das nötige Geld war vorhanden, denn das blühende Montangewerbe im sächsischen Erzgebirge sorgte für sichere Staatseinnahmen. Wie in Rom brachte die fürstliche Bau- und Repräsentationsaktivität auch Wittenberg einen urbanistischen Aufbruch. Fernab der städtischen Zentren Europas waren dort die Veränderungen sogar besonders radikal.[2]

Augenfällig war das bei den großen Bauprojekten, allen voran die Modernisierung und Erweiterung des Schlosses, aber auch beim Aufschwung der eben, 1502 gegründeten Universität, auch sie ein Prestigeprojekt der Landesherrschaft. Die Wittenberger *Leucorea*, so ihr griechischer Name – für «weißer Berg» –, erwies sich sogleich als ein Wachstumsmagnet. Die Stadt verdoppelte innerhalb einer Generation ihre Einwohner, von 2000 um 1500 auf über 4000 in den dreißiger Jahren. Die Sozialstruktur wurde differenzierter und glich sich den Mittelstädten des Südens und Westens an. Vor allem aber zog der neue Geist der Gelehrsamkeit ein und brachte sogleich große wissenschaftliche Projekte hervor, ganz so wie in dem uns bereits bekannten Fall der spanischen *Complutense*, aber mit ungleich weitreichenderen Folgen.

Das Schloss, eine moderne und repräsentative Dreiflügelanlage, die die alte, unansehnlich und unbequem gewordene Burg der Askanierzeit ersetzen sollte, stand 1517 teilweise noch in den Gerüsten. Orientiert an den architektonischen und künstlerischen Maßstäben des Maximilianischen Königs- beziehungsweise Kaiserhofs, den Kurfürst Friedrich in jungen Jahren kennengelernt hatte, war der Bau insgesamt eher konservativ, der Spätgotik verpflichtet. Das «überregionale Anspruchsniveau» war aber bereits durch die Aufnahme neuer Stilelemente der süddeutschen und italienischen Kunstzentren, konkret Augsburgs und Venedigs, mitgeprägt.[3] Friedrich beschäftigte international anerkannte Renaissancekünstler, so bereits 1496 und 1498 Albrecht Dürer für sein Porträt und Adriano Fiorentino für seine Bronzebüste. In Wittenberg waren 1504/05 der Oberitaliener Jacopo de' Barbari, ab 1505 Lucas Cranach der Ältere tätig.[4] Während die Stadt noch ein ganz und gar mittelalterliches Aussehen hatte, kam mit den neuen Herrscherbauten jener Übergangsstil an die Elbe, der 1517 auch anderwärts in Deutschland und Europa die neu in Angriff genommenen Repräsentationsbauten prägt. Das gilt namentlich für die 1503 geweihte Schlosskirche und deren 1510 von dem oberdeutschen Steinmetz und Baumeister Burkhard Engelberg in wenigen Monaten errichteten Kleinen Chor, «einen der anspruchsvollsten Memorialbauten des Reiches zu Anfang des 16. Jahrhunderts.»[5] Mit dem Neuen Chor der Schlosskirche besaß Wittenberg 1517 ein architektonisches Wunderwerk, vergleichbar der kurze Zeit später errichteten Fuggerkapelle in St. Anna in Augsburg, an der höchstwahrscheinlich derselbe Baumeister beteiligt war. Wenn Kunsthistoriker St. Anna als «das früheste und vollkommenste Denkmal der Renaissance auf deutschem Boden» feiern,[6] haben sie Wittenberg aus den Augen verloren – nicht überraschend, da der Kleine Chor im Siebenjährigen Krieg von den Preußen in Schutt und Asche gelegt wurde.[7]

Die *Leucorea* stand 1517 in der Mitte ihres zweiten Jahrzehnts und war – wie auch bei den Neugründungen des späten 20. Jahrhunderts üblich – bereits intensiv mit ihrer Reform beschäftigt. Ab September wurde eine Visitation durchgeführt, wir würden das heute eine «Evaluierung» nennen. Durch Klagen über Nachlässigkeit in der Lehre bei den Juristen alarmiert, verlangte der Kurfürst fünfzehn Jahre nach der Gründung Rechenschaft über Erfolg oder Misserfolg seines Lieblingsprojekts. Die Leitung übertrug er seinem Geheimsekretär Spalatin, der für die theologische Fakultät sogleich eine Reformkommission zusammenrief. Während des Wintersemesters 1517/18 fanden intensive Beratungen statt, meist im Haus des Dekans Andreas Bodenstein. Bereits im März 1518 konnte die Kommission detaillierte Vorschläge zur Verbesserung des Studiums vorlegen.[8]

So ambitioniert der Ausbauplan Kurfürst Friedrichs des Weisen für seine Residenzstadt auch war, mit Rom konnte sich das alles natürlich nicht messen. Das Schloss musste vor dem Renaissanceglanz des vatikanischen Palastes verblassen. Der lebendige und für viele Studenten attraktive Wissenschaftsbetrieb der *Leucorea* reichte an den Ruhm der Renaissancedenker und Humanisten Roms und Italiens nicht heran. Vor allem aber war man hier an der mittleren Elbe von den «Neuen Welten» und dem in Rom und anderwärts im Süden und Westen rasch verbreiteten «Weltwissen» weitgehend abgeschnitten. Von den Entdeckungen hörte man zwar, der damit verbundenen Ausweitung des Frage- und Wissenshorizontes maß man aber kaum Bedeutung zu.

Das gilt auch für den Wittenberger Augustiner, dessen Name bald in aller Munde sein sollte. Nicht zuletzt auf seiner in Angelegenheiten seines Ordens 1510/11 oder – wie man neuestens vermutet – 1511/12 unternommenen Romreise wird Luther von den Entdeckungsreisen der Portugiesen und Spanier gehört haben. Seine Lebenswirklichkeit wurde davon nicht berührt, und schon gar nicht sein Denken.

Eines aber hatte Wittenberg Rom voraus – die solide Finanzierung, ermöglicht durch die reichen Silbervorkommen des Erzgebirges, deren Ausbeutung den Landesherren zustand. Eine Bauruine wie Neu-St.-Peter in Rom gab es hier nicht, folglich auch nicht die Zwänge zur Finanzierungsakrobatik, die Leo X. und das Papsttum so teuer zu stehen kommen sollten. Wittenbergs Unscheinbarkeit und kulturelle Randlage waren nicht nur von Nachteil. Wo das weitläufige, von inneren Gegensätzen zerrissene Rom gleichsam mit gespreizten Fingern agieren musste, da konnten Luther und seine Mitstreiter mit der konzentrierten Kraft der geschlossenen Faust handeln. In Wittenberg sorgte ein dichtes, nachbarschaftliches Kommunikationsnetz für unkomplizierten Austausch und rasche Abstimmung der Ideen und Vorhaben. Alle wichtigen Kontakte vollzogen sich in einer einzigen Straße von einigen Hundert Metern Länge. Wer wie der neue Bibel-Professor Luther im ersten Viertel des Jahrhunderts aus der nächstgelegenen Großstadt Erfurt oder der Gräzist Melanchthon aus Süddeutschland in die Elbestadt kam, mochte über die elenden städtischen Lebensbedingungen klagen.[9] Doch wenn auf diesem noch unverbrauchten «Kolonialboden» sich ein geistiger Aufbruch vollzog, dann entfaltete das eine ungleich stärkere Dynamik als am kulturell saturierten Nabel der Welt.

Und so stieg die Elbestadt mit den Ablassthesen, die der Augustinermönch Ende Oktober 1517 veröffentlichte, fast schlagartig in die erste Kategorie der europäischen Städte auf. Nicht der Einwohnerzahl nach, beileibe nicht, doch in geistig-religiöser Strahlkraft und Symbolik. Zwar waren die Gegner schnell bei der Hand, Luther als Produkt einer unbedeutenden Provinzstadt zu schmähen. Er sei nur ein Abgott eines *«elend arm kotticht stättlyn (...) gegen Prag kaum ein satt dryer heller wertt, nit wert, das si söl in teütschem landt ein statt genannt werden»*, spottete Johannes Cochlaeus bereits 1525 in seiner Flugschrift *Ein christliche vermahnung der heyligen Statt Rom an Teutschland.*[10] Das vermochte aber nicht zu verhindern, dass Wittenberg innerhalb weniger Jahre neben Rom zum zweiten Zentrum der christlichen Welt aufstieg. Auch das römische Lager nahm das wahr. So war der polnische Humanist und Politiker Johannes Dantiscus, später Bischof von Ermland, darauf bedacht, 1523 auf der Rückreise von seinem spanischen Botschafterposten der kleinen kursächsischen Residenzstadt einen Besuch abzustatten. Denn *«wer in Rom den Papst und in Wittenberg Luther nicht gesehen hat, der hat, so glaubt man, überhaupt nichts gesehen».*[11]

2. Der Augustinermönch und die deutsche Angst um das ewige Seelenheil

Und derjenige, dessen Ablassprotest 1517 das helle Licht des öffentlichen Interesses auf Wittenberg ziehen sollte? – Der Augustinermönch Martin Luther oder Luder, wie sich der spätere Reformator damals noch nannte, war 1517 in vielfältige Pflichten eingespannt, in Wittenberg und darüber hinaus. Er war Distriktvikar seines Ordens, verantwortlich für die geistigen und sittlichen, insbesondere aber für die finanziellen und rechtlichen Belange von zehn sächsisch-thüringischen Augustinerklöstern, ein Amt, das ihn immer wieder zu Reisen durch seine Ordensprovinz zwang. Als Bibel-Professor hatte er Vorlesungen zu halten und Examina abzunehmen, meist in Form von akademischen Disputationen. Gleichsam im Nebenberuf predigte er regelmäßig in der Stadtkirche St. Marien und übte dort auch die Seelsorge aus, allerdings wohl in eher bescheidenem Umfang. Selbstironisch schildert er seinem Erfurter Freund Johann Lang seinen Alltag: «*Ein müßiger Mensch bin ich. Ich tue den ganzen Tag beinahe nichts weiter als Briefe schreiben. Ich brauche fast zwei Schreiber oder Kanzler. Ich bin Klosterprediger, Prediger bei Tisch, täglich werde ich auch als Pfarrprediger verlangt. Ich bin Studien-Rektor, ich bin Vikar, das heißt ich bin elfmal Prior: Fischempfänger des* (Klosters) *in Leitzkau, Rechtsanwalt der Herzberger* (Mönche) *in Torgau. Ich halte Vorlesungen über Paulus, sammle Material für den Psalter. Selten habe ich Zeit, das Stundengebet ohne Unterbrechung zu halten*».[12]

Im Spätsommer 1517 kam die Arbeit in der Kommission zur Universitäts- und Studienreform hinzu, in die der kurfürstliche Geheimsekretär Spalatin auch Luther berufen hatte. Der genaue Blick auf den Alltag des zukünftigen Reformators im Spätjahr 1517 bringt zu Tage, dass Universitätsreform und Reformation in jenen entscheidenden Monaten aufs engste miteinander verschränkt waren und sich wohl auch inhaltlich beeinflusst haben werden. Im September und Oktober 1517 dürften gleichzeitig Exzerpte, Entwürfe, Diskussionspapiere und Ähnliches mehr zur Studienreform, zu seinen Bibelvorlesungen sowie zu Buße und Ablass auf Luthers Schreibtisch im Turmzimmer des Augustinerklosters gelegen haben. Auch der briefliche und der direkte persönliche Austausch mit seinen Kollegen und Freunden waren in jenen Wochen auf beides gerichtet, auf die Studien- wie auf die Kirchenreform. Die Reformation hatte ihren Ursprung in der Universität.

Bestimmend für die Wittenberger Studienreform war nicht die neue Universitätspädagogik der Humanisten, die seit Jahren formale Veränderungen in den Unterrichtsformen und -methoden diskutierten.[13] Die treibende Kraft war Luthers Ringen um ein besseres inhaltliches Verständnis seiner theologischen Problemstellungen und deren Vermittlung an die Studenten. Die traditionellen scholastischen Verfahren halfen ihm nicht weiter, und so suchte er nach neuen Mitteln und Wegen wissenschaftlichen Arbeitens. Bereits Anfang 1517 verlangte er in einem Brief an die Leitung des Erfurter Augustinerklosters einschneidende Veränderungen in der Lehr- und Forschungspraxis seines Ordens. Im Zentrum sollten nicht mehr wie bei den Scholastikern Aristoteles und die Sentenzen, also kanonisch zusammengestellte Lehrsätze vor allem der frühen Kirchenväter stehen, sondern – hier ist auch für Luther der Humanismus richtungsweisend – die Quellen selbst, also die Heilige Schrift und die Originalschriften der Kirchenväter, in erster Linie des Augustinus. Da er seine Ordensbrüder in Erfurt nicht zu solchen Reformen bewegen konnte, wurde er in Wittenberg selbst tätig und konnte bereits im Mai vermelden: «*Durch Gottes Wirken machen unsere Theologie und der Hl. Augustinus die erwünschten Fortschritte und herrschen an unserer Universität.*» Demgegenüber gehe es mit Aristoteles und den Sentenzen bergab. Nur wer direkt die Bibel oder die Kirchenväter heranzöge und interpretiere, könne auf Hörer hoffen.

Das von der Reformkommission erarbeitete Konzept wurde im März 1518 bezeichnenderweise von Luther über Spalatin an die kurfürstliche Regierung weitergeleitet. Die ganze Radikalität von Luthers antischolastischen Forderungen hatte zwar keine Aufnahme gefunden. Die von der Landesregierung verfügten Veränderungen waren gleichwohl richtungsweisend, so namentlich die Vermehrung der philosophischen und philologischen Vorlesungen und die Einrichtung von Lehrstühlen für Griechisch und Hebräisch. Das waren wichtige Verbesserungen, die binnen kurzem der Reformation zugutekommen sollten. Geradezu ein Glücksfall war die Berufung des noch blutjungen Philipp Melanchthon auf die Griechischprofessur. Bereits seine Antrittsvorlesung *Ad fontes, juventute* Ende August 1518 in der Schlosskirche setzte ein vielbeachtetes Zeichen des philologischen und pädagogischen Aufbruchs. Für Jahrzehnte war Wittenberg in Deutschland in den Griechischstudien führend. Wichtiger noch, Melanchthon

Der 31. Oktober 1517 war die einsame Tat Luthers; die Reformation das Werk eines Wittenberger Kollegenkreises, in dessen Zentrum neben Luther der Gräzist und Theologe Philipp Melanchthon stand.

wurde zu einem ebenso sachkundigen wie zuverlässigen Mitarbeiter an dem eben auf den Weg gebrachten Reformwerk, zum Reformator neben Luther.[14]

Überhaupt sollten sich die vielfältigen Arbeitsfelder und das daraus resultierende enge Beziehungsgeflecht für den Mönch-Professor als unschätzbar wertvoll erweisen. Als seine Ablassthesen ihm die schärfsten Anfeindungen und eine kaum zu bewältigende weitere Arbeitslast brachten, da konnte er sich auf einen zuverlässigen heimischen Rückhalt und die kollegiale Hilfe eines weiten akademischen Beziehungsnetzes stützen. Eckpfeiler dieser Wittenberger «Reformgruppe» waren der mit Luther gleichaltrige Ordensprior und Theologieprofessor Wenzel Linck, auch wenn er just 1517 nach Nürnberg wechselte; der Dekan Andreas Bodenstein, nach seinem Geburtsort Karlstadt genannt, Archidiakon des Allerheiligenstifts und Professor der Theologie; der Kanoniker und Professor Nikolaus von Amsdorff, Spross einer Meißener Adelsfamilie und Neffe von Luthers Mentor Staupitz; aus der juristischen Fakultät Hieronymus Schurf, Doktor beider Rechte und mehrmals Rektor der Universität, und der Nürnberger Stadtsyndikus Christoph Scheurl, ein ehemaliger Wittenberger Kollege, der Luther eng verbunden blieb und ihn gleichsam als «korrespondierendes Mitglied» des Wittenberger Kreises stützte.

Universitätsreform, Lehrbetrieb, Ordenspolitik und Predigttätigkeit waren die äußere Schale, nicht der innere Kern von Luthers Denken und Handeln. Politische oder kirchliche Macht, Glanz und äußeres Ansehen waren ihm weitgehend gleichgültig. Ebenso die neu entdeckten Länder und Völker, die die Christenheit und deren Hauptstadt Rom gerade in diesen Jahren so faszinierten. Während, wie wir hörten,[15] für den spanischen Kardinal und Reformer Cisneros Interesse an der Kirchenreform und an dem neuen Weltwissen Hand in Hand gingen, war der sächsische Mönch – man ist fast versucht zu sagen: monomanisch – auf sein theologisches Problem konzentriert. Wo er einmal auf die außereuropäischen Welten zu sprechen kommt, geschieht das in einem spezifischen theologischen Kontext: In den 1520er Jahren handelt er kurz über den scheinbaren Widerspruch, dass einerseits die Bibel von der Mission der Apostel sagt: *«ir stimm ist in die gantze welt außgangen»*, andererseits *«vil inseln erfunnden wordenn noch zu unseren zeiten, die da heiden seint und niemant hat in gepredigt»*.[16] In seiner zwei Jahrzehnte später verfassten Geschichtstabelle *Supputatio annorum mundi* erwähnt er kurz neue, von Übersee nach Europa gelangte Krankheiten und deutet sie als *«unum de signis magnis ante diem Extremum»*,[17] also als ein Zeichen des Weltendes. Jenseits dieser eschatologischen und missionsgeschichtlichen Perspektive fand Luther kein Interesse am Ausgreifen Europas auf die anderen Kontinente.

 Sein Ringen um das rechte «Weltwissen» richtete sich auf die jenseitige Welt. Es kreiste um die Suche nach einem gnädigen Gott und um die Frage nach dem ewigen Seelenheil. Denn er war 1517 noch von derselben existentiellen Lebensfrage gebannt, die ihn ein gutes Jahrzehnt zuvor den Weg ins Kloster hatte wählen lassen. Wenn er damals beim Blitzschlag auf offenem Felde *«Hilff du, S. Anna, ich will ein monch werden»*[18] gelobt hatte, so nicht nur aus kreatürlicher Todesfurcht. Im Vordergrund stand die in der Zeit verbreitete Angst vor einem plötzlichen Tod, vor dem man in Mitteldeutschland bei Anna, der Mutter Mariens, Schutz suchte. Allein – von der quälenden Furcht, unvorbereitet zu sterben, hatten ihn weder das Klosterleben noch die 1507 im Erfurter Dom empfangene Priesterweihe befreien können. Denn sein Gottesbild war durch die Vorstellung eines gnadenlosen, unerbittlichen Weltenrichters bestimmt. Die Seelenangst brach immer wieder hervor, selbst bei der priesterlichen Messfeier, wenn er sich als Zelebrant direkt Gott gegenüber sah, ohne Möglichkeit, seine Sündhaftigkeit zu verbergen. Der richtende Gott begegnete ihm alltäglich, wenn er in Wittenberg das Friedhofstor durchschritt und sich mit dem großen Sandsteinrelief konfrontiert sah, auf dem Christus mit Schwert und Lilie im Mund als Weltenrichter auf dem Regenbogen thronte.[19]

Solche Ängste um das ewige Seelenheil peinigten nicht nur den Augustinermönch, auch wenn er sie wohl besonders tief und quälend durchlebte. Wie wir bereits hörten, waren in jenen Jahren viele Menschen durch Missernten, Seuchen, Kriegsgefahr und Himmelszeichen verunsichert. In Deutschland war die Angst besonders ausgeprägt und drückte sich spezifisch religiös aus. Die Menschen waren voll Sorge um ihr Seelenheil. Ihr Schicksal nach dem Tod war ihnen fast wichtiger als ihre Zukunft auf Erden, war diese doch zeitlich befristet, jenes aber unendlich. Entschieden wurde über ewiges Heil oder ewiges Unheil am «dies irae», dem Tag des «Jüngsten Gerichts», an dem Gott die Endabrechnung über den einzelnen Menschen und sein Verhalten aufmacht.

Ein Beispiel für die alltägliche Präsenz dieser Frage bietet der Cranach-Altar in der St. Johannes Kirche in Neustadt an der Orla, mitten im Thüringer Wald. Auf den Flügeln erzählt der 1512 errichtete Altar das Leben des Kirchenpatrons Johannes des Täufers. Auf Augenhöhe der Gemeinde aber ist auf der besonders großen Predella das Weltgericht zu sehen. Bei jedem Gottesdienst stand der Gemeinde der richtende Christus vor Augen, der die Seelen nach Sünde oder Verdienst entweder ins Paradies weist oder dem Höllenschlund überantwortet. Das war keine von außen – von kirchlichen oder staatlichen Autoritäten – zur Disziplinierung aufgezwungene Bildpropaganda. Die Bürger selbst hatten den Altar 1510 auf der Leipziger Messe

Die Predella des Cranach-Altars der Pfarrkirche im thüringischen Neustadt an der Orla stellt der Gemeinde den richtenden Christus und seinen unerbittlichen Urteilsspruch zur Erlösung oder zur Verdammnis vor Augen – gemalt wenige Jahre, bevor im nahen Wittenberg ein Augustiner zur befreienden Gnadenerkenntnis vorstieß.

bei Cranach bestellt, das Bildprogramm somit also mitbestimmt oder aus dem Messekatalog des Wittenberger Meisters ausgewählt.[20]

Die spätmittelalterliche Kirche trug diesen verbreiteten Ängsten um das Seelenheil durchaus Rechnung. Sie bot eine ganze Palette von Vorsorgemaßnahmen an, die die Menschen mit Inbrunst ergriffen[21] – Fasten, Selbstkasteiungen und manch andere Bußübung, die Fürsprache der Heiligen, wie Anna und Christopherus, deren Verehrung ausgangs des 15. Jahrhunderts eine Blüte erlebte, und vor allem Prozessionen und Wallfahrten.[22] Das mögen für uns heute irrationale, magische Praktiken sein. Damals war es für die meisten Menschen rationales Handeln, das den göttlichen Strafen durch Frömmigkeitsübungen und Selbstkasteiung vorbeugte und die Ängste beschwichtigte. In Deutschland stand diese spätmittelalterliche Volksfrömmigkeit im frühen 16. Jahrhundert im Zenit. Bei aller Kritik an der Kirchenhierarchie, von Kirchen- oder gar Religionsverachtung war nichts zu spüren. Und so notierte der Italiener Antonio de Beatis, der den Kurienkardinal Luigi d'Aragona 1517 auf seiner Deutschlandreise begleitete, verwundert in seinem Tagebuch: «*Dem Gottesdienst und den Kirchen wenden die Deutschen viel Aufmerksamkeit zu. So viel Kirchen werden neu erbaut, daß ich, wenn ich damit die Pflege des Gottesdienstes in Italien vergleiche und daran denke, wie viele arme Kirchen hier ganz in Verfall geraten, diese Länder nicht wenig beneide und im innersten Herzen Schmerz empfinde über das geringe Maß an Religion, die man bei uns in Italien findet.*»[23]

Besonders ausgeprägt war diese kirchliche Frömmigkeit der Deutschen in der aufblühenden Montanlandschaft des Erzgebirges und des Harzes. Die neuen sächsischen Bergstädte wurden, wie schon erwähnt, nach Heiligen benannt, so St. Annaberg oder St. Marienberg. Diese äußerliche Blüte der Frömmigkeit befreite die Menschen aber nicht von ihrer inneren Unruhe. Je pflichtbewusster die Buß- und Frömmigkeitsübungen, umso lauter die Zweifel, ob man denn tatsächlich genug für das Seelenheil geleistet habe.

Darunter litt auch der Augustinermönch Martin Luther. In den frühen Erfurter Klosterjahren hatte er sich endlosen Bußübungen unterworfen. Mit der Übernahme der Wittenberger Professur 1509 war seine Gottessuche in neue Bahnen gelenkt worden. An die Stelle der Selbstkasteiung war das systematische, wissenschaftliche Erforschen des Bußproblems und der menschlichen Rechtfertigung vor Gott getreten. Dabei wählte er die Bibel und nichts als die Bibel zur Richtschnur: «*Die schrifft on alle glosen* (also ohne wuchernde Auslegungssophistik) *ist die sonne und gantzis licht, von welcher alle lerer yhr licht empfahen und nit widderumb* (nicht umgekehrt).»[24]

Diese Maxime hätte wohl auch das Editionsteam der Complutensischen Polyglottbibel in Alcalá unterschrieben. Die umstürzend neue Theologie kam aber nicht in Spanien, sondern in Deutschland zum Durchbruch. Keiner der spanischen Bibelwissenschaftler war in ähnlicher Weise ein existentiell um Wahrheit Ringender wie der Wittenberger Mönch. Auch fehlten im römischen Altzivilisationsraum der Iberischen Halbinsel möglicherweise die Freiheit und Innovationsreserven des sächsischen Kolonialbodens, der von der antiken Kultur nicht berührt worden war.[25] Vor allem aber war der theologische Umbruch dem individuellen Charakter des Reformators zu verdanken, wie er selbst es auf dem Höhepunkt des Meinungsstreites zu erkennen gibt: «*Ich bin dazu geboren, das ich mit den rotten und teuffeln mus kriegen und zu felde ligen, darumb meiner bücher viel stürmisch und kriegerisch sind. Ich mus die klötze und stemme ausrotten, dornen und hecken weg hawen, die pfützen ausfullen und bin der grobe waldrechter, der die ban brechen und zurichten muss.*»[26]

Der Augustiner hatte über Jahre hin alle Qualen der Gottesferne und Gottessuche ertragen. Erst diese keinem Leid ausweichende Standhaftigkeit hatte ihm das gläubige Herz geöffnet, Gottes Gnade selbst als einziges Mittel der Heilung zu erkennen. Auch sein unbeirrbarer Wille, sich durch nichts und niemanden von dieser Erkenntnis abbringen zu lassen und sie als evangelische Wahrheit zum Sieg zu bringen, war tief in seinen Charakter eingeprägt. Ebenso die unermüdliche Bereitschaft zur alltäglichen Arbeit an der Erneuerung des Kirchenwesens. Er war nicht der Mann, seine Lehre in revolutionärem Aktivismus durchzupeitschen, sondern sie den Menschen geduldig zu erklären und für sie zu werben.

Nur wenige Wochen nach dem 31. Oktober legte der Augustiner die *Resolutiones* vor, in denen er seine Ablassthesen rechtfertigte und ausführlich erläuterte. Eine Kernaussage ist die Mahnung zur Standhaftigkeit im Ringen um die Gotteserkenntnis. Gerade in der vermeintlichen Gottesferne, so tröstet er seine nach dem Heil dürstenden Zeitgenossen, «*weiß der Mensch nichts von seiner Rechtfertigung, so daß er vielmehr meint, ihm stände die Verdammung unmittelbar bevor. Er glaubt, daß das nicht die Eingießung der Gnade, sondern die Außgießung von Gottes Zorn über sein Haupt ist. Selig aber ist er, wenn er diese Anfechtung erträgt! Denn während er glaubt, daß es mit ihm aus ist, wird er aufgehen wie der Morgenstern.*»[27]

Ort der akribischen Entfaltung der Gottesfrage und der unbeirrten Suche nach sicheren, das heißt in der Bibel begründeten Wegen zum Heil waren die großen Vorlesungen, die Luther täglich zweistündig hielt, sommers ab 6 Uhr, winters ab 7 Uhr; seit dem Sommersemester 1516 auch nachmittags ab 13 Uhr. Dort legte er ausführlich und mit den modernen Methoden humanistischer Philologie die biblischen Texte aus – bevorzugt die Psalmen und die Paulusbriefe. Die ihn existentiell befreiende Gotteserkenntnis sei ihm, so erinnerte er sich rückblickend in der Vorrede der ersten Gesamtausgabe seiner lateinischen Schriften von 1545, durch «*rücksichtsloses Anklopfen bei Paulus*»[28] gekommen.

Im März 1517 hatte er die Auslegung des Galaterbriefes abgeschlossen. Im darauffolgenden Sommersemester pausierte er, womöglich wegen der zahlreichen anderen Verpflichtungen. Im Herbst, also in der Zeit, in der er die Ablassthesen verfasste, wurde die Paulusexegese mit dem Hebräerbrief fortgesetzt. Die Rechtfertigungslehre, die ihn seit Jahren beschäftigte, wurde entscheidend vorangetrieben, die Grundlagen der neuen reformatorischen Theologie entwickelt. Das gilt sowohl für die Neudefinition der Gott-Mensch-Beziehung als auch für die daraus resultierenden Prinzipien des christlichen Lebens in dieser Welt.[29] Damit verstand sich Luther noch nicht als Reformator, und schon gar nicht als Gründer einer evangelischen Kirche. In seiner Hebräerbriefvorlesung gelangte er aber zu einer entscheidenden Präzisierung und Verdichtung seiner Vorstellung der Rechtfertigung des Menschen durch – wie es moderne Theologiehistoriker bestimmen – «die Zueignung der Gerechtigkeit Christi durch das im Glauben ergriffene Verheißungswort».[30] Diese im Spätjahr 1517 gewonnene Erkenntnis, die der älteren Theologie Luthers noch fehlte, öffnete den Weg zu den großen Reformschriften des Jahres 1520 und damit zum endgültigen Durchbruch der Reformation.

3. Der 31. Oktober – 95 Ablassthesen
zur «Ergründung der Wahrheit» an die Kirchenhierarchie
verschickt

Was vor allem ihn in jenen Monaten bei der Lektüre und Auslegung des Bibeltextes antrieb, das offenbarte Luther im Mai 1518 in einem ausführlichen Schreiben Johannes von Staupitz, seinem Mentor und Seelsorger aus der früheren Klosterzeit.[31] Dieser habe ihm vor Jahren, als er sich in seinem Gotteszweifel besonders quälende Bußübungen auferlegt hatte, erklärt, dass der Sinn der Buße nicht in möglichst schwerer Selbstkasteiung, sondern in der *«Liebe zur Gerechtigkeit und zu Gott»* bestehe. Die davon ausgelöste systematische Suche nach Textstellen zur «Buße» habe zu grundlegend neuen Einsichten über das Verhältnis von eigener Unvollkommenheit, Buße und Gottes Gerechtigkeit geführt. Ihm sei aufgegangen, dass es bei der Reue über die eigene Sündhaftigkeit nicht so sehr um das Tun als um *«eine völlige Veränderung der Gedanken und der Gesinnung»* gehe. Diese wissenschaftliche Erkenntnis hatte dem Mönch Luther einen Ausweg aus seinen individuellen Seelenqualen gewiesen. Dass diese Bußlehre nicht nur ihn, sondern alle Menschen anging und daher der Christenheit insgesamt verkündet werden müsse, wurde ihm erst später bewusst, als er sich mit der weltlich-praktischen Seite des Buß- und Rechtfertigungsproblems konfrontiert sah: *«Als meine Überlegung»*, so fährt sein Bericht an Johannes von Staupitz hörbar bewegt fort, *«so hin und her ging, siehe, da fingen plötzlich um uns her die Posaunen des neuen Ablasses an zu ertönen, (...) die einfach die Lehre von der wahren Buße beiseite* (schoben) *und sich vermaßen, nicht etwa die Buße, auch nicht einmal deren aller geringsten Teil, die Genugtuung* (also die Bußübungen, H. Sch.), *sondern die Erlassung dieses aller geringsten Teiles wortreich zu rühmen.»*

Worum ging es? – Während Luther über den Hebräerbrief und die Bedeutung von Buße und Gnade nachsann, lief in unmittelbarer Nähe Wittenbergs die Kampagne zum Verkauf des St.-Peters-Ablasses auf Hochtouren. Der Generalagent Johannes Tetzel, ein aus Pirna gebürtiger und an der Universität Leipzig ausgebildeter Dominikaner, also Angehöriger eines mit Luthers Augustiner-Eremiten konkurrierenden Ordens, war mit den lokalen Verhältnissen in Kirche und Politik bestens vertraut. Er eröffnete die Kampagne im Januar 1517 in Luthers Geburtsstadt Eisleben. Im Februar bot er Ablassbriefe in Leipzig an. Das musste aber unter der Hand geschehen, weil Herzog Georg von Sachsen in dem Mainzer Ablass eine Beeinträchtigung für den eigenen, beim Papst beantragten Ablass für die neue Bergstadt Annaberg sah. Und da auch Georgs Wittenberger Vetter Friedrich der Weise nicht geneigt war, sächsisches Geld nach Mainz fließen zu lassen, durfte Tetzel auch in Kursachsen nicht auftreten, also auch in Wittenberg nicht. Auf die hohenzollernschen Territorien Magdeburg/Halberstadt und Brandenburg beschränkt, predigte er den Ablass Ende März/Anfang April in Halle und Zerbst, am 10. April, dem Karfreitag, in Jüterbog, nur wenige Reisestunden nördlich Wittenbergs.

Die zum Kauf angebotenen Ablassbriefe waren vom Mainzer Erzbischof Albrecht von Brandenburg unterfertigt und mit päpstlichem Siegel versehen. Auf Latein und mit bürokratischer Sorgfalt legte der Text fest, was der Gläubige genau erwarb. Die Dokumente waren als Formulare gedruckt, in die handschriftlich der Name des oder der Käufer, Ort und Datum des Erwerbs eingetragen wurde. Sie konnten somit allenthalben als Quittung und Beweis für die Rechtmäßigkeit der erlangten Vergünstigungen vorlegt werden. Nicht wenige Käufer werden gedacht haben, dass sie diese Quittungen dermal einst auch dem «lieben Gott» als eine Art Passierschein ins Paradies vorweisen könnten.

In den Ablassbriefen zeigt sich das «alte» Kirchenwesen nochmals in seiner ganzen rechtlichen und spirituellen Vielfalt, aber auch in einer Unübersichtlichkeit und kirchenrechtlichen Spitzfindigkeit, die es für die Laien so schwer machte, zu begreifen, worum es ging, insbesondere wenn sie wie die meisten des Lateins nicht mächtig waren. Ein in Göttingen auf den 1. Juli 1517 ausgestellter «Tetzel-Briefe» tut

*«kund, daß Seine Heiligkeit unser Herr Leo, (...) allen und jeden gläubigen Christen beiderlei Geschlechts, welche zum Bau der Basilika des Apostelfürsten, des heiligen Petrus von Rom, (...) ihre hilfreiche Hand bieten, außer vollkommenem Ablaß und andren Gnadenbeweisen (...) barmherzig im Herrn die Sünde vergibt und gestattet, daß sie sich einen geeigneten Beichtvater (...) wählen dürfen. Welcher, nachdem er sorgfältig ihre Beichte gehört, sie für ihre Missetaten, Vergehen, Übertretungen und allen möglichen Sünden (...) – auch in den dem genannten Heiligen Stuhle reservierten Fällen, und von den kirchlichen Zensuren (...) auch von den (...) Anschlägen, bezüglich deren die Absolution demselben Heiligen Stuhle besonders vorbehalten ist, einmal im Leben und in der Todesstund, sooft sie bevorsteht, auch wenn der Tod dann nicht eintritt, (...) vollkommen absolvieren und ihnen eine heilsame Buße auferlegen auch einmal im Leben und in der bezeichneten Todesstunde vollkommenen Ablaß und Erlaß aller Sünden gewähren und das Heilige Sakrament zu allen Jahreszeiten spenden darf (ausgenommen am Ostertage und in der Todesstunde).
(...)*

Es gestattet auch Seine Heiligkeit, daß die vorgenannten Wohltäter und ihre verstorbenen Eltern, welche in Liebe verschieden sind, der Fürbitten, frommen Werke, Almosen, alles Fasten, Gebete, Messen, Gebetsstunden und Übungen, Wallfahrten und aller übrigen geistigen Güter, welche in der ganzen allgemeinen und allerheiligsten streitbaren Kirche geschehen und geschehen können, jetzt und in Ewigkeit teilhaftig werden.
(...)
Und weil nun die frommen Menschen, Michel Rodts Wittwer, Peter und Adam Rodt zum Bauen oben genannter Basilika (...) durch Beisteuerung von ihren Gütern sich dankbar erwiesen und losgekauft haben, und zum Zeichen hierfür gegenwärtigen Ablaßbrief von uns empfangen haben, – so verleihen und gewähren wir ihnen durch gegenwärtigen Brief, daß sie die genannten Gnadenerweisungen und den Ablaß benutzen und sich derselben freuen können und mögen».[32]

Der Ablass[33] – lateinisch *indulgentia*, was ursprünglich «Nachsicht», «Milde», «Schonung» meint – hatte sich im Verlauf des späten Mittelalters gleichsam unprogrammatisch und ohne eine einheitliche theoretisch-theologische Begründung im religiösen Leben eingebürgert. Im ausgehenden Mittelalter war er unter den Gläubigen zunehmend beliebt. Vorbild war der Kreuzfahrerablass, der auf der Grundlage der hochmittelalterlichen Beicht- und Bußpraxis den zur Rückeroberung Jerusalems ausziehenden Gotteskriegern zusagte, dass ihnen alle Strafen erlassen seien, die das Kirchenrecht als Buße für begangene Sünden verhängte. Im Spätmittelalter kam die Lehre vom Fegefeuer und vom ideellen «Kirchenschatz» hinzu. Das Fegefeuer war gleichsam ein Schwebe- oder Zwischenzustand zwischen Himmel und Hölle, den alle zu durchlaufen hatten, deren Sünden bei ihrem Tod noch nicht durch Bußübungen und zeitliche Sündenstrafen getilgt waren. Die während des Lebens versäumte Sündenreinigung musste im Fegefeuer nachgeholt werden, dessen Qualen sich Menschen in allen nur erdenklichen Variationen sehr konkret vorstellten. Die daraus resultierenden tiefen Ängste konnte der Papst heilen oder doch mildern, indem er aus dem «Kirchenschatz», den die Heiligen und andere Christen mit ihren guten Taten angehäuft hatten und über den die Kirche verfügen konnte, unter bestimmten Bedingungen eine Verkürzung oder gar die Aufhebung der Feuerqualen erließ. Das betraf auch bereits Verstorbene, deren noch lebende Verwandte oder Freunde für sie einen solchen Nachlass erwirken konnten. Instrument war der Ablass, der aber theologisch recht verstanden keine automatische Befreiung bedeutete, sondern erst wirksam werden konnte, wenn die Erwerbung in bußfertiger Gesinnung geschah und der Mensch diese durch Gebete, Wallfahrten, Almosen und ähnliche Taten befestigte.

Dass diese komplexe Theorie, die Sünder zu Anstrengungen und frommer Lebensführung verpflichtete, in der Praxis zur Vereinfachung und Vergröberung verleitete, liegt auf der Hand. Denn die meisten, die einen Ablass erwarben, wollten doch vor allem eine bequeme Befreiung von den Sündenstrafen ohne theologische oder kirchenrechtliche Kautelen. Als sich dann unter dem Medici-Papst dieses theologisch anspruchsvolle Instrument seelsorgerlicher Befreiung der Menschen von Ängsten unheilvoll mit der frühmodernen Finanztechnik der Kurie verband und der Ablass in großem Stil durch Geld zu erwerben war, wurde der Petersablass zu einem – modern gesprochen – Marketingunternehmen, das vorrangig den Profit im Auge hatte und in der Verkaufsstrategie auf den wirklichen Gehalt seines «Produktes» wenig Rücksicht nahm. Ob Tetzel und seine Agenten tatsächlich den Werbeslogan «Wenn das Geld im Kasten klingt, die Seele aus dem Fegefeuer springt» einsetzten, lässt sich nicht mit Sicherheit sagen. Fest steht aber, dass sie nach der Art moderner Drücker-Kolonnen die Gläubigen zum Kauf der Ablassbriefe nötigten. Sie konnten davon ausgehen, dass ihre Verkaufsstrategie den Wünschen sowohl Roms als auch des Mainzer Generalkommissars entsprach. Dass ihre frivole Auslegung des Ablasses Buße und Reue überflüssig machte und dadurch, wie es Luther sah, die Käufer ins ewige Unheil stürzte, fiel ihnen im Traum nicht ein. Wahrscheinlich wäre es ihnen auch gleichgültig gewesen, war das Geschäft doch von Papst und Erzbischof abgesegnet und stand damit kirchenrechtlich auf sicheren Fundamenten.

Das war aber nur das eine; das andere die Akzeptanz des Ablasses und des Ablassgeschäftes in der Bevölkerung. Die gute Aufnahme von Ablässen im 15. Jahrhundert war längst einer zunehmenden Ablassmüdigkeit und Skepsis gewichen. Der Teich war überfischt, weil zu Beginn des 16. Jahrhunderts ein Ablass nach dem anderen angeboten wurde. Das hatte mancherorts geradezu eine «zunehmende Ablassverachtung» ausgelöst.[34] Im mitteldeutschen Raum kam hinzu, dass dort seit Jahren Deflation herrschte und 1517 «Geld in den Beuteln der Menschen knapp» war.[35] Die Menschen drehten jeden Gulden zweimal um, ehe sie ihn ausgaben. Das kann die aggressive Verkaufsstrategie Tetzels erklären und auf Seiten seiner Kunden das Bestreben, sich der Seriosität des gekauften «Produktes» zu versichern. Das musste die Seelsorger und Theologen aufrütteln, deren mancher der Ablasslehre ratlos gegenüberstand. So erhielt Thomas Müntzer, Luthers späterer Widersacher aus dem radikalen Lager der Reformation, bereits Mitte Juni 1517, also Monate vor den Wittenberger Ablassthesen, einen sorgenvollen Brief, in dem ihn der Braunschweiger Humanist und Schulrektor Heinrich Hanner um theologischen und seelsorgerlichen Rat über Sinn und Bedeutung der in der Stadt eben angebotenen päpstlichen Ablassurkunden bat, und zwar bis hin zu einzelnen Formulierungen des Urkundentextes.[36]

Was zwischen Müntzer und seinem Braunschweiger Priesterkollegen wie wohl auch noch in manchem anderen Fall privat erörtert wurde, das sollte wenige Monate später der Wittenberger Mönch und Professor in die Öffentlichkeit bringen, und zwar theologisch radikal aus seiner Paulusexegese heraus, in der er in eben jener Zeit steckte. Dabei fiel ihm nicht im Traume ein, dass daraus ein Grundsatzkonflikt mit Papst und Kirchenhierarchie entstehen könnte. Zu sicher war er sich, dass man in Mainz wie in Rom die Buße theologisch ernst nahm und daher die Tetzelsche Praxis nicht billigte. Dass Finanzinteressen im Vordergrund standen, wusste er natürlich nicht und konnte es sich in diesem Moment auch nicht vorstellen. Seine Ablassthesen sollten die Kirchenhierarchie über den Missbrauch unterrichten, damit sie – dessen war er sich sicher – ihn abstellten und den Menschen das Bußsakrament in der Weise erklärten, wie er es aus der Bibellektüre als allein richtig erkannt hatte. Später, als weder seine deutschen Vorgesetzten noch Rom dieser Erwartung entsprachen, machte er sich das als Kurzsichtigkeit zum Vorwurf: «Denn auch ich (…) (hab) *gar viel ein anders* (ge)*sucht und dacht im anfang meins schreibens, allein des Ablas misbrauch, nicht das Ablas selber, vielweniger den Bapst oder ein har am Bapst.* (…) *Denn wir sind selbst zu der Zeit auch Papisten* (…) *gewesen»*.[37]

Von Tetzels Auslegung des Ablasses hörte er um Ostern herum im Beichtstuhl, den er gelegentlich in Vertretung des Pfarrers verwaltete. Einige Wittenberger hatten in Zerbst oder Jüterbog Ablassbriefe erworben und forderten nun von ihrem Beichtvater dem päpstlichen Zertifikat entsprechend umstandslos, also ohne Bußübungen, von ihren Sünden freigesprochen zu werden.[38] Angesichts seines eigenen skrupulösen Umgangs mit der Buße und der aus dem Studium der Paulusbriefe gewachsenen Erkenntnis, dass nur das Zusammenwirken von Buße, echter Reue und göttlicher Gnade den Christen gerecht machen konnte, musste das Luther im höchsten Maße alarmieren. Tetzels vordergründige Bußtheologie versperrte genau diese Einsicht. Indem sie Heilssicherheit ohne Buße, Reue und göttliche Gnade vorgaukelte, führte sie die Menschen zwangsläufig auf den Weg der ewigen Verdammnis.

Er behandelte den Ablass zunächst in einigen Predigten und beriet sich mit Kollegen, auch aus der Juristischen Fakultät, über die theologischen und kirchenrechtlichen Details der offiziellen Ablasslehre. Irgendwann im Sommer 1517 entschloss er sich, das Problem auf wissenschaftliche Weise anzugehen. Als geeignetes Instrument bot sich die gelehrte Disputation an, wie sie im Promotionsverfahren zwischen Kandidat und Professoren üblich war oder als außerordentliche Disputation zwischen ausgewiesenen Gelehrten zur Klärung kontroverser Themen diente.[39] Zur Vorbereitung solcher Disputationen legte man Thesen vor, die immer häufiger als Plakat gedruckt und öffentlich ausgehängt wurden. In Wittenberg scheint diese Art der Bekanntmachung ganz üblich gewesen zu sein. Das legen die Statuten der *Leucorea* nahe, zudem gab es in der Stadt bereits ein leistungsfähiges Druckgewerbe. Noch im Frühjahr 1517 hatte Luthers Fakultätskollege Karlstadt 152 Disputationsthesen verfasst und öffentlich angeschlagen – «*affixi*», wie es in einem Brief heißt.[40] Das war am 26. April geschehen, am Vortag der Heiltumsweisung des kurfürstlichen Reliquienschatzes, die viele Menschen in der Stadt lockte. Da Luthers 95 Thesen auf den Tag vor dem ebenfalls viel besuchten Allerheiligenfest datieren, sprechen Reformationshistoriker sogar von einer kalkulierten Öffentlichkeitsstrategie der beiden befreundeten Professoren.[41]

Die bald berühmten 95 Ablassthesen vom 31. Oktober 1517 waren Teil einer an den europäischen Universitäten und auch in Wittenberg alltäglichen Praxis. Was aber genau an diesem später als «Reformationstag» gefeierten Datum in Wittenberg geschah, lässt sich nicht mehr mit Sicherheit klären. Erst jüngst ist unter Theologen wieder eine heftige Debatte darüber entbrannt, wie Luthers Thesen an die Öffentlichkeit gelangten – ein Disput, der, so der Stoßseufzer des Nestors der Reformationsforschung, «etwas Unverwüstliches hat und mit jedem neuen Beitrag deren Kuriosität» fortsetzt.[42] Nüchtern betrachtet, kann die Unsicherheit über die Wittenberger Abläufe kaum erstaunen, spiegelt sie doch deren Alltäglichkeit wider, die einer besonderen Erwähnung nicht bedurfte.

Der Tag, an dem die 95 Thesen in die Welt traten – selbst von «Veröffentlichung» lässt sich für den 31. Oktober nicht sicher sprechen[43] –, wurde erst im Nachhinein bedeutungsvoll und der Erinnerung würdig. Eine «Weltwirkung» sprachen dem Ereignis dann die späteren Generationen zu. Luther äußerte sich wesentlich später in Briefen oder Tischreden, so dass die Vorgänge vom 31. Oktober 1517 auch in seinen Selbstzeugnissen bereits in ein anachronistisches Licht getaucht sind, das des großen Reformators. Das Ereignis, auf dem der spätere Mythos von der Begründung der Neuzeit durch die Reformation fußt, liegt quellenkritisch im Zwielicht.

Gesichert sind zwei auf den 31.Oktober datierte Briefe, denen je ein Exemplar der 95 Thesen anfügt war. Luther richtete sie an seine kirchlichen Vorgesetzten, den Mainzer Erzbischof Kardinal Albrecht von Brandenburg und den Bischof Hieronymus Schulz, in dessen Brandenburger Diözese Wittenberg lag. Erhalten hat sich nur das Schreiben an den Mainzer Kardinal. Der Brief ist nicht im Gestus des himmelsstürmenden Neuerers verfasst. Nur mit Zögern und in mönchischer Demut habe er sich dazu entschlossen: *«Daß ich, der Geringsten einer, so vermessen bin und es gewagt habe, einen Brief an Eure über die Maßen erhabene Hoheit überhaupt in Erwägung zu ziehen.»*[44] Der Mönch-Professor trug den kirchlichen Vorgesetzten seine Bedenken gegen die konkrete Durchführung des Petrus-Ablasses vor und bat sie, gegen den Missbrauch einzuschreiten. Ganz unspektakulär und ohne jeden

Ein Wittenberger Ablassdruck wurde bislang nicht gefunden. Doch spricht einiges dafür, dass Luther seine 95 Thesen drucken ließ, hatte er das moderne Medium doch bereits zuvor für Studienunterlagen in seinen Kollegs genutzt.

revolutionären Neuerungsanspruch, und doch bereits vorausweisend auf die Freiheit des Geistes und der Tat, die in den nächsten Jahren die Christenheit erschüttern sollte: Der Augustiner wechselt in dem Brief an seinen Vorgesetzten «rigoros – erstmals und für alle Zukunft» seinen Namen. Den Vaternamen «Luder» wandelte er ab in «Luther», den er mit dem zeitweilig parallel benutzen Namen «Eleutherius», der «Freie» oder «Befreite», in Verbindung bringt. Der spätere Reformator erlebte den 31. Oktober 1517 «offenbar als Entscheidungstag in eigener Sache, als Tag seiner eigenen Befreiung.»[45] Es sollte nicht zuletzt dieses Befreiungserlebnis sein, aus dem er in den nächsten Monaten und Jahren die Kraft zur Behauptung und Durchsetzung einer neuen Theologie schöpfte – gegenüber dem Papst und seinem Kirchenbann ebenso wie 1521 vor dem Kaiser und den Großen des Heiligen Reiches.

Erhalten sind die Thesen weder in Luthers Handschrift noch als Wittenberger Druck, jedenfalls sind sie bislang nicht in einer solchen Fassung aus Bibliotheken oder Archiven aufgetaucht. Da Luther das moderne Druckverfahren nachweislich bereits in seinen Vorlesungen eingesetzt hatte, erscheint es aber wahrscheinlich, dass er auch seine Ablassthesen drucken ließ.[46] Dass er sie an die Tür der Schlosskirche anschlug, berichten erst Jahrzehnte später Melanchthon, der 1517 noch in Süddeutschland lebte, und Luthers Sekretär Georg Rörer, auch er kein Augenzeuge. Da seine Notiz unabhängig von der entsprechenden Bemerkung bei Melanchthon und wohl noch in Luthers letzten Lebensjahren abgefasst wurde, von diesem also kontrolliert werden konnte, muss man die Möglichkeit eines Thesenanschlags einräumen.

Dem Mythos vom hammerschwingenden Reformator ist indes vollends der Boden entzogen. Denn Rörer berichtet von Anschlägen an mehreren Kirchentüren. Die Vorstellung aber, der vielbeschäftigte, den Sturm-und-Drang-Jahren längst entwachsene Professor sei nach Art moderner Wandzeitungskleber von Kirche zu Kirche durch Wittenberg gezogen, ist ganz und gar unrealistisch. Das kann nur der Universitätspedell oder eine andere, für solche Bekanntmachungen zuständige Person getan haben.

So oder so – es war nicht das Wittenberger Ereignis, wie immer es konkret abgelaufen sein mag, es waren auswärtige Drucke, die Luthers Kirchenkritik Geltung verschafften. Ohne Luthers Wissen waren die 95 Thesen weitergeleitet worden und hatten Drucker und Verleger gefunden, die sich angesichts des verbreiteten Interesses ein gutes Geschäft versprachen. Damit war eine Dynamik in Gang gesetzt, die der Autor selbst nicht mehr zu steuern vermochte. Im Spätjahr 1517 erschienen bereits drei lateinische Drucke – in Nürnberg, Leipzig und Basel. Noch vor Weihnachten soll einer brieflichen Notiz zufolge in Nürnberg die erste deutsche Übersetzung herausgekommen sein, die aber nicht erhalten ist.

Wie ein Lauffeuer verbreiteten sich die Thesen ab März 1518, als Luther selbst eine deutsche Version seiner Ablasskritik veröffentlichte. Sein *Sermon von Ablaß und Gnade* erreichte bis 1520 nicht weniger als 23 Ausgaben mit insgesamt rund 25 000 Exemplaren. Die Thesen nahmen Hunderttausende zur Kenntnis. «Denn Format, klare Gliederung und orale Sprache boten ideale Bedingungen, diese Schrift, sei es öffentlich, sei es privat, laut vorzulesen.»[47] Luthers Wahrheitsverlangen und die religiöse Wucht seiner Argumente packte die Menschen existentiell, und zwar nicht nur die Gelehrten.[48] Unter dem Titel *Pro declaratione virtutis indulgantiarum / Für die Offenbarung des Wahrheitsgehaltes der Ablaßlehre* forderte der Wittenberger Professor jeden Interessierten und Befähigten zur Teilnahme an der wissenschaftlichen Wahrheitssuche auf:

> «*Aus Liebe zur Wahrheit und in dem Bestreben, diese zu ergründen, soll in Wittenberg unter dem Vorsitz des ehrwürdigen Paters Martin Luther, Magister der freien Künste und der heiligen Theologie sowie deren ordentlicher Professor daselbst, über folgende Sätze disputiert werden. Deshalb bittet er die, die nicht anwesend sein und mündlich mit uns disputieren können, dieses in Abwesenheit schriftlich zu tun. – Im Namen unseres Herrn Jesu Christi. Amen.*»

Auch wenn die Thesen insgesamt in ihrer gelehrten Ausführlichkeit der breiten Öffentlichkeit kaum zugänglich waren, so waren die Kernthesen doch jedem verständlich. Eindringlich bereits die Eröffnung:

> «*Da unser Herr und Meister Jesus Christus spricht ‹Tut Buße›* (Matth. 4,17) *hat er gewollt, dass das ganze Leben der Gläubigen Buße sei.*»

Ähnlich These 36:

> «*Jeder Christ, der wahre Reue empfindet, hat vollkommenen Nachlaß von Strafe und Schuld. Auch ohne Ablaßbriefe.*»

Luthers Sprachkraft und Sprachwitz packten den Leser oder Hörer auch in der Übersetzung, so dass Kernaussagen von Mund zu Mund liefen, so etwa die Matth. 13,25 aufgreifende These 11:

> «*Die Lehre, daß man kirchliche Bußstrafen in Strafen des Fegefeuers umwandeln könne, ist ein Unkraut, das augenscheinlich gesät wurde, als die Bischöfe schliefen.*»[49]

Im Frühjahr 1518 war eingetreten, was Luther am «Reformationstag» nicht beabsichtigt hatte. Die Ablassthesen waren deutschland-, bald auch europaweit bekannt, und zwar weit über den ursprünglich gemeinten akademisch-innerkirchlichen Kreis hinaus. Denn mit der deutschen Fassung des *Sermons von Ablaß und Gnade* hatte sich Luther direkt an die Laien gewandt. Statt der akademischen Disputation, die nie stattfinden sollte, war ein öffentlicher Diskurs in Gang gekommen, der zwangsläufig über die engere Ablassproblematik hinausdrängte. Manch einer unter den Klerikern und Gelehrten, allen voran Erasmus von Rotterdam, wandte sich ab, weil er Luthers populistischen Appell an jedermann für unwürdig hielt. Das zählte aber wenig gegenüber den vielen, die erst durch die Volkssprache erreicht wurden.

Damit war der Weg des Wittenberger Mönch-Professors zum Reformator vorgezeichnet. Dass er ihn dann immer entschlossener ging, dazu trug neben den Druckern die kirchliche Hierarchie selbst entscheidend bei. In Deutschland wie in Rom behandelte man noch über Monate hin die Angelegenheit wie eine lästige Provinzquerele. Eine erstaunliche Blindheit für die Brisanz der Sache, aber auch für die Tatsache, dass mit der öffentlichen Verbreitung der Ablassdrucke nun aller Augen auf Papst und Erzbischof gerichtet waren. Als Kardinal Albrecht Brief und Thesen Ende November in seiner Residenz Aschaffenburg endlich in Händen hielt, stand ihm die politische und finanzielle Brisanz allerdings sogleich vor Augen. Denn mit dieser Fundamentalkritik drohten die zur Schuldentilgung so dringend benötigten, bislang sowieso spärlich fließenden Ablasseinkünfte vollends zu versiegen. Als Erstes fasste er juristische Schritte ins Auge, konkret einen *processus inhibitorum*, eine Art einstweilige Verfügung, die dem Mönch die Verbreitung seiner Kritik untersagen sollte. Eine inhaltliche theologische Beschäftigung zog er nicht in Betracht. Darum sollte sich der Papst kümmern, dem er die Thesen Anfang Dezember weiterleitete.

Rom sah als Erstes den Machtaspekt, nämlich die auch in einem Mainzer Universitätsgutachten vom 17. Dezember hervorgehobene Tatsache, dass einige der Thesen die Kompetenz des Papstes bei der Ablassverkündigung in Frage stellten. Dementsprechend beauftragte Leo X. im Februar 1518 den General der Augustiner-Eremiten, den aufmüpfigen Wittenberger Mitbruder zur Räson zu bringen. Eine eigene theologische Stellungnahme hielt er für überflüssig. Er hatte Wichtigeres zu tun, als das «Mönchsgezänk» an der fernen Elbe ernst zu nehmen. Das umso mehr, als ein knappes Jahr später Maximilian I. starb. Die damit anstehende politisch hoch brisante Kaisernachfolge drängte für den Moment alle Theologie und Seelsorge in den Hintergrund.

Das waren die Kosten für politische Macht und Glanz des souveränen Pontifex. Zahlen musste sie wieder einmal die Christenheit insgesamt. Durch den Unwillen Roms, sich mit Luthers Kritik inhaltlich auseinanderzusetzen, sah diese sich binnen kurzem in die Fundamentalfeindschaft der Konfessionen gespalten und in das Inferno der Glaubenskriege gestürzt. Als der neue Kaiser im Juni 1519 gewählt war und Rom sich wieder um die *causa Lutheri* kümmern konnte, war der Bruch nicht mehr zu beheben. Man versuchte es auch gar nicht mehr: Die im Juni 1520 veröffentlichte Bannbulle *Exurge domini* beschränkte sich darauf, *«die Bücher und alle Schriften und Predigten, ob sie in lateinischer oder deutscher Sprache geschrieben sind,* (zu) *verdammen,* (zu) *verwerfen und* (zu) *verstoßen»*.

Doch alle Versuche, die Lehre des deutschen «Häretikers» auszumerzen, mussten fehlschlagen. Denn anders als im Falle des Böhmen Jan Hus 100 Jahre zuvor waren seine Schriften inzwischen hundert-, ja tausendfach in der Welt. Rom hatte es mit dem ersten großen Medienereignis der Weltgeschichte zu tun, und dagegen mussten sich dieser wie alle folgenden päpstlichen Bannsprüche als wirkungslos erweisen. Mit den Druckwerken – Bücher, Flugschriften, Pamphlete –, die im Anschluss an die ersten Thesendrucke fast im Monatstakt erschienen waren, hatten die Diskussionen für oder gegen Luther den traditionellen Kreis der Gelehrten durchbrochen. Es war die erste neuzeitliche Öffentlichkeit entstanden, an der auch und gerade Herr und Frau *omnes*, also die ganz gewöhnlichen Menschen in Stadt und Land, Anteil hatten, weil sie sich direkt angesprochen sahen. Ob sie lesen konnten, tat nichts zur Sache – Vorleser fanden sich genug auf Marktplätzen oder in den Wirtshäusern und Herbergen.

Ab 1517 schnellte allenthalben in Europa die Zahl der Druckwerke in die Höhe. Allein in Deutschland schoss 1519 die Kurve gedruckter Titel von zuvor gut 200 Stück pro Jahr auf fast 900 und sollte sich in den nächsten Jahren noch höher aufschwingen. Jedes Werk rissen die Buchdrucker den Reformatoren oder deren Gegnern, die das Medium bald nicht weniger virtuos zu nutzen wussten, aus der Hand und warfen es auf die rasch expandierenden europäischen Buchmärkte. Buchdrucker und Verleger hatten Konjunktur; das Verlagsnetz verdichtete sich und weitete sich in die bislang noch nicht oder nur gering erfassten Randzonen des Nordens und Ostens aus.

Bereits Anfang 1519 schrieb Johannes Froben, Drucker von europäischer Geltung und berühmter Verleger des Erasmus, von Basel nach Wittenberg, er habe sich auf der letzten Frankfurter Buchmesse durch einen Leipziger Buchhändler mehrere Lutherschriften besorgen lassen, um sie rasch nachzudrucken: «*Sechshundert Exemplare haben wir nach Frankreich und Spanien gesendet. Und nun werden sie zu Paris verkauft* (...) *Auch hat der Buchhändler zu Pavia, Calvus, ein sehr gelehrter und wissenschaftlicher Mann, ein gut Teil solcher Büchlein nach Italien bringen lassen und will sie in allen Städten ausstreuen* (...) *Meine Exemplare sind bis auf zehn alle verkauft, und ich habe noch niemals bei irgend einem Buche glücklicheren Verkauf erfahren*».[50]

Zwar schrumpften Buchdruck und Öffentlichkeit ab Mitte des 16. Jahrhunderts, als die Zensur der Konfessionsstaaten den Wildwuchs radikal beschnitt. Doch blieb das Niveau deutlich über demjenigen vor der Reformation. Vor allem aber hatte das Buch eine neue Funktion erhalten, die es nicht mehr einbüßen sollte. Im Mittelalter und noch in der Zeit der Wiegendrucke bis ins Jahr 1500 hatten Bücher, ob handgeschrieben oder gedruckt, der Überlieferung und der Aufbewahrung des *Wissens* gedient und waren wenigen Eingeweihten vorbehalten geblieben. Infolge des Ablassprotestes vom Oktober 1517 waren Buch und Flugschriften zum Träger von *Meinungen* geworden, die prinzipiell an jeden gerichtet waren, auch an den des Lesens Unkundigen. Diese unverkennbar neuzeitliche Qualität des Gesprächs mit einer Masse hat das Buch nicht mehr verloren.

4. Evangelische Reformation statt frivoler Kirchenkritik ohne Folgen

Luthers Papst- und Kirchenkritik war keineswegs außergewöhnlich und schon gar nicht neu. Auch Erasmus von Rotterdam verurteilte die römischen Zustände, und zwar in manchem schärfer und vernichtender. Das tat er aber nur in kleinstem Kreis hinter verschlossener Tür.

Den Mut Luthers, sich öffentlich gegen Rom zu stellen, brachte er nicht auf. Schon gar nicht dessen Entschlossenheit, die Besserung selbst in die Hand zu nehmen. Als durchsickerte, dass der im Sommer 1517 anonym gedruckte, mit Spott und beißender Kritik gespickte Dialog *Iulius exclusus e coelis/Julius des Himmels verwiesen* von Erasmus stammte,[51] duckte dieser sich und zog seinen Kopf flugs aus der Schlinge:

> «*Ich liebe diese Freiheit im Kreise der Tischgenossen und bei Unterhaltungen unter Freunden, und ich gebe zu, daß ich es häufig zu weit getrieben habe. Wie häufig haben wir bei den Mahlzeiten die Kaiserwürde an Papst Julius und die Papstwürde an Kaiser Maximilian übertragen! Dann haben wir ganze Mönchskollegien mit Nonnenkollegien verheiratet. Aus ihrem Nachwuchs haben wir dann ein Heer zum Kampf gegen die Türken rekrutiert oder Kolonien auf den Inseln in der Neuen Welt gepflanzt. Die ganze Welt haben wir auf den Kopf gestellt. Aber solche Senatsbeschlüsse wurden nicht in Erztafeln eingeschrieben, sondern waren dem Wein geschuldet, so daß jeder sie aus dem Gedächtnis löschte, wenn die Becher abgeräumt waren.*»

Mit ähnlicher Sophistik hatte der Humanist bereits Vorwürfe wegen seiner 1509 in England verfassten Schrift *Laus stultitiae/Lob der Torheit* abgewehrt: Die dort formulierte Kritik sei ja nicht seine Meinung, sondern diejenige der Torheit.

Kirchenkritik – aber nur als literarische Satire oder Belustigung im privaten Kreis! In Basel machten sich Erasmus und seine Freunde geradezu einen Sport daraus, nicht nur die Kirche und ihr Personal, sondern auch zentrale Lehrsätze zu verspotten. Statt Reformen in Angriff zu nehmen oder auch nur öffentlich zu fordern, spielte man sie intellektuell durch[52] – bis hin zur Phantasie einer offiziell verordneten Zwangspromiskuität zwischen Mönchs- und Nonnenklöstern. Eine skurrile, deswegen aber nicht weniger radikale Kritik am Zölibat. Handelnd in das verminte Feld eingreifen, das wollte Erasmus nicht, auch nicht in der «utopischen» Form seines Freundes Thomas Morus.

Wie die Spötteleien zur Sexualität der Mönche und Nonnen, zum Heiligen Krieg gegen die Türken oder zur Inbesitznahme und Besiedlung neu entdeckter Inseln, so war auch der wohl im Frühjahr 1514 in London verfasste Dialog-Traktat *Julius exclusus* ausschließlich für die vertrauten Humanistenkreise bestimmt. Dort machte die beißende Papstkritik sogleich Furore. Selbst der Großkanzler Burgunds Jean Le Sauvage amüsierte sich unter seinen Vertrauten aufs Köstlichste über den eben als Handschrift eingetroffenen Dialog. Manch hochrangige Politiker, sicher auch Fürsten teilten diese Sympathie für die unverhohlene Kritik an dem Militärpapst Julius, aber auch die Vorsicht, das nicht offen zu bekunden oder gar zum Regierungsprogramm zu machen.[53]

Einer war aus anderem Holz, der Reichsritter Ulrich von Hutten. Sein unbändiger Drang nach Freiheit und intellektueller Unabhängigkeit hatte in Italien eine aggressiv anti-papalistische und anti-klerikale Stoßrichtung erhalten. So war es ihm ein Bedürfnis, das Manuskript des Anti-Julius-Traktates in den Druck zu geben.[54] Den Namen des Autors gab er aber noch nicht preis, denn er respektierte zu diesem Zeitpunkt noch Erasmus' Wunsch nach Vertraulichkeit.

Indes, mit der ersten Druckfassung bei Peter Schöffer in Mainz war im Spätsommer 1517 der Damm klandestiner Einhegung der Kirchen- und Papstkritik gebrochen. Die «schärfste und demütigste Satire, die je geschrieben wurde» (Johan Huizinga[55]), ging unter dem Namen des Erasmus in die Welt hinaus: Noch 1517 kam es in Straßburg, Antwerpen, nochmals Straßburg und Paris zu weiteren Drucken, und ihre Zahl sollte sich in den nächsten Jahren noch vermehren. Kirchenkritik war für das noch junge Verlagsgewerbe ein Geschäft, zumal wenn sie aus der Feder eines Erasmus stammte. Europa nahm offen Stellung gegen die Verweltlichung von Papst und Kurie. Das galt einstweilen aber nur für das gelehrte, humanistische Europa, und dem lag nicht anders als dem Autor der Satire das aktive Aufbegehren oder gar die rebellische Tat fern.

Ohne Zweifel hat der gleichzeitige publizistische Erfolg der Julius-Satire der schnellen Rezeption der 95 Thesen den Boden bereitet. Entscheidend war aber, dass Luthers Kirchenkritik mit einem inhaltlichen Reformprogramm einherging. So konnte sich rasch eine religiöse Bewegung entwickeln, die alle Schranken niederriss, die sozialen ebenso wie die der Gelehrsamkeit. Bis zum Herbst 1517 war das von Erasmus und seinem Humanistenkreis geprägte Basel das klandestine Anti-Rom

(Silvana Seidel Menchi). Nun wurde Wittenberg zum bewunderten oder gefürchteten Anti-Rom, aber nicht im Verborgenen, sondern mit Nachdruck öffentlich. Denn mit den Ablassthesen vom 31. Oktober war aus dem gebildeten Spiel der Humanisten der reformatorische Ernst aktueller Umgestaltung von Kirche und christlichem Leben geworden. Der Todesstoß gegen das papale System wurde nicht von Humanisten, sondern von einem Bibel-Professor geführt, dem humanistische Gelehrsamkeit nur Instrument für sein radikal religiöses Anliegen war. Der Aufbruch erfolgte nicht in einem der traditionellen Zentren der Gelehrsamkeit, sondern in einer abgelegenen Provinzstadt.

Unter dem Eindruck erster Lutherlektüre plädierte auch Erasmus für eine Neudefinition des Papstamtes: «*Ich will, daß der Priester herrschen soll, aber ich halte es für unwürdig, daß sich ein himmlisch gesinnter Mann mit derartigem weltlichem Herrschaftsbesitz belastet.*»[56] Anders als die meisten Zeitgenossen, die begeistert in Luthers Ruf nach Reform einstimmten, zähmte der Erzhumanist seine Kritik bald aber endgültig zu systemstabilisierenden Einwänden gegen Fehlverhalten und Auswüchse. Die Partei des radikalen Papstkritikers konnte und wollte er nicht ergreifen – aus der Vorsicht des Gelehrten, aber auch aus der in seiner Friedensschrift begründeten Überzeugung heraus, dass die religiöse und kulturelle Einheit Europas ein hohes Gut sei. Hinzu kommt, dass Erasmus trotz aller Zurückgezogenheit des Gelehrten der Welt stärker verbunden war als der Augustinermönch – mit seiner unverkennbaren Eitelkeit; mit seinem Bestreben nach sozialer Wohlanständigkeit, dem Papst Leo X. just Anfang 1517 durch den Dispens für seine uneheliche Geburt entgegenkam;[57] schließlich durch die Hoffnung auf eine Position in der kirchlichen Hierarchie, die eben in diesem Jahr konkret genährt wurde, als ihm der Brüsseler Hof ein Bistum in Neapel in Aussicht stellte. All dies macht verständlich, dass Erasmus just in dem Moment, als Luther den Weg in die Separation von Rom eröffnete, leidenschaftlich die kirchliche Einheit beschwor, um Europa vor der Selbstzerfleischung zu bewahren.

Wo es um die religiöse Wahrheit geht, kannte Luther weder persönliche Vorteile noch Furcht vor dem Zerbrechen von Einheit und Frieden. Als er sah, dass die Kirchenhierarchie nicht bereit war, sich mit seinen 95 Thesen auseinanderzusetzen, richtete er seinen systemstürzenden Frontalangriff gegen den «Antichrist in Rom». Aus dem Aufruf zur akademischen und innerkirchlichen Klärung von Ablasslehre und Ablasspraxis, der nach Luthers eigenem Bekunden noch ganz auf altkirchlicher Grundlage erfolgt war, wurde die *causa Lutheri*, die «Luthersache». Angesichts des tiefen Reformverlangens in der Christenheit und der ungeheuren Resonanz, die der Reformator speziell im Reich fand, waren weder Papst noch Kaiser in der Lage, die Bewegung unter Kontrolle zu bringen. Der Ablassprotest von Ende 1517 hatte sich binnen weniger Monate zur Fundamentalkritik am römischen System radikalisiert. Das spätmittelalterliche Verlangen nach Reform mutierte zur protestantischen Reformation.

Entscheidend für Luthers Erfolg war nicht seine Ablasskritik, die eine bereits wankende, an Popularität einbüßende Institution traf. Selbst Luthers schärfste Widersacher warfen sich nicht zu Verteidigern des Ablasses auf: *«Der Ablaß fiel gänzlich, Eck stimmte mit mir fast in allem überein und die Verteidiger des Ablasses wurden verlacht und verspottet»*, konnte der Wittenberger triumphierend verkünden. Durchschlagend war auch nicht sein bald zum Antichristvorwurf gesteigerter Antipapalismus und Antiklerikalismus, so begierig man das in Deutschland auch aufnahm.[58] Wenn der päpstliche Nuntius Aleander bereits 1520 nach Rom melden musste, dass *«ganz Deutschland in hellem Aufruhr»* sei und *«neun Zehntel das Feldgeschrei ‹Luther› erheben»*[59], dann war das ein Zeichen für die Ergriffenheit vom Inhalt der reformatorischen Botschaft. Wo die Gläubigen tief in Ängsten um ihr Seelenheil gesteckt hatten, da hatte Luthers Lehre von der Rechtfertigung durch den Glauben ihnen Trost und Zuversicht gegeben. Selbst ein Intellektueller wie der große Albrecht Dürer fühlte sich aus tiefen Ängsten befreit. In den Gemeinden war ein neuer Geist eingezogen. Die Furcht vor dem Weltenrichter war der Zuversicht auf den Erlösergott gewichen, dessen Gnade den Christenmenschen von Ängsten befreit. Der Cranachaltar in Neustadt an der Orla, der uns eingangs als Beispiel für die verbreitete Sorge um das ewige Seelenheil diente, bezeugt auch die reformatorische Wende: Nachdem Stadt und Gemeinde protestantisch geworden waren, wollten sie sich beim sonntäglichen Gottesdienst die – wie man nun sicher war – theologisch falsche Darstellung eines richtenden Gottes nicht mehr ansehen. Der Kirchenvorstand ließ daher die Predella mit Cranachs vorreformatorischer Weltgerichtsszene durch eine Darstellung des letzten Abendmahls abdecken. Christus sollte der Gemeinde nicht als sie bedrohender Richter, sondern als reformatorischer Erlöser vor Augen stehen, an dessen Gnaden-Mahl ein jeder teilhaben konnte.

EPILOG
1517 – EIN WUNDERJAHR
ALS AUFTAKT DER NEUZEIT?

Fremdheit und Nähe. Ein halbes Jahrtausend trennt uns von den Ereignissen des Jahres 1517. Wir sind einer uns zutiefst fremden Welt begegnet, und dennoch erscheint manches vertraut, ja aktuell. Fremd sind die neuen Räume, in die christliche Kaufleute und Eroberer damals vorstießen, aber auch die Verhältnisse in Europa selbst. Hier wie dort müssen wir uns die damaligen Lebensbedingungen, das Denken, Handeln und Empfinden der Menschen gleichsam ethnologisch erschließen. Besonders fremd erscheint uns die alles um- und erfassende Kraft der Religion bei gleichzeitiger magischer oder kosmologischer Interpretation des Weltgeschehens durch Gebildete wie Ungebildete. In den letzten Jahrhunderten haben Aufklärung und Naturwissenschaften den Erfahrungs- und Interpretationshorizont entschieden verdiesseitigt. Im Persönlichen wie im Politischen und Gesellschaftlichen sehen wir das Geschehen durch rational erklärbare Vorgänge der Natur und durch das Handeln von Menschen bestimmt. Ein direktes Eingreifen überirdischer Mächte können wir nicht als Erklärung heranziehen. Der Sinn des historischen Geschehens lässt sich nicht mehr magisch oder heilsgeschichtlich, sondern nur noch immanent diesseitig konstruieren – aus den Motiven, Interessen, Handlungszusammenhängen und deren längerfristigen Folgen, auch wenn sie nur zu oft im Gegensatz zu dem von den Akteuren Gewollten stehen.

Vertraut erscheinen uns dagegen die Friedlosigkeit und die Explosion von Gewalt, von denen wir hörten – auf dem syrisch-ägyptischen Eroberungsfeldzug Sultan Selims 1516/17; in Mexiko wenig später, als der gedemütigte Aztekenadel den Spaniern die «noche triste» bereitete und Cortés blutige Rache nahm; schließlich auch in Europa, wo die 1517 geborenen konfessionellen Feindschaften die Christenheit für mehr als ein Jahrhundert in die Selbstzerfleischung mit Terroranschlägen, hemmungslosem Morden und entmenschlichender Verstümmelung Andersdenkender führten. Vor diesem historischen Hintergrund werden die Gewaltexzesse unserer Zeit, vor allem aber die Fundamentalfeindschaft von Sunniten und Schiiten mit ihrer die Welt erschütternden Verbindung von Religion und Gewalt zu einem bedrückenden Déjà-vu. So sind uns die Ängste der Geisterschlacht bei Bergamo fast näher als die religiöse Freiheitsbotschaft des Wittenberger Augustinermönchs, die so vielen seiner Zeitgenossen Trost spendete.

Die Macht des Politischen. Wer in langfristigen Zusammenhängen denkt, wird auch die Aktualität der 1517 gefallenen politischen Entscheidungen erkennen, der innen- wie der außenpolitischen: Mit dem Übergreifen der osmanischen Weltmacht nach Syrien, Ägypten und auf die Arabische Halbinsel und der gleichzeitig in Kastilien vollzogenen Weichenstellung für ein spanisch-habsburgisches Weltreich trat die Grundstruktur des internationalen Mächtesystems der Neuzeit hervor, dem neben den europäischen Mächten von Anfang an auch das osmanische Reich als nicht-christlicher Akteur angehörte. Hinzu kam ein weiterer säkularer Prozess politisch-gesellschaftlicher Verdichtung – die Herausbildung einer neuen politischen Organisationsform, die wir den frühmodernen Staat nennen. Beide Entwicklungen setzten in Europa ein, wiesen aber von Anbeginn darüber hinaus. Das waren «Wendemarken der Weltgeschichte»,[1] die das politische, kulturelle und gesellschaftliche, aber auch das private Leben nachhaltig prägten und heute noch mitprägen, im Positiven wie im Negativen. Denn «Staat» und «Mächtesystem» sollten sich in den nächsten Jahrhunderten über den Globus ausbreiten und schließlich in so gut wie allen Weltteilen die Ordnung innerhalb der Gesellschaften und zwischen ihnen bestimmen. Erst in unseren Tagen ist ein Wandel zu erkennen, der die im Übergang vom europäischen Mittelalter zur Neuzeit entstandenen Ordnungsstrukturen in Frage stellt – die innerstaatlichen durch die fortschreitende Flexibilisierung der Souveränität; die zwischenstaatlichen, insofern das internationale System neuzeitlicher Prägung von nichtstaatlichen Akteuren außerhalb des Völkerrechts ausgehöhlt wird.

In den ersten Jahrzehnten des 16. Jahrhunderts erreichte die frühmoderne Staatsbildung, die alle Herrschaftsrechte im Prinzip der Souveränität bündelte und dem Inhaber der Staatsgewalt, in der Regel ein Fürst, übertrug, einen ersten Höhepunkt. Das bedeutete eine schwere Erschütterung des inneren Machtgefüges. Denn die herkömmlicherweise an der Regierung des jeweiligen Landes beteiligten Stände – Geistlichkeit, Adel und Städte – wurden in den Hintergrund gedrängt und drohten von den Fürsten entmachtet zu werden. Der Wechsel hatte sich bereits im 15. Jahrhundert angebahnt, in Spanien besonders imposant unter den Katholischen Königen Isabella und Ferdinand, den Großeltern Karls. Im frühen 16. Jahrhundert hatte sich zu entscheiden, ob die Entwicklung sich konsolidieren oder durch den Anspruch der Untertanen auf Partizipation gebrochen werden würde. Die Folge waren schwere innere Erschütterungen, die in Spanien sogleich nach 1517 einsetzten, als die neue Regierung die herkömmlichen Landesgesetze eklatant verletzte.

Nicht weniger konfliktreich war die außen- und mächtepolitische Konstellation, die 1517 in Europa, Vorderasien und Nordafrika heraufgezogen war. Wie im Innern so ging der junge spanische König Karl – ab 1519 zugleich erwählter Römischer Kaiser – auch außenpolitisch aufs Ganze und formte aus dem ihm zugefallenen Gesamterbe der Häuser Aragon-Kastilien-Habsburg-Burgund in wenigen Jahren das weite Teile Europas und Amerikas umfassende Weltreich der Habsburger. In Europa dominierte es auf Generationen hin das innerchristliche Mächtespiel – allerdings stets angefochten, zunächst durch die französischen Valois, seit dem ausgehenden 16. Jahrhundert auch durch die Niederlande und England. Im Südosten des Kontinents und im Mittelmeer trat Karl entschieden den Türken entgegen, so dass die auf Generationen hin Europa in Atem haltende Konkurrenz zweier Weltreiche herrschte – zwischen dem christlichen der Habsburger und dem islamischen der Osmanen. Der Antagonismus dieser beiden frühneuzeitlichen Weltreiche wirkte weit über Europa hinaus, nicht zuletzt durch die einschneidenden Veränderungen für den Handel mit den begehrten ostasiatischen Kolonialwaren.

Über rund anderthalb Jahrhunderte hin bestand zwischen beiden

Reichen faktisch ein Mächtegleichgewicht, das von Verschiebungen an den Rändern unberührt blieb. Als sich dann Spanien seit Mitte des 17. Jahrhunderts zunehmend von den europäischen Angelegenheiten abwandte und den Schwerpunkt seines Interesses nach Westen über den Atlantik hin verlagerte, war es die österreichisch-habsburgische Monarchie, die die östliche Weltmacht Schritt für Schritt zurückdrängte. Zerschlagen wurde das osmanische Reich aber erst im Ersten Weltkrieg mit bis heute nicht beherrschbaren Folgen für die arabisch-nordafrikanische wie für die südosteuropäische Zone.

Nicht weniger folgenreich als die militärischen und machtpolitischen Zusammenhänge waren die geistig-religiösen: Mit dem Sieg vor Kairo konnte der osmanische Sultan Anspruch auf das Kalifat erheben, auf die höchste geistliche Würde des Islams. Das war eine der Reformation vergleichbare weltgeschichtliche Wende: Sie festigte die osmanisch-sunnitische Interpretation des wahren Islams und ermöglichte ein disziplinierendes Vorgehen gegen die Schia und ihre Gläubigen im Innern des osmanischen Reiches. Im geostrategischen Konflikt mit dem schiitischen Persien verlieh das Kalifat den Türken eine besondere Legitimation. Und schließlich gab die neue geistliche Würde Selims Nachfolger Soliman I., dem Prächtigen, auch Legitimation und propagandistisches Rüstzeug, sich im Kampf mit dem lateinisch-christlichen Europa als Endzeitherrscher darzustellen und dadurch in der damals weit über Europa hinaus üblichen eschatologischen Interpretation der Zeitgeschichte mit dem Römischen Kaiser und dem Papst gleichzuziehen.[2]

Die weltgeschichtliche Bedeutung des Jahres 1517 im Vorderen Orient kann eine einfache kontrafaktische Überlegung vor Augen führen: Wie im dritten Kapitel berichtet, fand zugleich mit der osmanischen Belagerung Kairos ein Angriff der portugiesischen Flotte auf die arabische Hafenstadt Dschidda statt, mit dem Ziel, Stadt und Region unter portugiesische Kontrolle zu bringen. Stellen wir uns vor, der Handstreich wäre gelungen und mit dem wichtigsten Handelsplatz der Arabischen Halbinsel wäre das Tor zu den Heiligen Stätten der Muslime in europäische Hände gefallen! Die katholischen Portugiesen statt der islamischen Osmanen als Schutzmacht über die

Der osmanische Sultan Soliman der Prächtige mit der Tiara-Krone – selbstbewusster Anspruch des islamischen Weltenherrschers und Herausforderung an Kaiser und Papst der lateinischen Christenheit.

Arabische Halbinsel und deren Heiligtümer – das hätte der Neuzeit einen anderen Verlauf gegeben, und die Macht- und Religionskonstellationen der Gegenwart sähen im Vorderen Orient und in Europa heute anders aus.

Für die Tradition der islamischen Weltzivilisation bedeutete die Eroberung Kairos in ähnlicher Weise den Fall eines ersten Dominosteins wie Luthers 95 Thesen für die christliche. Beide Ereignisse erfahren in unseren Tagen einen Widerhall: Der 500. Jahrestag der Wittenberger Thesen wird durch ein wohlgeplantes, ein ganzes

Dezennium beanspruchendes Reformationsjubiläum gefeiert, in dem sowohl der Weltprotestantismus als auch die «Westliche Zivilisation» bzw. die «westlichen Werte» sich ihrer geistigen Wurzeln vergewissern. Gleichzeitig ist die ebenfalls 1517 eingeleitete, anders als die Reformation dem historischen Bewusstsein aber weitgehend verlorene Beendigung des abbasidischen Kalifats virulent geworden, aber nicht als kulturelle Gedächtnisfeier, sondern in fundamentalistisch gewaltsamen Aktionen. Es ist genau jene vorderasiatisch-arabische Zone, in der 1517 das arabische Abbasiden-Kalifat von den Osmanen gestürzt wurde, die heute den «Islamischen Staat» hervorgebracht hat mit seinem Versuch, ein religiöse und politische Herrschaft verbindendes Kalifat wiederzubeleben.

Aufs engste verbunden mit den skizzierten innen- und außenpolitischen Entscheidungen war schließlich die Einleitung einer dritten und nicht weniger einschneidenden und zukunftsweisenden Entwicklung – der Wechsel in der Leitmacht der europäischen Expansion. 1517 lag der äußere Glanz der Erkundung und Durchdringung fremder Welten noch ganz bei den Portugiesen – erinnert sei an die römischen «Neubürger» Hanno, den Elefanten, und Odysseus, das Nashorn, Geschenke des portugiesischen Königs Manuel an das Oberhaupt der Christenheit. Indes, handelspolitisch war die «Zentralität des portugiesischen Lissabon zu Ende des zweiten Jahrzehnts bereits rückläufig».[3] Mit der gelungenen Thronfolge vom Herbst 1517 konnte Spanien die Stagnation des Nachbarstaates nutzen und zur führenden europäischen Kolonialmacht aufsteigen. Das Zentrum der Expansionsdynamik wie des frühmodernen Welthandels wechselte binnen kurzem von Lissabon zur andalusischen Hafenstadt Sevilla, auch das von weltgeschichtlicher Bedeutung. Denn damit bahnte sich für die Europäer der Vorrang Amerikas vor Asien an, der im Verlauf des 16. Jahrhunderts immer deutlicher hervortrat – zum Nachteil Portugals. Nach der Abdankung Karls V. 1556 und der gespaltenen Nachfolge – sein Sohn Philipp II. in Spanien, sein Bruder Ferdinand in Österreich und im Kaisertum – war das Engagement in Übersee nicht mehr Sache des Hauses Habsburg, sondern ausschließlich der spanischen Linie. Deutschland nahm an der frühneuzeitlichen Kolonialgeschichte nur indirekt oder am Rande teil.

Um Frieden, Geldwert und Gesellschaftsutopie. Die Veränderungen in der realen Welt gaben auch dem Denken über die gute Ordnung in Staat und Gesellschaft eine neue Wende. Thomas Morus nahm die Nachrichten über unbekannte Inseln zum Anlass, die eingefahrenen Verhältnisse Europas mit den so ganz anderen auf der Insel Utopia zu konfrontieren. Damit war das von der historisch gewachsenen Realität unabhängige «utopische» Ordnungsdenken der Neuzeit in Erscheinung getreten, das bis in unsere Tage hinein in der politischen Theorie lebendig ist. Auf die Gestaltung der politischen Realität konnte es zunächst aber keinen Einfluss nehmen. Dasselbe gilt von der zur selben Zeit vorgenommenen Analyse der Geldwertproblematik durch Nikolaus Kopernikus. Die in Polen und im polnischen Preußen schließlich erlassene neue Geldordnung nahm auf seine Erkenntnisse keine Rücksicht. Die Geldwerttheorie geriet in Vergessenheit und musste eine Generation später von dem Engländer Thomas Gresham neu formuliert werden.

Vergessen wurde das Menschen- und Naturrechtsdenken Fra Bartolomé de Las Casas' zwar nicht. Es blieb als ethisch-rechtliche Maxime des Handelns stets in der europäischen Rechtsphilosophie präsent. Eine durchschlagende Wirkung auf die koloniale Realität hatte es aber nicht. Hier konnte es kaum das Schlimmste verhindern. Ähnlich das Schicksal des berühmten Traktats *Klage des Friedens* aus der Feder des Humanistenfürsten Erasmus von Rotterdam. Die Kriegskräfte der Zeit ließen sich durch einen solchen ethisch-moralischen Apell nicht bändigen. Im Gegenteil, die folgenden Jahrhunderte gaben dem Frieden noch viel Grund zu klagen. Die frühe Neuzeit war ein Zeitalter struktureller Bellizität.[4] Der christlich begründete Pazifismus des Humanisten lag quer zu diesen dominanten Zeitströmungen. Erst in unserer Zeit hat sich das Unzeitgemäße in den politischen Ansichten des Erasmus ins Gegenteil gewendet. Seine Ratschläge und Konzepte, die im ersten Drittel des 16. Jahrhunderts utopisch wirkten, wurden zu Richtlinien der Politik – zwischen den Kirchen und Religionen nicht anders als zwischen den Staaten und Völkern, so jedenfalls in Europa. Das erklärt auch, warum uns gegenwärtig Erasmus und die Humanisten weit aktueller erscheinen als Martin Luther und

Ignatius von Loyola, die der konfessionellen Abgrenzung und damit mehr dem Krieg als dem Frieden das Wort redeten.

Dabei darf allerdings eines nicht übersehen werden: Die weltanschauliche Differenzierung Europas und die daraus resultierenden Impulse für Freiheit und Säkularität sind nicht der christlichen Einheitsidee des Erasmus zu verdanken. Diese Werte erhielten einen mächtigen Schub durch denjenigen, der im Widerspruch zu Erasmus bereit war, die Einheit, die er als verlogen und der christlichen Freiheit hinderlich, ja gefährlich verstand, aufzugeben zugunsten einer existentiellen Deutung der Religion. Damit hat er, wenn auch wider Willen, den entscheidenden geistig-religiösen Impuls ausgelöst, der das neuzeitliche Europa bis heute im Kern mitprägt.

Religiöse und magische Weltdeutung. Die globalgeschichtliche Perspektive eröffnet eine faszinierende Vergleichsmöglichkeit zwischen dem Ringen um die richtige Gott-Mensch-Beziehung im lateinisch-christlichen Europa und gleichzeitigen religiösen Weltdeutungen in anderen Zivilisationen. In einer uns heute fremden Ernsthaftigkeit, ja Besessenheit versuchten damals die Menschen rund um den Globus den Willen Gottes oder der Götter zu ergründen, um sich in der Gestaltung des individuellen wie des kollektiven Lebens danach zu richten und Schaden in dieser wie in jener Welt abzuwenden. In den Worten des Reformators – sie alle waren auf der Suche nach dem «gnädigen Gott».

In Bergamo wie in Mexiko und China ging es darum, aktuelle Ereignisse in einen übernatürlichen Zusammenhang zu bringen und ihnen damit Sinn zuzuordnen. Kosmologisch begründet war auch die aus dem Gewitterblitz vor Stotternheim geborene Gottessuche des Wittenberger Mönchs. Auch nach seiner reformatorischen Wende stand Luther in dem vor-rationalen, vor-aufklärerischen Zusammenhang, in dem nicht nur Gott, sondern auch der Teufel, Dämonen und Hexen zur alltäglichen Lebensrealität gehörten. Er blieb sich auch sicher, dass ihn 1505 aus dem Unwetter bei Stotternheim Gott direkt angesprochen hatte. Nur las er nach 1517 den Inhalt seiner Botschaft anders – nicht mehr als Hinweis, im Kloster sein Heil zu suchen, sondern als göttlichen Ratschluss, ihn im Kloster mit dem verderblichen Irrweg der Papstkirche bekanntzumachen, um in der dort durchlebten tiefen Entfremdung den einzig richtigen Weg zum Heil über die Gnade zu erkennen. Selbst seine, wie er es nun sah, irrige Schutzsuche bei der Heiligen Anna blieb für ihn Teil der göttlichen Lenkung: Denn, so legte er sich seinen ehemaligen Irrtum philologisch zurecht, «‹Anna›, das ist durch die Gnade», hergeleitet von dem hebräischen Wort «chen»/«Gnade», das in Channah/Hanna verborgen sei.[5]

Die Reformation brachte nicht das Ende der magisch-kosmologischen Weltdeutung. Auch die aus der Ablasskritik hervorgegangenen evangelischen Kirchen nahmen Teil an dem magisch-kosmologischen Denken, das den Globus umspannte – berühmt-berüchtigt die Hexenjagd von Salem im reformierten Nordamerika ausgangs des 17. Jahrhunderts. Zur Entzauberung der Welt und dem Paradigmenwechsel hin zu der uns heute selbstverständlichen rationalen, wissenschaftlichen Erklärung der Welt hat die Reformation nur indirekt und langfristig beigetragen. Luther und die meisten seiner Anhänger waren Lichtjahre von Lessing und seiner Ringparabel entfernt. Wie die Hexen waren für ihn auch die Juden reale Agenten magisch-dämonischer Kräfte, die die Christenheit vom Weg des Heils abbringen wollen und daher aus der christlichen Gemeinschaft zu verbannen seien.

Während in Europa die Christenheit durch den Fundamentalkonflikt zwischen Rom und Wittenberg erschüttert wurde, erlebten die mittelamerikanischen Hochkulturen eine durchaus ähnliche Krise: Ein knappes halbes Jahr nach dem Auftritt des Reformators auf dem Wormser Reichstag stürmten die Spanier Tenochtitlán, das sakrale Zentrum und die Hauptstadt der Azteken. Auch in der Neuen Welt war es die Religion, die über Zuspitzung oder Lösung gesellschaftlicher und kultureller Grundsatzkonflikte entschied. Wie Luther seiner Deutung des Gewitters als Gotteszeichen gefolgt war und weiterhin folgte, leisteten die Azteken den prophetischen Zeichen ihrer Götter Folge. Sie empfingen Cortés und seine Kriegsleute ehrerbietig, fast unterwürfig. Nicht weil ihr König Moctezuma II. und seine Reichselite wegen der imponierenden Eisenschwerter, Gewehre und Kanonen oder der in Amerika unbekannten Pferde Angst vor den

Fremden hatten.[6] Wie wenig sich die Azteken vor solchen weltlichen Werkzeugen fürchteten, bewiesen sie wenige Monate später bei ihrem heldenmutigen Kampf gegen die spanischen Besatzer ihres Tempelbezirks. Dem Aztekenreich wies letztlich seine Religion den Weg ins Verderben. Es war sein Götterglaube, der den Kampfwillen der durchaus kriegerischen Azteken lähmte und ihren Herrscher freundschaftlich den Fremden gegenübertreten ließ. Erst dadurch erhielt Cortés eine skrupellos ausgenutzte militärische Überlegenheit. Bereits Jahre vor dem Auftauchen der Spanier hatten kosmische und irdische Vorzeichen die Azteken in Unruhe versetzt, den Herrscher und seinen Hof ebenso wie die Bevölkerung – ganz ähnlich, wie die Wolken- oder Nebelformationen vor Bergamo die Christen vom Bauern über die Städter bis hin zum Papst beunruhigten. Hinzu kam, dass der Sakralkalender der Azteken für das Jahr, in dem die Spanier erschienen, die Wiederkehr des in Urzeiten von der Erde entrückten Priesterkönigs Quetzalcoatl prophezeite. Moctezuma hielt daher die Spanier für die aus dem Osten angekündigten Götter, denen er sich unterwerfen müsse, um sich und sein Volk vor kosmischem Schaden zu bewahren. Als der Angriff der Spanier auf das Toxcatl-Fest am 23. Mai 1520 deutlich machte, dass die Gastfreundschaft die sakrale Identität nicht sicherte, sondern im Kern bedrohte, war es wiederum die Religion, die den Umschlag in den bedingungslosen Kampfes- und Vernichtungswillen brachte.

Wie in den Diskussionen innerhalb der europäischen Christenheit, wenn auch auf anderer kultureller und theologischer Grundlage, ging es auch beim Verhalten des Aztekenhofes um die Frage des sakralen Heils. Allerdings nicht, wie bei Luther, um das dem einzelnen Menschen im Jenseits zugeteilte oder verweigerte Seelenheil, sondern um das von den Göttern dem Volk im Diesseits zugeteilte Heil oder – im Falle des Ungehorsams – Unheil. Nach der Unterwerfung durch die Spanier sollte es dann in Mexiko, schließlich in ganz Mittel- und Südamerika, das neue christliche Gottesbild sein, das die indigene Bevölkerung von den Ängsten vor dem Gotteszorn und den zu dessen Beschwichtigung notwendigen Menschenopfern befreite. Das war zugleich die Voraussetzung dafür, dass die eroberten Länder rasch und dauerhaft für das Christentum zu gewinnen waren, auch wenn autochthone Beschwörungsriten überlebten.

Auch im Osten, bei der Begegnung zwischen den Gesandten Portugals und den Spitzen des chinesischen Kaiserhofs, spielten Religion und religiöse Weltdeutung eine entscheidende Rolle. Allerdings waren in China Religion und Kultur, ebenso Politik und Gesellschaft von der Vorstellung der ewigen Unwandelbarkeit des Welt- und Gottesverhältnisses bestimmt. Eine Diskussion der Gottesfrage oder gar ein Ringen um einen persönlichen gnädigen Gott, wie es Luther durchlitt, war auf dieser Grundlage unmöglich. Alles Neue wurde an der für unwandelbar erachteten Kosmologie gemessen und verworfen. Wenn das Neue – wie das Welt- und Gottesbild der Portugiesen – mit dem eigenen Weltmodell nicht kompatibel war, musste es vernichtet werden.

Mit der Entzauberung der Welt, die in Europa wie anderwärts erst Jahrhunderte später einsetzte, haben übernatürliche oder transzendente Deutungen entscheidend an Attraktivität verloren. Das gilt für die Magie, aber auch für die auf ein konkretes Jenseits bezogene Theologie, die in den christlichen Kirchen aktuell kaum noch eine Rolle spielt. Eine prinzipielle Erleichterung des Lebens bedeutet das indes nicht. Die Bedrohungsängste sind geblieben, haben sich womöglich sogar vermehrt. Wo die Menschen vor 500 Jahren Trost und Hoffnung in einer heilsgeschichtlichen Auflösung aller Kümmernisse in einer jenseitigen Welt fanden, sind die Menschen heute ganz auf die eigenen Kräfte geworfen. Der Mensch der Moderne steht gleichsam zwischen Dürerscher Apokalypse eines selbstverschuldeten Untergangs einerseits und der Utopie eines Thomas Morus andererseits, die Unrecht, Gewalt und Gier mit eben jenen menschlichen Kräften zähmen will, die sie heraufbeschworen haben.

Reformatorischer Aufbruch, konfessionelle Fundamentalfeindschaft, Differenzierung und Säkularisierung. Im Gegensatz zu der geschlossenen kosmischen Sicht der Chinesen oder der kollektiven Unterwerfung der amerikanischen Indios unter die priesterliche Deutung des Götterwillens war das europäische Christentum von Anbeginn offen für Reform und Wandel. Das gab ihm zugleich besondere Kapazitäten, in der Welt zu wirken, sei es verändernd in diese einzugreifen, sei es dort aufgebrochene Strömungen aufzunehmen und sich anzuverwandeln. In den Jahrzehnten um 1500 standen zwei Prinzipien im Vordergrund – die wissenschaftliche, vor allem philologische Bearbeitung der Heiligen Texte einschließlich der historisch-kritischen Auseinandersetzung mit deren Rezeptionsgeschichte einerseits und andererseits die in der Devotio moderna oder der Ergriffenheit der Mystiker ausgebildete Spiritualität, die auf eine ganz persönliche Gotteserfahrung aufbaute und bei aller Hochwertung der Gemeinde den einzelnen Christenmenschen und sein Seelenheil ins Zentrum stellte. Die jahrhundertealte wissenschaftliche Gottessuche und die aufblühende Laienfrömmigkeit hatten im lateinischen Europa die Gläubigen vorbereitet, ungeachtet aller Normierungs- und Kontrollbemühungen der Priesterschaft die Verantwortung für ihr Heil und den Weg dorthin selbst zu übernehmen.

So konnten die Päpste das allenthalben in der Christenheit aufgebrochene Reformverlangen blockieren, auslöschen konnten sie es nicht. Die Bresche schlug der Wittenberger Augustinermönch Martin Luther, als er beide Reformtraditionen, die intellektuell-wissenschaftliche und die spirituell-existenzielle, miteinander verknüpfte. Er richtete die diffusen Reformansätze auf das Kernproblem der alles entscheidenden göttlichen Gnade – eine Zentrierungsleistung,[7] die zugleich die Bedingung seines überwältigenden Erfolges war, der das Europa überspannende Deutungs- und Herrschaftsmonopol der römischen Kirchenhierarchie überwand. Die protestantische Theologie delegitimierte binnen kurzem in weiten Teilen Europas Papst, Priester und Heilige. Jedem einzelnen Christen sprach Luther das «Priestertum aller Getauften» zu. Die dreifache «*solus*-Lehre» der Reformation eröffnete einem jeden Menschen auf rational nachvollziehbare Weise den Weg zum ewigen Seelenheil, und zwar ohne dass Priester oder Heilige vermittelnd tätig werden mussten. «*Solus Christus*», «*sola fide*», «*sola gratia*», allein durch Christus, allein durch den Glauben, allein durch die Gnade – das bedeutete eine «kopernikanische» Wende in der

Heilstheologie, die die Gott-Mensch-Beziehung auf neue Grundlagen stellte. Ausgearbeitet wurde die reformatorische Theologie zwar erst später, vor allem in den drei großen Reformschriften des Jahres 1520 – *Von der Babylonischen Gefangenschaft der Kirche, An den Christlichen Adel Deutscher Nation, Von der Freiheit eines Christenmenschen*. Es war aber der 31. Oktober 1517, der den Paradigmenwechsel in der Geschichte der lateinischen Christenheit einleitete und damit zugleich eine allumfassende Dynamik in Gang setzte, die Europa auf Jahrhunderte hin bestimmte und von dort in die Welt ausstrahlte. Allerdings resultierte aus dem Ablassprotest nicht zwingend die Kirchenspaltung. Das beweist noch jüngst die «Gemeinsame Erklärung zur Rechtfertigungslehre» von Lutheranern und Katholiken, der zufolge selbst der innerste theologische Kern der reformatorischen Lehre sachlich nicht kirchentrennend war. Trennung und Feindschaft ergaben sich erst unter dem Druck von Entscheidungen und Fehlentscheidungen: Luther wurde zum systemsprengenden Reformator, die bei Rom bleibenden Reformer zu Stabilisatoren der Papstkirche. Den Reformatoren der evangelischen Kirche entsprechen die Reformer der Papstkirche, die ihren Weg der Erneuerung fortsetzten. In ihrer Gegnerschaft blieben beide eng aufeinander bezogen – je radikaler die Reformatoren die Papstkirche attackierten, um so entschiedener setzten die Reformer auf deren Festigung durch eine eigene erneuerte Frömmigkeit und von ihnen neu gegründete Orden, wie vor allem die Theatiner, wenig später auch die Jesuiten. Auf dem Konzil von Trient beantwortete Rom die Wittenberger Herausforderung mit einem eigenen Reformmodell. Damit war Mitte des 16. Jahrhunderts in der Christenheit eine antagonistische Dynamik freigesetzt,[8] die Kultur, Politik und Gesellschaft des neuzeitlichen Europa tief prägte. Diejenigen, die wie Erasmus und mancher Humanist der späteren Generation einen Mittelweg wollten, wurden zwischen den immer unerbittlicheren Fronten zerrieben oder mussten Partei ergreifen, zumindest äußerlich.

Nicht die lutherische Lehre an sich, sondern die aus der Reformation hervorgegangene konfessionelle Differenzierung der lateinischen Christenheit trieb die europäische Neuzeit oder – wenn man so will –

die Modernisierung entscheidend voran: Indem sich die Reformation anders als ältere antirömische Protestbewegungen behaupten konnte, war das lateinische Christentum nicht länger von einer einheitlichen Kirche bestimmt, sondern von mehreren neuzeitlichen Konfessionskirchen – der römischen, lutherischen, reformierten und anglikanischen. Für die Geschichte des Christentums bedeutete das eine bis heute schmerzende Spaltung. Allgemeinhistorisch aber war es ein mächtiger Schub kultureller und gesellschaftlicher Differenzierung, aus dem langfristig gesehen die pluralistische Zivilisation der Moderne hervorging.

Wichtig war dabei, dass in der Konsequenz der Reformation der Kern der alteuropäischen Vergesellschaftung aufgebrochen wurde, nämlich die Verschränkung von Sakralem und Säkularem, Religion und Gesellschaft, Priesterlichem und Politischem. Der Reformator selbst war zwar noch von diesem Einheitsdenken geprägt und wollte nicht zulassen, dass in ein und demselben Gemeinwesen – Bürgergemeinde, Territorial- oder Nationalstaat – unterschiedliche Glaubensrichtungen herrschten. Doch genau das musste sich schließlich aus seinem erfolgreichen Widerspruch gegen die Papstkirche ergeben, und damit eine generelle Differenzierung der Grundlagen des menschlichen Zusammenlebens im Sinne der Säkularisierung.

Diese weltanschauliche Differenzierung war von keiner der sich bekämpfenden Konfessionen gewollt. Jede beanspruchte, allein und absolut die Wahrheit zu besitzen. Und jede verlangte von der «rechtgläubigen» Staatsführung, diese Wahrheit mit allen Machtmitteln durchzusetzen und zu schützen. «*Religio vinculum societatis*»/«die Religion ist das einigende Band der Gesellschaft», ohne das ein friedliches Zusammenleben nicht möglich sei, diese Maxime des Reichsjuristen Henning Arnisaeus galt nicht nur in Deutschland, sondern für so gut wie alle christlichen Staaten, protestantische wie katholische:[9] So war der Weg zu Toleranz, Pluralismus und modern verstandener Freiheit begleitet von Fundamentalfeindschaft, abgrundtiefem Hass, zynischer Menschenverachtung und grausamer Gewalt. Bald nach 1517 zog in Europa für anderthalb Jahrhunderte eine tiefe weltanschauliche Fundamentalfeindschaft auf, deren Gewaltpotential mit Anschlägen, Morden und grausamen Verstümmelungen der Gegner sich in nichts vom heutigen religiösen Fundamentalismus unterscheidet. Nur die Instrumente des Marterns und Tötens waren noch «unvollkommen», im Vergleich zu heute gewissermaßen handwerklich. Langfristig gesehen ergab sich aber aus dieser Gewaltsamkeit der Zwang zu friedlich-schiedlicher Konvivialität und Toleranz, wenn Europa nicht im Chaos der Glaubens- und Staatenkriege untergehen sollte.

Mitte des 17. Jahrhunderts gelang im Westfälischen Frieden die Einhegung, dann die Überwindung des konfessionellen Fundamentalismus.[10] Das war die Leistung der seit der römischen Antike nie verlorenen Kraft des Rechtes – als weltliches Römisches wie als kirchliches Kanonisches Recht. Im Moment tiefster religiöser Feindschaft war es das konfessionsneutrale Recht, das den Juristen beider Seiten den Weg zur Überwindung des Chaos wies, das das zivile Zusammenleben auszulöschen drohte. Es war aber auch die Leistung der Konfessionen selbst, denen es gelang, durch eine Wende zur irenischen Herzensfrömmigkeit die dogmatische Verhärtung zu lösen. Indem die lutherische Zwei-Reiche-Lehre zwischen dem Reich Gottes mit ausschließlich religiösen Normen und dem mit weltlichen Mitteln zu regierenden Reich der Menschen unterschied,[11] fiel es den Protestanten leichter, die Neutralisierung der religiösen Wahrheit in Staat und Gesellschaft zu akzeptieren. Doch auch die meisten katholischen Fürsten gingen diesen Weg. Nur der Papst legte gegen den Frieden Protest ein – weniger eine religiöse Entscheidung als die Konsequenz der bis ins 19. Jahrhundert beibehaltenen Doppelexistenz als «souveräner Pontifex», Seelsorger und Staatenoberhaupt in einer Person.

Das Tor zur befriedeten Multikonfessionalität war aufgestoßen, und zwar über die beiden Großkonfessionen hinaus. Damit konnten auch wieder jene humanistischen und freidenkerischen Strömungen an die Oberfläche treten, die sich in der Renaissance herausgebildet und in der Konfessionalisierung als klandestine Unterströmungen weitergewirkt hatten. Fortan traten sie Schritt für Schritt in die Öffentlichkeit und wirkten zusammen mit den bald ebenfalls einbezogenen Juden entscheidend an der pluralistischen Freiheits- und Toleranzgeschichte Europas und der Welt mit.

Europa in der Globalisierung. In weltgeschichtlicher Perspektive tritt noch ein Weiteres hervor, das eine europazentrierte Geschichtsschreibung leicht übersehen lässt: Was Rom nach dem 31. Oktober 1517 in Europa binnen weniger Jahre verloren hatte, glich es durch die katholische Christianisierung der Neuen Welten nicht nur aus, sondern konnte es bald an Fläche und Zahl der Menschen weit überbieten. Der von der Thesenveröffentlichung eingeleiteten kirchlich-religiösen Differenzierung Europas entsprach in Mittelamerika eine Entdifferenzierung zugunsten einer römisch-spanischen Monopolkirche, die den spanisch kolonialisierten Halbkontinent für die nächsten Jahrhunderte prägen sollte. Auf den Ruinen des Azteken-Tempels der Stadt Mexiko wuchs die mächtige gotische Kathedrale «Zur Himmelfahrt Mariens» empor – ein grandioser symbolischer Gestus sowohl der Überwindung des Alten wie der Herrschaft des Neuen. Binnen weniger Jahre war der religiöse Kern der amerikanischen Hochkulturen vernichtet, niedergerungen durch christlichen Missionsgeist. Zu dessen innerer Kraft gehörte ein Natur- und Menschenrechtsimpetus, der mit der Christianisierung die Befreiung von grausamen Göttern und traditionsgebundener Unmündigkeit verband.

Welthistorisch nicht weniger bedeutsam war, dass dieser Zugewinn in Übersee dem Papst und seiner Kathedralstadt Rom eine neue globale Rolle zuwies. Symbolisch repräsentiert das noch heute das Berninische «Welttheater» des Petersplatzes – ein imposanter Gestus der geistigen Weltherrschaft, auch wenn er nie der Realität entsprach. Ungeachtet der unbestreitbaren «Weltwirkungen der Reformation» war das weltumspannende Handeln Roms den protestantischen Kirchen jahrhundertelang überlegen und ist es eigentlich auch heute noch. Max Webers Wertung des Protestantismus als Hauptakteur der Modernisierung lässt sich die These entgegensetzen, dass «die Weichenstellungen (des Renaissancepapsttums) zu einer Weltkirche, die auf den Erfahrungen mit den Kreuzzügen, mit der Erkundung der Mongolei, auf der italienischen Handelspolitik im Osten und den Missionsaktivitäten im Westen oder auf den Fahrten der iberischen Mächte basierten, trotz aller Begrenztheit, Verluste und Probleme weltgeschichtlich bedeutsamer gewesen sein könnten als die Reformation.»[12]

Welchem der beiden skizzierten kirchengeschichtlichen und religionssoziologischen Urteile man auch immer den Vorzug geben mag, fest steht, dass es nicht allein Reformation, katholische Reform und die daraus hervorgegangene Konfessionalisierung Europas waren, die den Grundsatzwandel hervorbrachten. Europa war seit Mitte des 15. Jahrhunderts im Aufbruch, vorangetrieben von der Wiederentdeckung antiken Wissens wie durch die Erkundung ferner Weltregionen und dem neuen Weltwissen, das sich von dort rasch über den Alten Kontinent verbreitete. So war Europa in den Jahrzehnten, in denen sich die Reformation anbahnte und durchsetzte, von einem Aufbruch des Wissens erfasst, der die Dynamik des Wandels nicht weniger energisch vorantrieb als die Umbrüche des Glaubens. Die Erfahrungen, die die Europäer 1517 in Mittelamerika und im Fernen Osten machten, in anderer Weise auch die Gesandtschafts- und Erkundungsreise Herbersteins in den «mitternächtlichen Osten», brachten noch einmal eine Verdichtung der Kontakte, die das Weltwissen weiter vertieften. So war das Wissen, das die Neuzeit vorantrieb, kein ausschließlich europäisches Wissen, sondern längst eine Verbindung von wiederbelebtem antik-europäischem und neuem Weltwissen, das von den unterschiedlichsten Zonen der Erde immer schneller auf den «alten Kontinent», wie Europa sich schließlich nennen sollte, strömte.

Nachdem die ersten Seefahrer des 15. Jahrhunderts die Erschließung der Welt Schritt für Schritt vorangetrieben hatten, riefen die Neuentdeckungen des frühen 16. Jahrhunderts zwar keine umstürzende Erschütterung mehr hervor. Mit der Landung der spanischen Konquistadoren im Frühjahr 1517 auf Yukatan wurde aber das Tor zu den mittel- und südamerikanischen Hochkulturen aufgestoßen. Damit erfuhren die Europäer erstmals, dass es in den bislang unbekannten Weltregionen eine kulturelle wie politisch-institutionelle Zivilisation gab, die hinter der eigenen nicht zurückstand und deren Artefakte und Pretiosen man nur mit höchster Bewunderung zur Kenntnis nehmen konnte. Die Religion indes bot Raum für ein sogleich instrumentalisiertes Bewusstsein der Überlegenheit – wegen des Götterglaubens der Indigenen, vor allem aber wegen der archaisch blutigen Menschenopfer, die die Alte Welt bereits in antiker Zeit überwunden hatte.

Nur im Fernen Osten mussten die Europäer die schmachvolle Erfahrung machen, dass das geheimnisvolle Reich der Mitte sie nicht als ebenbürtig ansah und ihnen reguläre Beziehungen verweigerte.

Wiederbelebung der Antike und neues Weltwissen ließen in Europa das neue Zeitalter des Sammelns, Kategorisierens, Erklärens anbrechen und damit auch die neuzeitlich rationale Wissenschaftskultur. Nach dem philosophisch-philologischen Aufbruch des Humanismus setzte nun die naturwissenschaftliche Leidenschaft zur Vermessung der Welt ein – ihrer fremden Menschen und Völker; ihrer Länder, Berge und Flüsse; Tiere und Pflanzen. Botanik, Zoologie und Geographie blühten in Universitäten und Akademien zu eigenen Wissenschaften auf. Dabei wurde das aus der Begegnung mit den neuen Welten entstandene Wissen methodisch und theoretisch gleichsam europäisiert. Es wurde in Herrschafts- und Nutzwissen umgeschmolzen. Langfristig trug das zur «Entzauberung der Welt»[13] bei – im Gleichklang mit dem ureuropäischen Prozess der Säkularisierung.

Nach den Spaniern und den Portugiesen waren es im 17. Jahrhundert die protestantischen Seemächte des Nordens, die parallel zu ihrer Wirtschafts- und Siedlungspolitik in Übersee das Wissen über die Welt unermüdlich vertieften. Führend waren zunächst die Niederlande. Als der Oranierprinz Johann Moritz von Nassau-Siegen Anfang der 1630er Jahre über den Atlantik zog, um als Direktor der berühmten Niederländischen Westindien-Kompanie die den Portugiesen entrissenen Besitzungen in Brasilien zu verwalten, tat er das mit der von humanistischer Wissbegier geprägten Devise *«qua patet orbis»*/«so weit der Erdkreis reicht». Dabei waren ihm die ökonomischen Interessen seiner Handelsgesellschaft fast nachgeordnet. Seine Neugier galt den zoologischen, botanischen, ethnologischen Verhältnissen in der den Europäern noch weitgehend fremden Zone. Dazu beschäftigte er einen ganzen Stab von Wissenschaftlern und Künstlern, die die Geographie, Flora und Fauna Brasiliens registrierten und abbildeten, um das europäische Wissen über den neuen Kontinent auf sichere Grundlagen zu stellen. Als Johann Moritz in die Heimat zurückbeordert wurde, brachte er ganze Konvolute von Gemälden, Zeichnungen und minutiösen Beschreibungen samt einer umfangreichen Sammlung von tierischen und pflanzlichen Raritäten mit, die er der wissenschaftlichen Bearbeitung in den Universitäten und Akademien Europas zuführte. Dieser Schatz an Materialien zur Völkerkunde, Botanik, Zoologie, Geographie legte die Grundlagen für das rasche Aufblühen der Naturwissenschaften, insbesondere an der holländischen Universität Leiden. Im 19. Jahrhundert sollte diese im frühneuzeitlichen Aufbruch wurzelnde Tradition europäischer Wissenskultur mit Georg Forster und Alexander von Humboldt einen neuen Höhepunkt erreichen.

Nach 500 Jahren. Es soll hier nicht behauptet werden, der 31. Oktober 1517 sei ein nachgeordnetes oder gar unbedeutendes Datum. Die an diesem Tag auf den Weg gebrachten fundamentalen Veränderungen in der Theologie samt ihren Konsequenzen für Kultur, Staat und Gesellschaft Europas behalten zusammen mit der Wirkung des antiken und neuen Weltwissens auch in globalgeschichtlicher Perspektive ihren universalhistorischen Rang. Befreiend wurde insbesondere die ungeachtet aller dogmatischen Widerstände nie mehr verlorene Kapazität des Christentums, seine Heiligen Schriften historisch kritisch zu würdigen und damit der numinosen Unwandelbarkeit des Verstehens zu entziehen. Ein Erbe von Renaissance und Humanismus ohne Zweifel, das aber erst im religiösen Reformeifer konkrete Gestalt annahm – in der Bibelphilologie der Complutensischen Polyglotte, bei Erasmus von Rotterdam, verstärkt und stilbildend für das moderne Christentum dann bei Martin Luther. Zugleich verstärkte und beschleunigte das den Prozess der Säkularisierung, der dem Christentum eingeboren war. Das erneuerte Christentum aller Konfessionen wirkte selbst als säkularisierende Kraft, aber nicht im Sinne einer Überwindung von Religion, sondern im Sinne der Bewährung der Religion in der Welt und durch ihr Wirken auf die Welt.

Die globale Ausstrahlung dieses Umbruchs war keine Einbahnstraße oder gar eine «Europäisierung» der Welt. Der Expansionshistoriker Wolfgang Reinhard deutet die «Unterwerfung der Welt» mit dem Konzept der globalgeschichtlichen «Aneignung»: In einem reziproken Vorgang wurden und werden Entwicklungen und Hervorbringungen des einen Kulturkreises stets von anderen Kulturen übernommen und integriert, so dass sie schließlich nicht mehr Fremdes, sondern Eigenes ausmachen.[14] So ist das ostasiatische Rhinozeros, das 1517 die Europäer staunen ließ, längst das unsrige, durch das Aneignungsgenie Albrecht Dürers gleichsam adaptiert und in den Kosmos der europäischen Kultur und des europäischen Wissens eingebürgert. Ebenso hat sich vieles von dem, was der Mönch am 31. Oktober angestoßen hat, über die Welt verbreitet, nicht als Unterwerfung oder Kopie, sondern jeweils als Anverwandlung zum Eigenen.

In einer solchen globalhistorischen Aneignungstheorie scheint es angebracht, die nicht selten unmittelbar mit Luther und der Reformation in Verbindung gebrachte Rede von den «westlichen Werten» aufzugeben. Vielmehr ist zum Ausdruck zu bringen, dass längst die globale Aneignung eingesetzt hat, die Werte somit nicht mehr exklusiv westliche, sondern allgemeine Werte der Humanität und Freiheit sind. Eine solche Sicht eröffnet zugleich die Hoffnung, dass auf dem Weg der Aneignung auch die bedrohliche fundamentalistische Gewalt der Gegenwart einmal überwunden werden wird – so wie es seit Mitte des 17. Jahrhunderts mit der 1517 geborenen fundamentalistischen Feindseligkeit der christlichen Konfessionen gelungen ist.

ANHANG

ANMERKUNGEN

PROLOG

1 Littera de le maravigliose battaglie apparse novamente in Bergamasca, zitiert nach Niccoli, Prophecy, S. 65 f.
2 Ausführliche quellenkritische Beschreibung der Überlieferung und deutsche Übersetzung des Textes in der Quellensammlung: Rückkehr der Götter, der folgende Bericht dort S. 11–13.
3 Ebda, S. 17.
4 Zitiert nach Reinhard, Geschichte, Bd. 1, S. 75.
5 So in einer Tischrede vom 16. Juli 1539, Luther, WT 4, Nr. 4707, S. 449 und 1507 bzw. 1521 an seinen Vater Luther, WW 8, 573 ff.; deutsche Übersetzung nach Aland, Luther Deutsch, Bd. 2, S. 324. – Zur Quellenkritik, insbesondere den zeitlichen Zusammenhängen, vgl. Schilling, Luther, S. 77 ff.
6 Aus den 95 Thesen von 1517 und den «Resolutionen»/«Erläuterungen» von 1518, zitiert nach der deutschen Übersetzung bei Aland, Luther Deutsch, Bd. 2, S. 52; 56 f.; 49.
7 Fiedler, Himmel, Erde, Kaiser, v. a. Zitat aus dem konfuzianischen «Buch der Wandlung», S. 64. Reinhard, Geschichte, Bd. 1, S. 75.

1517 – EIN NEUER BLICK AUF DAS EPOCHENJAHR

1 Adolf von Harnack: Die Reformation und ihre Vorstellung, in: Ders. (Hg.), Erforschtes und Erlebtes, Gießen 1923, S. 72–140, hier 110.
2 Volker Steinkamp, FAZ, 7. 10. 2013, S. 7.
3 Vgl. Osterhammel, Die Verwandlung der Welt; Wills, 1688. Die Welt am Vorabend des globalen Zeitalters.
4 Laslett, World we have lost.
5 Wissenschaftlich grundlegend über Deutschland hinaus: Hermann Grotefend: Zeitrechnung des deutschen Mittelalters und der Neuzeit, 3 Bde., Hannover 1891–1898 (mehrere Neudrucke). Einen Überblick geben die Wikipedia-Artikel «Neujahr», «Historische Chronologie».
6 Daten nach Glaser, Klimageschichte Mitteleuropas, S. 13–50; 101.
7 Daten bei Pelizaeus, Dynamik; Büntgen, Combined, Tabelle 1; Brázdil, Climate, S. 77.
8 Für Süddeutschland Belege bei Horst Buszello, «Wohlfeile» und «Teuerung» am Oberrhein, in: Peter Blickle (Hg.), Bauer, Reich und Reformation, Stuttgart 1982, S. 25 ff., 34.

9 Nach den Berechnungen von Franz Irsigler, in: Zwei Jahrtausende Kölner Wirtschaft, Bd. 1, Köln 1975, S. 521. – Veröffentlichung der gesamten erhaltenen Preisreihen bei Dietrich Ebeling und Franz Irsigler, Getreideumsatz, Getreide- und Brotpreise in Köln, 1368–1797 in den Mitteilungen aus dem Kölner Stadtarchiv, Bd. 65 (1976).

10 Desiderius Erasmus: The Correspondence of Erasmus. Collected works of Erasmus, v. 5: Letters 1517–1518, transl. by R. A. Mynors and D. F. Thomson, annot. by James K. McConica, Toronto 1979, S. 67–68, Brief Nr. 623 vom 19. August 1517, Thomas Morus an Erasmus. (übersetzt vom Verfasser)

I.
ZWEI WELTREICHE UND EIN DRITTES ROM KÜNDIGEN SICH AN, ABER AUCH EIN STURM GEGEN UNTERDRÜCKUNG UND WILLKÜR

1 Detailliert Ayton/Price, The Medieval Military Revolution; Parker, Military Revolution.
2 Newitt, History, v. a. S. 102 f.
3 Hierzu weiterhin grundlegend Huizinga, Herbst.
4 Erhellend hierzu sein Glaubensbekenntnis 1521 auf dem Reichstag zu Worms als Antwort auf Martin Luther, vgl. Schilling, Luther, S. 223 ff. – Aus der umfangreichen Literatur einschlägig vor allem die Darstellungen bei Schlegelmilch, Soly, Brandi, Schulin und Kohler.
5 Denkschrift de Laras an Kardinal Jiménez de Cisneros, deutsche Übersetzung in Quellen zur Geschichte Karls V., Nr. 2, S. 32 ff.
6 Gwyn, Wolsey, S. 65.
7 Itinerar Karls bei Gachard, Collection, S. 21.
8 Brandi, Karl V., S. 64; vgl. auch Hamann, Die Habsburger, S. 78 f.
9 Quellen zur Geschichte Karls V., Nr. 1, S. 30.
10 Vidal, Premièr voyage, S. 135; Kohler, Quellen, S. 30.
11 Ausführlich dazu Schlegelmilch, Jugendjahre, S. 497 ff.; Kohler, Ferdinand, 47 ff.
12 Brief vom 5. März 1519, Quellen, Nr. 4, S. 41.
13 Eine neue literarische Bearbeitung bei Heinitz, Duell.
14 Mak, Jorwerd.
15 Zum folgenden Pelizaeus, Dynamik, S. 154, 162, 216, 239 f.
16 Naegle/Telechea, Geschlechter, S. 597.
17 Pelizaeus, Dynamik, S. 325.
18 Zum Folgenden: Blickle, Kommunalismus (Tabelle europäischer Unruhen: Bd. 2, S. 248); Neveux, Révoltes paysannes; Miller, Urban Societies, S. 130, 123 u. a.; Bräuer, Zwickauer Konflikt; Bogucka, Alte Danzig, S. 50 f.; Hergemöller, Uplop-Seditio; Isenmann, Deutsche Stadt, S. 190–198 und die dort angegebenen Detailstudien von Erich Maschke und Wilfried Ehbrecht. Speziell zur Situation in den Habsburger Ländern vgl. Pelizaeus,

Dynamik (S. 69 f. zu Wien). – Loades, Politics (v. a. S. 124 f.); Bloom, Violent London.
19 Gwyn, Kings's cardinal; Chambers, Thomas More.
20 Analysiert bei Schilling, Exulanten.
21 Hardtwig, Genossenschaft, S. 149.
22 Eine ausführliche jüngere Biographie zu Sickingen liegt nicht vor. Ich folge der detaillierten Darstellung von Walter Friedensburg in Pflugk-Harttung, Morgenrot, S. 557–666. Zum Problem insgesamt einschlägig Press, Adel im Alten Reich, mit ausführlichen Literaturhinweisen.
23 Das belegt ein erst kürzlich aufgefundener Brief des Freiburger an den Straßburger Rat, Dillinger, Bundschuh, S. 422.
24 Vgl. die entsprechenden Abhandlungen und die Liste (Bd. 2, S. 248 f.) bei Blickle, Kommunalismus, sowie Blickle, Unruhen, S. 13 ff., 22 ff.
25 Blickle, Bauernjörg, spricht von eine «versteckten Mehrwertsteuer», S. 46.
26 Blickle, Unruhen, S. 13, 24.
27 Im Folgenden im Wesentlichen nach Franz, Bauernkrieg, S. 68–89.
28 Franz, Bauernkrieg, S. 75.
29 Franz, Bauernkrieg, S. 77.
30 Das Folgende nach Dillinger, Bundschuh. – Einen Mittelweg zwischen beiden Positionen gehen in gewisser Weise die meisten Aufsätze in Blickle/Adam, Bundschuh.
31 Zitat und Quellenzitat bei Dillinger, Bundschuh, S. 433.
32 Man lese hierzu die Passagen über die Gewaltexzesse der fürstlichen Heere und die dadurch bedingten Hekatomben toter Bauern in den einzelnen Schlachten des Deutschen Bauernkrieges bei Blickle, Bauernjörg.
33 Ranke, Deutsche Geschichte, Bd. 2, S. 126; Blickle, Revolte, S. 127 ff.
34 Tilman Nagel in: Haarmann, Arabische Welt, S. 164–165.
35 Parker, Miltary Balance. – Detailliert zu den geostrategischen, ökonomischen und religiösen Zusammenhängen Brummett, Ottoman Seapower.
36 Jorga, Geschichte, Bd. 2, Zitate S. 342, 315. Allgemein zur Situation in Syrien und Ägypten: Barbara Kellner-Heinkele, in: Haarmann, Arabische Welt, S. 325–358.
37 Tilman Nagel: Staat und Glaubensgemeinschaft im Islam. Geschichte der politischen Ordnungsvorstellungen der Muslime, Bd. 2, Zürich/München 1981, S. 173. Felix Konrad: Von der ‹Türkengefahr› zu Exotismus und Orientalismus: Der Islam als Antithese.
38 Detailliert zu den komplexen Verhältnissen in Nordafrika Hess, Forgotten Frontier, v. a. S. 62 ff.; vorzüglicher Überblick von Peter von Sievers in: Haarmann, Arabische Welt, S. 502–530.
39 So Wikipedia, Selim I.
40 Italienische Quelle, zitiert nach Nicolae Jorga, Geschichte des osmanischen Reiches, Bd. 2, S. 373.
41 Eksigill, Ottoman Versions, Zitat, S. 136; Brummett, Seapower, S. 12.
42 Näher ausgeführt bei Schilling, Neue Zeit, S. 94–127.

43 Im Folgenden lässt sich die komplexe historische Situation Russlands nicht detailliert darstellen. Hierzu sei verwiesen auf Hellmann, Handbuch; Pipes, Rußland; Hildermeier, Geschichte; Torke, Lexikon.
44 Burke, Renaissance, S. 90.
45 Zitiert nach der deutschen Übersetzung von Günter Stökl in: Hans Kohn (Hg.), Russen – Weißrussen – Ukrainer, Frankfurt a. M. 1962, S. 33. – Kurze Skizze Schilling, Neue Zeit, S. 173 ff.; Handbuch Europäische Geschichte, S. 1141 ff. – Ausführlich: Hösch, Idee der Translatio; Kämpfer, Lehre vom Dritten Rom.
46 Behringer, Merkur, S. 21, eine magistrale Darstellung zum Thema, der auch die folgenden Informationen entnommen sind.
47 Behringer, Merkur, S. 117, Anm. 284; weitere Belege über die Erstreckung und die Knotenpunkte des Postsystems S. 69, 96, 127 u. a.
48 Behringer, Merkur, S. 102.
49 Näheres bei Schilling, Luther, S. 100–110.
50 Reisebericht Johann Gottfried Seume, zitiert nach Gräf/Prove, Wege, S. 79.
51 So die Bezeichnung bei Herberstein, Rerum Moscoviticarum, S. 17.
52 Detailliert zum Verlauf der Reise Herberstein, Commentarii, S. 438–496; Adelung, von Herberstein. – Jüngere Literatur: Pferschy, Herberstein; Kämpfer, Herberstein; Kämpfer/Frötschner, 450 Jahre.
53 Zu den Jagiellonen und ihren Herrschaften vgl. Rhode, Polen, dazu die jüngeren strukturgeschichtlichen Abrisse mit detaillierten Belegen zum «ostmitteleuropäischen Typus» des Ständestaats bei Schramm, Polen-Böhmen-Ungarn, und Gawlas, Monarchien.
54 Vgl. Schramm und Gawlas, a. a. O.
55 Einen Überblick bieten die historischen Karten der Region im Großen Historischen Weltatlas des Bayerischen Schulbuch-Verlags, Teil 2: Mittelalter, München 1970, S. 106 und 107.
56 Quellenbeleg bei Adelung, von Herberstein, S. 65 ff.
57 Dies und das folgende ausführlich beschrieben bei Herberstein, Commentarii, S. 385 ff.
58 Wenn Adelung, von Herberstein, die Ehrungen des Gesandten durch den Zarenhof stets besonders herausstellt und die Schuld für das Scheitern der Friedensverhandlungen einseitig den Polen zuschreibt, so ist zu beachten, dass er seine Abhandlung in Petersburg mit Blick auf den Zarenhof und unter Verwendung vor allem russischer Archivalia schrieb.
59 Rhode, Polen, S. 191 f.
60 Wo nicht anders vermerkt, stammen die folgenden Herberstein-Zitate aus der deutschen Fassung letzter Hand seines Reiseberichtes, Wien 1557, wie sie samt des lateinischen Textes von 1556 ediert vorliegt in Herberstein, Rerum Moscoviticarum.
61 Adelung, von Herberstein, S. 71.
62 Xenia von Ertzdorff in: Kämpfer/Frötschner, S. 28.
63 Beleg und Näheres zu diesen Zusammenhängen bei Schilling, Aufbruch, S. 14 f.

64 Herberstein, Commentarii, S. 175.
65 Herberstein, Commentarii, S. 109–165.
66 Herberstein, Commentarii, S. 121–129, dort auch die folgenden Zitate.
67 Herberstein, Commentarii, S. 109, 155.
68 Herberstein, Commentarii, S. 373.
69 Herberstein, Commentarii, S. 81 f.
70 Dazu Informationen mit Spezialliteratur bei Schilling, Staatsinteresse, v. a. S. 249, 453, auch 316–321, 498 ff.

II.
UM FRIEDEN UND STABILITÄT DES GELDES

1 Ausführlich zu diesem Prozess: Schilling, Neue Zeit.
2 Martin Warnke, Visualisierung der Macht im 16. Jahrhundert, in: Jörg-Dieter Gauger/Justin Stangl (Hg.), Staatsrepräsentation, Berlin 1992, S. 63–74; Erwin Panofsky, Das Leben und die Kunst Albrecht Dürers, München 1977; Bram Kempers, «Julius inter laudem et vituperationem». Ein Papst unter gegensätzlichen Gesichtspunkten beurteilt, in: Petra Kruse (Hg.), Hochrenaissance im Vatikan. Kunst und Kultur im Rom der Päpste, Bonn 1999, S. 15–29, hier S. 16.
3 Kohler, Expansion.
4 Näher ausgeführt bei Schilling, Das Papsttum; Schilling, The two Papal Souls.
5 Christoph Galle, Julius II., Leo X. und das Papsttum bei Erasmus von Rotterdam, in: Julius II. und Leo X., S. 19
6 Aus der sehr umfangreichen Literatur ragen weiterhin die Darstellungen von Hans Baron hervor: ders., 1955. The Crisis of the Early Italian Renaissance: Civic Humanism and Republican Liberty in an Age of Classicism and Tyranny, 2 Bde., Princeton 1955, erweitert 1966; und The Search of Florentine Civic Humanism. Essays on the Transition from Medieval to Modern Thought, 2 Bde., Princeton 1988. Allgemeiner Überblick: James Hankins (Hg.): Renaissance Civic Humanism. Reappraisals and Reflections, London 2004.
7 Der Fürst, hg. von Rudolf Zorn, Stuttgart, 6. Aufl. 1978. – Reinhardt, Machiavelli; Wolfgang Reinhard, in Fenske, Politische Ideen, S. 241 ff.
8 Der Fürst/Il Principe, Kapitel XV. – Grundlegend zu Machiavelli und der neuzeitlichen Staatstheorie allgemein: Münkler, Im Namen des Staates. Weiterhin wichtig Meinecke, Die Idee der Staatsräson; vgl. auch Stolleis, Arcana imperii.
9 Machiavelli, Vom Staat, § 11, «Von der Religion der Römer», S. 53. – Auf die Parallelität von Luthers und Machiavellis Einschätzung weist auch Dall'Olio, Lutero, S. 196 f. hin.
10 Münkler, Im Namen, S. 138 f.
11 Vgl. Seidel Menchi, Julius exclusus, S. 45; Bietenholz/Deutscher, Contemporaries, S. 325 f.

12 Zu Erasmus' publizistischen Erfolgen vgl. Burke, Renaissance, S. 129 ff.
13 Übersetzung hier wie im Folgenden nach Gertraud Christian, in: Erasmus, Ausgewählte Schriften, hg. von Welzig, Bd. 5, S. 447.
14 ebda., S. 398.
15 ebda., S. 428.
16 ebda., S. 411, 412.
17 ebda., S. 429 ff.
18 ebda., S. 394.
19 ebda., S. 448 ff.
20 ebda., S. 394.
21 ebda, S. 451.
22 ebda., S. 442.
23 Ausführlich dazu Stolleis, Pecunia.
24 Das Folgende detailliert beschrieben bei Schilling, Aufbruch, S. 36–84; ders., Die neue Zeit, S. 296 ff., jeweils mit Angabe der Quellen.
25 Suhling, Saigerhüttenprozeß, S. 172.
26 Dies und das folgende nach Rössner, Geld im Zeitalter der Reformation; North, Geschichte des Geldes, S. 66–69, 70 ff.
27 So Kopernikus selbst in der Vorrede zu De Revolutionibus Orbium Coelestium von 1543.
28 Textausgabe bei Sommerfeld, Geldlehre, S. 21–68 in den verschiedenen Fassungen von 1517, 1519, 1519 und 1526; auch bei Jastrow, Münz- und Geldtheorie, S. 738–741; wissenschaftlich kritische Edition: Nicolaus Copernicus Gesamtausgabe, Bd. V, S. 109–168.
29 Ausführlich: Biskup, Copernicus im öffentlichen Leben Polens.
30 Begriff nach Wallerstein, Weltsystem.
31 Zahlen nach Henning, Landwirtschaft, S. 185; hierzu und zum Folgenden auch North, Geschichte des Geldes, S. 74 ff., 91 ff.
32 Erstmals grundlegend zu dieser Situation: Rössner, Deflation.
33 Überblick über dessen Geschichte bei Boockmann, Ostpreußen und Westpreußen.
34 Jastrow, Kopernikus, S. 735.
35 Zitiert nach der deutschen Übersetzung bei Jastrow, Kopernikus, S. 747, der lateinische Text ebda., S. 738, dort S. 738–741 auch die folgenden Zitate, die aber der heutigen Rechtschreibung angeglichen wurden.
36 So noch eine landesgeschichtliche Einschätzung von 1722, zitiert bei Jastrow, Kopernikus, S. 749. Vgl. zum Ganzen auch Biskup, Copernicus, S. 75 f.
37 So die Wertung bei Jastrow, Kopernikus, S. 750, und Sommerfeld, Geldlehre, S. 7.
38 Vgl. zum Beispiel Sachsen Rössner, Deflation, S. 311, 462 ff.
39 Nachgewiesen bei Kleinert, Geschichtslüge.

III.

EUROPA UND DIE WEITERE WELT

1 Die sehr komplexe Forschungslage ist jetzt zusammengefasst bei Kohler, Welterfahrungen, und insbesondere Reinhard, Weltreiche und Weltmeere, und jüngst noch einmal in seiner stupenden Gesamtdarstellung Reinhard, Unterwerfung.
2 Mishra, Aus den Ruinen des Empires.
3 Novos Mundos, S. 130.
4 Ausführlich dazu die magistrale Darstellung Van der Wee, Antwerp Market; vgl. auch Rothermund, Pfeffer.
5 Benecke, Nürnberg, S. 218.
6 Ausführlich zum Übersee-Engagement Nürnbergs Benecke, Nürnberg, hier S. 199. Auch Metzig, Maximilian I.
7 Metzig, Kanonen, S. 273, 286.
8 Zum Folgenden: Novos Mundos; Newitt, History; Brummett, Ottoman Seapower; Couto, Revisiting Hormuz.
9 Newitt, History, S. 98 f.
10 Brummett, Ottoman Seapower, S. 51 ff., 112 ff.; Couto, Revisiting Hormuz, S. 30–55.
11 Brummett, Ottoman Seapower, S. 119 f.
12 Parker, Military Balance, S. 17 f.
13 Lane, Venice, S. 290 ff.
14 Das Folgende vor allem nach T'ein Tse Chang, Malacca and the Failure of the first Portuguese Embassy to Peking, in: Journal of Southeast Asian History vol. 3, No. 2 (1962), S. 45 f. und Roderich Ptak, Portugal in China, 3. Aufl. Heidelberg 1986. Des Weiteren die Überblicksdarstellungen bei J. H. Parry, Europe and a Wider World, 1415–1715, 2. Aufl. 1977, und Reinhard, Alte Welt; ders., Weltreiche und Weltmeere; Kohler, Welterfahrungen.
15 Zitiert bei Ptak, Portugal in China, S. 16.
16 So die Charakterisierung durch einen Zeitgenossen, zitiert nach Ptak, Portugal, S. 19.
17 Chang, Malacca, S. 57 hält Malakka für das eigentlich entscheidende Problem beim Scheitern der portugiesischen Chinamission.
18 Ebda.; Fiedler, Himmel, Erde, Kaiser, v. a. Zitat aus dem konfuzianischen «Buch der Wandlung», S. 64.
19 So H. H. Bancroft in seiner History of Mexiko, 1883, zitiert bei Marshall H. Saville, The Discovery of Yucatan in 1517 by Francisco Hernández de Córdoba, in: The Geographical Review 6 (1918), S. 436–448, hier S. 436. – Die folgenden Zitate sind den in diesem Aufsatz abgedruckten Quellen des 16. Jahrhunderts entnommen. – Allgemeiner Überblick mit weiterführender Literatur: Hanns J. Prem, Geschichte Alt-Amerikas, 2. überarb. Aufl., München 2008; Ulrich Köhler (Hg.), Altamerikanistik. Einführung in die Hochkulturen Mittel- und Südamerikas, Berlin 1990; Wolfgang Reinhard,

Geschichte der europäischen Expansion, Bd. 2, Stuttgart 1985, S. 51 ff.; Richard Konetzke, Süd- und Mittelamerika I – Die Indianerkulturen Altamerikas und die spanisch-portugiesische Kolonialherrschaft, Frankfurt a. M. 1965.
20 Wo genau die Spanier auf Land stießen, ist unklar. Vgl. die detaillierte Analyse bei Saville, The Discovery, S. 442 ff.
21 Ausführlich dazu der Kommentar zu der Quellensammlung «Rückkehr der Götter».
22 Ries, Azteken, S. 272 ff. – Rückkehr der Götter, S. 139 spricht irreführend vom «Osterfeiertag» 1520.
23 Bericht FAZ Nr. 194, S. 9, 22. August 2015.
24 Rückkehr der Götter, S. 142.
25 Georg Braun und Franz Hogenberg, Civitates orbis terrarum/Städte der Welt, 1572–1617, hg. von Stephan Füssel, Gesamtausgabe, Faksimile, Köln 2011, S. 132 (Text), 134 (Abb.).
26 Grundsätzlich über den Zusammenhang zwischen humanistischer Hochwertung der Sprachen und der Sprachpolitik der Europäer: Reinhard, Sprachbeherrschung.
27 Bey, «Auch wir», S. 52, Rede von 1523.
28 Gruzinski, La colonisation, Kap. 1; Reinhard, Unterwerfung, S. 390 ff.
29 Schwaller, Expansion of Nahuatl.
30 Detailliert dazu Gareis, Wie Engel; Gruzinski, Colonisation, Kap. 5 und 6.
31 So noch in einer Biographie aus der Franco-Zeit! Gründer, Welteroberung, S. 120. Zum Folgenden ausführlich Neumann, Las Casas, Zitate dort S. 41, 55. – Vorzüglich auch der Wikipedia-Artikel «Bartolomé de Las Casas».
32 Neumann, Las Casas, S. 79 ff.
33 Vgl. Koch, Indianische Bevölkerung, v. a. S. 121 ff.
34 Emmer, Dokumente, S. 672.
35 Judith Pollmann, Eine natürliche Feindschaft. Ursprung und Funktion der schwarzen Legende über Spanien in den Niederlanden, 1560–1581, in: Bosbach, Feindbilder, S. 73–93.
36 Palabras de su Majestad el Rey, Santa Iglesia Catedral Primada de Toledo el jueves 5 de octubre de 2000, offizielle deutsche Übersetzung in der Publikation des spanischen Hofes.

IV.

DIE RENAISSANCE UND EIN NEUES WELTWISSEN

1 Brief Ulrich von Hutten an Willibald Pirckheimer vom 25. Oktober 1518, Latein: Hutten/Böcking, Bd. I, S. 217; deutsche Übersetzung von Annemarie Holborn, in: Hutten/Ukena, S. 317–340, hier S. 340.
2 Diese Zusammenhänge werden in der Regel kaum beachtet. Erste Versuche sind versammelt in Moudarres, New World and the Italian Renaissance.
3 Metzig, Maximilian I., S. 12 f. Einen vorzüglichen Einblick in die verschiede-

nen Forschungsansätze bietet Osterhammel, Außereuropäische Geschichte, dort auch ausführliche Literaturangaben. – Wiederum sei auch auf die umfassenden Synthesen von Kohler, Neue Welterfahrungen, und Reinhard, Weltreiche, verwiesen.
4 Missinne, America's Birth Certificate; ders., Newly discovered. – Zu Ringmann und Waldseemüller zusammenfassend Lehmann, Cosmographiae (noch ohne Kenntnis der Arbeiten von Missinne).
5 Metzig, Maximilian I., S. 16.
6 Dürer, Tagebuch, S. 30, 35, 38, 57.
7 Jochen Sander (Hg.), Dürer. Kunst-Künstler-Kontext, Städel Ausstellung 2013/14, München 2013, S. 306 f., 367 ff., insbesondere Christian Feest, Von Kalikut nach Amerika. Dürer und die «wunderliche künstlich ding» aus dem «neuen gulden land», in: Jochen Sander (Hg.), Dürer. Kunst-Künstler-Kontext, Städel Ausstellung 2013/14, München 2013, S. 367–375. – Auch Kiening, Wilde Subjekte, 162 ff.
8 Vor und neben Dürer sind weitere sieben zeitgenössische Darstellungen des Rhinozeros Odysseus bekannt, Sander, Dürer, S. 306, dort S. 307 auch eine Abbildung einschließlich der zitierten Texterklärung.
9 Münkler, Nationenbildung; Helmrath, Wege, v. a. S. 42 ff., 204 ff., 219 ff., vgl. auch Schilling, Nationale Identität.
10 Im Folgenden kann keine Geschichte des Humanismus oder der Renaissance geboten werden. Dazu Burke, Die Europäische Renaissance.
11 Nach Chaix, Renaissance, S. 57.
12 Burkhardt, Frühe Neuzeit, S. 22; ders., Reformationsjahrhundert, S. 25 ff. Vgl. auch Chartier, Culture écrite.
13 Burke, Renaissance, S. 17.
14 Schilling, Luther, 272 ff.
15 Friedrich, Epochen, S. 315–320; Wikipedia-Artikel «Pietro Bembo».
16 Ebda., S. 315 f.
17 So Schneiders, Luthers Sendbrief, v. a. S. 270.
18 Zitat ebda., S. 319.
19 Vgl. dazu die Artikel zur «Diffusion des Humanismus» bei Helmrath, Wege, mit ausführlichen bibliographischen Nachweisen der älteren Studien.
20 Das Corvinus Graduale, eingel. von Elisabeth Soltész, Hanau 1982, Vorwort, S. 13.
21 Bałus, Krakau, S. 48–72; Puchla, Krakau; Da Costa, Höfe.
22 Vorzüglicher Überblick in der kommentierten Textsammlung: Polnische Renaissance; allgemein dazu: Bogucka, Das alte Polen, S. 113 ff.
23 Schilling, Luther, 293 f.
24 Burke, Renaissance, S. 109, 111 f. Allgemein zu Humanismus und Renaissance in England Meissner, England.
25 Weilen, Heinrich VIII., Zitat S. 4.
26 Huizinga, Herbst des Mittelalters; dazu Burke, Renaissance, S. 71; kritisch gegenüber der Huizingaschen Interpretation der burgundischen Ritual-

und Festkultur Hermann Kamp, in Herbers/Schuller, Europa im 15. Jahrhundert.
27 So in den im Frühjahr 1517 in Speyer erschienenen *Dunkelmännerbriefen*, Briefe, S. 162 f.
28 Schmidt, Veit Stoß,
29 Wagner, Riemenschneider, S. 48. − Ich danke meinem Würzburger Kollegen Dietmar Willoweit herzlich für den Hinweis auf die neue Würzburger Diskussion zu Riemenschneider und seiner Werkstatt.
30 Lichte, Werke Riemenschneiders, S. 287.
31 Weniger, Bildschnitzer, S. 274.
32 Scheller, Memoria, S. 53 f., 121 f.; Gottlieb, Augsburg, S. 363 f.
33 Bruno Bushart, Die Fuggerkapelle, München 1994, zitiert nach Georg Paula, Fuggerkapelle bei St. Anna, Augsburg, in: Historisches Lexikon Bayerns, URL: http://www.historisches-lexikon-bayerns.de/artikel/artikel_45395 (20.04.2012)
34 Einzelheiten zu diesen Bildern und zu Grünewald insgesamt werden in der Kunstgeschichte kontrovers diskutiert. Ausführlich Hubach, Grünewald.
35 Baldung Grien heute in der Kunsthalle Basel; Schwarz im Berliner Bode-Museum.
36 In dieser Hinsicht für das neue Maximilianbild richtungsweisend Metzig, Maximilian I., Abb. dort S. 42,43. Vgl. auch Sander, Dürer, S. 367 ff.
37 Abbildung und ausführliche Beschreibung mit Literaturhinweisen in Sander, Dürer, S. 320 f. Forschungsstand zu Maximilians Kunstpolitik jetzt zusammengefasst bei Michel/Sternath, Kaiser Maximilian I.
38 Das besonders gut erhaltene Exemplar befindet sich heute im Herzog Anton Ulrich-Museum, Braunschweig.
39 Detailliert beschrieben in dem Wikipedia-Artikel «Theuerdank»; Artikel «Maximilian I.» von Stephan Füssel in: Killy, Lexikon, Bd. 8, S. 21–25. Nachdruck des Textes und kulturgeschichtliche Einführung: Abenteuer, mit weiterführender Literatur.
40 Paradiso I, V. 13 ff., zitiert nach der deutschen Übersetzung von Karl Vossler, Zürich 1942, S. 361 f.
41 Ausführlich zu Hutten: Arnold, poeta laureatus; allgemein Mertens, Sozialgeschichte; Schirrmeister, Triumph.
42 Polnische Renaissance, S. 302. Nicht verzeichnet in der Liste Maximilianischer Dichterkrönungen bei Arnold, poeta laureatus, S. 241 f.
43 Gelegentlich wird bestritten, dass Hutten auf einem Reichstag gekrönt wurde (so z.B. Schirrmeister, Triumph, S. 326, Anm. 946). Dagegen bestätigt mir Eike Wolgast, der Vorsitzende der Reichstagsakten-Kommission der Historischen Kommission bei der Bayerischen Akademie der Wissenschaften, dass die Augsburger Versammlung von 1517 als Reichstag zählt und Hutten somit «optima forma» gekrönt wurde. Eike Wolgast sei auch an dieser Stelle nochmals herzlich für seine Hilfe gedankt.

44 Ein Auszug der lateinischen Urkunde ist in deutscher Übersetzung mitgeteilt bei Schirrmeister, Triumph, S. 236, Anm. 946.
45 Hutten/Ukena, Deutsche Schriften, S. 1; die im Februar 1519 verfasste deutsche Übersetzung stammt höchstwahrscheinlich von Hutten selbst.
46 Zitate nach Hutten, Schule des Tyrannen, S. 12 f., 16 f.
47 Herrmann, Ein New Lied, S. 18, 8, 6.
48 Dargestellt bei Schilling, Luther, S. 71 ff.
49 Holborn, Ulrich von Hutten, S. 72.
50 Hierzu ausführlich Wunder, Er ist die Sonn'; Ennen, Frauen.
51 So im Wikipedia-Artikel «Argula von Grumbach». Ihre Schriften sind ediert durch Peter Matheson, Argula von Grumbach. Schriften, Gütersloh 2010; diejenigen von Caritas Pirckheimer in vier Bänden von Josef Pfanner und August Syndikus und in deutscher Übersetzung durch Georg Deichstetter und Benedicta Schrott: C. Pirckheimer, Denkwürdigkeiten, St. Ottilien 1983, und C. Pirckheimer, Briefe, St. Ottilien 1984. Zu Katharina Zell: Thomas Kaufmann: Pfarrfrau und Publizistin. Das Reformatorische «Amt» der Katharina Zell. In: Zeitschrift für Historische Forschung, Bd. 23 (1996), S. 169–218.
52 II. Akt, 1. Auftritt, Rat der Prinzessin an den ungestümen Dichter.
53 Bradford, Cesare, S. 365.
54 Christina Henzler, Die Frauen Karls VII. und Ludwigs XI., Köln 2012.
55 Zitiert nach, Bresson, Marguerite, S. 52.
56 Tracy, Holland, 42 ff.
57 Dürer, Tagebuch, S. 98.
58 Zitiert nach Papounaud, Königskloster, S. 8.
59 Ebda., S. 10.
60 Vgl. dazu Schilling, Luther, S. 223 ff.
61 Papounaud, Königskloster, S. 7.
62 Ausführlich dazu Schuster, Frauenhaus; Bergdolt, Leib und Seele; Ennen, Frauen; Wunder, Er ist die Sonn'.

V.
KOLLEKTIVE ÄNGSTE UND SEHNSUCHT NACH SICHERHEIT

1 Auch die Kirchengeschichte behandelt inzwischen intensiv das Thema «Religion und Magie», so jüngst für das frühe Christentum Frenschkowski, Magie im antiken Christentum.
2 Thomas, Decline of Magic.
3 So Kaufmann, «Türckenbüchlein», S. 62.
4 Zu den mittelalterlichen Türkenschriften Döring, Türkenkriege; Kaufmann, «Türkenbüchlein», S. 62 mit Anm. 520.
5 Zitiert bei Niccoli, Prophecy, S. 81 f. Grundlegende Darstellung für Geisterschlacht und deren Rezeption.

6 Niccoli, Prophecy, S. 79 f., 83.
7 Fischer, Grammatik, S. 194 zu Melanchthon und anderen Humanisten, S. 192; zum spanischen Hof S. 216, zu 1524 und zur Flucht auf die Berge, S. 196 ff., 212.
8 Fischer, Grammatik, S. 216.
9 Sprechende Beispiele bei Gerhard Fouquet und Gabriel Zeilinger, Katastrophen im Spätmittelalter, Darmstadt/Mainz 2011.
10 Zahlreiche Beispiele aus Flugblättern des frühen 16. Jahrhunderts in: Sander, Dürer-Katalog, S. 295–305.
11 Aby Warburg, Heidnisch-antike Weissagungen in Wort und Bild zu Luthers Zeiten, S. 35.
12 Die Kopie befindet sich heute in der Berliner Gemäldegalerie. Im 500. Todesjahr fanden große Ausstellungen in Boschs Geburtsstadt 's-Hertogenbosch und im Bucerius Kunstforum Hamburg statt, auf deren Kataloge verwiesen sei.
13 Sander, Dürer-Katalog, S. 84 ff., 299 ff.
14 Brossollet, Les danses macabres, zu Bern, S. 59.
15 Fischer, Grammatik, S. 197. Der bemerkenswerte Aufschwung der Flugschriftenproduktion im Jahr 1517 ist beeindruckend belegt in den statistischen Kurven bei Köhler, Flugschriften.
16 Fischer, Grammatik, S. 200.
17 Ausführliche Abhandlung zu diesen Glasbildern bei Landois, Gelehrtentum, S. 278–289.
18 Sander, Dürer-Katalog, S. 282 f., 334. – Zahlreiche Beispiele für die Popularität der Christopherus-Darstellung im frühen 16. Jahrhundert bei Roller und Sander, Fantastische Welten. Albrecht Altdorfer, S. 233–250.
19 Erasmus, The Correspondence, Brief Nr. 639, S. 89.
20 Vorhanden in der Bayerischen Staatsbibliothek München und in der Universitäts- und Landesbibliothek Sachsen-Anhalt Halle, beide digital einsehbar. Das in der Münchener digitalen Bibliothek genannte Erscheinungsdatum 1516 ist ausweislich des Frontispiz falsch. Vielmehr ist es die Widmung, die von Dezember 1516 datiert.
21 Robert Muchembled, Le roi et la sorcière, Paris 1993, S. 41.
22 Tschacher, Nider; Tschacher, Malleus Maleficarum; Behringer/Jerouschek, Der Hexenhammer.
23 Die Literatur hierzu ist nahezu uferlos. Zum Folgenden v. a. der Überblick in Beier-de Haan u. a., Hexenwahn; van Dülmen, Hexenwelten; Blauer, Anfänge; Tschacher, Nider, Johannes; Behringer/Jerouschek, Das unheilvollste Buch.
24 Baldung Grien, «Zwei Hexen», 1523, heute Städel, Frankfurt a. M.
25 So die provokante These in Stengel, Reformation, S. 78. Allgemein zu Luthers Hexenglauben, Schilling, Luther, S. 519 f. mit weiterführender Literatur.
26 In ethnologischem Zugriff detailliert behandelt bei Douglas, Reinheit und Gefährdung.

27 Überblick bei Kamen, Spain, S. 38–44; Schwerhoff, Inquisition, S. 66–73.
28 Bericht FAZ vom 13. 6. 20015: «Späte Heimkehr».
29 Hsia, Myth; Hsia, Trent; Voß, Umstrittener Erlöser; Gow, The Red Jews; Ben-Sasson, Geschichte, S. 702 ff. – Die Berichte über angebliche Ritualmorde verbreiteten sich rasch in Europa, meist mit drastischen Bildern wie dem Druck von Johannes Matthias Tubernius, Duderstadt 1475, mit einem Holzschnitt (4v), der einen nackten Knaben auf einem Tisch zeigt, umgeben von Juden (mit spitzen Hüten), die mit zahlreichen Schnitten seinem Körper Blut abzapfen und in Gefäßen auffangen (Herzog August Bibliothek Wolfenbüttel).
30 Briefe vom 5. April 1518 und 5. September 1528 an Johann Caesarius respektive Martin Lypsius, zitiert nach: Briefe der Dunkelmänner, Nachwort von Peter Amelung, S. 265. – Die Briefe werden im Folgenden nach dieser Ausgabe zitiert.
31 Jüngst: de Boer, Absichten; Mertens, Reuchlin; auch Price, Maximilian I.; Herzig/Schöps, Reuchlin.
32 So Johannes Helmrath, Wege, S. 47.
33 Schilling, Luther, S. 132.
34 Zur philologischen Erschließung der Autorenschaft vgl. Amelung, Nachwort, in Briefe der Dunkelmänner, S. 269 f.
35 Ebda., S. 267.
36 In einer Tischrede vom September 1532, WT Bd. 2, Nr. 2634 a und b.
37 Schilling, Aufbruch und Krise, S. 122.
38 Alle Zitate nach der deutschen Übersetzung in: Dunkelmännerbriefe, Briefe Nr. 3, 6, 61, 6, 5, 12.
39 Tewes, Neuenahr; Wikipedia, «Herrmann v. Neuenahr d. Ä.»; Herzig, Savonarola's women, 252 ff.
40 Vorzüglicher Überblick bei Ben-Sasson, Geschichte, S. 702–883.
41 Hsia, Ritual murder.
42 Wolgast, Juden als Subjekt; Press, Kaiser Karl V.; Press, Zusammenschluss der deutschen Judenheit.
43 Debra Kaplan, Beyond Expulsion.
44 Regesten Reichstadt Frankfurt, Bd. I,3, Nr. 4113, S. 1082.
45 Dazu jüngst ausführlich Price, Maximilian I.
46 Strauss, Urkunden; Ben-Sasson, Geschichte, S. 704 ff.; Wittmer, Jüdisches Leben; von Train, Tatsachen; Wenninger, Man bedarf; Kirn, Bild, S. 84 ff. – Allgemein zur Stadtgeschichte: Schmid, Geschichte.
47 Strauss, Urkunden, Nr. 946, S. 335 f.; ähnlich am 17. 7. 1517 an das österreichische Regiment in Innsbruck Train, Tatsachen, S. 137.
48 Strauss, Urkunden, Nr. 806, S. 281.
49 Train, Tatsachen, S. 131; zu der judenfreundlichen Wende in der Politik des späten Maximilian jetzt ausführlich Price, Maximilian.
50 Walton, Margaritha; Osten-Sacken, Luther und die Juden, S. 162–230.
51 Ausführlich Schilling, Luther, S. 550–573; allgemein zum Problem Kaufmann, Luthers Juden.

52 Kaplan, Hartlib circle, S. 191, 210.
53 Brod, Reuchlin, S. 271; kommentierte Ausgabe mit Kommentar: Reuchlin, De arte, bearb. Wido Ehlers.
54 Hintergründe Schilling, Luther, S. 562 ff.
55 Burke, Renaissance, S. 15 f.

VI.
DER PAPST IN ROM – ITALIENISCHER SOUVERÄN UND UNIVERSELLER PONTIFEX

1 Vgl. Reinhardt, Die Medici.
2 Belegt u. a. in den Ricordi der Medici, vgl. Ciappelli, Memory, S. 134.
3 Nesselrath, Politik und Theologie, S. 39.
4 Erasmus, Ausgewählte Schriften, hg. von Welzig, Bd. 5, S. 447 ff.
5 Zitiert nach Hersey, High Renaissance, S. 19 (meine Übersetzung).
6 Beispiel: Leos Umgang mit Ippolito, Bastard-Sohn seines Bruders Giuliano; Roberto Zapperi, Abschied von Mona Lisa, München 2010.
7 Lach, Asia, S. 135–139; Scheid, Tierwelt, S. 19.
8 Vgl. oben Kapitel IV., 1. Zu Dürers Holzschnitt. Bedini, Elefant des Papstes, Kap. 6: Das unselige Rhinozeros, S. 139 ff.
9 Mit reichen Belegen und weiterführender Literatur: Tewes/Rohlmann, Medici-Papst. Zu den staats- und machtpolitischen Zusammenhängen: Gattoni, Leo X e la geo-politica; Kohler, Expansion. Unverzichtbar zum rechten Verständnis des Papsttums: Prodi, Sovrano pontifice / Papal Prince. – Ich folge der Neubewertung durch Götz-Rüdiger Tewes, Die Medici und Frankreich im Pontifikat Leos X., in: Tewes/Rohlmann, Medici-Papst, S. 11–116, hier S. 75; dazu Tewes, Familiäre Interessen.
10 Dutzende von Beispielen bei Michael Rohlmann, Kunst und Politik, in: Tewes/Rohlmann, Medici-Papst, v. a. S. 219 ff.
11 Grundlegend zur Kardinalsverschwörung mit ausführlichen Quellenbelegen: Pastor, Geschichte der Päpste, Bd. 4, Erste Abteilung, Leo X., Neuauflage Freiburg 1923, S. 101–145.
12 In allen Einzelheiten aus den teils lapidaren Quellen beschrieben bei Pastor, a. a. O., S. 118–134.
13 Prodi, Sovrano pontifice/Papal Prince.
14 Die Dekrete des Konzils sind veröffentlicht bei Wohlmuth, Dekrete, S. 593–655; detailliert über die Forschungslage: Minnich, Councils of the Catholic Reformation, S. 47–52. Vgl. auch Jedin, Kleine Konziliengeschichte, S. 78 f. – Vorzügliche Skizze der Reformproblematik bei Klaus Unterburger, Das päpstliche Rom als Sündenpfuhl?, in: Julius II. und Leo X., S. 23 f.
15 Zitate: Cao, Pico and the Sceptics, S. 128, 129. – Textedition: Gian Mario Cao, Pico della Mirandola Goes to Germany. With an edition of Gianfrancesco Pico's *De reformandis moribus oratio*, in: Annali dell'Istituto Storico Italo-Germanico, XXX (2004), S. 463–525.

16 Jedin, Kleine Konzilsgeschichte, S. 79.
17 Wohlmuth, Dekrete, S. 652.
18 Jedin, Kleine Konzilsgeschichte, S. 79.
19 Wohlmuth, a. a. O.
20 Jedin, Kleine Konzilsgeschichte, S. 79.
21 Kamen, Spain, S. 46.
22 Überblick bei Schwerhoff, Inquisition, S. 59–95.
23 Detailliert zu Bibeldrucken: Cambridge History of the Bible. – Überblicke in den Bibelartikeln der Theologischen Realenzyklopädie und The Oxford Encyclopedia of the Reformation. – Carolen, Anti-Erasmianism, S. 74–76. Die ebenso detaillierte wie wegen der Quellenlage schwierige Spezialforschung zur Entstehung der Complutensischen Polyglotte und dem verantwortlichen Editionsteam ist jetzt zusammengefasst bei García Pinilla, Reconsidering.
24 Hierzu jetzt grundlegend: Basel 1516.
25 Stupperich, Erasmus, S. 147 ff.
26 Gracia Pinilla, Reconsidering, S. 61.
27 Seidel Menchi, How to Domesticate, dort S. 221 das Zitat.
28 MacCulloch, Reformation, S. 43, 138.
29 Vgl. Paolo Simoncelli, Evangelismo italiano del Cinquecento; Marc Venard (Hg.), Die Zeit der Konfessionen (1530–1620/30); Klaus Ganzer, Aspekte der katholischen Reformbewegungen im 16. Jahrhundert. – Für die hier skizzierten Zusammenhänge benutze ich dankbar die bei mir an der Berliner Humboldt-Universität angefertigte Magisterarbeit von Maria Böhmer, Klerusreform und Ketzerverfolgung: Der Weg der Theatiner in das konfessionelle Zeitalter, MA Institut für Geschichtswissenschaften 2008.
30 Näher ausgeführt bei Schilling, Luther, S. 153–156.
31 Zum Folgenden Johann Wilhelm Zinkeisen, Drei Denkschriften über die orientalische Frage, Gotha 1854.
32 Die Dekrete des Konzils sind veröffentlicht bei Wohlmuth, Dekrete, S. 593–655; vgl. Jedin, Kleine Konziliengeschichte, S. 78 f.
33 I Diarii di Marino Sanuto, vol. 25 (1517), zitiert bei Niccoli, Prophecy, S. 79.
34 Abdruck in deutscher Übersetzung Zinkeisen, Drei Denkschriften, S. 38–53.
35 Zitate a. a. O., S. 38, 40, 52, 41, 53.
36 Zinkeisen, Drei Denkschriften; Metzig, Maximilian I., S. 20 f.
37 Tewes/Rohlmann, Medici-Papst, S. 398.
38 Pastor, Geschichte, a. a. O., S. 158 ff.
39 Der zweite «Türkenreichstag» von Oktober 1454 in Frankfurt ist jetzt ausführlich dokumentiert in Bd. XIX, 2 der Reichstagsakten, Ältere Reihe, bearbeitet von Johannes Helmrath, München 2013, die Einleitung des Bearbeiters ausführlich zum Türkenproblem in der zweiten Hälfte des 15. Jahrhunderts und seiner Behandlung auf den Reichstagen, v. a. S. 36 ff.
40 Konrad, Felix: Von der ‹Türkengefahr› zu Exotismus und Orientalismus: Der Islam als Antithese Europas (1453–1914), in: Europäische Geschichte Online

(EGO), hg. vom Institut für Europäische Geschichte (IEG), Mainz 2010–12–03. URL: http://www.ieg-ego.eu/konradf-2010-de URN: urn:nbn:de:0159-20101025120 [2013–09.10].

41 Lane, Venice; Jorga, Geschichte, S. 323 ff.
42 Ausführlich dazu Drummett, Ottoman Seapower, S. 1–15.
43 Burke, Renaissance, S. 92–104.
44 Prodi, Papal Prince, S. 51.
45 So die Vita Nikolaus V. von Gianozzo Manotti, zitiert nach Aston, Panorama der Renaissance, S. 15.
46 Frommel/Rey/Tafuri, Raffael, S. 82ff; Tafuri, Interpreting, S. 76ff.
47 Prodi, Papal Prince, S. 51; Tafuri, Interpreting, S. 78.
48 Vorzügliche Beschreibung und Analyse, auch der Neufestlegung des Programms durch Leo X. bei Nesselrath, Politik und Theologie.
49 Ich folge hier der historisch plausiblen und auch kunsthistorisch abgesicherten Neubewertung in Tewes/Rohlmann, Frankreichpolitik; zusammengefasst bei Tewes, Vorabend der Reformation, S. 23, Anm. 38.
50 Regesta Imperii I, 4, 2., Nr. 142 (847/48).
51 Tewes, Papst Leo X., S. 26.
52 Abb. Hersey, High Renaissance, S. 102.
53 Hersey, High Renaissance, S. 115 ff.; Weddigen, Tapisseriekunst.
54 Zitate Bredekamp, Zwei Souveräne, S. 147.
55 Die Einordnung von Andrea Guarnas Traktat *Simia* ist in der Forschung umstritten. Näheres dazu mit erschöpfenden Belegen bei Seidel Menchi, Julius exclusus, S. 120, Anm. 543.
56 Huber, Bramantes Entwürfe, S. 32.
57 Bredekamp, St. Peter; Huber, Bramantes Entwürfe; Hersey, High Renaissance.
58 Der Ablass im Allgemeinen und der Petersablass im Besonderen waren im Juni 2015 Gegenstand eines mehrtägigen Symposions am Deutschen Historischen Institut in Rom, dessen Akten 2016 oder 2017 von Andreas Rehberg herausgegeben werden.
59 Aufgelistet bei B. Moeller, Die letzten Ablasskampagnen, in: Moeller, Reformation und Mittelalter, S. 64 ff., dort auch das Zitat. Vgl. auch Winterhager, Ablasskritik.
60 Thoenes, Renaissance St. Peter's, S. 83 ff. mit Abb. 81 und 82.
61 Zum Verhältnis Humanismus – Christentum den jüngeren Forschungsstand zusammenfassend Helmrath, Wege, S. 23 f. Zur Kunst Traeger, Renaissance und Religion, v. a. S. 11–43. Burke, Tradition and Innovation, S. 333 eine Berechnung des Anteils von religiösen und nicht religiösen Bildern.
62 Der komplexe Zusammenhang von Religion und Kunst in Renaissance und Reformation ist näher ausgeführt bei Schilling, Renaissance und Religion.

VII.

DER MÖNCH IN WITTENBERG – *EX ORIENTE LUX* ODER DIE MORGENRÖTE DES PROTESTANTISMUS AN DEN GRENZEN DER ZIVILISATION

1 Dieser Aspekt der Reformationsgeschichte ist betont bei Schöffler, Wirkungen.
2 Grundlegend: Bellmann, Denkmäler; zu ergänzen durch die fortlaufenden Arbeiten des an der Universität Halle angesiedelten Forschungsprojektes «Ernestinisches Sachsen». Vgl. Lück, Wittenberg-Forschungen.
3 Das Folgende nach Helten/Neugebauer, Der Kleine Chor, die auf der Basis einer neuen Quellenanalyse die ältere Forschung gerade in Bezug auf den Einfluss des neuen Stils revidieren. Vgl. dort auch Neugebauer, Wohnen im Wittenberger Schloss, sowie die Quellensammlung Lang/Neugebauer: Kommentierter Quellenanhang, Wittenberg-Forschungen Bd. 3.
4 Böckem, Jacopo de' Barbari.
5 Helten/Neugebauer, a. a. O., S. 344.
6 So Bruno Bushart, Die Fuggerkapelle, zitiert oben Kapitel III. Renaissance.
7 Helten/Neugebauer, a. a. O., S. 335.
8 Höss, Spalatin, S. 106 ff.; Scheible, Fakultät.
9 Nachweise bei Schilling, Luther, S. 115, Anm. 1 und 2.
10 Zitiert nach Thomas Lang, Nur Stroh und Lehm, in: Wittenberg-Forschungen, Bd. 2, S. 265 und Bd. 2. 1, S. 147.
11 Reisebericht veröffentlicht als *Indicium meum de Lutero 1523*, zitiert nach der deutschen Übersetzung bei Heinrich Bornkamm, Martin Luther in der Mitte seines Lebens, Göttingen 1979, S. 260–262.
12 26. Oktober 1516, deutsche Übersetzung nach Aland, Luther Deutsch, Bd. 10, S. 18.
13 Zum Folgenden ausführlich Köpf, Universitätsreform. Dort auch die Zitate nachgewiesen.
14 Scheible, Melanchthon; ders., Aufsätze.
15 Oben Kap. VI, 2.
16 WW 10, I, S. 21 f.; WW 10, III, S. 139 f.
17 Vgl. WW 53, S. 169.
18 Schilling, Luther, S. 74 ff.
19 Heute in der Sakristei der Stadtkirche. Albrecht Steinwachs und Jürgen Pietsch, Die Stadtkirche der Lutherstadt Wittenberg, Wittenberg 2000, S. 92 f.
20 Greiling, Altar, Abb. 493; Krünes, Hauptaltar.
21 Grundlegend zur spätmittelalterlichen Frömmigkeit in Deutschland: Moeller, Reformation und Mittelalter.
22 Zum mitteldeutschen Raum: Brumme, Wallfahrtswesen, mit dem Nachweis, dass ähnlich wie der Ablass auch die Wallfahrt bereits vorreformatorisch Kritik auf sich zog.
23 Zitiert nach der deutschen Übersetzung bei Umlauf, Heilige Räume, S. 227.

24 So 1521 in einer Antwort an seine Kritiker, WW 7, S. 639.
25 So die berühmte These von Herbert Schöffler, Wirkungen, S. 105 ff.
26 Aus Luthers Vorrede zu «Die Epistel S. Pauli zun Colossern durch Philippum Melanchthon», WA 30/II, S. 68, 12–69,1.
27 Resolutionen zu den Ablassthesen, zitiert nach der deutschen Übersetzung bei Aland, Luther Deutsch, Bd. 2, S. 43. – Nach Aland entstanden die Resolutiones spätestens im Februar 1518, eventuell sogar bereits in unmittelbarem zeitlichen Zusammenhang mit den Thesen selbst (a. a. O., S. 374).
28 WW 54, S. 186, Z. 2 – Vorwort von 1545, dt. Übersetzung nach Aland, Luther Deutsch, Bd. 2, S. 20 f.
29 Dies ist das Ergebnis neuerer theologiegeschichtlicher Forschungen, denen ich auch in der Datierung folge. Vgl. Stegemann, Luthers Auffassung, S. 221– 239.
30 So Stegemann, Luthers Auffassung.
31 Abgedruckt in WW 1, S. 525–527, im Folgenden zitiert nach der dt. Übersetzung bei Aland, Luther Deutsch, Bd. 2, S. 28–31.
32 Deutsche Übersetzung zitiert nach der Quellensammlung «Buch der Reformation», S. 151–153.
33 Allgemein zur Geschichte des Ablasses die Artikel «Ablass» in der TRE (von von Gustav Adolf Benrath) und in RGG jeweils mit weiterführender Literatur.
34 Näheres dazu bei Schilling, Luther, S. 158 f.
35 Rössner, Luther – Ein tüchtiger Ökonom?, S. 61.
36 Bräuer/Vogler, Thomas Müntzer, S. 60–63.
37 Vorrede über den Propheten Daniel von 1530, Volz, Faksimile Luther-Bibel, S. 1530.
38 Die theologischen Zusammenhänge sind ausführlich dargestellt bei Brecht, Luther, I., S. 173–230; die jüngst wieder heftig aufflammende Diskussion um den Anschlag ist dokumentiert bei Ott/Treu, Thesenanschlag, wichtig hier vor allem die eindringliche einleitende Analyse von Bernd Moeller, Thesenanschläge, S. 9–31.
39 Ausführlich dazu Reinhard Schwarz, in: Beutel, Luther Handbuch, S. 328–340.
40 Kritisch ediert bei Thomas Kaufmann (Hg.): *Kritische Gesamtausgabe der Schriften und Briefe Andreas Bodensteins von Karlstadt, Teil I (1507–1518)*, Wolfenbüttel 2012. *(Editiones Electronicae Guelferbytanae)* (http://diglib.hab.de/edoc/ed000216/start.htm)
41 So Moeller, a. a. O., S. 23, 12 u. a.
42 Moeller, a. a. O., S. 10.
43 Darauf hat zu Recht Bernd Moeller hingewiesen, in: Ott/Treu, Thesenanschlag, S. 19: den Briefversand als «Veröffentlichung» der Thesen zu bezeichnen, sei eine «Scheinlösung».
44 Deutsche Übersetzung nach Aland, Briefe, S. 26.
45 Moeller, «Thesenanschlag» und kein Ende, S. 127.

46 Die Reformationshistoriker sind sich hier nicht einig. So ging man anfangs des 20. Jahrhunderts bereits von einem Wittenberger Urdruck aus, vgl. Buchwald, Kalendarium, S. 5 zum 30. Oktober 1517. Dagegen Brecht, Luther, I., S. 197: Einen «Wittenberger Urdruck hat es wahrscheinlich nicht gegeben». Jüngst dann aber gibt Moeller, in: Ott/Treu, Thesenanschlag, plausible Argumente für einen solchen Druck. Dagegen geht Volker Leppin (Die Legende, S. 106, Anm. 82) von einer «intensiven handschriftlichen Verbreitung der Ablaßthesen» vor den späteren Drucken aus.

47 Martin Treu, Urkunde und Reflexion, in: Ott/Treu, Thesenanschlag, S. 59–67, hier S. 66.

48 Zum Gedenkjahr der Thesen ist eine Ökumenische Kommentierung der 95 Ablassthesen angekündigt, die von Theologen mehrerer Konfessionen gegenwärtig am Johann-Adam-Möhler-Institut in Paderborn erarbeitet wird.

49 Zitiert nach der deutschen Übersetzung von Ludolphy, Die 95 Thesen; in Bornkamm/Ebeling, Schriften, Bd. 1, S. 28, 31, bzw. Aland, Luther Deutsch, Bd. 1, S. 50.

50 Martin Luther, Werke. Kritische Gesamtausgabe, Bd. II (Tischreden), Weimar 1883/1970, S. 134.

51 Hierzu und zum Folgenden jetzt grundlegend die von Silvana Seidel Menchi besorgte Neuausgabe in Erasmus, Opera I,8, und die ausführliche Einleitung der Bearbeiterin. Dort auch das aus Erasmus' Rechtfertigungstraktat *Spongiao/Schwamm* stammende Zitat in Latein (S. 56, Anm. 245) und englischer Übersetzung. Deutsche Fassung von mir.

52 Detailliert aufgezeigt bei Seidel Menchi, Erasmus as Arminius.

53 Handschriftliche Verbreitung minutiös nachgewiesen bei Seidel Menchi, Julius exclusus, S. 41 ff.; zum Burgunderhof S. 44 f.

54 Quellenkritisch nachgewiesen bei Seidel-Menchi, a. a. O., S. 57–60.

55 Huizinga, Erasmus, 1924, zitiert nach Stupperich, Erasmus, S. 114.

56 Christoph Galle, Das Papsttum bei Erasmus von Rotterdam, in: Julius II. und Leo X., S. 18–20, hier S. 20.

57 Enenkel, Erfindung, S. 484 ff.

58 Bedeutung des Antiklerikalismus für die Reformation ausführlich kontrovers diskutiert bei Dykema/Obermann, Anticlericalism.

59 Beleg bei Schilling, Luther, S. 233, S. 655, Anm. 115.

EPILOG
1517 – EIN WUNDERJAHR
ALS AUFTAKT DER NEUZEIT?

1 Begriff nach Schramm, Wendemarken.
2 Markus Koller, Das Papsttum und die osmanische Expansion, in: Julius II. und Leo X., S. 11.
3 Walter, Fremde Kaufleute.
4 Burkhardt, Friedlosigkeit.

5 Luther, Weimarer Ausgabe, Tischreden Bd. 4, Nr. 4707 mit Anm. 14, S. 440.
6 Den Vorrang kultureller Zusammenhänge gegenüber der militärischen Überlegenheit betont bereits bei Konetzke, Süd- und Mittelamerika I, S. 19; ähnlich Reinhard, Expansion, Bd. 2, S. 52, der von «fatalen interkulturellen Mißverständnissen» spricht.
7 Zu diesem Phänomen Bernd Hamm, Normative Zentrierung.
8 Dass die tiefen «ideologischen» Gegensätze zwischen römischen und protestantischen Konfessionskirchen in der Perspektive des Jahres 1517 sachlich ganz und gar unbegründet waren und daher 2017 nicht mehr kirchentrennend sein müssten, ist ausgeführt bei Schilling, Luther und die Reformation 1517–2017.
9 Formulierung des lutherischen Reichsjuristen Henning Arnisaeus (1575–1636). Zu ihm ausführlich Dreitzel, Protestantischer Aristotelismus, v. a. 380 ff. – Zur Bedeutung dieser Maxime für Staat und Gesellschaft des 16. und 17. Jahrhunderts: Schilling, Ausgewählte Abhandlungen, S. 433–700, v. a. S. 530 ff.
10 Zum Folgenden Näheres bei Schilling, Fundamentalismus; Schilling, Konfessionalisierung und Staatsinteressen, S. 410 ff., 565–601.
11 Schilling, Luther, S. 476 ff.
12 Klaus Herbers, Alte Welten – Neue Welten. Grenzerfahrungen und Entgrenzungen durch die Europäische Expansion, in: Zur Debatte. Themen der katholischen Akademie in Bayern, Sonderheft 1/2014, Freiburg i. Br. 2014, S. 5–7, hier S. 7.
13 Begriff bei Max Weber, und zwar in seinem berühmten Vortrag «Wissenschaft als Beruf» von 1917, veröffentlicht München 1919.
14 Reinhard, Unterwerfung; erhellend auch dessen Interview mit der Freiburger Universitätszeitung «uni forschen», Ausgabe 2/2016, S. 4.

QUELLENVERZEICHNIS UND LITERATUR

Abenteuer des Ritters Theuerdank. Kolorierter Nachdruck der Gesamtausgabe Nürnberg 1517, Köln 2003.
Bey, Horst von der (Hg.): «Auch wir sind Menschen wie Ihr!». Franziskanische Dokumente des 16. Jahrhunderts zur Eroberung Mexikos, Paderborn 1995.
Briefe der Dunkelmänner, übersetzt von Wilhelm Binder und hg. von Peter Amelung, München 1964.
Buch der Reformation. Eine Auswahl zeitgenössischer Zeugnisse (1476–1555), hg. von Detlef Plöse und Günter Vogler, Berlin (Ost) 1989.
Dürer, Albrecht: Tagebücher und Briefe, München und Wien 1969.
Emmer, P. C. (Hg.): Dokumente zu Wirtschaft und Handel der Kolonialreiche, München 1988.
Erasmus von Rotterdam: Ausgewählte Schriften in acht Bänden. Lateinisch und Deutsch, hg. von Werner Welzig, 2. Aufl. Darmstadt 1990.
Erasmus von Rotterdam: Opera omnia, I, 8, S. 1–298: Iulius exclusus, hg. von Silvana Seidel Menchi, Leiden 2013.
Erasmus von Rotterdam: The Correspondence of Erasmus. Collected works of Erasmus, v. 5: Letters 594–841 (1517–1518), transl. by R. A. Mynors and D. F. Thomson, annot. by James K. McConica, Toronto 1979, Brief Nr. 623/ From Thomas More, London, 19 August [1517].
Gachard, M.: Collection des voyages des souverains des Pays-Bas, 2. Bde., Brüssel 1874.
Hegel, Georg Wilhelm Friedrich: Vorlesungen über die Philosophie der Weltgeschichte, hg. von Georg Lasson, Band 4, Leipzig 1920.
Herberstein, Siegmund von: Moscouia der Hauptstat in Reissen, durch Herrn Sigmunden Freyherrn zu Herberstain, Neyperg vnd Guetenhag Obristen Erbcamrer, und obristen Erbtruckhsessen in Kärntn, Römischer zu Hungern und Beheim Khü. May. etc. Rat, vnd Presidenten der Niderösterreichischen Camer zusamen getragen, Wien, bei Michael Zimmermann, 1557 (Digitalisat der Göttinger Staatsbibliothek).
Herberstein, Siegmund von: Rerum Moscoviticarum Commentarii. Synoptische Edition der lateinischen und der deutschen Fassung letzter Hand Basel 1556 und Wien 1557, redigiert und herausgegeben von Hermann Beyer-Thoma (unter der Leitung von Frank Kämpfer, Eva Maurer und Andreas Fülberth), Regensburg 2007 (Digital: http://www.dokumente.ios-regensburg.de/publikationen/Herberstein_gesamt.pdf).

Hutten, Ulrich von: Deutsche Schriften, hg. von Peter Ukena, München 1970.

Hutten, Ulrich von: Die Schule des Tyrannen. Lateinische Schriften, Darmstadt 1996.

Hutten, Ulrich von: Schriften, Bd. I, hg. von E. Böcking, Bd. I., Leipzig 1859.

Kopernikus, Nikolaus. Denkschriften zur Geldlehre, in: Erich Sommerfeld: Die Geldlehre des Nikolaus Kopernikus. Texte, Übersetzungen, Kommentare, Berlin 1978, S. 17–68.

Kopernikus: Nicolaus Copernicus-Gesamtausgabe, Bd. V. Opera Minora, bearb. von Stefan Kirschner und Andreas Kühne, Berlin 1999, S. 109–168.

Kramer, Heinrich, Der Hexenhammer, hg. von Wolfgang Behringer und Günter Jarouschek, 5. Aufl. München 2006.

Lang, Thomas und Anke Neugebauer: Kommentierter Quellenanhang, in: Wittenberg-Forschungen Bd. 3 (vgl. Literaturverzeichnis), S. 139–294.

Ludolphy, Ingetraut: Die 95 Thesen Martin Luthers. In lateinischer und in hochdeutscher Sprache. Hg., übersetzt und mit Anmerkungen versehen von Ingetraut Ludolphy, Berlin 1967.

Luther, Martin: Weimarer Ausgabe, Weimar 1883 ff., Nachdruck 2001–2007 (zitiert: WW für die Werke; WB für die Briefe; WT für die Tischreden).

Luther, Martin: Gesammelte Schriften, hg. von Karin Bornkamm und Gerhard Ebeling, 6. Bde., Frankfurt a. M. 1983.

Luther, Martin: Luther Deutsch, hg. von Kurt Aland, 10 Bde., Stuttgart 1962.

Machiavelli, Niccolò: Der Fürst/Il Principe, herausgegeben und übersetzt von Rudolf Zorn, 6. Aufl. Stuttgart 1978.

Machiavelli, Niccolò: Vom Staat/Discorsi sopra la prima deca di Tito Livio, Darmstadt 1967.

Nider, Johannes: *Formicarius*, Neudruck 1517.

Polnische Renaissance. Ein literarisches Lesebuch, hg. von Waclaw Walecki, Frankfurt a. M. 1996.

Quellen zur Geschichte Karls V., hg. von Alfred Kohler, Darmstadt 1990.

Regesten zur Geschichte der Juden in der Reichsstadt Frankfurt am Main von 1401 bis 1519, 3 Bde., Hannover 1996.

Reuchlin, Johannes: De arte cabalistica libri tres, hg. und bearbeitet von Wido Ehlers und Fritz Felgentreu, Stuttgart 2006 (dazu: ders. et alii: Kommentar, Stuttgart 2007).

Rückkehr der Götter. Die Aufzeichnungen der Azteken über den Untergang ihres Reiches, hg. von Miguel León-Portilla und Renate Heuer, aus dem Náhuatl übersetzt von Angel Maria Garibay, deutsch von Renate Heuer, Köln und Opladen 1962.

Strauss, Raphael, Urkunden und Aktenstücke zur Geschichte der Juden in Regensburg 1453–1738, München 1960.

Vital, Laurent: Premier voyage de Charles-Quint en Espagne de 1517 à 1518, Brüssel 1881.

Wohlmuth, Josef (Hg.): Dekrete der ökumenischen Konzilien, Bd. 2, Paderborn 2000.

Zinkeisen, Johannes Wilhelm (Hg.): Drei Denkschriften über die orientalische Frage von Papst Leo X., König Franz I. von Frankreich und Kaiser Maximilian I. aus dem Jahr 1517, Gotha 1854.

Adelung, Friedrich von: Siegmund Freiherr von Herberstein. Mit besonderer Rücksicht auf seine Reisen in Russland, Sankt-Petersburg 1818 (digital greifbar unter: https://archive.org/details/siegmundfreiher01adelg00g).

Álvarez, Manuel Fernández: Johanna die Wahnsinnige (1479–1555). Königin und Gefangene, München 2005.

Arnold, Klaus: poeta laureatus. Die Dichterkrönung Ulrichs von Hutten, in: Ulrich von Hutten, S. 237–247.

Aston, Margaret (Hg.): Panorama der Renaissance, dt. Ausgabe, Berlin 1996.

Ayton, A. and Price, J. L., The Medieval Military Revolution. State, Society and military change in Medieval and Early Modern Europe, London 1955.

Bałus, Wojciech: Krakau zwischen Tradition und Weg in die Moderne, Stuttgart 2003.

Basel 1516. Erasmus' Edition oft he New Testaemte, hg. von Kaspar von Greyerz, Silvana Seidel Menchi und Martin Wallraff, Tübingen 2016.

Battenberg, Friedrich: Das europäische Zeitalter der Juden: zur Entwicklung einer Minderheit in der nichtjüdischen Umwelt Europas, Bd. I, Darmstadt 1990.

Bedini Silvio A.: *Der Elefant des Papstes*. Stuttgart 2006.

Behringer, Wolfgang: Im Zeichen des Merkur. Reichspost und Kommunikationsrevolution in der Frühen Neuzeit, Göttingen 2003.

Behringer, Wolfgang und Günter Jerouschek, «Das unheilvollste Buch der Weltliteratur»?, in: Behringer, Wolfgang und Günter Jerouschek (Hg.), Heinrich Kramer, Der Hexenhammer, 5. Aufl. München 2006, S. 9–98.

Beier-de Haan, Rosmarie, Rita Voltmer, Franz Irsigler (Hg.): Hexenwahn. Ängste der Neuzeit, Katalog der gleichnamigen Ausstellung am Deutschen Historischen Museum, Berlin und am Musée d'histoire de la ville de Luxembourg, Berlin 2000.

Bellmann, Fritz, Marie-Luise Harksen, Roland Werner: Die Denkmäler der Lutherstadt Wittenberg, Weimar 1979.

Benecke, Walter: Nürnberg und die überseeische Expansion im 16. Jahrhundert, in: Helmut Neuhaus (Hg.): Nürnberg. Nürnberg 2000. S. 185–217.

Ben-Sasson, Haim Hillel: Geschichte des jüdischen Volkes. Von den Anfängen bis zur Gegenwart, 3. Aufl. München 1995.

Bergdolt, Klaus: Leib und Seele. Eine Kulturgeschichte des gesunden Lebens, München 1999.

Bergenroth, Gustav R.: Kaiser Karl V. und seine Mutter Johanna, in: Historische Zeitschrift 20 (1868), S. 231–270.

Besson, André: Marguerite d'Autriche, Paris 1985.

Beutel, Albrecht (Hg.): Luther Handbuch, Tübingen 2005.

Bietenholz, P. G. und Th. B. Deutscher: Contemporaries of Erasmus. A biographical register of the Renaissance and Reformation, 3 Bde., Toronto 1985–1987.

Bischoff, Franz: Burkhardt Engelberg und die süddeutsche Architektur um 1500. Anmerkungen zur sozialen Stellung und zur Arbeitsweise spätgotischer Steinmetze und Werkmeister, Augsburg 1999.

Biskup, Marian: Nicolaus Copernicus im öffentlichen Leben Polens, Thorn 1972.

Biskup, Marian und Jerzy Dobrzycky: Nicolaus Copernicus. Gelehrter und Staatsbürger, 4. Aufl. Leipzig 1983.

Blauert, Andreas (Hg.): Ketzer, Zauberer, Hexen. Die Anfänge der europäischen Hexenverfolgungen, Frankfurt a. M. 1990.

Blickle, Peter (Hg.): Revolte und Revolution in Europa, München 1975.

Blickle, Peter: Unruhen in der ständischen Gesellschaft 1300–1800, München 1988 (= EDG Bd. 1).

Blickle, Peter: Kommunalismus, 2 Bde., München 2000.

Blickle, Peter: Der Bauernjörg. Feldherr im Bauernkrieg, München 2015.

Blickle, Peter und Thomas Adam (Hg.): Bundschuh, Stuttgart 2004.

Bloom, Clive: Violent London. 2000 Years of Riots, Rebels and Revolts, London 2010.

Böckem, Beate: Jacopo de' Barbari und der «Kunsttransfer» am Hofe Friedrichs des Weisen, in: Wittenberg-Forschungen, Bd. 2, S. 345–353.

Boer, Jan-Hendryk de: Unerwartete Absichten – Genealogie des Reuchlinkonflikts, Tübingen 2015.

Boettcher, Susan: Martin Luther seliger gedechtnis: The Memory of Martin Luther, 1546–1566, Diss. Phil. (maschinenschriftlich) University of Wisconsin-Madison 1998.

Bogucka, Maria: Das alte Danzig, Leipzig 1980.

Bogucka, Maria: Das alte Polen, Leipzig u. a. 1983.

Boockmann, Hartmut: Ostpreußen und Westpreußen, Berlin 1992.

Bosbach, Franz (Hg.): Feindbilder. Die Darstellung des Gegners in der politischen Publizistik des Mittelalters und der Neuzeit, Köln 1992.

Bradford, Sarah, Cesare Borgia. Ein Leben in der Renaissance, Hamburg 1979.

Brandi, Karl: Karl V., 7. Aufl. München 1964 (Erstauflage 1937).

Bräuer, Helmut: Wider den Rat. Der Zwickauer Konflikt 1516/17, Leipzig 1999.

Bräuer, Siegfried und Günter Vogler: Thomas Müntzer. Neu Ordnung machen in der Welt, Gütersloh 2016.

Brázdil, Rudolf, Kotyza, Oldřich, Dobrovolný, Peter, Řezníčková, Ladislava, Valášek, Hubert: Climate of the Sixteenth Century in the Czech Lands. Masaryk University, Brno 2013.

Bredekamp, Horst: St. Peter in Rom, Berlin 2000.

Bredekamp, Horst: St. Peter in Rom und das Prinzip der produktiven Zerstörung, Berlin 2008.

Bredekamp, Horst: Zwei Souveräne: Paul III. und Michelangelo. Das motu proprio vom Oktober 1549, in: Georg Satzinger und Sebastian Schütze: Sankt Peter in Rom 1506–2006, München 2008, S. 147–157.

Brod, Max: Johannes Reuchlin und sein Kampf. Eine historische Monographie, Stuttgart 1965.

Brossollet, Jaqueline: Les danses macabres en temps de peste, in: Jaarboek van het Koninklijk Museum voor schone Kunsten, Antwerpen 1971, S. 29–72.

Brumme, Carina: Das spätmittelalterliche Ablaßwesen im Erzstift Magdeburg und im Fürstentum Anhalt und im sächsischen Kurkreis, Frankfurt a. M. u. a. 2010.

Brummett, Palmira: Ottoman Seapower and Levantine Diplomacy in the Age of Discovery, Albany 1994.

Büntgen, Ulf et alii: Combined dendro-documentory evidence of Central European hydroclimatic springtime extremes over the last millenium, in: Quarterly Science Review 30 (2011) 3947–3959.

Buranelli, Francesco u. a. (Hg.): Hochrenaissance im Vatikan 1503–1534, Ausstellung Bonn, Ostfildern 1999.

Burke, Peter: Tradition and Innovation in Renaissance Italy, London 1972 (dt. Übersetzung: Die Renaissance in Italien. Sozialgeschichte einer Kultur zwischen Tradition und Erfindung, Berlin 1984).

Burke, Peter: Die europäische Renaissance, München 1989.

Burkhardt, Johannes: Die Friedlosigkeit der Frühen Neuzeit. Grundlegung einer Theorie der Bellizität Europas, in: Zeitschrift für Historische Forschungen 24 (1997) S. 509–574.

Burkhardt, Johannes: Das Reformations-Jahrhundert, Stuttgart 2002.

Burkhardt, Johannes: Geschichte der frühen Neuzeit, München 2009.

Bushart, Bruno: Die Fuggerkapelle, München 1994, zitiert nach Georg Paula, Fuggerkapelle bei St. Anna, Augsburg, in: Historisches Lexikon Bayerns, URL: http://www.historisches-lexikon-bayerns.de/artikel/artikel_45395 (20.04.2012).

Buszello, Horst: «Wohlfeile» und «Teuerung» am Oberrhein, in: Peter Blickle (Hg.): Bauer, Reich und Reformation, Stuttgart 1982.

Cao, Gian Mario: Gianfrancesco Pico and Sceptics, in: Gianni Paganinu u. a. (Hg.): Renaissance Scepticism, International Archive of the History of Ideas, Nr. 199 (2009), S. 125–147.

Chaix, Gérald: La Renaissance des années 1470 aux années 1560, Paris 2002.

Chambers, Thomas More, Brighton 1982.

Chang, T'ein Tse: Malacca and the Failure of the first Portuguese Embassy to Peking, in: Journal of Southeast Asian History vol. 3, No. 2 (1962), S. 45–64.

Chartier, Roger: Culture écrite et société. L'ordre des livres, Paris 1996.

Châtellier, Louis, L'Europe des dévotes, Paris 1987.

Ciappelli, Giovanni: Memory, Family, and Self. – Tuscan Family Books, Leiden 2014.

Cordes, Harm: Hilaria evangelica accademica. Das Reformationsjubiläum von 1717 an den deutschen Universitäten, Göttingen 2006.

Couto, Dejanirah und Rui Manuel Loureiro (Hg): Revisiting Hormuz. Portugese Interactions in the Persian Gulf Region in the Early Modern Period, Wiesbaden 1998.

DaCosta Kaufmann, Thomas: Höfe, Klöster und Städte. Kunst und Kultur in Mitteleuropa. 1450–1800, Köln 1998.

Dall'Olio, Guido: Martin Lutero, Rom 2013.

Dillinger, Johannes: Freiburgs Bundschuh. Die Konstruktion der Bauernerhebung von 1517, in: Zeitschrift für Historische Forschung Bd. 32 (2005), S. 369–406.

Döring, Karoline: Türkenkrieg und Medienwandel im 15. Jahrhundert, Husum 2013

Douglas, Mary: Reinheit und Gefährdung. Eine Studie zu Vorstellungen von Verunreinigung und Tabu, Berlin 1966 (engl. Original 1966).

Dreitzel, Horst: Protestantischer Aristotelismus und absoluter Staat. Die «Politica» des Henning Arnisaeus (ca. 1575–1636), Wiesbaden 1970.

Dykema, Peter und Heiko Oberman (Hg.): Anticlericalism in Late Medieval and Early Modern Europe, Leiden 1993.

Ebeling, Dietrich und Franz Irsigler: Getreideumsatz, Getreide- und Brotpreise in Köln, 1368–1797 in den Mitteilungen aus dem Kölner Stadtarchiv, Bd. 65 (1976).

Ehrenpreis, Stephan und Ute Lotz-Heumann: Reformation und konfessionelles Zeitalter, 3. Aufl. Darmstadt 2011.

Eksigil, Arda: Ottoman Version of the West (15th to 17th centuries), Master Thesis McGill University December 2017 (https://www.academia.edu/12615296/ottoman_verions. (17.7.15).

Enenkel, Karl A. E.: Die Erfindung des Menschen. Autobiographie des frühneuzeitlichen Humanismus von Petrarca bis Lipsius, Berlin 2008.

Europa und der Kaiser von China, 1240–1816, Katalog der Berliner Festspiele, Frankfurt a. M. 1985.

Feest, Christian: Von Kalikut nach Amerika. Dürer und die «wunderliche künstlich ding» aus dem «neuen gulden land», in: Jochen Sander (Hg.): Dürer. Kunst-Künstler-Kontext, Städel Ausstellung 2013/14, München 2013, S. 367–371.

Fenske, Hans u. a. (Hg.): Geschichte der politischen Ideen, Frankfurt a. M. 1996.

Fiedler, Frank: Himmel, Erde, Kaiser. Die Ordnung der Opfer, in: Europa und der Kaiser von China, S. 62–71.

Fischer, Hubertus: Grammatik der Sterne und Ende der Welt. Die Sintflutprognose von 1524, in: Soziale Welt, Sonderband 6: Kultur und Alltag, Göttingen 1988, S. 191–225.

Flügel, Wolfgang: Konfession und Jubiläum. Zur Institutionalisierung der lutherischen Gedenkkultur, 1617–1830, Leipzig 2005.

Franz, Günther: Der Deutsche Bauernkrieg, 9. Aufl. Darmstadt 1972.

Frenschkowski, Marco: Magie im antiken Christentum. Eine Studie zur Alten Kirche und ihrem Umfeld, Stuttgart 2016.

Friedrich, Hugo: Epochen der italienischen Lyrik, Frankfurt a. M. 1964.

Frommel, Christian Luitpold, Stefano Rey und Manfredo Tafuri (Hg.): Raffael. Das architektonische Werk, Stuttgart 1987.

Gareis, Iris: Wie Engel und Teufel in die Neue Welt kamen. Imaginationen von Gut und Böse im kolonialen Amerika, in: Paideuma. Mitteilungen zur Kulturkunde 45 (1999), S. 257–273.

Gattoni, Maurizio: Leo X e la geo-politica dello stato pontifico (1513–1521), Città del Vaticano 2000.

Gawlas, Sławomir: Monarchien und Stände in den Ländern Ostmitteleuropas, in: Marian Dygo u. a. (Hg.): Ostmitteleuropa im 14.-17. Jahrhundert, Warschau 2003, S. 21–40.

Ginsburg, Carlo: Hexensabbat. Entzifferung einer nächtlichen Geschichte, Berlin 1989.

Glaser, Rüdiger: Klimageschichte Mitteleuropas. 1000 Jahre Wetter, Klima, Katastrophen, Darmstadt 2001.

Gottlieb, Gunther u. a. (Hg.): Geschichte der Stadt Augsburg, Stuttgart, 2. Aufl. 1984.

Gow, Andrew C.: The Red Jews. Anti-Semitism in an Apocalyptic Age, 1200–1600 (Studies in medieval and reformation thought; Bd. 55). Leiden 1995.

Gracía Pinilla, Ignacio: Reconsidering the Relationship between the Complutensian Polyglot Bible and Erasmus' Novum Testamentum, in: Basel 1516 (s. o.), S. 59–80.

Gräf, Holger Th. und Ralf Pröve: Wege ins Ungewisse. Reisen in der Frühen Neuzeit, 1500–1800, Frankfurt a. M. 1997.

Greiling, Werner u. a. (Hg.): Der Altar von Lucas Cranach d. Ä. in Neustadt an der Orla und die Kirchenverhältnisse im Zeitalter der Reformation, Köln, Weimar, Wien 2014.

Gründer, Horst: Welteroberung und Christentum, Gütersloh 1992.

Gruzinski, Serge: La colonization de l'imaginaire. Sociétés indigènes et occidentalisation dans le Mexique espagnol XVIe–XVIIe siècle, Paris 1988.

Gwyn, Peter: The King's cardinal. The rise and fall of Thomas Wolsey, London 1990.

Haarmann, Ulrich (Hg.): Geschichte der arabischen Welt, München 2001.

Hacke, Daniela und Bernd Roeck (Hg.): Die Welt im Augenspiegel, Johannes Reuchlin und seine Zeit, Stuttgart 2002.

Hamann, Brigitte (Hg.): Die Habsburger. Ein biographisches Wörterbuch, Wien 1988.

Hamm, Bernd: Normative Zentrierung im 15. und 16. Jahrhundert, in: Zeitschrift für Historische Forschungen 26 (1999), S. 163–202.

Handbuch der Europäischen Geschichte, hg. von Theodor Schieder, Bd. 3: Die Entstehung des neuzeitlichen Europa, hg. von Josef Engel, Stuttgart 1971.

Hardtwig, Wolfgang: Genossenschaft, Sekte, Verein in Deutschland, München 1997.

Harnack, Adolf von: Die Reformation und ihre Voraussetzungen, in: Ders. (Hg.): Erforschtes und Erlebtes, Gießen 1923, S. 72–140.

Heinitz, Werner, Duell: Kohlhase trifft auf Luther. Drama nach Kleist, Berlin 2014.

Hellmann, M. u. a. (Hg.): Handbuch der Geschichte Russlands, Bd. 1: Vom Kiever Rus bis zum Zartum (Anfänge bis 1613), Stuttgart 1981.

Helmrath, Johannes: Wege des Humanismus, Tübingen 2013.

Helten, Leonhard und Anke Neugebauer: Der Kleine Chor, in: Wittenberg-Forschungen Bd. 2, S. 335–344.

Herbers, Klaus und Florian Schuller (Hg.): Europa im 15. Jahrhundert. Herbst des Mittelalters – Frühling der Neuzeit?, Regensburg 2012.

Hergemöller, Bernd-Ulrich: Uplop-Seditio: Innerstädtische Unruhen des 14. und 15. Jahrhunderts, Hamburg 2012.

Hernández de Córdoba, in: The Geographical Review 6 (1918), S. 436–448.

Herrmann, Hans Peter: Subjekt, Nation und Autorschaft. Zu Ulrich von Huttens *Ein Neu Lied (1521)*, in: Cornelia Blasberg und Franz-Josef Deiters (Hg.): Geschichtserfahrung im Spiegel der Literatur, Tübingen 2000, S. 1–21.

Hersey, George L.: High Renaissance Art in St. Peter's and the Vatican, Chicago 1993.

Herzig, Arno und Julius H. Schoeps (Hg.): Reuchlin und die Juden, Sigmaringen 1992.

Herzig, Tamara: Savonarola's Women. Vision and Reform in Renaissance Italy, Chicago 2008.

Hess, Andrew C.: The Forgotten Frontier. A History of the Sixteenth-Century Ibero-African Frontier, Chicago und London 1978.

Hildermeier, Manfred: Geschichte Rußlands. Vom Mittelalter bis zur Oktoberrevolution, München 2013.

Holborn, Hajo: Ulrich von Hutten, Göttingen 1968.

Hösch, Edgar: Die Idee der Translatio Imperii im Moskauer Russland, in: Europäische Geschichte Online (EGO), hg. vom Institut für Europäische Geschichte (IEG), Mainz 2010-12-03. URL: http://www.ieg-ego.eu/hoesche-2010-de URN: urn:nbn:de:0159-2010102586 (24.03.2015).

Hsia, Ronnie Po-chia: The Myth of Ritual Murder. Jews and Magic in Reformation Germany, New Haven und London 1988.

Hsia, Ronnie Po-chia: Trent 1475, Stories of a Ritual Murder Trial, New Haven und London 1992.

Hubach, Hanns: Matthias Grünewald, der Aschaffenburger Maria-Schnee-Altar: Geschichte, Rekonstruktion, Ikonographie; mit einem Exkurs zur Geschichte der Maria-Schnee-Legende, ihrer Verbreitung, Mainz 1996.

Huber, Hans W.: Bramantes Entwürfe für den Neubau der Peterskirche in Rom, in: Julius II. und Leo X., S. 30–32.

Huizinga, Johan: Herbst des Mittelalters. Studien über Lebens- und Geistesformen des 14. und 15. Jahrhunderts in Frankreich und den Niederlanden, 12. Aufl. Stuttgart 2006 (Erstausgabe 1919).

Irsigler, Franz: Kölner Wirtschaft im Spätmittelalter. Getreide- und Brotpreise, Brotgewicht und Getreideverbrauch, in: Zwei Jahrtausende Kölner Wirtschaft, Bd. 1, Köln 1975, S. 217–319, 519–540.

Isenmann, Eberhard: Die deutsche Stadt im Spätmittelalter, Stuttgart 1988.
Jastrow, Ignaz: Kopernikus' Münz- und Geldtheorie, in: Archiv für Sozialwissenschaften und Sozialpolitik 38 (1914), S. 734–751.
Jedin, Hubert: Kleine Konziliengeschichte, 4. Aufl. Freiburg i. Br. 1962.
Jorga, Nicolae, Geschichte des osmanischen Reiches, Bd. 2, Gotha 1908 (Nachdruck Darmstadt, Wissenschaftliche Buchgesellschaft).
Julius II. und Leo X. – Renaissancefürsten als Nachfolger Petri. Zur Debatte, Sonderheft zur Ausgabe 1/2014, München (Katholische Akademie) 2014.
Kamen, Henry: Spain 1469–1714, London 1983.
Kämpfer, Frank: Das Rußlandbuch Sigismunds von Herberstein: Rerum Moscoviticarum Commentarii 1549–1999, Hamburg 1999.
Kämpfer, Frank: Die Lehre vom Dritten Rom: pivotal Moment, historiographische Folklore?, in: Jahrbücher für Geschichte Osteuropas Neue Folge, 49 (2001), S. 430–441.
Kämpfer, Frank und Reinhard Frötschner (Hg.): 450 Jahre Sigismund von Herbersteins «Rerum Moscoviticarum commentarii», Wiesbaden 2002.
Kaplan, Debra: Beyond Expulsion. – Jews, Christian, and Reformation Strasbourg, Stanford 2011.
Kaplan, Yosef: Jews and Judaism in the Hartlib Circle, in: Omni in Eo. Studies on Jewish Books and Libraries, = Studia Rosenthaliana 18/19 (2005/06), 186–215.
Kaufmann, Thomas: «Türckenbüchlein». Zur christlichen Wahrnehmung «türkischer Religion» in Spätmittelalter und Reformation, Göttingen 2008.
Kaufmann, Thomas: Reformationsgedenken in der Frühen Neuzeit, in: Zeitschrift für Theologie und Kirche 107 (2010), S. 285–324.
Kaufmann, Thomas: Luthers Juden, Stuttgart 2014.
Kiening, Christian: Das wilde Subjekt. Kleine Poetik der neuen Welt, Göttingen 2006.
Killy, Walther (Hg.): Literatur Lexikon, Gütersloh 1990.
Kirn, Hans-Martin: Das Bild vom Juden im Deutschland des frühen 16. Jahrhunderts, Tübingen 1989.
Kleinert, Andreas: «Eine handgreifliche Geschichtslüge». Wie Martin Luther zum Gegner des copernicanischen Weltsystems gemacht wurde, in: Berichte zur Wissenschaftsgeschichte, 26 (2003), S. 101–111.
Koch, Mario: Die indianischen Bevölkerungsgruppen der Sierra Nevada de Santa Marta, Frankfurt a. M. 1994.
Kohler, Alfred: Karl V. 1500–1558, München 1999.
Kohler, Alfred: Ferdinand I. 1503–1564. Fürst, König und Kaiser, München 2003.
Kohler, Alfred: Expansion und Hegemonie, 1450–1559, = Handbuch der Geschichte der internationalen Beziehungen, Bd. 1, Paderborn 2008.
Kohler, Alfred: Neue Welterfahrungen. Eine Geschichte des 16. Jahrhunderts, Münster 2014.
Köhler, Hans-Joachim: The Flugschriften and their Importance in Religious

Debate: A Quantitiative Approache, in: Paola Zambelli (Hg.): Astrologi halluncinati. Stars and the End of the World in Luther's time, Berlin/New York 1986, S. 156–159.

Köhler, Ulrich (Hg.), Altamerikanistik. Einführung in die Hochkulturen Mittel- und Südamerikas, Berlin 1990.

Konetzke, Richard: Süd- und Mittelamerika I – Die Indianerkulturen Altamerikas und die spanisch-portugiesische Kolonialherrschaft, Frankfurt a. M. 1965, = Fischer Weltgeschichte, B. 22.

Konrad, Felix: Von der ‹Türkengefahr› zu Exotismus und Orientalismus: Der Islam als Antithese Europas (1453–1914)?, in: Europäische Geschichte Online (EGO), hg. vom Institut für Europäische Geschichte (IEG), Mainz 2010-12-03 http://www.ieg-ego.eu/konradf-2010-deURN:urn:nbn:de:0159-20101025120 (10. 09. 2013).

Köpf, Ulrich: Martin Luthers Beitrag zur Universitätsreform, in: Lutherjahrbuch 80 (1913) S. 31–59.

Krünes, Alexander, Der Hauptalter in der St. Johanniskirche in Neustadt an der Orla, in: Wittenberg-Forschungen, Bd. 3, S. 301–312.

Lach, Donald F., Asia in the making of Europe, 2 Bde., Chicago 1965 und 1977.

Landois, Antonia: Gelehrtentum und Patrizierstand. Wirkungskreis des Nürnberger Humanisten Sixtus Tucher (1459–1507), Tübingen 2014.

Lane, Frederic: Venice. A Maritime Republic, Baltimore und London 1973.

Laslett, Peter: The World we have lost, London 1965 (mit zahlreichen Nachdrucken).

Lauster, Jörg: Die Verzauberung der Welt. Eine Kulturgeschichte des Christentums, München 2014.

Lehmann, Martin: Die *Cosmographiae Introductio* Matthias Ringmanns und die Weltkarte Martin Waldseemüllers aus dem Jahr 1507, München 2010.

Leppin, Volker: «Nicht seine Person, sondern die Wahrheit zu verteidigen». Die Legende vom Thesenanschlag in lutherischer Historiographie und Memoria, in: Schilling, Luther 2017, S. 87–107.

Lichte, Claudia: Die Werke Riemenschneiders – Spiegel einer Umbruchzeit, in: Bauernkrieg in Franken, hrsg. v. Franz Fuchs/Ulrich Wagner, Würzburg 2016, S. 283 ff.

Loades, D. M.: Politics and the Nation. 1450–1660. Obedience, Resistance and Public Order, London 1967.

MacCulloch, Diarmaid: Die Reformation 1490–1700, München 2008.

Mak, Geert: Wie Gott verschwand aus Jowerd. Der Untergang des Dorfes in Europa, München 1999.

Meinecke, Friedrich: Die Idee der Staatsräson in der neueren Geschichte, 4. Aufl. München und Wien 1976.

Meissner, Paul: England im Zeitalter von Humanismus, Renaissance und Reformation, Heidelberg 1952.

Mertens, Dieter, Zur Sozialgeschichte und Funktion des poeta laureatus im Zeitalter Maximilians I., in: Rainer C. Schwinges (Hg.): Gelehrte im Reich, Berlin 1996, S. 327–348.

Mertens, Dieter (Hg.): Johannes Reuchlin und der Judenbücherstreit, Ostfildern 2013.

Metzig, Georg: Kanonen im Wunderland. Deutsche Büchsenschützen im portugiesischen Weltreich (1415–1640), in: Militär und Gesellschaft in der Frühen Neuzeit 14 (2010), S. 267–298.

Metzig, Georg: Maximilian I., Portugal und die Expansion nach Übersee, in: Jahrbuch für Europäische Überseegeschichte Bd. 11 (2011), S. 10–43.

Michel, Eva und Maria Sternath (Hg.): Kaiser Maximilian und die Kunst der Dürerzeit, München u. a. 2012.

Miller, Jarosoav: Urban Societies in East-Central Europe: 1500–1700, London 2008.

Minnich, Nelson H.: Councils of the Catholic Reformation, in: Gerald Christianson u. a. (Hg.): The Church, the Councils and Reform, Catholic University Press 2008, S. 27–59.

Mishra, Pankaj: Aus den Ruinen des Empires. Die Revolte gegen den Westen und der Wiederaufstieg Asiens, Frankfurt a. M. 2013.

Missinne, Stefaan: A newly discovered Early Sixteenth-Century Globe engraved on an ostrich egg, in: Journal of the Washington Map Society 87 (2013), S. 8–24.

Missinne, Stefaan: America's Birth Certificate, in: Advances in Historical Studies 4, Nr. 3, June 2015, S. 07–13.

Moeller, Bernd: Die Reformation und das Mittelalter. Kirchenhistorische Aufsätze, Göttingen 1991.

Moeller, Bernd: Thesenanschläge, in: Ott/Treu, Thesenanschlag, S. 9–31.

Moeller, Bernd: «Thesenanschlag» und kein Ende, in: Luther 85 (2014), S. 125–129.

Moudarres, Andrea und Christiana Purdy Moudarres (Hg.): New Worlds and the Italian Renaissance. Contributions to the History of European Intellectual Culture, Leiden und Boston 2012.

Muchembled, Robert: Le roi et la sorcière, Paris 1993.

Münkler, Herfried: Im Namen des Staates. Begründung der Staatsräson in der Frühen Neuzeit, Frankfurt 1987.

Münkler, Herfried, Hans Grünberger und Katrin Mayer (Hg.): Nationenbildung, Berlin 1989.

Naegle, Gisela und Jesus Telechea, Geschlechter und Zünfte, Principales und Comun. Städtische Konflikte in Kastilien und dem spätmittelalterlichen Reich, in: Zeitschrift für Historische Forschung 41 (2014) S. 561–617.

Nagel, Tilman: Staat und Glaubensgemeinschaft im Islam. Geschichte der politischen Ordnungsvorstellungen der Muslime, 2 Bde., Zürich/München 1981.

Nesselrath, Arnold: Politik und Theologie mit Pinsel und Palette. Raffaels Bildprogramm in den Stanzen, in: Julius II. und Leo X., S. 35–39.

Neugebauer, Anke: Wohnen im Wittenberger Schloß – Zur Nutzung und Ausstattung der fürstlichen Gemächer, in: Wittenberg-Forschungen, Bd. 2, S. 315–334.

Neumann, Martin: Las Casas. Die unglaubliche Geschichte von der Entdeckung der Neuen Welt, 2. Aufl. Freiburg 1992.

Neveux, Hugues: Les révoltes paysannes en Europe (14ᵉ–17ᵉ siècles), Paris 1979.

Newitt, Malyn: A History of Portuguese Overseas Expansion, 1400–1668, London 2005.

Niccoli, Ottavia: Prophecy ab people in Renaissance Italy, translated by Lydia G. Cochrane, Princeton 1990.

North, Michael: Kleine Geschichte des Geldes, München 2009.

Novos Mundos – Neue Welten. Portugal und das Zeitalter der Entdeckungen, Berlin (DHM) und Dresden 2008.

Osten-Sacken, Peter von: Martin Luther und die Juden, Stuttgart 2002.

Osterhammel, Jürgen: Außereuropäische Geschichte: Eine historische Problemskizze, in: GWU 46 (1995) S. 253–276.

Ott, Joachim und Martin Treu (Hg.): Luthers Thesenanschlag. Faktum oder Fiktion, Leipzig 2008.

Papounaud, Benoîd-Henry: Das Königskloster Brou, Paris 2012.

Parker, Geoffrey: Europe and the Wider World 1500–1750. The Military Balance, Inaugural Lecture, University of Illinois at Urbana-Champaign 1987.

Parker, Geoffrey: The military revolution. Military innovation and the rise of the West, 1500–1800, London 2. Aufl. 1996.

Parry, J. H.: Europe and a Wider World, 1415–1715, 3. Aufl. London 1977.

Pastor, Ludwig von: Geschichte der Päpste, Bd. 4, Erste Abteilung, Leo X, 5.-7. Aufl. Freiburg i. Br. 1923.

Paula, Georg: Fuggerkapelle bei St. Anna, Augsburg, in: Historisches Lexikon Bayerns, URL: http://www.historisches-lexikon-bayerns.de/artikel/artikel_45395 (20. 04. 2012).

Pelizaeus, Ludolf: Dynamik der Macht. Städtischer Widerstand und Konfliktbewältigung im Reich Karls V., Münster 2007.

Pferschy, Gerhard (Hg.): Siegismund von Herberstein. Kaiserlicher Gesandter und Begründer der Rußlandkunde und die europäische Diplomatie, Graz 1989.

Pflugk-Harttung, Julius von (Hg.): Im Morgenrot der Reformation, 3. Aufl., Hersfeld 1921.

Pipes, Richard: Rußland vor der Revolution, München 1977.

Pohlig, Matthias: Zwischen Gelehrsamkeit und konfessioneller Identitätsstiftung. Lutherische Kirche und Universalgeschichtsschreibung 1546–1617, Tübingen 2007.

Pohlig, Matthias: Luthers Thesenanschlag von 1516 (!) und seine prophetische Legitimation. Georg Mylius' Gedenkpredigt von 1592, in: Geschichte schreiben. Ein Quellen- und Studienhandbuch zur Historiografie (ca. 1350–1750), hg. v. Susanne Rau/Birgit Studt, Berlin 2010, S. 501–506.

Prem, Hanns J.: Geschichte Alt-Amerikas, 2. überarb. Aufl., München 2008, = Oldenbourg Grundriss, Bd. 23.

Press, Volker: Kaiser Karl V., König Ferdinand und die Entstehung der Reichsritterschaft, Wiesbaden 1976.

Press, Volker: Kaiser Rudolf II. und der Zusammenschluss der deutschen Judenheit. Die sogenannte Frankfurter Rabbinerverschwörung von 1603 und die Folgen, in: Zur Geschichte der Juden im Deutschland des späten Mittelalters und der frühen Neuzeit, Stuttgart 1981, S. 243–293.

Press, Volker: Adel im Alten Reich, Tübingen 1998.

Price, David H.: Maximilian I and Toleration of Judaism, in: Arcvhiv für Reformationsgeschichte 105 (2004) S. 7–39.

Price, David H.: Maximilian I. and Toleration of Judaism, in: Archiv für Reformationsgeschichte 105 (2014), S. 7–29.

Prodi, Paolo, The Papal Prince – one body and two souls, Cambridge 1987 (Il sovrano pontifice, Bologna 1982).

Ptak, Roderich: Portugal in China, 3. Aufl., Heidelberg 1986.

Puchla, Jacek, Krakau. Mitten in Europa, Krakau 2000.

Ranke, Leopold von: Deutsche Geschichte im Zeitalter der Reformation, ND der hist.-kritische Ausgabe von Paul Joachimsen, Meersburg und Leipzig 1933.

Reinhard, Wolfgang: Geschichte der europäischen Expansion, Bde. 1 und 2, Stuttgart 1985.

Reinhard, Wolfgang: Ausgewählte Abhandlungen, Berlin 1997.

Reinhard, Wolfgang: Glaube und Macht. Glaube und Politik im Zeitalter der Konfessionalisierung, Freiburg 2004.

Reinhard, Wolfgang: Globalisierung des Christentums?, Heidelberg 2006.

Reinhard, Wolfgang (Hg.): Weltreiche und Weltmeere, Geschichte der Welt 1350–1750, München 2014.

Reinhard, Wolfgang: Die Unterwerfung der Welt. Globalgeschichte der europäischen Expanmsion 1415–2015, München 2016.

Reinhardt, Volker: Rom. Kunst und Geschichte, 1480–1650, Freiburg und Würzburg 1992.

Reinhardt, Volker: Die Medici. Florenz im Zeitalter der Renaissance, 3. Aufl., München 2004.

Reinhardt, Volker: Machiavelli oder Die Kunst der Macht, München 2012.

Rhode, Gotthold: Geschichte Polens, 2. Aufl., Darmstadt 1980.

Riese, Berthold: Das Reich der Azteken. Geschichte und Kultur, München 2011.

Roeck, Bernd: «... die ersten Gemälde der Welt». Über die Entzauberung des Raumes in der europäischen Renaissance, in: Dirk Syndram u. a. (Hg.): Luther und die Fürsten, Aufsatzband, Dresden 2015, S. 47–63.

Roller, Stefan und Jochen Sander. Fantastische Welten. Albrecht Altdorfer und das Expressive in der Kunst um 1500, München 2014.

Rössner, Philipp Robertson: Deflation – Devaluation – Rebellion. Geld im Zeitalter der Reformation, Stuttgart 2012.

Rothermund, Dietmar: Pfeffer, Silber, Seide. Europas Weg nach Asien, 1500–1800, in: Europa und der Kaiser von China, S. 38–57.

Salzgeber, Dieter: Albrecht Dürer: Das Rhinozeros. Reinbek 1999.

Sander, Jochen (Hg.): Dürer. Kunst-Künstler-Kontext, Städel Ausstellung 2013/14, München 2013.

Satzinger, Georg und Sebastian Schütze (Hg.): Sankt Peter in Rom 1506–2006, München 2008.

Saville, Marshall H.: The Discovery of Yucatan in 1517 by Francisco Hernández de Córdoba, in: Geographical Review 6 (1918) S. 436–448.

Scheible, Heinz, Melanchthon. Eine Biographie, München 1997.

Scheible, Heinz, Aufsätze zu Melanchthon, Tübingen 2010.

Scheil, Gustav: Die Tierwelt in Luthers Bildsprache, Bernburg 1897.

Scheller, Benjamin: Memoria an der Zeitenwende. Die Stiftungen Jakob Fuggers des Reichen vor und während der Reformation, Berlin 2004.

Schilling, Heinz: Niederländische Exulanten im 16. Jahrhundert. Ihre Stellung im Sozialgefüge und im religiösen Leben deutscher und englischer Städte, Gütersloh 1972.

Schilling, Heinz: Nationale Identität und Konfession in der europäischen Neuzeit, in: Nationale und kulturelle Identität. Studien zur Entwicklung des kollektiven Bewußtseins in der Neuzeit, hg. von B. Giesen, Frankfurt a. M. 1991, S. 192–252.

Schilling, Heinz: Aufbruch und Krise. Deutschland 1517–1648, 2. Aufl., Berlin 1994.

Schilling, Heinz: Die Neue Zeit. Vom Christenheitseuropa zum Europa der Staaten, 1250–1750, Berlin 1999.

Schilling, Heinz: Ausgewählte Abhandlungen zur europäischen Reformations- und Konfessionengeschichte, hg. von Luise Schorn-Schütte und Olaf Mörke, Berlin 2002.

Schilling, Heinz (Hg.): Konfessioneller Fundamentalismus. Religion als Faktor im europäischen Mächtesystem um 1600, München 2007.

Schilling, Heinz: Konfessionalisierung und Staatsinteressen, Paderborn 2007.

Schilling, Heinz: The two Papal Souls and the Rise of an Early Modern State System, in: Maria Antonietta Visceglia (Hg.): Papato e politica internazionale nella prima età moderna, Rom 2013, S. 103–116.

Schilling, Heinz, (Hg.): Martin Luther 2017. Eine wissenschaftliche und gedächtnispolitische Bestandsaufnahme, München 2014.

Schilling, Heinz: Martin Luther, Rebell in einer Zeit des Umbruchs, 3. Aufl. München 2014.

Schilling, Heinz: Das Papsttum und das Ringen um die machtpolitische Neugestaltung Italiens und Europas, in: Julius II. und Leo X., S. 15–18.

Schilling, Heinz: Luther und die Reformation 1517–2017, in: Uwe Swarat und Thomas Söding (Hg.): Heillos gespalten? Segenreich erneuert? 500 Jahre Reformation zu der Vielfalt ökumenischer Perspektiven, Freiburg i. Br. 2016, S. 17–30.

Schilling, Heinz: Renaissance und Religion. Die neue Welthaftigkeit des Glaubens, in: Renaissance, Katalog des Schweizer Nationalmuseums Zürich, Zürich 2016, S. 35–41.

Schirrmeister, Albert: Triumph des Dichters. Gekrönte Intellektuelle im 16. Jahrhundert, Köln 2003.

Schlegelmilch, Anna Marie: Die Jugendjahre Karls V. – Lebenswelt und Erziehung des burgundischen Prinzen, Köln 2011.

Schmid, Peter (Hg.): Geschichte der Stadt Regensburg, 2 Bde., Regensburg 2000.

Schmidt, Bernd: Veit Stoß und seine Zeit, www.kunst_in_St.Sebaldus/veitstoss.

Schneiders, Hans-Wolfgang: Luthers Sendbrief vom Dolmetschen – Ein Beitrag zur Entmythologisierung, in: trans-kom 5 (2012), S. 254–273.

Schöffler, Herbert: Wirkungen der Reformation, Frankfurt a. M. 1960.

Schönstedt, Hans-Jürgen: Antichrist, Weltheilsgeschehen und Gottes Werkzeug. Römische Kirche, Reformation und Luther im Spiegel des Reformationsjubiläums 1617, Wiesbaden 1978.

Schramm, Gottfried: Böhmen-Polen-Ungarn: Übernationale Gemeinsamkeiten in der politischen Kultur, in: Przeglad Historyczny 76 (1985) S. 417–437 (Neudruck in Joachim Bahlcke u. a. (Hg.), Ständefreiheit und Ständestaaten, Leipzig 1996).

Schramm, Gottfried: Fünf Wegscheiden der Weltgeschichte, Göttingen 2004.

Schulin, Ernst: Kaiser Karl V. – Geschichte eines übergroßen Wirkungsbereiches, Stuttgart 1999.

Schuster, Peter: Das Frauenhaus. Städtische Bordelle in Deutschland 1350–1600, Paderborn 1992.

Schwaller, John F.: The Expansion of Nahuatl as a Lingua Franca among Priests in Sixteenth Century Mexico, in: Ethnohistory 50 (2012), S. 675–690.

Schwerhoff, Gerd: Die Inquisition, München 2004.

Seidel Menchi, Silvana: Erasmus as Arminius – Bale as the Anti-Rome? Closed and open circles of Humanists Communication, in: Archiv für Reformationsgeschichte 99 (2008), S. 66–96.

Seidel Menchi, Silvana: How to Domesticate the New Testamen. Erasmus' Dillemas (1516–1535), in: Basel 1516 (s. o.), S. 207–221.

Soly, Hugo (Hg.): Karl V. 1500–1558, Der Kaiser und seine Zeit, Antwerpen 1999,

Sommerfeld, Erich: Die Geldlehre des Nikolaus Kopernikus. Texte, Übersetzungen, Kommentare, Berlin 1978.

Stegemann, Andreas, Luthers Auffassung vom Christlichen Leben, Tübingen 2014.

Steinwachs, Albrecht und Jürgen Pietsch: Die Stadtkirche der Lutherstadt Wittenberg, Wittenberg 2000.

Stengel, Friedmann: Reformation, Renaissance und Hermetismus: Kontexte und Schnittstellen der frühen reformatorischen Bewegung, in: Archiv für Reformationsgeschichte 104 (2013), S. 35–81.

Stolleis, Michael: Arcana imperii und Ratio status, Göttingen 1980.

Stolleis, Michael: Pecunia nervus rerum: Zur Staatsfinanzierung in der frühen Neuzeit, Frankfurt a. M. 1983.

Suhling, Lothar: Der Saigerhüttenprozeß, Stuttgart 1976.

Tafuri, Manfredo: Interpreting the Renaissance: Princes, Cities, Architects, New Haven 2006.

Tewes, Götz-Rüdiger: Die römische Kurie und die europäischen Länder am Vorabend der Reformation, Tübingen 2001.

Tewes, Götz-Rüdiger: Neuenahr, in: Franz Josef Worstbrock (Hg.): Deutscher Humanismus, Verfasserlexikon II/2, Berlin 2011, Sp. 408–418.

Tewes, Götz-Rüdiger: Die Kurie unter dem Medici-Papst Leo X. und die Phase der beginnenden Reformation Luthers: familiäre Interessen statt universaler Pflicht, in: Heinz Schilling (Hg.): Martin Luther 2017, München 2014, S. 3–30.

Tewes, Götz-Rüdiger: Papst Leo X. am Vorabend der Reformation: Interessen und Perspektiven, in: Julius II, und Leo X., S. 25–27.

Tewes, Götz-Rüdiger und Michael Rohlmann (Hg.): Der Medici-Papst Leo X. und Frankreich, Tübingen 2002.

Thoenes, Christof: Renaissance St. Peter's, in: William Tronzo: St. Peter's in the Vatican, Cambridge 2005, S. 64–92.

Thomas, Keith: Religion and the Decline of Magic, London 1971.

Toch, Michael: Die Juden im mittelalterlichen Reich, München 1998.

Torke, Hans-Joachim: Lexikon der Geschichte Rußlands, München 1985.

Tracy, James: Holland under Habsburg Rule, 1506–1566, Berkeley 1990.

Traeger, Jörg: Renaissance und Religion. Die Kunst des Glaubens im Zeitalter Raphaels, München 1997.

Train, Joseph Karl von: Die wichtigsten Tatsachen aus der Geschichte der Juden in Regensburg, in: Zeitschrift für Theologie 7 (Leipzig 1837).

Tranzo, William: St. Peters's in the Vatican, Cambridge 2005.

Tschacher, Werner: Der Formicarius des Johannes Nider von 1437/38. Studien zu den Anfängen der europäischen Hexenverfolgungen im Spätmittelalter, Aachen 2000 [phil. Diss. RWTH Aachen 1997].

Tschacher, Werner, Nider, Johannes, in: historicum.net (8. 4. 2008).

Tschacher, Werner: Malleus Maleficarum (Hexenhammer), in: Lexikon zur Geschichte der Hexenverfolgung, hg. v. Gudrun Gersmann, Katrin Moeller und Jürgen-Michael Schmidt, in: historicum.net, URL: http://www.historicum.net/no_cache/persistent/artikel/5937/ (eingesehen 25. 02. 2014).

Tschacher, Werner: Nider, Johannes, in: Lexikon zur Geschichte der Hexenverfolgung, hg. v. Gudrun Gersmann, Katrin Moeller und Jürgen-Michael Schmidt, in: historicum.net, URL: http://www.historicum.net/no_cache/persistent/artikel/1654/ (eingesehen 25. 02. 2014).

Ulrich von Hutten. Ritter, Humanist, Publizist 1488–1523, Katalog zur Ausstellung des Landes Hessen, Kassel 1988.

Umbach, Helmut: Heilige Räume – Pforten des Himmels, Göttingen 2005.

Van der Wee, Herman: The Growth of Antwerp Market and the European Economy, Den Haag 1963.

Van Dülmen, Richard (Hg.), Hexenwelten, Frankfurt a. M. 1987.

Voß, Rebekka: Umstrittene Erlöser. Politik, Ideologie und jüdisch christlicher

Messianismus in Deutschland, 1500–1600 (Jüdische Religion, Geschichte und Kultur; Bd. 11). Göttingen 2011.

Walter, Rolf: Fremde Kaufleute in Sevilla im 16. Jahrhundert, in: Reiner Gömmel, Rainer und Markus Denzel (Hg.): Weltwirtschaft und Wirtschaftsordnung, Stuttgart 2002, S. 45–56.

Wagner, Ulrich: Tilman Riemenschneider, in: Geschichte der Stadt Würzburg, hg. v. Ulrich Wagner, Bd. II, Vom Bauernkrieg 1525 bis zum Übergang an das Königreich Bayern 1814, Stuttgart 2004.

Walton, Michael: Anthonius Margaritha and the Jewish Faith, Detroit 2012.

Warburg, Aby: Heidnisch-antike Weissagungen in Wort und Bild zu Luthers Zeiten, Heidelberg 1920 (Abb. der Akademie der Wissenschaften 26).

Weddigen, Tristan: Tapisseriekunst unter Leo X. Raffaels Apostelgeschichte für die Sixtinische Kapelle, in: Buranelli, Hochrenaissance, S. 268–289.

Weiler, Tanya: Heinrich VIII. und die englische Reformation, Hamburg 2014.

Weniger, Matthias: Bildschnitzer – Strategien und Tendenzen um 1520, in: Bauernkrieg in Franken, hg. v. Franz Fuchs und Ulrich Wagner, Würzburg 2016, S. 267 ff.

Wenninger, Markus J.: Man bedarf keiner Juden mehr. Ursachen und Hintergründe ihrer Vertreibung aus den deutschen Reichsstädten, Wien 1981.

Wikipedia Enzyklopädie (Einzelnachweise nur bei Zitaten oder Übernahme substantieller Positionen).

Wikipedia Enzyklopädie: Hermann von Neuenahr der Ältere, 5. 1. 2016.

Wikipedia Enzyklopädie: Pietro Bembo, Dezember 2015.

Willi, Hans-Peter, Reuchlin im Streit um die Bücher der Juden (http://www.hpwilli.de/2012/06/08/reuchlin-im-streit-um-die-buecher (eingesehen 01. 08. 2014).

Wills, John E.: 1688. Die Welt am Vorabend des globalen Zeitalters, Bergisch Gladbach 2002. (Engl. Originalausgabe New York 2001).

Winterhager, Wilhelm Ernst: Ablaßkritik als Indikator historischen Wandels vor 1517, in: Archiv für Reformationsgeschichte 90 (1999), S. 6–71.

Wittenberg-Forschungen, hg. von Heiner Lück u. a., 3 Bde., Petersberg 2013–2015.

Wittmer, Sigfried: Jüdisches Leben in der Reichsstadt Regensburg vom frühen Mittelalter bis 1519, Regensburg 2001.

Wolff, Uwe: Iserloh. Der Thesenanschlag fand nicht statt, Basel 2013.

Wolgast, Eike: Juden als Subjekt und Objekt auf den Reichstagen Karls V. (1521–1555), in: Franz Hederer u. a. (Hg.): Handlungsräume. Facetten der Kommunikation in der Frühen Neuzeit, München 2011, S. 165–194.

Wunder, Heide: «Er ist die Sonn', sie ist der Mond». Frauen in der Frühen Neuzeit, München 1992.

BILDNACHWEIS

Frontispiz bis Titelblatt Albrecht Dürer: Das Rhinozeros, Holzschnitt, 1515, Metropolitan Museum of Art, New York, *Titelblatt* Lucas Cranach d. Ä.: Luther als Augustinermönch mit Doktorhut, Kupferstich, 1521, Graphische Sammlung Albertina, Wien (Erich Lessing), *28* (Album/Oronoz), *40* Bernard van Orley: Karl V., Gemälde, 1516, Musée de Brou, Bourg- en-Bresse (Album/Oronoz), *48* aus: Francesco Petrarca (dt.): Von der Artzney bayder Glueck, Augsburg 1532, Holzschnitt, *51* aus: Pamphilus Gengenbach: Der Bundtschu, Basel 1514, Holzschnitt, *59* Matthäus Merian d. Ä.: Schlacht bei Kairo (1517), Kupferstich, aus: Johann Ludwig Gottfried: Historische Chronica, Frankfurt am Main 1630, *70* (Album/Prisma), *75* Plan der Stadt Moskau, Vogelschauplan des Kreml mit Umgebung, aus: Siegmund von Herberstein: Rerum moscoviticarum Commentarii, Amsterdam 1557, Holzschnitt (British Library), *93* Albrecht Dürer: Erasmus von Rotterdam, Kupferstich, 1526, Germanisches Nationalmuseum, Nürnberg, *103* (Erich Lessing), *106* Stich von Antonio de Herrera y Tordesillas, 16./17.Jh. (Bildarchiv Steffens), *126* (Pictures from History), *135* (Album/Oronoz), *147* Holzschnitt, 1515, Graphische Sammlung Albertina, Wien (Erich Lessing), *155* Hans Holbein d.J.: Heinrich VIII., Gemälde, Walker Art Gallery, Liverpool (De Agostini Picture Library), *160* Holzrelief, zwischen 1510 und 1520, *162* Albrecht Dürer: Die Ehrenpforte Kaiser Maximilians I., (Gesamtansicht), Holzschnitt, um 1517/18, *177* Bernard van Orley: Margarete von Österreich, Gemälde, um 1512, Musée de Brou, Bourg-en-Bresse (André Held), *188* Hieronymus Bosch: Visionen vom Jenseits, links: Der Untergang der Verdammten, rechts: Hölle, Palazzo Grimani, Venedig (Andrea Jemolo), *191* Holzschnitt, um 1497/98, *199* Hostienfrevel der Juden von Sternberg, Holzschnitt, Lübeck 1492, *201, 217* Teilkopie von Bronzino nach dem Gemälde von Raffael, Museo Mediceo, Florenz, *218* Feder, braunschwarze Tinte, weiß gehöht, über Kohle auf gräulichem Papier, um 1515, SMB, Kupferstichkabinett, Berlin, *249* Raffael: Die Transfiguration, Gemälde, 1519/20, Vatikanische Museen, Rom, *251* Tuschezeichnung (De Agostini Picture Library), *265* Lucas Cranach d. Ä.: Luther und Melanchthon, Gemälde, 1543, Galleria degli Uffizi, Florenz, *279* Jost Amman: «Der Buchdrücker», Holzschnitt aus: «Eygentliche Beschreibung aller Stände auff Erden (...)» mit Texten von Hans Sachs, Frankfurt am Main 1568: akg-images, Berlin

S. 57 Paolo Veronese (Schule): Sultan Selim I., Bayerische Staatsgemäldesammlungen – Staatsgalerie in der Residenz Würzburg, Gemälde (© Bayer&Mitko), *196* Hans Baldung (Grien): Zwei Hexen, Gemälde, 1523 (© Städel Museum, Frankfurt am Main/U. Edelmann): ARTOTHEK, Weilheim

S. *100*: Holzschnitt aus: Georg Agricola: Zwölf Bücher vom Berg- und Hüttenwesen (vollständige Ausgabe nach dem lateinischen Original von 1556) © 1928 Georg-Agricola-Gesellschaft zur Förderung der Geschichte der Naturwissenschaften und der Technik e. V., hier: München 1977

S. *114–115* Hans Burgkmair d. Ä.: Der König von Gutzin, Holzschnitt in 5 Teilen: von links nach rechts: Ausschnitt 5: Eingeborene in Guinea und Algoa, Ausschnitt 4: Eingeborene in Arabien und Indien, Ausschnitt 3: Eingeborene mit Herde, Ausschnitt 2 und 1: König von Cochin (Kupferstichkabinett, SMB). (Es gibt einen Druckstock mit demselben Motiv von Georg Glockendon mit dem Vermerk, dass es eine Kopie nach Burgkmair ist.), *119* Schattenspielfigur – Schiff mit Bogenschützen, Leder, durchbrochen, 15. Jh. (Museum für Islamische Kunst, SMB/Georg Niedermeiser), *167* Hans Burgkmair d. Ä.: Insignien des Wiener Dichterkollegiums, Holzschnitt (Kupferstichkabinett, SMB/Jörg P. Anders), *294* Holzschnitt, um 1532 (The Metropolitan Museum of Art): bpk-Bildagentur, Berlin

S. *123*: Wappensäule (Padrão) von Kap Cross, © Deutsches Historisches Museum, Berlin

S. *145*: © Bayerische Staatsbibliothek München, 2 L. impr. membr. 64, fol. 41r

S. *182* Conrad Meit, Skulptur, 1532: Friedrich/Interfoto, München

S. *190* Albrecht Dürer: Die siamesischen Zwillinge von Ertingen (The Monstrous Twins), Feder in Schwarz, 1512, © Ashmolean Museum, University of Oxford (Inv. Nr. WA 1855.102).

S. *247*: Raffael, Schule: Schlacht von Ostia (Ausschnitt), Vatikan, Stanza dell'Incendio di Borgo. © 2016. Photo Scala, Florenz

S. *268* Lucas Cranach d. Ä.: Altar in der Neustädter St. Johanniskirche, 1513, © Fotohaus ART/Torsten Kopp, Stadtroda

Karte

Vor- und Nachsatz: Cantino-Planisphäre nach Alberto Cantino, Pergamentblätter aneinander geleimt von Hand gezeichnet und koloriert: (IAM)/akg-images, Berlin

Leider war es nicht in allen Fällen möglich, die Inhaber der Rechte zu ermitteln. Wir bitten deshalb gegebenenfalls um Mitteilung. Der Verlag ist bereit, berechtigte Ansprüche abzugelten.

PERSONENREGISTER

Acuña, Zamora Antonio de 45
Ägidius von Viterbo 225, 229
Agricola, Georg 100
al Mutawakki III., Kalif der Abbasiden 60
Alaminos, Antón de 130 f.
Albergaria, Lope Soarez de 120
Alberti, Leon Battista 28
Albrecht von Brandenburg, Kurfürst und Erzkanzler des Heiligen Römischen Reiches/Erzbischof von Mainz und Magdeburg 76, 207, 252 f., 273, 275, 278, 282
Albuquerque, Alfonso de 118, 120 f., 124, 146
Aleander, Hieronymus 254, 288
Alexander VI., Papst 85, 115, 174, 217
Almeida, Francisco de 118
Alonso de Zamora 234
Altdorfer, Albrecht 144, 161
Alvarado, Petro de 133
Alvares, Jorge 122
Ammonio, Andrea 24
Amsdorff, Nikolaus von 265
Andrade, Fernão Peres de 125, 127 f., 146
Andrade, Simão de 127
Andreae, Hieronymus 161
Anna Jagiello von Böhmen und Ungarn 71
Anne de Bretagne, Königin von Frankreich/Königin von Sizilien und Jerusalem/Erzherzogin von Österreich 176
Antonio de Beatis 159, 268
Antonius von Padua 189
Aretino, Pietro 219

Ariost, Ludovico 173
Aristoteles 264
Arnisaeus, Henning 303
Attila, König der Hunnen 246
Augustinus von Hippo 264

Baldung Grien, Hans 159 f., 195 f.
Barakat Efendi, Scherif von Mekka 60
Barbari, Jacopo de' 260
Bayesid II., Sultan des Osmanischen Reiches 58
Beatrix von Aragón, Königin von Böhmen und Ungarn 152
Behaim, Martin 116
Bembo, Pietro 150–152
Bernini, Gian Lorenzo 305
Blickle, Peter 55
Boccaccio, Giovanni 151, 175
Bodenstein, Andreas (Karlstadt) 261, 265, 277
Bodin, Jean 105–107
Bona Sforza, Königin von Polen/Großfürstin von Litauen 72, 153 f., 172
Borgia, Cesare 85, 175
Borgia, Louise 175
Borgia, Lucretia 174 f.
Bosch, Hieronymus 16, 188 f., 193
Bourbon-Busset, Philippe von 176
Bramante, Donato 250–253
Brandi, Karl 38
Braudel, Fernand 67, 114
Braun, Georg 28, 135
Breu, Jörg 144
Briçonnet, Guillaume 236
Brod, Max 213

Buonaccorsi (Callimachus), Filippo 153
Burckhardt, Jacob 172
Burgkmair, Hans 114, 144, 167

Caesar, Gaius Iulius 170
Calvi, Francesco 284
Calvin, Johannes 175, 197, 210
Carvajal, Bernadino 246
Castiglione, Baldassare 173
Celtis, Conrad 79, 165
Chaireddin Barbarossa 62, 65
Chiang Pin 126
Chièvres, Guillaume II. de Croy, Herr von 37, 44, 92
Cisneros, Francisco Jiménez de, Erzbischof von Toledo 31 f., 37, 44, 138, 232–235, 266
Clemens VII., Papst 222, 248
Colet, John 154
Colonna, Cristomo 71–73
Colonna, Marcantonio 88
Columbus, Christoph 113, 122, 130 f.
Cook, James 113
Córdoba, Diego Hernández de 62
Córdoba, Francisco Hernández de 130–132
Cortés, Hernán 131–136, 143, 290, 298 f.
Cranach d. Ä., Lucas 172, 189, 257, 260, 267 f., 288
Croy, Wilhelm III. de 44

Da Maiano, Giovanni 154
Da Rovezzano, Benedetto 154
Da Sangallo d. J., Antonio 244, 253 f.
Da Sangallo, Giuliano 28
D'Albret, Charlotte 175
D'Albret, Henri, König von (Rest-)Navarra 175
D'Albret, Johann III., König von Navarra 176
Dante Alighieri 164

Dantyszek, Jan (Johannes Dantiscus) 153, 165, 262
D'Aragona, Luigi 159, 268
D'Auvergne, Madeleine de la Tour 157, 222
Della Rovere, Francesco Maria 223, 254 f.
Demosthenes 170
D'Este, Alfonso 174
D'Este, Ercole II. 174
D'Este, Ippolito II. 174
D'Este, Isabella 173–175
Díaz del Castillo, Bernal 131
Dózsa, György 50
Dragić, Juraj (Giorgio Benigno Salvatie) 204
Dürer, Albrecht 23, 93, 144–148, 158, 160 f., 163 f., 172, 180, 190 f., 193, 219, 257, 260, 288, 300, 309

Eberhard I., Herzog von Württemberg 212
Eck, Johannes 287
Edward I., König von England 206
Eleonore von Kastilien, Königin von Portugal/Königin von Frankreich 34–38
Elisabeth von Habsburg, Königin von Polen/Großfürstin von Litauen 72
Elisabeth von York 154
Engelberg, Burkhard 260
Erasmus von Rotterdam 24, 84, 87 f., 90–98, 103, 154, 156, 166, 171 f., 180, 189, 200, 203, 211, 216 f., 232–236, 251, 282, 284–287, 296 f., 302, 308

Ferdinand I., Kaiser des Heiligen Römischen Reiches/König von Böhmen, Kroatien und Ungarn/Erzherzog von Österreich 32, 38–40, 71 f., 101, 163, 180, 295
Ferdinand II., König von Aragón/
Ferdinand V., König von Kastilien/

Ferdinand III., König von Neapel
30–33, 38, 40, 85, 138, 231, 292
Ficino, Marsilio 187, 212
Filiberta von Savoyen 222
Fiorentino, Adriano 260
Flaminio, Giovanni Antonio 186
Forster, Georg 308
Franz I., König von Frankreich 33,
36, 41, 49, 86, 156, 175, 219, 221 f.,
228, 239 f., 248
Friedrich III., Kaiser des Heiligen
Römischen Reiches 165
Friedrich II. der Große, König von
Preußen 90
Friedrich II., Pfalzgraf und Kurfürst
der Pfalz 34–36
Friedrich III. der Weise, Kurfürst von
Sachsen 187, 259–261, 272
Friedrich, Hugo 152
Fritz, Joß 51–54
Froben, Johannes 92, 284
Frundsberg, Georg von 27, 88
Fugger, Jakob 158

Gattinara, Mercurino 178
Georg der Bärtige, Herzog von
Sachsen 272
Giocondo, Frà Giovanni 252
Glockendon, Georg 114
Goethe, Johann Wolfgang von 59,
173, 201
Gonzaga, Gianfrancesco II. 173
Gottfried, Johann Ludwig 59
Gresham, Thomas 107, 111, 296
Grünewald, Matthias 159
Grumbach, Argula von 172
Gu Yingxiang 14, 128
Guarna da Salerno, Andrea 251
Guicciardini, Francesco 186, 217
Guilireti, Stephano 144
Guillén de Broca, Arnao 234

Hadrian VI., Papst 225
Hanner, Heinrich 276

Harnack, Adolf von 18
Heinrich VII., König von England
154
Heinrich VIII., König von England
und Irland 96, 154 f., 241
Heinrich II., König von Frankreich
222
Heinrich IV., König von Frankreich
175
Herberstein, Siegmund von 66, 70–
83, 153, 306
Hogenberg, Frans 28, 135
Holbein d. J., Hans 155, 201
Homer 149
Hubmaier, Balthasar 208
Huizinga, Johan 286
Humboldt, Alexander von 308
Hus, Jan 283
Hutten, Ulrich von 47, 79, 141, 165–
171, 202–204, 286
Hythlodeus, Raphael 91

Ignatius von Loyola 297
Innozenz VIII., Papst 216
Isabella I., Königin von Kastilien
30 f., 38, 44, 85, 179, 231, 292
Isabella von Neapel, Herzogin von
Mailand/Herzogin von Bari 71 f.
Isabella von Portugal 35
Ismail I., Schah von Persien 56
Iwan III. der Große, Großfürst von
Moskau 29, 66 f.

Jakob von Hoogstraten 202
Jedin, Hubert 230
Jiajing, Kaiser von China 126
Johann der Schöne 39
Johann von Aragón und Kastilien
(Don Juan) 41, 177 f.
Johann Moritz von Nassau-Siegen
307
Johanna I. die Wahnsinnige, Königin
von Kastilien 32, 34, 37 f., 41, 177
Johannes der Täufer 156, 189, 267

Josel von Rosheim 198, 206, 208
Juan Carlos I., König von Spanien 140
Julius II., Papst 87, 215 f., 226–228, 238, 242, 245 f., 250–252, 254, 285 f.

Kafka, Franz 213
Karl der Große, Kaiser 248
Karl V., Kaiser des Heiligen Römischen Reiches/Karl I., König von Spanien 27, 30–41, 44 f., 62, 69, 71, 88, 92, 95–97, 135 f., 139 f., 143, 176, 178, 181, 182, 222, 239–241, 248, 279, 292, 295
Karl VII., König von Frankreich 27
Karl VIII., König von Frankreich 85 f., 156, 176
Karl I. der Kühne, Herzog von Burgund 163, 179
Katharina von Aragón, Königin von England 46
Katharina von Bora 175
Katharina von Kastilien, Königin von Portugal 38
Katharina von Siena 232
Kemal Pascha (Atatürk), Mustafa 61
Kepler, Johannes 187 f.
Kleist, Heinrich von 42
Kölderer, Jörg 161
Kohlhase, Hans (Michael Kohlhaas) 42
Konstantin I. der Große röm. Kaiser 171, 250
Kopernikus, Nikolaus 102–104, 108–111, 296, 301
Kramer (Institoris), Heinrich (Henricus) 194 f.
Krzycki (Crusius), Andrzej 153

La Trémouille, Louis II. de 176
Lang, Johann 263
Lang von Wellenburg, Matthäus, Erzbischof von Salzburg 76 f., 80

Las Casas, Bartolomé de 130, 137–140, 296
Lautrec, Marschall 88
Lefèvre d'Étables, Jacques 175
Leo I. der Große, Papst 246
Leo III., Papst 248
Leo IV., Papst 246 f.
Leo X., Papst 44, 81, 87 f., 97, 115, 150 f., 154, 157, 163, 186, 205, 212 f., 215–226, 228–230, 234, 237 f., 241–248, 250, 252–256, 258, 261, 273, 275, 279, 282, 287
Leonardo da Vinci 85, 156 f.
Leonora von Neapel 173
Lessing, Gotthold Ephraim 298
Linck, Wenzel 265
Louise, Prinzessin von Frankreich 33
Ludwig II. Jagiello, König von Böhmen, Kroatien und Ungarn 71 f.
Ludwig XI. der Kluge, König von Frankreich 177
Ludwig XII., König von Frankreich 86, 227
Luise von Savoyen, Herzogin von Angoulême 179
Lukian von Samosata 169
Luther, Martin 15–18, 25, 42, 64, 69, 80, 89, 111, 149–151, 154, 170–172, 175, 187, 189, 192, 196 f., 202 f., 210 f., 213, 215–217, 219, 229, 234–237, 245, 248, 253 f., 256–258, 261–272, 275–288, 294, 296–304, 308 f.

Machiavelli, Niccolò 33, 88–91, 163 f., 178, 183
Magellan, Ferdinand 146
Mahmud Shah, Sultan von Malakka 121, 127
Mak, Geert 43
Manrique de Lara, Alonso 32
Manuel I. der Glückliche, König von Portugal 34 f., 117, 124, 127, 146 f., 219 f., 240 f., 295
Manuel, Nickolaus 159

Manutius, Aldus 212
Margarete von Österreich, Herzogin von Savoyen 31, 40, 176–183
Margarete von Parma 222
Margarete von York, Herzogin von Burgund 179
Margaritha, Antonius 209 f.
Marguerite d'Angoulęme, Königin von Navarra 175
Maria von Aragón und Kastilien 34
Maria von Burgund 163 f., 176
Maria von Kastilien, Österreich und Burgund, Königin von Böhmen und Ungarn 36, 40, 71, 163
Maria von Portugal 36
Martyr von Anghiera, Petrus 233
Matthias Corvinus, König von Kroatien und Ungarn 85, 152
Maximilian I., Kaiser des Heiligen Römischen Reiches 27, 30, 33, 39, 41, 48 f., 71 f., 75–77, 82, 85 f., 88, 96, 145, 160–165, 168, 176, 179, 200, 207, 209, 212, 238, 240, 242, 254, 260, 282, 285
Medici, Alessandro de', Herzog von Florenz 222
Medici, Giovanni de' siehe Leo X., Papst
Medici, Giuliano di Lorenzo de' 218, 222, 248
Medici, Giulio de' siehe Clemens VII., Papst
Medici, Ippolito de' 218
Medici, Katharina de', Königin von Frankreich 222
Medici, Lorenzo il Magnifico de' 204, 216
Medici, Lorenzo II. di Piero de', Herzog von Urbino 157, 222, 224
Medici, Maria de' 248
Medici, Piero di Lorenzo de' 215 f., 220, 222
Meit, Konrad 181

Melanchthon, Philipp 172, 187, 262, 264 f., 280
Merian, Matthäus 59
Michelangelo Buonarroti 85, 156
Moctezuma II., Herrscher der Azteken 13, 134 f., 298 f.
Montesinos, Antonio de 138
Morus, Thomas 24, 46, 90–92, 103, 148, 154, 285, 295, 300
Münster, Sebastian 79
Müntzer, Thomas 276
Murner, Thomas 202

Neuenahr, Hermann von 204
Nider, Johannes 194 f.
Nikolaus V., Papst 243, 250
Núñez de Toledo y Guzmán, Hernán 234

Oruc Barbarossa 62, 65
Osiander, Andreas 172
Ovid 153

Palaiologa, Zoe (Sophia) 66 f.
Paul III., Papst 151
Paulus von Tarsus 255, 263, 270 f., 276 f.
Penni, Giovanni Giacomo 144, 146
Perestrello, Rafaelo 122
Peruschi, Mario de 244
Petit, Jean 194
Petrarca, Francesco 48, 151, 164
Petrucci, Alfonso 223 f., 246, 254
Peutinger, Konrad 142, 166
Peutinger, Konstanze 165
Pfefferkorn, Johannes 200 f., 203–205, 211 f.
Phalaris von Akragas 168 f.
Phidias 153
Philibert II. der Schöne, Herzog von Savoyen 178–181
Philipp I. der Schöne, König von Kastilien/Herzog von Burgund 31 f., 41, 177–179

Philipp II., König von Spanien/
　Philipp I., König von Portugal　36,
　137, 295
Philipp II., König von Mazedonien
　170
Philoteos (Filofei)　67
Piccolomini, Enea Silvio *siehe* Pius II.,
　Papst
Pico della Mirandola, Gianfrancesco
　229
Pico della Mirandola, Giovanni
　212 f., 229
Pirckheimer, Caritas　172
Pirckheimer, Willibald　187
Pires, Tomé　122, 125 f., 128, 146
Pius II., Papst　165, 241
Platon　148 f., 212
Poliziano, Angelo　212
Polo, Maffeo　117
Polo, Marco　112, 117, 124
Polo, Niccolò　117
Prodi, Paolo　227
Pythagoras von Samos　212 f.

Qansawh al-Gawri, Sultan der Mamluken　58

Radziwill, Barbara　154
Raffael Sanzio da Urbino　156, 217–219, 221, 244–250, 252 f., 255 f.
Ranke, Leopold von　55
Reinhard, Wolfgang　308
René von Savoyen　179
Reuchlin, Johannes　200–205, 210–213
Riario, Raffael　223–225
Riemenschneider, Tilman　158
Ringmann, Matthias　142
Roderigo, Don　144
Rodt, Adam　274
Rodt, Michel　274
Rodt, Peter　274
Rörer, Georg　280
Romano, Giulio　245
Rossi, Luigi de　248

Sanmicheli, Michele　29
Sanseverino, Frederico di　246
Sauvage, Jean le　92, 286
Savonarola, Girolamo　220, 232, 236, 255
Schedel, Hartmann　192
Scheurl, Christoph　266
Schmaller, Johannes　208
Schneider, Reinhold　140
Schöffer, Johann　167
Schöffer, Peter　286
Schulz, Hieronymus　278
Schurf, Hieronymus　266
Schwarz, Hans　160
Seidel Menchi, Silvana　287
Selim, Sultan des Osmanischen Reiches　56–58, 60 f., 63, 119 f., 186, 237, 290, 293
Selman Reis　119 f.
Sepúlveda, Juan Ginés de　139
Sforza, Bianca Maria, Kaiserin des Heiligen Römischen Reiches　72, 86
Sforza, Gian Galeazzo　72
Sickingen, Franz von　49, 170
Sigismund I., König von Polen/Sigismund II., Großfürst von Litauen　71–73, 76, 108, 110, 153, 240
Soliman I. der Prächtige, Sultan des Osmanischen Reiches　58, 61, 63 f., 120 f., 293 f.
Spalatin, Georg　260, 263 f.
Springinklee, Hans　161
Stabius, Johannes　161
Staupitz, Johannes von　265, 271 f.
Stoß, Veit　158

Tacitus, Publius Cornelius　79, 149
Taxis, Franz von (Francesco de Tassis)　68
Tetzel, Johannes　253, 272–277
Thukydides　89
Thumb von Neuburg, Ursula　167
Thurn, Hans von　73, 76

Tizian 172
Tommaso de Vio (Thomas Cajetan) 225, 228
Torrigiano, Pietro 154
Traut, Wolf 161
Tucher, Anton 157
Tucher, Sixtus 193
Tuman Bay, Sultan der Mamluken 58 f.

Ulrich von Württemberg 49, 167, 170

Valla, Lorenzo 171
Van Aelst, Pieter 250
Van Heemskerck, Maarten 251, 254
Van Orley, Bernard 40, 177, 250
Van Roome, Jan 181
Vasco da Gama 112, 144
Vasilij III., Großfürst von Moskau 67, 70 f., 73–75, 80–82

Velásquez, Diego 130
Vercelli, Battista de 223
Vespucci, Amerigo 91
Vital, Laurent 38

Waldseemüller, Martin 142
Watzenrode, Lucas 103
Weber, Max 305
Wimpfeling, Jakob 194
Wladyslaw II., König von Böhmen, Kroatien und Ungarn 71
Wolsey, Thomas 33, 46, 154

Zell, Katharina 172
Zhengde (Wu-Tzung), Kaiser von China 14, 126 f.
Zobel von Giebelstadt, Dietrich 204
Zúñiga, Diego López de (Jacobus Stunica) 234 f.

ORTSREGISTER

Aachen 45, 204
Aden 118
Ägypten 56f., 60f., 118–120, 186, 237, 240, 242, 254, 291
Alcalá de Henares 32, 232, 234, 269
Aleppo 56, 58, 122
Alexandria 16, 233, 237
Algerien 62
Algier 62f.
Alpen 69, 99, 152, 159, 160, 199, 212, 227, 258
Amboise 156f., 176, 178, 180, 222
Anatolien 56
Annaberg 101, 269, 272
Antwerpen 114, 144, 149, 286
Apenninhalbinsel 150, 185
Arabien 56f., 59–61, 105, 112, 118, 120
Arabische Halbinsel 118, 237, 291, 293
Arabisches Meer 113
Aragon 31f., 38f., 42, 62, 69, 86, 231, 292
Arras 176
Aschaffenburg 159, 282
Asturien 37
Atlantik 98, 102, 105, 112, 117, 142, 293, 307
Augsburg 49, 71, 116, 142, 149, 158, 163, 165f., 170, 207, 209, 228, 253, 260
Australien 113, 117
Auvergne 190
Azoren 112

Bagdad 60
Bajadoz 36

Balkan 26, 29f., 63f., 72, 120f., 186, 237, 240, 242
Baltikum 23, 68, 99, 102, 105, 107, 109, 115, 179
Barcelona 40, 149
Basel 52, 79, 90, 92, 149, 190, 233, 235, 280, 284, 284–286
Bergamo 11f., 16f., 68, 185–187, 192, 238, 291, 297, 299
Berlin 190, 198
Bern 50, 159, 190
Birma 126
Biskaya 69, 177
Böhmen 22, 45, 66, 73, 101
Bologna 69, 86, 156, 171, 228
Bosporus 29
Bourg-en-Bresse 178
Bourges 228f.
Brabant 164, 188
Brandenburg 192, 273, 278
Brasilien 307
Braunschweig 161, 276
Breisgau 51f.
Breslau 45
Bresse 178
Bretagne 176
Bretten 52
Britische Inseln 154, 206
Brou 179, 180–182
Bruchsal 51
Brüssel 32, 40, 68, 88, 143f., 156, 177, 181, 250, 287
Buchholz 101
Bunzlau 45
Burgos 31, 178
Burgund 30–34, 41, 44, 92f., 155, 176–179, 182, 292

ORTSREGISTER 359

Byzanz (Ostrom) 19, 75, 149

Cambrai 44, 87 f., 92, 179
Cambridge 24, 149
Castro Urdiales 45
Champotón 132
Château d'f 219
China 14, 16 f., 79, 112, 117 f., 122, 124–129, 142, 144, 146, 297, 300
Conradsgrün 101

Dänemark 82, 99
Damaskus 56, 58, 60
Danzig 45, 99, 104 f., 107, 110, 153
Deutschland 18, 20, 42 f., 47 f., 77, 79, 82, 150, 158, 164, 166, 170, 172 f., 185, 201, 204, 206, 210, 219, 236, 252 f., 260, 264, 267–269, 281–283, 288, 295, 303
Dijon 155, 179
Diu 118, 120
Dschidda 118, 120, 293

Eisleben 272
Elbing 104, 107, 110
Elsass 51–53, 198, 206, 211
England 20, 22 f., 33, 46 f., 69, 139, 149, 154, 192 f., 205, 211, 231, 285, 292
Erfurt 15, 202, 262–264, 267, 269
Ermland 102–104, 108, 154, 262
Erzgebirge 99, 101, 259, 261, 269
Extremadura 36

Ferner Osten 56, 117 f., 121–129, 142, 146, 160, 220, 306
Ferrara 69, 104, 152, 174
Flandern 115, 164, 192
Florenz 20, 28, 86, 88, 149 f., 215 f., 220–222, 236, 242 f.
Fontainebleau 156
Frankfurt 49, 165, 207, 284
Frankreich 22, 30, 33, 41, 49 f., 69, 86–88, 92, 115, 149, 156 f., 175–179,
181 f., 185, 192, 205, 216, 220–222, 228 f., 236, 239 f., 246, 284
Frauenburg 102–104, 108, 110
Freiburg 50–52
Fulda 207

Gewürzinseln 118, 122, 125
Gizeh 59
Goa 113, 121, 124 f., 127
Göttingen 273
Golf von Mexiko 130
Granada 61
Griechenland 29, 205
Guadalupe 36
Gutzin (Cochinchina) 114

Hagenau 71, 200, 211
Halberstadt 273
Halle 273
Harz 99, 269
Heidelberg 149
Hessen 207
Hispaniola 137 f.
Honduras 130
Hormuz 117

Iberische Halbinsel 105, 143, 149, 192, 197, 205, 235, 269
Imola 186
Indien 112 f., 116–118, 121, 124, 131, 138, 144–146
Indischer Ozean 30, 60, 112 f., 116–122, 142
Indochina 117, 124
Indonesien 117
Ingolstadt 201
Innerösterreich 50
Innsbruck 209
Isenheim 159
Istanbul *siehe auch* Konstantinopel 60, 255
Istrien 237
Italien 27–29, 33, 39, 41, 47, 57, 73, 77, 86, 89 f., 98, 105, 149 f., 152–

159, 165–167, 170, 174, 185, 187,
192, 202, 204 f., 212, 221 f., 227,
233, 236, 261, 268 f., 284, 286

Japan 128
Jemen 120
Jerusalem 243, 274
Jorwerd 43
Jüterbog 273, 277

Kairo 16, 56, 58–60, 63, 237, 293
Kanarische Inseln 112
Kanton 14, 16 f., 125, 127 f.
Kap Bojador 112
Kap der Guten Hoffnung 112
Karibik 130 f., 145
Karlstadt 265
Karpaten 99
Kastilien 22, 31 f., 37–39, 41–45, 62, 69, 113, 115, 231 f., 291 f.
Kiew 81
Kirchenstaat 28, 85 f., 205, 221–223, 225–227, 238
Kochi 116
Köln 23, 149, 202, 204
Konstantinopel *siehe auch* Istanbul 57, 66, 237, 240 f.
Konstanz 228
Kozhikode (Calikut) 144
Krakau 68, 71, 76, 104, 153
Krim 65
Kuba 130, 132, 138
Kulm 104
Kurmainz 207
Kurpfalz 207
Kursachsen 272

Labrador 129
Lehen 51 f.
Leiden 308
Leipzig 101, 140, 149, 267, 272, 280, 284
Leitzkau 263
Lemberg 153

Lepanto 63, 65
Lesbos 65
Levante 64, 102, 105
Linz 209
Lissabon 34 f., 113 f., 116, 125, 146 f., 149, 189, 219, 295
Litauen 70–73, 153, 206
Löwen 90
London 24, 46 f., 107, 285
Lothringen 49
Lübeck 190
Luzern 50
Lyon 149, 221

Macau 128
Madrid 32
Mähren 71
Magdeburg 252 f., 273
Maghreb *siehe auch* Nordafrika 62 f.
Mailand 28, 71 f., 86 f., 152, 216
Mainfranken 158
Mainz 48 f., 149, 159, 167, 169, 207, 252 f., 272 f., 275 f., 278, 282, 286
Malakka 122, 124 f., 127 f.
Malaysische Halbinsel 122
Mantua 173, 175, 246, 254
Marienburg 104
Marignano 87, 166, 221
Marseille 219
Mecheln 31, 179–181
Meißen 148, 265
Mekka 56, 60 f.
Mexiko 12–14, 16 f., 131, 133, 135, 137, 143, 290, 297, 299
Mexiko-Stadt 134, 136 f., 305
Middelburg 34
Mittelamerika 12, 105, 124, 129, 145, 298, 305 f.
Mittelbergheim 198
Mitteldeutschland 149, 267, 276
Mitteleuropa 21–23, 47, 50, 54, 79, 99, 102, 105, 143 f., 157 f., 170, 197, 199, 242
Mittelmeergebiet 30, 56, 61–64, 69,

ORTSREGISTER 361

113, 118, 120–122, 150, 155, 237,
   242, 292
Mohács 64, 72, 242
Mojados 38
Mongolei 305
Moskau 29, 65–67, 70, 74–77, 80–82,
   84, 153

Nanking 126
Navarra 33, 176
Nazareth 204
Neapel 28, 39, 85 f., 149 f., 152, 173,
   216, 242 f., 287
Neuengland 197
Neuspanien 135 f.
Neustadt an der Orla 267 f., 288
Niederlande 23, 31–33, 39, 47 f., 68 f.,
   98, 139, 144, 155, 176, 178–182,
   210 f., 231, 253, 292, 307
Nordafrika 56 f., 59, 61–64, 105, 112,
   131, 186, 197, 205, 240, 292 f.
Nordamerika 298
Norddeutschland 99, 252
Norditalien 33, 86 f., 175, 221
Nordsee 105, 155
Nowgorod 73
Noyon 33, 88
Nürnberg 116, 146 f., 149, 157, 161–
   165, 187, 192, 207, 265 f., 280
Nymburk (Nimburg) 45

Oberdeutschland 21, 115 f.
Oberitalien *siehe auch* Norditalien 28,
   69, 87 f., 104, 175, 242
Oberlahnstein 48
Oberrheintal 50, 52 f.
Odenwald 49
Österreich 35, 192, 252, 295
Ofen (Buda) 152
Olmütz 76
Orange 62
Ostasien 114, 118, 124, 292, 309
Osteuropa 25, 78, 80, 98, 102, 197,
   293

Ostia 246
Ostmitteleuropa 22, 65 f., 68, 71–73,
   87, 105, 107
Ostsee 72, 99, 102, 104, 109, 115
Otranto 58, 237
Oxford 24, 149

Palmanova 28 f.
Paris 90, 149, 194, 236, 240, 284, 286
Patagonien 130
Pavia 176, 284
Peking 125 f., 129
Perlflussdelta 118, 125, 127 f.
Persien 56, 293
Persischer Golf 60, 117 f., 120 f.
Pirna 272
Pisa 20, 216, 228, 246, 254
Poitou 50
Polen 22, 66, 68, 70–73, 76, 99, 102,
   104 f., 107, 153 f., 172, 192, 206,
   239, 296
Pomerellen 104
Portugal 30, 34, 36, 114–117, 120–
   122, 147, 197, 219, 295, 300
Potonchán 132
Potosí 105 f.
Prag 157, 262
Preußen 104 f., 107–111, 296
Pyrenäen 33, 95, 175

Raydaniyya 58
Regensburg 207–210
Reval 190
Rheingebiet 48, 53, 95, 149, 159, 207
Rhodos 63 f.
Roa 37
Rom 25, 29, 67, 69, 75, 81, 90, 144,
   146, 149–151, 153, 157, 159, 165,
   171 f., 194, 212–220, 222–231, 236,
   239, 241–244, 247–250, 253–259,
   261 f., 266, 273, 275 f., 282 f., 285,
   286–288, 298, 302, 305
Romagna 85
Rosheim 53

Rotes Meer 60, 113, 118, 120 f.
Russland 66 f., 70 f., 76, 78 f., 81–83
Ruthenien 65

Sachsen 69, 192, 255
Salamanca 45, 140, 234
Salem 298
Salzburg 71, 76 f.
Santa Clara 37
Santander 37
Santo Domingo 138
Savoyen 179182
Schlesien 22
Schneeberg 101
Schottland 20
Schwarzes Meer 65
Schwarzwald 52
Schweden 20
Schweiz 21, 50, 52, 192
Segovia 149
Sevilla 106, 114, 137, 143, 149, 198, 295
Siam 126
Siena 223
Sizilien 168
Skandinavien 68
Slowenien 78
Smolensk 73, 76
Solothurn 50
Spanien 25, 30–33, 36–42, 45, 54, 62, 68 f., 71, 77, 85 f., 88, 113, 115, 121, 130, 138–140, 143, 176 f., 182, 185, 197 f., 205, 220–224, 231–233, 235 f., 240, 269, 284, 292 f., 295
Speyer 149, 200, 207
St. Annaberg siehe Annaberg
St. Ilia 74
St. Joachimsthal 101
St. Marienberg 101, 269
Stockholm 190
Stotternheim 15–17, 297
Straßburg 49, 52, 149, 159, 172, 194, 206, 286
Südamerika 105 f., 116, 299, 306

Südchinesisches Meer 122, 124
Süddeutschland 114, 149, 157, 192, 252, 260, 262, 280
Südeuropa 68, 142
Süditalien 16, 63, 69, 85, 156, 237, 247
Suez 113, 118–120
Swolle 190
Syrien 56 f., 60, 119 f., 240, 254, 291

Tenochtitlán 12, 133–136, 298
Thessaloniki 205
Thorn 103 f., 107, 110
Thüringer Wald 267
Tivoli 175
Tlatelolco 137
Tlemcen 62
Toledo 31, 44 f., 232
Tordesillas 32, 37 f., 45, 115, 117, 220
Torgau 263
Trient 199, 301
Troja 149
Tschaldiran 56
Tübingen 149, 201, 212
Türkei 239
Tunis 62
T'unmèn (Tamão) 127
Twer 74

Ukraine 65, 99
Ulm 71
Ungarn 36, 45 f., 50, 64, 66, 71–73, 85, 99, 114, 152, 239
Urbino 87, 151, 222–225, 255

Valladolid 37–39, 44 f., 139, 143, 149
Venedig 20, 28–30, 57, 67 f., 86 f., 102, 113, 122, 149–151, 157, 173, 237, 242, 260
Verdello 11
Verona 29, 88
Villaviciosa 37
Visegrad 153
Viterbo 166, 221
Vlissingen 34

Vorderasien 25, 56, 62, 112, 131, 292, 295
Vorderer Orient 59, 293

Wasserburg am Inn 209
Weißenburg 52
Westafrika 112, 115
Westdeutschland 23, 157, 207, 252
Westeuropa 57, 68, 80, 82, 99, 102, 105, 142, 205
Wien 45, 64, 68, 71 f., 76, 160, 163, 165 f., 189
Wilna 71–73, 76
Windische Mark 50
Wippach (Vipava) 78
Wittenberg 16, 18, 25, 81 f., 149–151, 154, 172, 175, 186 f., 189, 194, 226, 242, 249, 256–269, 272 f., 276–280, 284, 287, 294, 298, 302
Wolfenbüttel 142
Worms 45, 49, 53, 181, 207, 298
Württemberg 49 f., 52, 200 f., 212
Würzburg 157

Yukatan 12, 16, 116, 129–133, 306

Zabern 53
Zacatecas 105
Zamora 44 f., 234
Zerbst 273, 277
Zwickau 45

728 S., 51 Abb., 4 Ktn. Geb.
ISBN 978-3-406-69687-9

«Der Goldstandard unter den Lutherbiographien.»
Matthias Matussek, Focus

«Heinz Schillings große Biographie des Reformators
setzt Maßstäbe.»
Hans Maier, Die Welt

508 S., 103 Abb., davon 58 in Farbe, 4 farbige Ktn. Geb.
ISBN 978-3-406-69607-7

«Kaufmann hat einen freien Blick – und eröffnet neue freie Blicke. *Erlöste und Verdammte* ist für mich das wichtigste Buch zum Reformationsjubiläum.»
Andreas Main, Deutschlandfunk